十力
文化

國考館

圖解民法

第五版

國家考試的第一本書

法學博士

錢世傑 ─ 著

一舉掌握考試關鍵的圖解法律書

民法範圍涵蓋甚廣，若想用一般讀書方法記住這一千多條條文，還真不是一件簡單的事，難免會有看了後面就忘了前面的問題。或許想要投機放棄一部分法條，但國家考試競爭激烈，怎知不會因小失大，因為那關鍵的一題而無法榜上有名？

筆者投入圖解已多年，發現許多法律初學者面對艱澀的法律條文時，往往難以立即進入狀況，得耗費一番心力才能抓住法條重點。準備國家考試時，若沒有系統性統整、以及記憶技巧設計，很容易就迷失在錯綜複雜的法條中。

因此，筆者希望透過輕鬆實例，運用圖像搭配簡明扼要的文字解說，轉化生硬的文字，以更平易近人的呈現方式給讀者，幫助讀者透過不同層次、角度的觀察，輕鬆讀懂民法，成功跨進國家考試的大門。

融合讀者建議，精益求精

民法第一版第五刷時開始，增加筆者的聯絡資訊與本書增補電子資料，有許多讀者透過此聯絡途徑與筆者聯繫、交流，透過現代通訊便利之福，筆者當然也得到許多讀者回饋的意見。

其中，有許多希望增加內容的建議，但一本書必須控制一定的厚度。然而，若無法在上千條條文中挑選出重要的法條，並輔

以淺顯易懂的解釋、強化記憶的圖解內容，幫助讀者強化思考邏輯，那麼就完全達不到筆者希望精益求精的目標。

　　而民法第五版，除了新增考題外，更融合至今讀者最常問到關於準備國家考試時所遇過的問題，在此統一整理、以期幫助考生們建立面對國家考試時的基本觀念，尤其民法與生活息息相關，若融入生活中，更能深刻記憶。

　　藉由考題和內容的新增修訂，提升本書的豐富度，並提供答題技巧以及解決法律條文難以記憶及應用之困擾，以期能幫助讀者在準備考試時更可鎖定方向全力衝刺。尤其考生面對申論題往往需要耗費較多心力，卻未必得到成效。因此，幫助背負時間壓力的考生，在有限時間內準確掌握重點解題，是本書的目標。

　　另外，考試時間如何安排？又如何自我訂定讀書計畫？這些基本但又很關鍵的問題，筆者希望透過本書內容幫助讀者勝券在握！

錢世傑

中華民國 111 年 10 月 15 日

目 錄
CONTENTS

序

第三篇 **債篇總論**

第四篇 債篇各論

第六篇 親屬

第七篇 繼承

第一篇 **基本觀念**

民法的架構

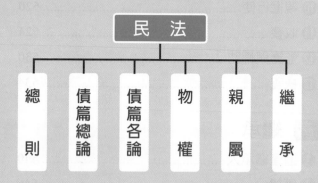

民　法

| 總則 | 債篇總論 | 債篇各論 | 物權 | 親屬 | 繼承 |

本篇目錄

1 國家考試的基本態度

■ 每一分都很重要

在競爭激烈的國家考試，如果是限定錄取名額者，例如錄取100名，此時的每一分都很重要，因為可能就只差個0.5分而與上榜失之交臂。

其次，拼實力還是拼運氣重要呢？當然兩者都蠻重要的。但是，如果考試配合上一些技巧，可以讓你的實力加分，也可以降低考試運氣的比重，那麼考上的機會就高了。

民法共有一千多條，許多考生研讀民法總是頭痛再三，甚至於民法近一半的條文都放棄不看。固然放棄的條文出題的機率本來就不高，但如果就那麼剛好考出了一題，也許就是考上與否的關鍵。

又或是限定分數通過的國家考試，如60分及格的申論題，要如何寫出格式上比別人還要有模有樣的答案，讓閱卷老師多加個幾分，這也是能否考上的關鍵之一。換言之，民法若是考申論題的題型，「練習」就相當重要。

■ 生活中每一秒都可以學民法

他人踢你的小狗一腳，導致小狗殘廢，你會想到什麼法律？

如果是丟一個瓶子，劃傷你的臉頰，又會想到什麼法律？

侵權行為。是的，前者只是財產權受到侵害，以回復原狀為原則，金錢賠償為例外。可否主張慰撫金之賠償呢？民法第195條規

定，僅限於七種人格權可以主張，七種人格權以外的，還必須加上<u>情節重大</u>的要件。

　　小狗殘廢，狗主人心靈上固然很受傷，實務卻認為雖屬人格權之侵害，但是並非重大，所以不能主張慰撫金；至於劃傷臉頰的情況，使得受害者以後難以見人，屬於七種人格權中的身體權，自然可以主張慰撫金。

相關考題

甲因過失而將乙之愛犬撞死，乙傷心至極，得主張何權？　(A)請求慰撫金　(B)請求回復名譽　(C)僅得請求金錢賠償　(D)請求懲罰性賠償　　　　　　　　　　　　　　　【96公務初等一般行政 - 法學大意】	(C)

　　再舉一個例子，到商店買東西總會不小心拿錯，這時候可否表示錯誤呢？底下也舉一考題為例：

相關考題

阿明到便利超商買鹽，結果誤拿白糖而結帳，其意思表示之錯誤為下列何種類？　(A)意思表示內容錯誤　(B)重大動機錯誤　(C)表示行為錯誤　(D)傳達錯誤　　　　　　　　　【100地方特考五等 - 法學大意】	(C)

　　所以，把握每一分每一秒，將你的生活經驗轉化成民法的法律知識吧！一天二十四小時，都可以學到豐富的法律知識喔！

2 考試時間的安排

一 永遠不夠的讀書時間

除了考試前三天提早9點上床睡覺，以適應正常的考試作息時間外，其餘的準備時間，筆者過去的經驗都是12點睡覺，6點到7點間起床，成年人睡眠時間約6至7個小時就足夠，中午若能小睡15～30分鐘更好。

但是，理想的作息時間應該是9點睡覺、4點半起床、唸2個半小時，休息一下後，上午、下午再各唸3個小時左右，這些時間剛好是最佳的唸書時間，精神比較能集中，效果也最好。

上班族怎麼辦？辛苦工作了一天，下班又沒體力唸書。只能建議在上班有空的時間裡，以回憶的方式複習前一天晚上唸書的重點，預想下班後看書的內容，利用最簡單的預習及複習，可以有效地縮短晚上唸書的時間。

二 角落時間

所謂「角落時間」，是指善用每天零碎的時間。既然稱之為零碎的時間，當然都非常短暫。所以，在此短暫又寶貴的角落時間內，務必集中注意力來增加學習的效果。例如上廁所的時候，少則2分鐘，多則超過半小時以上，除了感覺兩腳痠麻之外，通常沒有什麼多餘的事情可以做。一般人頂多在馬桶旁邊的架子上，擺上幾本雜誌，或照照鏡子、化化妝。實際上，這一段上廁所的角落時間對於考生而言非常有幫助，應該要充分利用。只要在馬桶旁邊擺個小書架，上頭放本

小法典，或其他無須太動腦筋的法律書，利用上廁所的時間加強自己對這些內容的印象，成效絕對讓你驚訝。但是，因為時間過短，而且上廁所的過程之中，可能因為用力而分心，所以並不適合需要長時間思考的邏輯性問題，比較適合短時間背誦的內容。所謂聚沙成塔、積少成多，零碎的角落時間，長時間累積起來也能夠發揮驚人的力量，千萬不要小看喔！

目 讀書計畫

你安排讀書計畫了嗎？

如果還沒有，這裡建議一種「倒推法」。其步驟如下：

Step 1：確定自己要參加的國家考試日期，例如12月31日。

Step 2：然後計算自己從現在到考試日還有多少唸書的時間。例如現在是7月1日，那麼還有大約180天，每個段落複習必須花一個時段（一天的唸書時間可以分成上午、下午及晚上三個時段），也就是540個時段。

Step 3：分析自己考試的科目，例如刑法、刑事訴訟法、民法、民事訴訟法、行政法、法學知識、英文，每個科目分別拆解成25、25、50、25、25、25、25個段落，總計200個段落，因此，在沒有休息的前提下，每個段落你的複習次數是2.7次。

但是，上述的情況是理想的狀態，也許你會受到許多外來的因素影響既定的讀書計畫，例如親戚結婚、朋友約唱KTV，或者是要上補習班，這些種種的原因都會讓你發現時間根本不夠，讀書計畫的訂定，剛好可以讓你更快地上緊發條，才不會到考前一週，才發現該唸的書根本沒唸完。

3 考試的準備

一 選擇題的準備方式

重點練習。許多考試都會考民法的選擇題，例如法學知識與英文、法學大意等，民法通常占蠻高的比例。但是，民法的條文實在太多，如果是考選擇題，準備的方式就須著重在民法的「重點」觀念。

該如何判斷是否為重點？依據過去考古題的出題機率，會發現一定範圍內出題的可能性相當高，但是有些範圍出題的可能性卻幾乎趨近於零，以第一編總則的第三章物為例，雖然只有短短五條條文，但卻是歷年來考試的重點，如下所示：

相關考題

下列何者具有主物與從物的關係？　(A)土地與房屋　(B)錄影機與遙控器　(C)汽車與車庫　(D)鉛筆與鉛筆盒。 【97初等人事經建政風-法學大意】	(B)

這一章常見的題目如從物的定義，主物與從物的範例，都必須熟背、熟練，養兵千日用在一朝，千萬不要養兵千日，臨陣脫逃！

考試時，如果不知道選擇題的答案該怎麼辦？準確地「猜」！但是，如何準確地猜呢？以下提供兩種方法，以提高答題的準確度：

一、刪去法：不對的內容先刪去，接著以經驗法則來猜，實在不行
　　……轉筆。
二、比較法：三個內容都是負，只有一個內容是正，那就應該是正
　　的那個答案。

二 申論題的準備方式

不斷練習各種題型，熟背要點。準備一支花邊的直尺，如果有寫
到考題的重點，為了避免審題老師沒發現，可以利用直尺的花邊，<u>劃
線強調自己有寫到重點</u>。別讓自己的努力，因為審題老師的疏忽而怎
麼名落孫山都不知道。

類　型	內　容	類　型	內　容
解釋名詞題型	至少要看過、記憶解釋名詞的定義	概念比較題型	能夠背誦不同法律概念間的差異性
假實例、真基本概念題型	找出真正所要考的概念，輕鬆地寫出考題關鍵	複雜實例題	非法律專業考科較少出現

一天練習幾題？一天應該要練習兩題，每題20分鐘，大約600
個字。答題的格式也相當重要。若為實例題，可參考<u>三段論法，也就
是以法律為大前題，事實為小前題，最後再得出結論</u>。大前題之前，
還可以寫出本題的爭點，大前題中除了條文之介紹及其解釋，還可援
引實務見解及學者看法；接著再介紹本題之案例，如何涵攝至法律
中；以及最後的結論和自己的看法。

三 寫出適合申論題準備的筆記

平常唸教科書或考試用書時，就要以模擬答題的方式來整理筆記，例如權利能力，就要從定義、體系架構、學說爭議、實務見解，以及你自己的看法等架構來整理你的筆記。

然後找一些基礎的實例考題，再整理一下另外一種筆記，如果碰到實例題的話，該如何破題，然後也是整理出該題爭點的體系架構、學說爭議、實務見解，以及你自己的看法。

平常就這樣子準備，在考場上遇到各種題目才不會慌亂。

如同練武術一樣，一定要有實戰的準備與模擬，碰到不同的變化題型才不會不知所措。否則空有千萬招數，卻在考場上一招也用不上，豈不是白費工夫。

四 考古題的重要性

你看過考古題了嗎？可以瞭解考試題型，分析出題偏重哪一個部分，可提高猜中題目的機率。如果有時間，請自己分析考古題，用心去體會。

五 教材化繁為簡

王澤鑑有「三論出賣人之物與無權處分」一文，數萬字的文章，有必要看嗎？如果你要研究民法理論，想要成為學者，那另當別論。否則考個國家考題，實在不必大砲打小鳥，別浪費時間了。

解題的準備：閱讀教材的時候，就要思考可能會考什麼題目，教材的內容有哪些可以有效率地回答問題。

特別要注意的一點，教材的內容有時候很無聊，廢話很多，充版面用的，一本6萬字就夠的書，寫成26萬字，就好比學術論文也是一樣，20萬字的內容，可能只有2萬字是重點，所以必須去蕪存菁。

廢話，包括下列幾種：

一、炫耀自己文筆功力的文字

二、正面說完，反面又說一次

三、太細節性，不會考的內容

考試用書一本主義：不要貪心，準備考試不是作學問。找一般簡單易懂的書為核心，如果有蒐集到好的補充資料，以便利貼節錄內容，貼在考試用書裡面。尤其是準備時間不夠的考生，除了第一次廣泛地閱讀不同教材的內容外，不要再花時間將每一本不同的書都從頭到尾不斷地複習。

4 民法的體系

一 體系的重要性

學習民法之初，瞭解並建構整部民法的體系，可以加速學習的效率，也會瞭解為什麼民法總則出題率高。因為民法總則是將其他章節中的共同事項，抽離出來的152條條文。所以，<u>打好民法總則的基礎，在學習債篇、物權、親屬、繼承時，就會達到事半功倍之效果。</u>如果考到一些很難的實例題目，分則的概念沒有唸到，或者是忘光了，至少還可以運用通則的基本理論推理一下，或許還可以拿到基本的分數。

二 財產法

民法分成二大領域，財產法以及身分法，財產法討論兩大議題，第一是「債權」，第二是「物權」。「債權」的部分，主要是探討各種契約類型，較為常見者當屬買賣，例如某甲在菜市場向菜販某乙購買青菜，兩人之間就成立以青菜為標的物的買賣契約。至於「物權」方面，主要是針對權利人與特定物之關係，承前述案例，某甲買了青菜之後，即取得青菜的所有權，若有小偷丙將某甲的青菜偷走，則某甲可以依據物權篇之第767條所有物返還請求權之規定，向丙主張返還其所有的青菜。由於債權與物權的規範繁多，為了避免許多概念重複規定，所以，債有「通則」，物權也有「通則」之規定，將相同之規定抽離出來，以通則之方式加以共同規範。

目 身分法

　　身分法，主要可以分成「親屬」以及「繼承」兩大部分。「親屬」的部分，主要是在探討夫妻關係以及親子關係，以及其他家庭成員間的法律議題，例如因結婚而建立夫妻關係，因離婚而結束婚姻關係。而「繼承」的部分，則是探討被繼承人死亡後的財產繼承關係，及被繼承人訂定遺囑等問題。

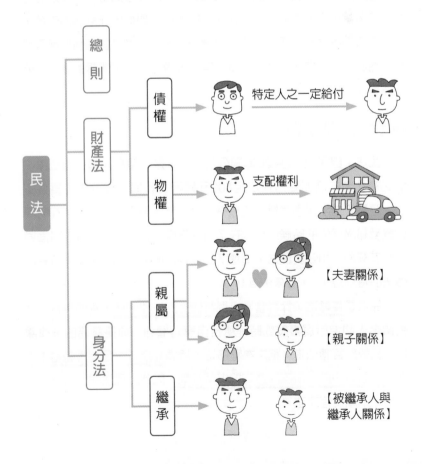

5 民事法律

一 民法，還是刑法？

遇到欠債不還時，該怎麼做才能把錢要回來呢？更讓人痛恨的情況，是欠錢的人借錢一張嘴臉，還錢又是另外一張嘴臉，讓人深感心寒。許多當事人就透過「以刑逼民」的手段，如提出詐欺罪的告發，希望透過刑事偵查的手段迫使對方還錢。然而，大多數的情況都只是單純的民事借貸關係的糾紛，檢察官到最後也多為不起訴的處分，徒然浪費司法資源。

二 民法相關法律

民法，自民國18至20年間公布施行，是規範私人關係的法律，稱之為私法。例如雙方約定用500元購買一本書，成立書的買賣契約。但是，為了保護消費者的權益，消費者保護法特別規定，在訪問買賣及郵購買賣的時候，可以在7日內無條件退回商品，或以書面通知業者解約。相較於民法，這種7日無條件解約的規定，是消費者保護法的特別規定。（消保法§19 I）

民法是實體法，探討當事人間實體上的法律關係，例如買賣是規範當事人間進行買賣契約時，所各自享有權利、負擔義務的法律關係。相較於實體法者，稱之為程序法。所謂程序法，是指規範當事人進行訴訟官司時，所應該遵守的遊戲規則。因此，民法與民事訴訟法不同，不屬於程序法。

相關考題

民法是屬於下列何種法律規範？ (A)程序法 (B)社會法 (C)私法 (D)公法 　　　　　　　　　　　【97民航人員-法學知識】	(C)
民法與公司法之關係為： (A)普通法與特別法之關係 (B)實體法與程序法之關係 (C)原則法與例外法之關係 (D)任意法與強制法之關係 　　　　　　　　　　　【98四等基層警察-法學緒論】	(A)
下列何者非屬民事之制裁方式？ (A)宣告解散 (B)權利剝奪 (C)沒收 (D)損害賠償 　【98四等退除役轉任公務-法學知識與英文】	(C)
我國現行的民法是在何時公布施行？ (A)民國18年至20年間公布施行 (B)臺灣光復之後，民國34年公布施行 (C)政府遷臺之後，民國38年公布施行 (D)民國80年之後，重新制定公布施行 　　　　　　　　　　　【98四等司法特考-法學知識與英文】	(A)
有關我國民法的描述，下列何者錯誤？ (A)現行民法典分為五編 (B)我國民法主要繼受德國民法 (C)我國採民商分立制度 (D)民法的內容可分為財產與身分關係兩大部分 　　　　　　　　　　　【100三等民航特考-法學知識】	(C)

解析：
我國現行民法採取民商合一制度，也就是在民法法典外不另外訂立商法法典。

第二篇　**總則**

民法的架構

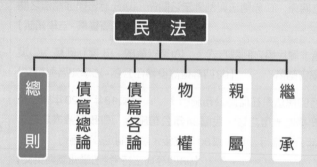

民　法

總則｜債篇總論｜債篇各論｜物權｜親屬｜繼承

總則的架構

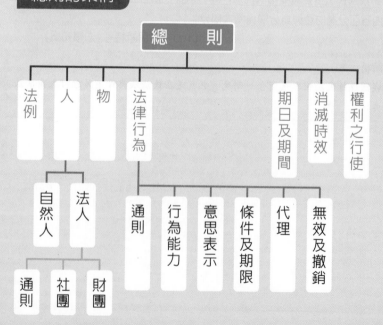

總　則

法例｜人｜物｜法律行為｜期日及期間｜消滅時效｜權利之行使

人：自然人｜法人

自然人：通則｜社團｜財團

法律行為：通則｜行為能力｜意思表示｜條件及期限｜代理｜無效及撤銷

本篇目錄

1 法律 / 習慣 / 法理

一 法律、習慣與法理之適用順序

關於民事之適用所應注意的原則，原則上首先適用法律；法律所未規定者，依習慣；無習慣者，依法理。此順序於民法第1條有明文規定：「民事，法律所未規定者，依習慣；無習慣者，依法理。」

二 習慣

習慣，是指社會上普通一般的多數人長期反覆實施的同一行為，使一般人確信具有法之效力，且不違背公共秩序或善良風俗。習慣，僅於法律沒有規定時，才有補充的效力。如果連習慣亦無，則依據法律的基本原理原則，也就是法理加以判斷。

實務見解

早年土地買賣之居間，到底可以抽多少佣金，法律沒有規定，一般習慣都是最高以成交價買方3%，賣方5%，總額不得超過成交價的6%。（86台上280）

相關考題

下列對民法第1條法理的說明，何者錯誤？ (A)無法律，無習慣時，法官可以援用法理作為判決的依據 (B)法理屬於民法的直接法源 (C)民事裁判上允許法官援用法理是基於立法者的授權 (D)援用法理須以法律有漏洞為前提 【101初等人事行政-法學大意】	(B)
法院對於民事問題的審斷，應依下列何者為標準？ (A)憲法、法律、命令 (B)法律、習慣、法理 (C)法律、民情、禮節 (D)誠信、公序、風俗 【96公務初等人事經建-法學大意】	(B)

相關考題 　民事適用順序

關於民事之適用所應注意的原則，下列敘述何者為是？　(A)原則上首先適用法律，法律所未規定者，依習慣，無習慣者，依法理　(B)禁止類推適用　(C)一律不得溯及既往　(D)原則上首先適用法律，法律所未規定者，依法理，無法理者，依習慣　　【96三等關務特考 - 法學知識】	(A)
依據現行民法之規定，民事，法律未規定時，法院應優先適用下列何者，而為判決？　(A)法理　(B)習慣　(C)判例　(D)學說　　【100地方特考五等 - 法學大意】	(B)

相關考題 　習慣之要件

習慣能成為法源，但有幾項要件，下列何者不包括在這些要件之列？　(A)社會上必須有反覆實施的行為　(B)必須是法律已經規定的事項　(C)必須有法的確信　(D)必須不違背善良風俗　　【96高考三級 - 法學知識與英文】	(B)
有關法律上承認之「習慣」，下列敘述何者錯誤？　(A)必須有反覆慣行之事實　(B)必須不背於公序良俗　(C)必須民眾對其有相當於法之確信　(D)必須有法律依據　　【99三等關務 - 法學知識】	(D)
下列何者非民法第1條習慣的成立要件？　(A)社會一般人確信其有法之效力　(B)必須通行全國　(C)須為多年慣行的事實　(D)成文法所未規定的事項　　【103高考 - 法學知識與英文】	(B)
關於民法第1條規定之習慣成立要件，下列敘述何者錯誤？　(A)須有慣行多年之事實　(B)必須已有法院透過判決予以承認　(C)須為成文法未規定之事項　(D)須為社會一般大眾確信其有法之效力　　【110高考 - 法學知識與英文】	(B)
法官無法找到適當的法規範（包含制定法與習慣法）針對個案進行裁判時，下列敘述何者正確？　(A)因無適當的法規範為依據，拒絕裁判　(B)針對民事案件，依據法官個人之主觀價值，進行判決　(C)針對民事案件，依據法理，進行類推適用，判決爭議　(D)針對刑事案件，進行類推適用，判處被告有罪，並因此加重刑罰　　【111普考 - 法學知識與英文】	(C)

2 簽名與蓋章

■ 簽名與蓋章生同等之效力

我國社會早期識字者不多，因此很多民眾簽訂契約是以蓋章為主，久而久之，會誤以為不接受簽名。所以，有時候契約之簽訂，不但要求要簽名，還會要求加蓋印章。

契約的內容，是否需要當事人自己撰寫？依據民法第3條第1項規定：「依法律之規定，有使用文字之必要者，得不由本人自寫，但必須親自簽名。」因此並不需要自己撰寫，也許是請他人以電腦打字，只要在當事人簽蓋處親自簽名或蓋章，就能對當事人發生法律上的效力。

我國民法第3條第2項規定：「如有用印章代簽名者，其蓋章與簽名生同等之效力。」規範簽名蓋章之效力，從法條文義上來看，應是採取以簽名為主之制度，例外才認為用印章代簽名者，其蓋章與簽名生同等之效力。

■ 指印、十字或其他符號

較有趣者，如果是以十字印代替簽名，其效力為何？若真的連自己名字都不會寫，也確實會遇到這樣子的問題。這是由於臺灣早期社會識字民眾較少所產生的一大問題，這時候則須要找兩個人來簽名證明，則還是可以蓋十字印。民法對此亦有規範，如以指印、十字或其他符號代簽名者，在文件上，經二人簽名證明，亦與簽名生同等之效力。（民§3Ⅲ）

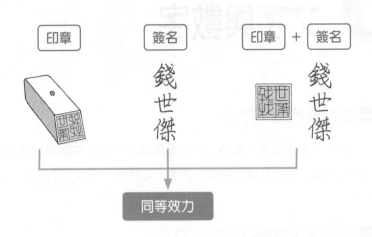

依法律規定，下列關於法定文書之製作方式之描述，何者正確？ ⑷一定要由本人自寫 ⑻簽名效力優於蓋章 ⑼不必由本人自寫，但必須在文件上經二人簽名證明 ⑽蓋用印章與簽名有同等效力 【97消防不動產-民法概要】	(D)
下列關於蓋章和簽名效力之敘述，何者正確？ ⑷效力同等 ⑻印章效力優於簽名 ⑼簽名效力優於印章 ⑽印章經二人簽名證明效力即與簽名同 【97不動產經紀人-民法概要】	(A)
依民法第3條第1項規定，依法律規定，有使用文字之必要者，得不由本人自寫，但必須符合何種方式？ ⑷指印 ⑻劃十字 ⑼一人簽名證明 ⑽親自簽名 【98國安局五等-法學大意】	(D)
下列有關使用文字或簽名的敘述，何者正確？ ⑷依法律之規定，有使用文字之必要者，本人即須親自書寫 ⑻本人須親自簽名者，得以印章代替，但以附有印鑑證明之印章為限 ⑼指印與簽名或蓋章生同等之效力 ⑽十字或其他符號，如在文件上經二人簽名證明者，即可代替簽名 【99初等人事行政-法學大意】	(D)

3 文字與數字

一 文字及號碼不符合

關於一定之數量，同時以文字及號碼表示者，文字與號碼有不符合時，如法院不能決定何者為當事人之原意，應以文字為準。(民§4)

二 文字數次或號碼數次不符合

關於一定之數量，以文字或號碼為數次之表示者，其表示有不符合時，如法院不能決定何者為當事人之原意，應以最低額為準。(民§5)

三 探求當事人之原意

無論是文字及號碼不符合，或者是文字數次或號碼數次不符合的情況，法院在審理案件時，均應先行詢問當事人之原意，以確定法律行為關係所涉及之數量。如果雙方當事人還是有所爭議，或者是因為其他因素，導致法院最後不能決定當事人的原意時，文字及號碼不符合之情況，應以文字為準；文字數次或號碼數次不符合的情況，則以最低額為準。

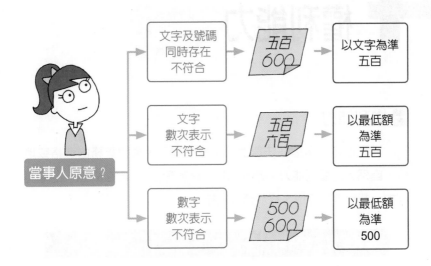

四 票據記載金額不符

　　一般票據法較常會出現的情況是文字與數字並存，依據票據法第7條規定：「票據上記載金額之文字與號碼不符時，以文字為準。」與民法第4條之規定相類似。所不同之處，在於法院直接以文字為準，並無探求當事人原意之規定。究其原因，主要是因為票據法著重於流通性，若動輒探求當事人之原意，恐難以達成票據流通之目的。

相關考題

甲向乙購買貨物一批，帳單上記載的金額為：新臺幣伍萬陸仟捌佰柒拾（65870）元整，如法院無法決定當事人的原意時，甲應支付乙多少錢？　(A)65870元　(B)65078元　(C) 56870元　(D)56078元 【96三等司法-法學知識與英文】	(C)

4 權利能力

一 權利能力

　　權利能力，是指在法律上可以享受權利、負擔義務的資格或地位。自然人的權利能力，始於出生，終於死亡。(民§6)法人的權利能力，起於登記完成，終於清算終結。

權利能力之始終期	始期	終期
自然人	出生	死亡
法人	登記完成	清算終結

二 出生的判斷

　　何謂自然人？自卵子受精成為受精卵後，經過懷胎十月的漫長歲月，最後分娩，嚎啕大哭，才成為嗷嗷待哺的懷中嬰兒。哪一個階段才算是「出生」，而能夠成為民法上的「人」？學說上對於是否為人，主要有右頁的學說區分。

　　目前實務上都以獨立呼吸說為標準。胎兒仍在母體中，雖然還無法獨立呼吸，民法基於保障胎兒的立場，只要將來能夠順利生產，有關其個人利益的保護，視為既已出生。例如：胎兒的生父死亡，胎兒若未來非死產，仍能享有繼承權。所謂「視為」，不能舉反證推翻，「推定」則可以。(民§7)通說採法定解除條件說，係指胎兒於出生前，即取得權利能力，倘將來死產時，則溯及的喪失其權利能力。（王澤鑑，《民法總則》，2005年9月，第114頁）

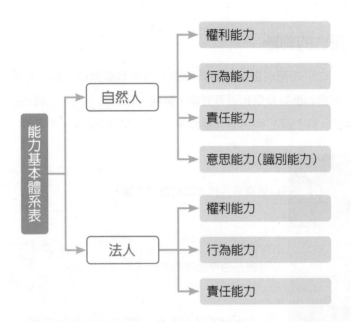

分娩開始說	從進行分娩過程開始,就屬於民法的自然人。
一部露出說	只有胎兒的一部分,經由分娩過程後,露出母體之外。
全部露出說	必須要胎兒的全部,通通露出母體之外。
 獨立呼吸說	除了全部離開母體之外,還要等到胎兒能夠獨立不依賴母體呼吸,才屬於民法的自然人,這也是目前的通說。

(民§7)
例外:胎兒

(民§6)

(民§8)
例外:死亡宣告

出生　權利能力　死亡

三 死亡的判斷

死亡，如何判斷呢？傳統學說上向來有脈搏終止說、呼吸停止說、綜合判斷說及腦死說等見解，實務上採取<u>腦死說</u>，以腦波是否完全停止，作為死亡與否的判斷標準。死亡認定的學說，如下表：

脈搏終止說	以脈搏是否終止為判斷之依據。	
呼吸停止說	以呼吸是否停止為判斷依據。	
綜合判斷說	綜合判斷瞳孔是否放大、呼吸及心跳是否停止，作為判斷是否死亡的依據。	
腦　死　說	以腦是否停止運作，也就是醫學所謂的腦死，作為判斷是否死亡的依據。	

四 死亡宣告

某些特定情況下，因為當事人失蹤的緣故而無法判斷其腦波是否停止，則設立「死亡宣告」的制度，藉此確定懸而未決的法律關係。九二一地震時，某甲疑似因地震而埋在地底，或某乙因東南亞海嘯而失蹤，只要達到<u>1年</u>的法定期間，都可以由利害關係人或檢察官向法院聲請死亡宣告。

五 同時死亡

　　二人以上同時遇難，不能證明其死亡之先後時，推定其為同時死亡。(民§11)所謂推定，是指<u>可以舉反證推翻</u>。

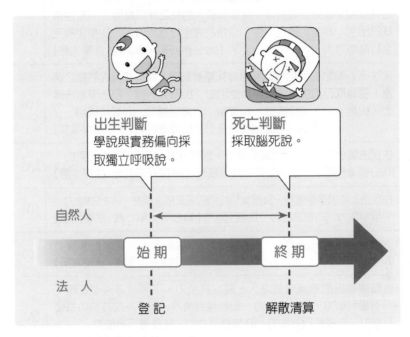

出生判斷
學說與實務偏向採取獨立呼吸說。

死亡判斷
採取腦死說。

自然人

始 期

終 期

法 人

登記

解散清算

一般 → 7年

80歲以上 → 3年

失蹤

特別災難 → 1年(民§8)

※ 記憶小訣竅：7月31日，隔天8月（剛好是第8條）

自然人之權利能力始於何時？終於何時？ (A)始於成年，終於死亡 (B)始於出生，終於死亡 (C)始於滿7歲，終於死亡 (D)始於出生，終於成年 【96公務初等一般行政-法學大意】	(B)
胎兒以將來非死產者為限，關於其個人利益之保護為何？ (A)視為既已出生 (B)推定既已出生 (C)視為完全行為能力人 (D)推定為完全行為能力人 【96公務初等人事經建-法學大意】	(A)
民法第7條規定：「胎兒以將來非死產者為限，關於其個人利益之保護，視為既已出生。」其中所使用的「視為」一詞，在法學方法律上，稱為： (A)法律續造 (B)擬制 (C)漏空補充 (D)類推適用 【98三等退除役轉任公務員及海巡-法學知識與英文】	(B)
依民法第6條規定，人之權利能力，始於出生，終於何時？(A)死亡 (B)分割遺產時 (C)立遺囑時 (D)出殯時 【98國安局五等-法學大意】	(A)
在民法上可以享受權利、負擔義務的地位或資格，稱為：(A)行為能力 (B)權利能力 (C)意思能力 (D)識別能力【99初等人事行政-法學大意】	(B)
下列何者無權利能力？ (A)植物人 (B)獨居老人 (C)腦性麻痺者 (D)小狗 【99三等關務-法學知識】	(D)
受監護宣告而意識清醒之人，關於其能力，下列敘述何者正確？ (A)有權利能力，無行為能力 (B)無權利能力，有行為能力 (C)有權利能力，無侵權行為能力 (D)無權利能力，有侵權行為能力 【99四等基警行政警察-法學緒論】	(A)
下列何者無權利能力？ (A)依公司法成立之股份有限公司 (B)銀行 (C)校內之法律學會 (D)經教育部立案之私立大學 【99地方特考三等法制-民法】	(C)
下列何者不是我國現行法上的權利主體？ (A)甲婦腹中之胎兒 (B)臺東美麗灣之自然生態 (C)中華郵政公司 (D)七星農田水利會 【100地方特考三等-法學知識與英文】	(B) (D)

解析：農田水利會於109年10月1日改制為行政機關，應為行為主體。

相關考題　死亡宣告

甲（80歲）出家門後下落不明，其配偶乙於甲失蹤後，滿幾年得聲請法院對甲為死亡宣告？　(A)1年　(B)3年　(C)7年　(D)10年　【97鐵公路-民法大意】	(B)
失蹤人除為80歲以上或遭遇特別災難者外，法院得於失蹤人失蹤滿幾年後，依利害關係人或檢察官之聲請為死亡之宣告？　(A)1年　(B)3年　(C)5年　(D)7年　【97不動產經紀人-民法概要】	(D)
我國民法規定，2人以上同時遇難，不能證明其死亡之先後時，應如何處理？　(A)推定年長者先死亡　(B)視為年幼者先死亡　(C)視為同時死亡　(D)推定同時死亡　【96公務初等人事經建-法學大意】	(D)
失蹤人為80歲以上者，得於失蹤滿多久後，為死亡之宣告？　(A)6個月　(B)1年　(C)2年　(D)3年　【100五等司法特考-法學大意】	(D)
40歲之甲於80年8月8日在海邊戲水時，遭海浪捲走，自此不見蹤影。其妻於90年8月8日向法院聲請死亡宣告，除有反證外，法院應於判決內宣告甲之死亡時間為：　(A)81年8月8日午夜12時　(B)87年8月8日午夜12時　(C)91年8月8日午夜12時　(D)97年8月8日午夜12時　【99地方特考四等-法學知識與英文】	(B)
42歲之甲偕朋友乙搭乘「愛之船」旅遊，於船邊拍照時，不幸雙雙失足落海，乙獲救，甲失蹤。問下列敘述何者正確？　(A)甲之子女得於甲失蹤滿半年後聲請死亡宣告　(B)甲之債權人得於甲失蹤滿3年後聲請死亡宣告　(C)甲之配偶得於甲失蹤滿1年後聲請死亡宣告　(D)檢察官得於甲失蹤滿7年後聲請死亡宣告【99高考三級法制-民法】	(D)
依民法之規定，下列有關死亡宣告之敘述，何者正確？　(A)受死亡宣告者，以判決內所確定死亡之時，視為死亡　(B)死亡宣告在於剝奪失蹤人之權利能力　(C)失蹤人為80歲以上者，得於失蹤滿2年後，為死亡之宣告　(D)失蹤人為遭遇特別災難者，得於特別災難終了滿1年後，為死亡之宣告　【110普考-法學知識與英文】	(D)

5 責任能力與意思能力

■ 責任能力

　　自然人的責任能力，是指以意思能力為基礎，對於不法行為所產生的法律上責任，所能夠承擔責任的能力。責任能力，如侵權行為的責任能力，參照民法第184條規定，因故意或過失，不法侵害他人權利者，負損害賠償責任。負擔侵權行為之責任，以行為人必須具備責任能力為前提。

　　責任能力，又包括債務不履行的責任能力。參照民法第226條第1項規定：「因可歸責於債務人之事由，致給付不能者，債權人得請求賠償損害。」承擔債務不履行的責任，須具備責任能力為前提。

■ 意思能力

　　自然人的意思能力，又稱之為識別能力。以行為人能否認知、識別自己行為將產生何種法律效果的能力。

　　意思能力，以行為人行為的那個時間點，具體的精神狀況為判斷依據。例如年齡超過20歲有完全行為能力，也沒有被宣告監護，只是在行為的那一個時間，因為吃了許多藥物，導致精神有些恍惚而做出一定之意思表示。

　　意思能力，為行為能力與意思表示之基礎，所以沒有意思能力者，就不會有故意或過失的問題，在侵權責任判斷上也會不成立。

責任能力示意圖

案例：司機乙撞傷行人丙，行人丙可向客運公司甲和司機乙請求損害賠償。

甲與乙連帶賠償責任。一般而言，因為甲公司較具有財力，丙可以向甲請求全額的損害賠償，再由甲取得對乙之求償權。（民§188）

責任能力示意圖

夢遊中……

夢遊者根本不知道自己在做什麼。

半個世紀前，偉大的英國數學家杜林（Alan Turing）提出電腦會否思考的議題，半世紀後，六部電腦將與教授進行「杜林測試」的對話，展開一場世紀人機鬥智。若有電腦能過關，將是1997年深藍電腦擊敗世界棋王後，另一次人工智慧的一大進展。

若是電腦能思考，人類也必須重新思考電腦是否有「意識」，而人類是否「有權」對它任意關機。

自然人，始於出生，終於死亡，前章節已有說明。電腦，如果有思考，是否該將之與自然人等價論之？首先，姑且稱之為「電腦人」，什麼時候算是出生，組裝完？開啟電源？什麼時候算是死亡呢？關閉電源？拆解零件完成？

電腦人是否可以擁有財產，就如同許多科幻電影中，人類世界是被機器所統治的，如基努李維所主演的「駭客任務」。說不定電腦人比人類還高級時，民法物權篇，還會多出一個章節，在所有權後面加上人類權，好像寵物一樣。

相關考題

禁治產人不法侵害他人權利者，若須對受害人負賠償責任，必須於行為時具有何能力？　(A)權利能力　(B)行為能力　(C)識別能力　(D)犯罪能力　　　　　　　　【96公務初等人事經建-法學大意】（註：禁治產人一詞業已修正，請參照民法第14條）	(C)
表意人於發出意思表示後死亡或喪失行為能力，其意思表示之效力如何？　(A)無效　(B)效力未定　(C)得撤銷　(D)有效　　　　　　　　　　　　　　　【97不動產經紀人-民法概要】	(D)

解析：

假設王永慶生前說要將集團中的金雞母A公司賣給甲，甲也承諾說要買，雙方契約就成立。剛說完，王永慶就辭世，其繼承人就繼承權利與義務，當然就有義務要將A公司賣給甲。所以，並不會在發出意思表示後死亡或喪失行為能力，就會影響還活著或有行為能力之正常情況所為意思表示之效力。

6 行為能力

　　行為能力，指獨立從事法律行為的能力，可以分成財產上的行為能力，以及身分上的行為能力。

一 財產法上之行為能力

　　財產上的行為能力，滿18歲為成年人（民§12）。我國採結婚成年制，但不包含未婚生子。滿7歲以上之未成年人，為限制行為能力人（民§13Ⅱ），其所為之單獨行為無效，所為之契約行為效力未定。未滿7歲的未成年人，屬於無行為能力人（民§13Ⅰ），由法定代理人代為意思表示及受意思表示。

　　法人，必須透過董事才能從事法律行為。因此，董事就法人一切事物，對外代表法人。（民§27Ⅱ）

二 身分上之行為能力

　　身分上的行為能力，可以分成訂婚、結婚與遺囑等三種情況。其與財產上的行為能力有所不同，基本年齡的要求較高，例如財產上之行為能力，只要滿7歲就有限制行為能力，只是所為之法律行為效力未定。而訂婚，則男女須滿17歲（民§973）；結婚，男女須滿18歲（民§980）。

　　結婚違反第980條之規定，婚姻當事人或其法定代理人得向法院請求撤銷婚姻，但當事人已達該條所定年齡或已懷胎者，不得請求撤銷。

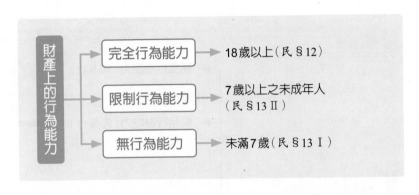

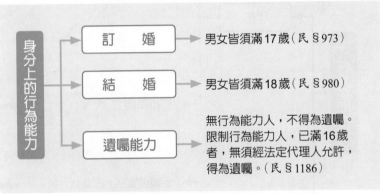

舊法： 心神喪失 受監護宣告之人	因精神障礙或其他心智缺陷，致<u>不能為意思表示</u>或受<u>意思表示</u>，或不能辨識其意思表示之效果者	無行為能力
舊法： 精神耗弱 受輔助宣告之人	因精神障礙或其他心智缺陷，致其為意思表示或受意思表示，或辨識其意思表示效果之能力，<u>顯有不足者</u>	類似限制行為能力

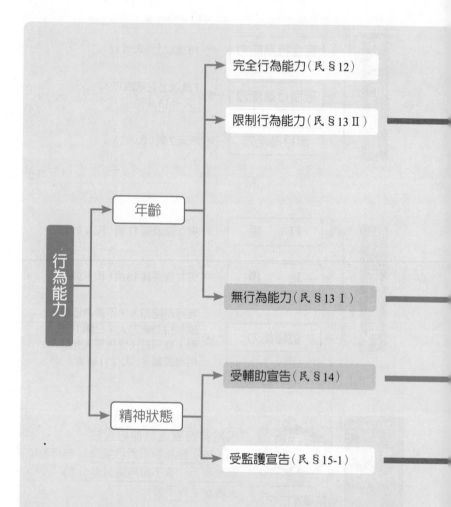

完全行為能力（民§12）

限制行為能力（民§13Ⅱ）

年齡

無行為能力（民§13Ⅰ）

行為能力

精神狀態

受輔助宣告（民§14）

受監護宣告（民§15-1）

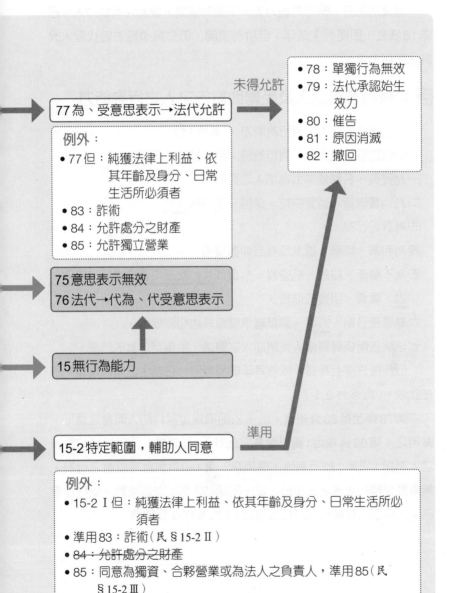

遺囑的部分，無行為能力人，不得為遺囑。限制行為能力人，已滿16歲者，即便尚未成年，但所為遺囑，仍然無須經法定代理人允許，即可為之。

三 受監護宣告之人及受輔助宣告之人之行為能力

受監護宣告之人，無行為能力。（民§15）

受輔助宣告之人為下列行為時，應經輔助人同意：

㈠為獨資、合夥營業或為法人之負責人。

㈡為消費借貸、消費寄託、保證、贈與或信託。

㈢為訴訟行為。

㈣為和解、調解、調處或簽訂仲裁契約。

㈤為不動產、船舶、航空器、汽車或其他重要財產之處分、設定負擔、買賣、租賃或借貸。

㈥為遺產分割、遺贈、拋棄繼承權或其他相關權利。

㈦法院依前條聲請權人或輔助人之聲請，所指定之其他行為。

但純獲法律上利益，或依其年齡及身分、日常生活所必需者，不在此限。（民§15-2 I）

第78條至第83條規定，於未依前項規定得輔助人同意之情形，準用之。第85條規定（獨立營業之允許），於輔助人同意受輔助宣告之人為第1項第1款行為時，準用之。第1項所列應經同意之行為，無損害受輔助宣告之人利益之虞，而輔助人仍不為同意時，受輔助宣告之人得逕行聲請法院許可後為之。（民§15-2 Ⅱ Ⅲ Ⅳ）

四 受監護宣告之程序

舊法規定為「禁治產人」，但此一用語並不符合新修正之「成年監護制度」，重在保護受監護宣告之人，維護其人格尊嚴，並確保其權益，因此修正名稱為「受監護宣告之人」。

舊法「心神喪失或精神耗弱致不能處理自己事務」語意不明確，新修正條文為「因精神障礙或其他心智缺陷，致不能為意思表示或受意思表示，或不能辨識其意思表示之效果」之情況，法院得因本人、配偶、四親等內之親屬、最近1年有同居事實之其他親屬、檢察官、主管機關或社會福利機構、輔助人、意定監護受任人或其他利害關係人之聲請，為監護之宣告。受監護之原因消滅時，法院應依前項聲請權人之聲請，撤銷其宣告。

法院對於監護之聲請，認為未達受監護之程度者，得為輔助之宣告。受監護之原因消滅，而仍有輔助之必要者，法院得變更為輔助之宣告。（民§14）

五 輔助宣告之程序

對於因精神障礙或其他心智缺陷，致其為意思表示或受意思表示，或辨識其意思表示效果之能力，顯有不足者，法院得因本人、配偶、四親等內之親屬、最近1年有同居事實之其他親屬、檢察官、主管機關或社會福利機構之聲請，為輔助之宣告。受輔助之原因消滅時，法院應依前項聲請權人之聲請，撤銷其宣告。受輔助宣告之人有受監護之必要者，法院得變更為監護之宣告。（民§15-1）

下列何者有行為能力？　(A)滿7歲之人　(B)滿18歲之人　(C)滿20歲之人及未成年已結婚者　(D)僅限於滿20歲之人 【97鐵公路-民法大意】	(B)

解析：

民法第12條已修正為滿18歲成年。

未成年人已結婚，為：　(A)完全行為能力　(B)無行為能力　(C)限制行為能力　(D)完全責任能力　【97消防不動產-民法概要】	

解析：

民法已修正男女未滿18歲者，不得結婚，並刪除「未成年人結婚，應得法定代理人同意」之條文。

下列有關行為能力的敘述，何者正確？　(A)無行為能力人之意思表示，無效，但不得以其無效對抗善意第三人　(B)限制行為能力人，在無意識或精神錯亂中，所訂立之契約，無效　(C)無行為能力人得受意思表示，但應由法定代理人代為意思表示　(D)限制行為能力人用詐術使人信其為有行為能力人或已得法定代理人之允許者，其法律行為無效　【99初等一般行政-法學大意】	(B)

相關考題 監護宣告

有關監護宣告，下列敘述何者正確？ (A)聲請宣告監護，應向法院或檢察官為之 (B)監護宣告之原因未消滅前，不得撤銷其宣告 (C)本人、配偶、最近親屬任何一人，均得聲請宣告監護 (D)心神喪失或精神耗弱致不能處理自己事務者，為限制行為能力人 【99高考三等財稅行政-民法】	(B)
甲為受監護宣告之人，出售A屋給乙，並立即移轉登記。乙不知甲為受監護宣告之人，將該屋出售並移轉登記於不知情之丙。下列敘述何者正確？ (A)甲與乙之買賣契約無效，但物權行為有效 (B)乙為善意，取得A屋所有權 (C)乙未取得A屋所有權 (D)甲得請求丙返還A屋 【99高考三級法制-民法】	(C)

解析：
債權行為及物權行為皆無效。

下列法律行為中，那一項為無效？ (A)19歲之小陳未得父母同意與50歲之麗麗結婚 (B)17歲之阿西自書遺囑 (C)30歲受監護宣告之王先生，意識突然清醒，隨即自行購買一本英漢字典 (D)16歲之東東不讓父母知道，單獨至機車行購買機車 【99高考三級-法學知識與英文】	(C)

相關考題 輔助宣告

受輔助宣告之人，為下列行為時，何者無須輔助人之同意？ (A)信託 (B)僱傭 (C)土地抵押權之設定 (D)遺贈 【101初等人事行政-法學大意】	(B)
下列何種行為，受輔助宣告之人不必得輔助人之同意而能發生效力？ (A)出租房屋 (B)為保證行為 (C)拋棄繼承權 (D)購買自行車 【105三等警察-法學知識與英文】	(D)

7 法人

一 法人的本質

　　法人，是指自然人以外，由法律創設，得享受權利、負擔義務之權利主體。向有所謂的擬制說、否認說及實在說之學說爭議，涉及到法人得否為權利義務之主體。所謂擬制說，是指國家藉由特許的方式，讓法人成為財產權的主體，擬制為人。否認說，則認為法人是假設的主體，否認法人在社會上具有獨立存在之人格。實在說：我國民法以法人實在說為基礎，承認法人是獨立性的實體，有權利能力、行為能力，以及侵權能力（施啓揚，《民法總則》）。

二 社團法人及財團法人

　　社團法人是社員組織而成的團體，無社員即無社團法人。社團與社員均保持獨立性，社團的行為由機關為之。社團的最高機關是「總會」，為意思機關，社員透過總會參與團體意思的形成，並且監督機關的行為。（民§50 I）舉例：股份有限公司中，董事會就如同公司的機關，負責公司日常營運的業務行為，股東大會就是總會，是真正的權利歸屬。社團的決議，是指社員進行表決，透過多數決的程序，作成一定之意思表示。讓原本意見紛歧的社員意思表示，最後變成單一的意思，屬於法律行為。

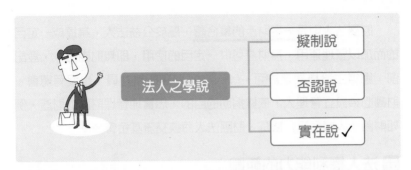

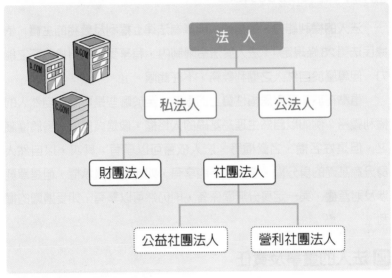

相關考題	社團與財團之比較

| 財團法人長庚紀念醫院之法律性質為何？ (A)非法人團體 (B)營利性社團法人 (C)非營利性社團法人 (D)非營利性法人
【97消防不動產-民法概要】 | (D) |
| 下列關於社團及財團的敘述，何者錯誤？ (A)兩者都應有董事的設置 (B)兩者都可以有監察人的設置 (C)社團有社員總會，財團則無總會 (D)社團由社員總會變更章程；財團則由董事會修改章程
【100地方特考三等-民法】 | (D) |

　　財團法人則是<u>一定財產的集合體</u>，屬於公益法人，為達成一定目的而加以管理運用，無財產可供一定目的使用，即無財團法人，登記前，應得主管機關之許可。（民§59）財團既無社員，也沒有總會。財團必須設立管理人，依據捐助的目的，忠實地管理財團的財產，例如財團法人國泰綜合醫院、財團法人海峽交流基金會。

目 法人權利能力的範圍

　　法人的權利能力，是指法人能成為法律上權利及義務的主體。依據民法第26條規定：「法人於法令限制內，有享受權利負擔義務之能力。但專屬於自然人之權利義務，不在此限。」

　　重點在於，但書是指性質上的限制，至於哪些是專屬於自然人的權利義務？例如以自然生理為基礎的人格權，像是貞操權、身體權屬之，但是姓名權、名譽權等，法人依舊可以享有；其次，以自然人身分為基礎的身分權，法人也不能享有，如親權、繼承權，但是單純涉及財產權，與一定身分無關係者，則仍然可以享有，如受遺贈的權利。

四 法人的董事及責任

　　法人應設董事。董事有數人者，法人事務之執行，除章程另有規定外，取決於<u>全體董事過半數之同意</u>。董事，是法人應設之代表執行機關，法人一切事務，<u>對外代表法人</u>。董事有數人者，除章程另有規定外，各董事均得代表法人。對於董事代表權所加之限制，<u>不得對抗善意第三人</u>。換言之，還是可以對抗惡意的第三人。（民§27）

　　下列事項應經總會之決議：

　　一、變更章程。

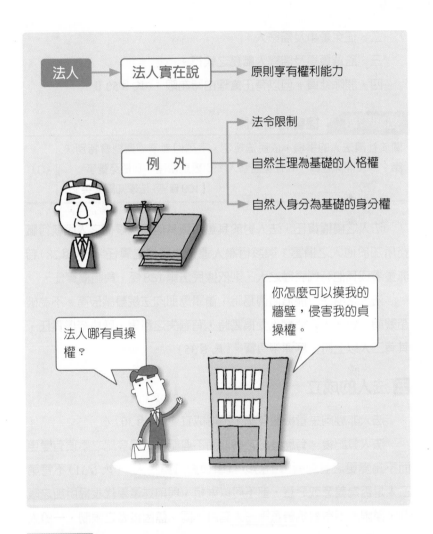

相關考題 行政權之範圍

下列何種權利，基於其性質，法人不得享有？　(A)姓名權　(B)名譽權　(C)受遺贈權　(D)繼承權	(D)
【99三等身障特考財稅行政-民法】	

二、任免董事及監察人。

三、監督董事及監察人職務之執行。

四、開除社員。但以有正當理由時為限。（民§50Ⅱ）

相關考題　　**總會特別決議**

關於社團法人的事項，依民法規定，下列何者須經過總會特別決議？　(A)開除社員　(B)任免監察人　(C)變更章程　(D)任免董事【109普考-法學知識與英文】	(C)

　　法人之侵權責任，法人對於其董事或其他有代表權之人因執行職務所加於他人之損害，與該行為人連帶負賠償之責任。（民§28）若非董事或其他有代表權之人，則依據民法第188條，負賠償責任。

　　法人之財產不能清償債務時，董事應即向法院聲請破產。不為破產聲請，致法人之債權人受損害時，有過失之董事，應負賠償責任，其有二人以上時，應連帶負責。（民§35）

五 法人的成立

　　法人非經向主管機關登記，不得成立。（民§30）

　　法人登記後，有應登記之事項而不登記，或已登記之事項有變更而不為變更之登記者，不得以其事項對抗第三人。（民§31）不管第三人是否為善意或惡意，都不可以對抗，與前述董事代表權所加之限制，僅限於不得對抗善意第三人有所不同。蓋因後者之限制，一般人難以知悉，故為維護交易安全，不得對抗善意第三人。

六 主管機關之監督

　　受設立許可之法人，其業務屬於主管機關監督，主管機關得檢查其財產狀況及其有無違反許可條件與其他法律之規定。（民§32）

情況	善意第三人	惡意第三人
應登記之事項而不登記	不得對抗	不得對抗
已登記之事項有變更而不為變更之登記	不得對抗	不得對抗
董事代表權所加之限制	不得對抗	得對抗

㈠法人違反設立許可之條件者，主管機關得撤銷其許可。（民§34）

㈡法人之目的或其行為，有違反法律、公共秩序或善良風俗者，法院得因主管機關、檢察官或利害關係人之請求，宣告解散。（民§36）

七 法人之清算

法人解散後，其財產之清算，由董事為之。但其章程有特別規定，或總會另有決議者，不在此限。（民§37）不能依前條規定，定其清算人時，法院得因主管機關、檢察官或利害關係人之聲請，或依職權，選任清算人。（民§38）

清算人之職務包括：㈠了結現務。㈡收取債權，清償債務。㈢移交賸餘財產於應得者。法人至清算終結止，在清算之必要範圍內，視為存續。（民§40）

八 撤銷決議

總會之召集程序或決議方法，違反法令或章程時，社員得於決議後3個月內請求法院撤銷其決議。但出席社員，對召集程序或決議方法，未當場表示異議者，不在此限。（民§56 I）

總會決議之內容違反法令或章程者，無效。（民§56 II）

相關考題	法人代表與董事責任
下列關於法人之敘述，何者是錯誤的？　(A)法人原則上具有權利能力　(B)法人具有民事責任能力　(C)法人不具有刑事責任能力　(D)法人可能具有憲法基本權能力 【99三等關務 - 法學知識】	(C)

相關考題 法人代表與董事責任

下列何者，就法人之一切事務，對外代表法人？ (A)董事 (B)監察人 (C)捐助人 (D)社員總會 　　　　　　　　　　　　　【97鐵公路-民法大意】	(A)
下列何者就法人一切事務對外代表法人？ (A)監察人 (B)捐助人 (C)董事 (D)總經理 　　　　　　　【97不動產經紀人-民法概要】	(C)

相關考題 財團法人

下列何者不是財團法人之解散原因： (A)發生章程所定解散事由 (B)設立許可遭主管機關撤銷 (C)法人行為違反公序良俗，由法院宣告解散 (D)總會決議解散 　　　　【99高考三等財稅行政-民法】	(D)
為維持財團之目的或保存其財產，法院因聲請，依民法規定得對該財團法人為何種行為？ (A)為必要之處分 (B)變更其組織 (C)變更其目的 (D)將財團解散 　　　　　　【99高考三等財稅行政-民法】	(B)

解析：
民法第63條規定：「爲維持財團之目的或保存其財產，法院得因捐助人、董事、主管機關、檢察官或利害關係人之聲請，變更其組織。」

相關考題 撤銷決議

A社團董事於召集總會，未依民法及章程規定於30日前對各社員發出書面通知，致少部分社員因不知而未出席，但仍有三分之二的社員出席，並作成決議。下列敘述何者正確？ (A)該決議無效 (B)該決議經法院認可，始生效力 (C)該決議經未出席社員承認，始生效力 (D)該因不知而未出席的少部分社員，得請求法院撤銷其決議 　　　　　　　　　　　　　【106地特三等-法學知識與英文】	(D)

相關考題　解散

社團及財團法人的共同解散事由，不包含下列那一項？　(A)章程或捐助章程所定解散事由發生　(B)因主管機關之請求宣告解散　(C)社員總會解散之決議　(D)許可或登記之撤銷 【101 初等人事行政-法學大意】	(C)

相關考題　法人之種類

下列何者不是法人？　(A)某某股份有限公司　(B)馬偕醫院　(C)北港朝天宮　(D)合會　【104高考-法學知識與英文】	(D)

相關考題　法人之成立與登記

法人登記後，已登記之事項有變更，而不為變更之登記者，其效力如何？　(A)法人之人格消滅　(B)該登記事項無效　(C)不得以該事項對抗第三人　(D)不得以該事項對抗善意第三人 【99普考財稅行政-民法概要】	(C)
法人登記後，有應登記之事項而不登記，或已登記之事項，有變更而不為變更之登記者，其未登記之事項效力為何？　(A)無效　(B)得撤銷　(C)效力未定　(D)不得以其事項對抗第三人 【97不動產經紀人-民法概要】	(D)

解析：

如果考得比較難一點，會加上善意或惡意第三人的選項。

以下是「不得對抗第三人」相關條文之整理：

㈠民法873-1條第1項規定：「約定於債權已屆清償期而未為清償時，抵押物之所有權移屬於抵押權人者，非經登記，不得對抗第三人。」

㈡民法1008條第1項規定：「夫妻財產制契約之訂立、變更或廢止，非經登記，不得以之對抗第三人。」

㈢民法1033條規定：「夫妻之一方，對於共同財產為處分時，應得他方之同意。前項同意之欠缺，不得對抗第三人。但第三人已知或可得而知其欠缺，或依情形，可認為該財產屬於共同財產者，不在此限。」

相關考題　意思決定機關

社團最高意思決定機關為：　(A)社員總會　(B)捐助章程　(C)董事會　(D)監察人　【97消防不動產-民法概要】	(A)
下列有關社團及財團之敘述，何者錯誤？　(A)兩者都應有董事的設置　(B)兩者都可以有監察人的設置　(C)兩者都可以有社員總會的設置　(D)兩者都應有章程　【100地方特考五等-法學大意】	(C)

相關考題　法人之監督

民法規定，法人之目的或其行為有違反法律者，法院得因主管機關、檢察官或利害關係人之請求宣告解散。此屬何種類型之民事制裁？　(A)人格之剝奪　(B)身分權之剝奪　(C)返還利益　(D)損害賠償　【96三等地方公務-法學知識與英文】	(A)

解析：

這一題除了與法人的監督有關外，也是法人消滅的原因。研讀法人消滅時，必須要看到法人的解散與清算，民法第36條就是法人解散的宣告，與破產宣告、章程或捐助章程所定解散事由的發生、許可或登記的撤銷，同屬社團法人與財團法人的共同解散事由。

社團法人特有的解散事由，包括決議解散（民§57），社團事務無從依章程進行（民§58），社員僅存一人；財團法人特有的解散事由，因情事變更，致財團之目的不能達到時，主管機關得斟酌捐助人之意思，變更其目的及其必要之組織，或解散之。（民§65）

下列何種權利專屬於自然人，而非法人所得享有？　(A)名稱權　(B)信用權　(C)健康權　(D)名譽權　【96五等地方公務-法學大意】	(C)
民法規定法人於法律限制內，有享受權利、負擔義務之能力。但專屬於自然人之權利義務，不在此限。所以下列何種權利法人不得主張之？　(A)債權　(B)物權　(C)無體財產權　(D)繼承權　【96五等錄事-法學大意】	(D)
下列有關法人之敘述，何者正確？　(A)法人於發起人聲請許可時，取得權利能力　(B)法人之權利能力與自然人之權利能力無任何差異　(C)法人有接受遺贈之能力　(D)法人進入清算程序時，其權利能力消滅　【99高考三級法制-民法】	(C)

8 動產及不動產

➊ 不動產

　　稱不動產者，謂土地及其定著物。(民§66Ⅰ) 不動產之出產物，尚未分離者，為該不動產之部分。(民§66Ⅱ) 不動產的物權變動，採登記主義。依據民法第758條第1項規定：「不動產物權，依法律行為而取得、設定、喪失及變更者，非經登記，不生效力。」

➋ 不動產之類型

㈠土地

　　土地，包括地上、地面及地下。

㈡定著物

　　定著物，是指非土地的構成部分，繼續密切附著於土地，不易移動，具有一定的經濟上效用之物。例如紀念碑、橋梁等。還在蓋的房屋，如果已經足以遮蔽風雨，達到經濟上使用的目的，也是屬於定著物。(63民庭6) 所以，定著物的要件如下：

1. 非土地之構成分。
2. 繼續附著於土地；臨時搭建的樣品屋、展場用遮雨棚等，都不是定著物。
3. 達一定經濟上目的。
4. 不易移動其所在。

註：不動產之出產物及相關考題，請配合本書第366～367頁「果實自落於鄰地」，一併閱讀。

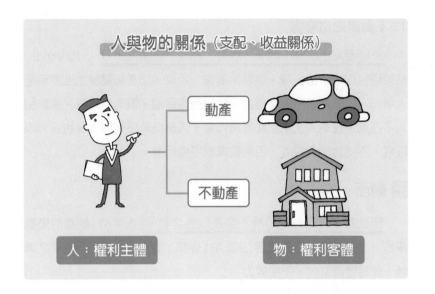

人與物的關係（支配、收益關係）

動產

不動產

人：權利主體

物：權利客體

不動產

土地

定著物

不動產之出產物

1. 甲地
果實歸甲

2. 甲地　乙地
果實歸乙

釋字第93號解釋：輕便軌道是不是定著物？
所謂定著物，指非土地之構成分，繼續附著於土地而達一定經濟上目的不易移動其所在之物而言，輕便軌道除係臨時敷設者外，其敷設出於繼續性者，縱有改建情事，有如房屋等，亦不失其為定著物之性質，故應認為不動產。

㈢不動產之出產物

不動產之出產物，尚未分離者，為該不動產之部分。（民§66Ⅱ）例如種植樹木、稻米等，並非定著物。所以，出產物屬於土地所有權人所有，如果是承租人種植的，也只有收取權，沒有所有權。若趁別人不在家，在他人土地上偷種農作物，因為既非所有權人，也沒有收取權，不能夠隨便採收，否則會構成侵權行為。

動產

稱動產者，為前條所稱不動產以外之物。（民§67）動產的變動採取「交付主義」，依據民法第761條第1項規定：「動產物權之讓與，非將動產交付，不生效力。」

實務見解 土地之構成部分

物之構成部分除法律有特別規定外，不得單獨為物權之標的物，未與土地分離之樹木，依民法第66條第2項之規定，為土地之構成部分，與同條第1項所稱之定著物為獨立之不動產者不同，故向土地所有人購買未與土地分離之樹木，僅對於出賣人有砍伐樹木之權利，在未砍伐以前未取得該樹木所有權，即不得對於更自出賣人或其繼承人購買該樹木而砍取之第三人，主張該樹木為其所有。（32年上字第6232號）

本號判決，簡單來說，就是甲一樹二賣，先賣乙，後賣丙，丙把樹砍回家。因為甲賣給乙之後，甲乙之間只有債權債務契約關係，甲可以依據樹木買賣契約，有權請求把樹砍回家，但在乙沒有把樹砍下後帶回家之前，那一棵樹還是甲的。丙已經砍了帶走，就不再是土地的構成部分，此一與土地分離的樹木變成是丙的了，乙只能主張甲違反買賣契約規定。

相關考題

下列何者並非不動產？ (A)辦公大樓 (B)農舍 (C)土地 (D)為供表演臨時搭建的舞台 【97四等關務警特－法學知識與英文】	(D)
甲未經乙、丙之同意，擅自挖起乙的鐵樹，種植在丙的土地上，鐵樹屬於何人所有？ (A)甲 (B)乙 (C)丙 (D)乙、丙共有 【97初等人事經建政風－法學大意】	(C)
下列何者為民法所稱之「物」？ (A)理髮剪下之頭髮 (B)專利權 (C)裝在身體上的義肢 (D)月亮 【97鐵公路佐級公路監理－法學大意】	(A)
下列何者非「不動產」？ (A)土地 (B)定著物 (C)長於蘋果樹之蘋果 (D)蘋果樹上之蘋果摘下後又以快乾膠黏妥，看不出分離過之痕跡 【97消防不動產－民法概要】	(D)
下列關於「動產」與「不動產」的敘述，何者錯誤？ (A)土地上長出的花草在與土地分離之前，屬於土地的部分 (B)無論動產或是不動產，一個物只有一個所有權 (C)主物是指不動產，從物是指動產 (D)家裡養的狗屬於動產 【98四等退除役轉任公務－法學知識與英文】	(C)
下列何者為動產？ (A)樣品屋 (B)土地 (C)生長於土地上之果樹 (D)房屋 【96五等錄事－法學大意】	(A)
何謂定著物？其有何特性？下列各項是否為定著物？ ㈠輕便鐵道 ㈡園中之果樹 ㈢興建中之房屋 【96原住民－民法刑法總則研究】	

解析：

定著物的題目蠻常出現於國家考試中，因此要熟讀定著物的定義，應熟背上述釋字第93號解釋的定義。

甲種植之果實因風吹落至乙之庭院，該果實屬誰所有？ (A)乙　(B)甲　(C)甲乙共有　(D)路人　　【97消防不動產-民法概要】	(A)
甲拿乙的果實種子，撒在丙的果園之中，果實種子發芽長成小樹後長出滿滿的果實。請問：該果樹上的果實是誰的？　(A)甲　(B)乙 (C)丙　(D)甲和乙　　　　　　　【96五等地方公務-法學大意】	(C)
違章建築之性質，在我國民法屬於：　(A)動產　(B)不動產　(C)土地之成分　(D)土地之從物　　　　　　【99四等關務-法學知識】	(B)
下列何者為動產？　(A)生長於土地上之果樹的果實　(B)臨時敷設之輕便軌道　(C)房屋　(D)以鋼筋水泥圍築而成之獨立的養魚池 　　　　　　　　　　　　　　　【99地方特考三等法制-民法】	(B)
民法規定，所謂不動產係指下列何者？　(A)專指土地　(B)土地及其定著物　(C)專指房屋　(D)由法官視個案自行決定 　　　　　　　　　　　　　　　【99地方特考五等-法學大意】	(B)
尚未收割之稻穀是：　(A)獨立之動產　(B)獨立之不動產　(C)動產之部分　(D)不動產之部分　　　　　　【99高考三級法制-民法】	(D)
下列何者為民法所稱獨立之物？　(A)埋在地底之煤礦　(B)剛種在農地上的一棵椰子樹　(C)一棟沒有建照和使用執照的違章別墅　(D)裝置在人體上的義肢　　　　　　【101初等一般行政-法學大意】	(C)
下列何者是定著物？　(A)還長在土地裡的地瓜　(B)固定在土地上的高鐵軌道　(C)挖掘的池塘　(D)廟前臨時搭架的歌仔戲臺 　　　　　　　　　　　　　　　【104普考-法學知識與英文】	(B)
甲未經乙之許可，在乙之土地上種植蔬菜，並與丙訂立買賣契約，將該尚未採收之蔬菜賣給丙。下列敘述，何者正確？　(A)因蔬菜為甲所種植，故甲為蔬菜之所有權人　(B)丙與甲訂立買賣契約，故丙取得蔬菜所有權　(C)蔬菜長在乙之土地上，乙為蔬菜之所有權人　(D)丙因與甲訂立買賣契約，故得對乙主張採收之權 　　　　　　　　　　　　　　　【105高考-法學知識與英文】	(C)

9 主物及從物

一 主物

主物與從物，兩者之區別，是基於兩者在效用上彼此之關係，可以分為主物與從物而言，例如錄影機及搖控器。主物，是指具有獨立經濟效用之物，此採相較於從物之定義而言，我國對於主物並無加以定義。

二 從物

非主物之成分，常助主物之效用，而同屬於一人者，為從物。但交易上有特別習慣者，依其習慣。（民§68Ⅰ）主物與從物都必須是實體存在，如果是主物的成分，例如鉛筆與筆芯、茶壺與壺蓋，都是一物，只是物品成分的名稱有所不同，並不具備主物與從物之間的關係。所謂「常助主物之效用」，是指應以有輔助主物之經濟目的，與之相依為用，客觀上具恆久之功能性關聯，而居於從屬關係者，始足當之。倘僅具暫時輔助他物之經濟目的，或縱與之分離亦不致喪失他物之利用價值或減損其經濟效用者，均難認為係該物之從物。

三 處分主物之效力

主物之處分，及於從物。（民§68Ⅱ）

處分，包括債權行為與物權行為。民法第118條第1項規定之「無權利人就權利標的物所為之處分，經有權利人之承認始生效力。」此一規定之處分，是指物權行為及準物權行為，並不包括負擔行為。

補充觀念：「準物權行為」，是指非民法上的物權，而在法律上視為物
權，準用民法關於不動產物權的規定者，稱為準物權。例
如礦業權、漁業權。

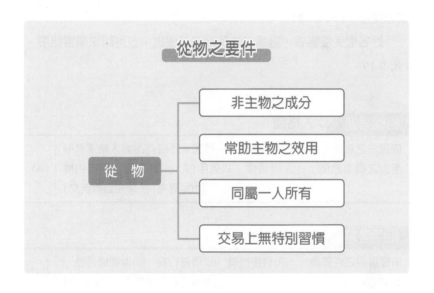

從物之要件

從 物
- 非主物之成分
- 常助主物之效用
- 同屬一人所有
- 交易上無特別習慣

實務見解 附屬建物

　　所謂附屬建物，係指依附於原建築以助其效用而未具獨立性
之次要建築而言。系爭第四層建築是否為三層樓房之附屬建物，
應以該第四層建築是否依附於三層樓房，常助三層樓房之經濟效
用，在一般交易觀念上，咸認與三層樓房有繼續的主從關係，以
為斷。　　　　　　　　（最高法院84年台上字第714號民事判決）

四 人格權

　　人格權受侵害時，得請求法院除去其侵害；有受侵害之虞時，得請求防止之。前項情形，以法律有特別規定者為限，得請求損害賠償或慰撫金。（民§18）

　　姓名權受侵害者，得請求法院除去其侵害，並得請求損害賠償。（民§19）

相關考題　　人格權

依民法之規定，侵害下列何種權益，被害人不得向加害人請求非財產上之損害賠償？　(A)所有權　(B)信用權　(C)姓名權　(D)自由權 【109高考-法學知識與英文】	(A)

相關考題　　準物權行為

債權讓與之性質為：　(A)債權行為　(B)債務行為　(C)準物權行為　(D)物權行為　　　　　　　　　　【100五等司法特考-法學大意】	(C)

相關考題　　從物之要件

依民法第68條第1項本文之規定，非主物之成分，常助主物之效用，而同屬於一人者，稱為：　(A)附屬物　(B)附著物　(C)添附物　(D)從物　　　　　　　　　　　　　【96公務初等一般行政-法學大意】	(D)
下列對於「從物」之敘述何者錯誤？　(A)非主物之成分　(B)主物與從物同屬一人　(C)常助主物之效用　(D)主物之處分，不及於從物 【97消防不動產-民法概要】	(D)

相關考題　主物與從物

下列何者具有主物與從物的關係？　(A)土地與房屋　(B)電視機與其遙控器　(C)書桌與抽屜　(D)住家與書桌 【97基層警察-法學緒論】	(B)
以下之物中，具有主物與從物關係的是：　(A)汽車與駕照　(B)原子筆與筆芯　(C)電視機與電視遙控器　(D)腳踏車與腳踏車的輪胎 【99四等海巡-法學知識與英文】	(C)
甲偷取乙之汽車電視及天線，將其裝於甲向丙借用之汽車，該車解體後，汽車電視及天線所有權歸屬於誰？　(A)甲　(B)乙　(C)甲與丙共有　(D)乙與丙共有　　　　【100高考法制-民法】	(B)
甲建有一獨棟別墅，該棟別墅與下列何物為主、從物關係？　(A)別墅旁之獨立車庫　(B)別墅內之書房　(C)別墅下之土地　(D)別墅上之煙囪　　　【100地方特考五等經建行政-法學大意】	(A)

相關考題　物之成分

請問下列何者係物之重要成分？　①房屋的樑柱　②土地上種植的果樹　③腳踏車的警鈴　④汽車的備用輪胎　⑤土地上的圍牆 (A)①②　(B)①③　(C)②④　(D)④⑤ 【100地方特考四等-民法概要】	(A)

解析：
③從物。

10 天然孳息與法定孳息

━ 天然孳息

　　稱天然孳息者，謂果實、動物之產物及其他依物之用法所收穫之出產物。（民§69Ⅰ）有收取天然孳息權利之人，其權利存續期間內，取得與原物分離之孳息。（民§70Ⅰ）

　　有權收取天然孳息之人，不以原物之所有權人為限。（51台上字第873號）土地所有人於所有權之作用，就其所有土地固有使用收益之權，但如將所有土地出租於人而收取法定孳息，則承租人為有收取天然孳息權利之人，在租賃關係存續中，即為其權利之存續期間，取得與土地分離之孳息。（48台上字第1086號）

━ 法定孳息

　　稱法定孳息者，謂利息、租金及其他因法律關係所得之收益。（民§69Ⅱ）有收取法定孳息權利之人，按其權利存續期間內之日數，取得其孳息。（民§70Ⅱ）例如甲借乙100萬元，年息5萬元，此一5萬元，就是法定孳息。

相關考題	準物權行為

關於動產之敘述，下列何者錯誤？　(A)甲以所有之意思，占有被遺棄之流浪狗，甲取得該狗之所有權　(B)電影院管理員在電影院內得遺失物者，對遺失人不得請求報酬　(C)甲在乙所有之土地上挖掘發見龍銀一批，該批龍銀由甲、乙二人共有各一半　(D)加工於他人之動產者，其加工物之所有權，原則上屬於加工人	(D)
【109高考-法學知識與英文】	

相關考題

利息、租金及其他因法律關係所得之收益稱為： (A)主物 (B)從物 (C)天然孳息 (D)法定孳息 【96公務初等人事經建 - 法學大意】	(D)
下列何者非天然孳息？ (A)果實 (B)動物之產物 (C)其他因法律關係所得之收益 (D)其他依物之用法所收穫之出產物 【97鐵公路 - 民法大意】	(C)
下列之物，何者非為孳息？ (A)蘋果 (B)雞蛋 (C)牛肉 (D)利息 【101初等一般行政 - 法學大意】	(C)
下列何者不是羊的天然孳息？ (A)已排放之羊糞 (B)已剪取之羊毛 (C)已烹飪之羊肉 (D)已汲取之羊乳 【102四等地方特考 - 民法概要】	(C)

11 法律行為

■ 法律行為之定義

　　法律行為，是指基於當事人的意思表示，產生一定法律效果之行為。

　　所謂的準法律行為，包括「意思通知」，是指表示一定期望的行為，如催告、請求；其次是「觀念通知」，表示對一定事實之觀念或認識，如社員總會的通知、債權讓與之通知；以及「感情表示」，表示一定感情之行為，例如老虎伍茲發生外遇，其妻子對其表示原諒之意，即所謂的「宥恕」。

　　有些法律上行為，是指自然人的事實上動作，產生一定法律效果的行為，稱之為「事實行為」，例如無主物之先占（民§802）、遺失物的發現（民§803），不必有內部的效果意思，與法律行為必須具備效果意思有所不同，也不需要有行為能力。

■ 法律行為之分類

　　法律行為可分為三類，單獨行為、契約行為與共同行為。

　　單獨行為：是指只需要一方之意思表示，即可成立的法律行為。例如，無權處分行為的承認、選擇權的行使、債務免除等，撤銷錯誤表示，也是單獨行為之一種。

　　契約行為：雙方相對之意思表示，且趨於一致始成立之法律行為。例如，贈與契約、買賣契約、旅遊契約等均屬之。

　　共同行為：多數相同方向的意思表示，且趨於一致始成立的法律行為，例如社團的決議屬之。共同行為是相同方向的意思表示，契約行為則是相反方向，兩者最後均要趨向一致。

相關考題　　法律行為

社團決議，屬於下列何種行為？　(A)事實行為　(B)法律行為　(C)準法律行為　(D)單獨行為　　　　　　【96五等地方公務-法學大意】	(B)
以下何者並非民法上之「法律行為」？　(A)父母對已成年子女結婚之「同意」(B)債務之免除　(C)締結買賣契約　(D)出賣人對買受人交付買賣標的物　　　　　　【100三等調查特考-法學知識與英文】	(A)

相關考題　　單獨行為

下列何者為單獨行為？　(A)締結贈與契約　(B)決議變更章程　(C)撤銷錯誤之意思表示　(D)修繕租賃標的物　　【97公務初等-法學大意】	(C)
甲建商向乙表示解除雙方訂立的預售屋買賣契約。甲的解約表示屬於何種行為？　(A)債權行為　(B)物權行為　(C)準物權行為　(D)單獨行為　　　　　　　　　　　　【99普考財稅行政-民法概要】	(D)

相關考題　　法律行為標的

有關法律行為標的之敘述，下列何者正確？　(A)公序良俗乃指國家社會一般利益及道德觀念而言　(B)法律行為的動機違反公序良俗，該法律行為一律無效　(C)事先放棄撤銷結婚訴權之約定，未違反公序良俗　(D)夫妻間為恐一方於日後或有虐待或侮辱他方情事而預立離婚契約者，其契約未違反善良風俗　　【99高考三級法制-民法】	(A)

類型	說明	圖示
意思通知	表示一定期望之行為	 小馬，上次你欠我20萬元，限你三天之內還我錢。 要錢沒有，要命一條。
觀念通知	表示對一定事實之觀念或認識	 開會通知書 本協會預定於〇年〇月〇日召開會員大會，特此通知。 理事長〇〇〇
感情表示	表示一定感情之行為	 念在夫妻一場，你和那個狐狸精的事就算了。

下列有關意思表示之敘述，何者正確？ (A)意思表示不是法律行為之要素 (B)意思表示不須有效果意思 (C)意思表示不以明示為限 (D)單純之沈默即為意思表示 【101初等一般行政-法學大意】	(C)
下列行為，何者為意思表示？ (A)對債務人之請求 (B)宥恕 (C)社團總會之開會通知 (D)買賣契約之承諾 【101初等人事行政-法學大意】	(D)
甲寄一封信給乙表示願以新臺幣600萬元買A屋，其意思表示何時生效？ (A)甲已寫完信封 (B)甲將信投入郵筒時 (C)郵差將信投入乙之信箱時 (D)乙看完信件，瞭解信之內容時 【100地方特考五等經建行政-法學大意】	(C)

解析：

民法第94條規定：「對話人為意思表示者，其意思表示，以相對人了解時，發生效力。」

民法第95條第1項規定：「非對話而為意思表示者，其意思表示，以通知達到相對人時，發生效力。但撤回之通知，同時或先時到達者，不在此限。」

12 要式行為

一 要式行為

　　意思表示須依一定方式為之，始能成立的法律行為，稱之為要式行為。例如背書為要式行為，背書人非在票據之背面或其黏單上為之，並由背書人簽名或蓋章，不生背書效力。（59台上字第433號）

二 要式行為之類型

（一）以書面為之者：例如社團章程、財團捐助行為，或不動產之租賃契約期限逾1年者、不動產物權之移轉或設定。

（二）以書面及二人以上證人：如結婚、兩願離婚。

（三）遺囑：民法第1189條規定：「遺囑應依左列方式之一為之：一、自書遺囑。二、公證遺囑。三、密封遺囑。四、代筆遺囑。五、口授遺囑。」

（四）向法院表示：拋棄繼承，以書面向法院為之。（民§1174）

※ 法條記憶方法：1174，一人繼承給另一人，居然要拋棄掉，真是氣死人了。

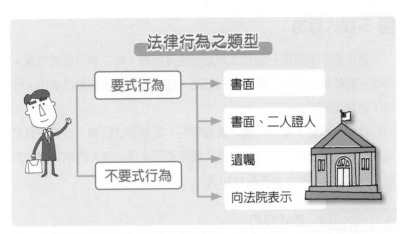

法律行為之類型

要式行為 → 書面

→ 書面、二人證人

不要式行為 → 遺囑

→ 向法院表示

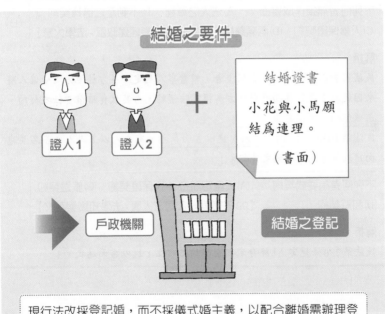

結婚之要件

證人1　證人2

＋

結婚證書

小花與小馬願結爲連理。

（書面）

戶政機關

結婚之登記

現行法改採<u>登記婚</u>，而不採儀式婚主義，以配合離婚需辦理登記的制度。換言之，現在結婚不再需要大宴賓客，而法院的公證結婚也將式微。

三 不要式行為

意思表示不須依一定方式為之的法律行為，稱之為不要式行為，例如一般的買賣契約即屬不要式行為，口頭上要約承諾意思表示一致時，買賣契約即告成立。

當事人締結不動產買賣之債權契約，固非要式行為，惟對於買賣契約必要之點，即價金與標的物之意思表示必須一致，否則其契約即難謂已成立。（69台上字第1710號）

相關考題　要式契約

下列何者無須作成書面？　(A)法人之章程　(B)不動產之借貸契約 (C)人事保證契約　(D)兩願離婚　【97初等人事經建政風-法學大意】	(B)

解析：

民法第756-1條：「稱人事保證者，謂當事人約定，一方於他方之受僱人將來因職務上之行為而應對他方為損害賠償時，由其代負賠償責任之契約。前項契約，應以書面為之。」

民法第1050條：「兩願離婚，應以書面為之，有二人以上證人之簽名並應向戶政機關為為離婚之登記。」

下列何者為要式契約？　(A)終身定期金　(B)保證契約　(C)旅遊契約 (D)和解契約　　　　【99三等第一次司法人員-法學知識與英文】	(A)

解析：

民法第730條規定：「終身定期金契約之訂立，應以書面為之。」

相關考題

關於法律行為之法定方式，下列何者敘述錯誤？ (A)其為法律行為方式自由原則的例外 (B)以法律有明文規定者為限 (C)不依法定方式者，仍然有效 (D)法定方式不可以依合意加以排除。　　　　　　　　　　　　　　　　【97三等公務民航-法學緒論】	(C)
下列何種法律行為僅須當事人意思表示合致，民法並未規定尚須以書面為之？ (A)捐助章程 (B)動產買賣契約 (C)兩願離婚 (D)不動產租賃契約期限逾1年者　　　　　　　　　　【97基層警察-法學緒論】	(B)
下列何種契約不是要式契約？ (A)一般保證 (B)人事保證 (C)終身定期金 (D)合會　　　　　　　　　　　　　【101初等一般行政-法學大意】	(A)

相關考題　　　要物契約

代物清償契約之法律性質為何？ (A)諾成契約 (B)要物契約 (C)要式契約 (D)事實上契約關係　　　　　　　　【99普考財稅行政-民法概要】	(B)

13

生效要件與成立要件

　　學習法律跟練武術一樣,想要練得好,一定有個核心的技巧。本書建議,可以在學習之初,思考每個問題的生效要件與成立要件。

　　例如12歲的某甲與乙訂定委任契約,派乙到火星去取回外星人的遺體,乙本來拒絕,但是甲拿出預藏的槍械,乙只好答應。

　　本案可以從當事人、意思表示、標的,一層一層思考所涉及到的問題,像是當事人甲與乙有沒有行為能力(乙是限制行為能力人),乙的意思表示是否健全無瑕疵(乙是否被甲持槍脅迫?),標的是否可能(目前有無登陸火星之能力?)、確定、適法與妥當。

　　經過許多問題的反覆演練,相信對於民法的學習會大有幫助。

■ 成立要件與生效要件

　　成立要件,分成一般成立要件與特別成立要件。所謂一般成立要件,包括當事人、意思表示,以及標的;特別成立要件中,例如要式性,必須要具備一定約定的方式法律行為始成立,其他如要物性、契約合意等。民法第73條有規定:「法律行為,不依法定方式者,無效。但法律另有規定者,不在此限。」

　　生效要件,分成一般生效要件與特別生效要件。在一般生效要件,當事人必須要有完全行為能力,意思表示必須健全無瑕疵,在「標的」部分,必須可能、確定、適法、妥當。

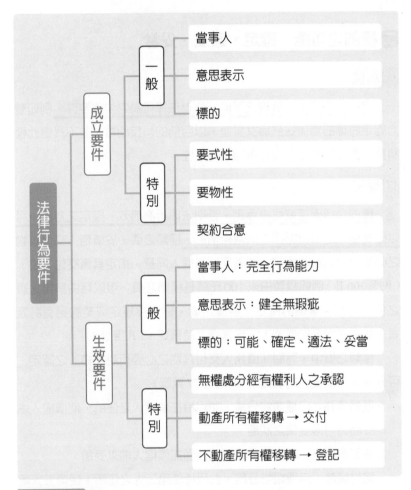

相關考題

契約當事人如約定其契約須用一定方式者,在該方式未完成前,依
民法規定,該契約之狀態為何? (A)其契約視為無效 (B)其契約視
為不成立 (C)其契約推定不成立 (D)其契約推定無效
【96五等地方公務-法學大意】

(C)

解析:(C)請參考民法第166條規定:「契約當事人約定其契約須用一定方
式者,在該方式未完成前,推定其契約不成立。」

二 標的之可能、確定、適法、妥當

(一) 可能

標的必須有履行實現之可能，作為法律行為之生效要件。例如雙方約定將標的物運送到織女星座，以目前的科技而言，並不具備此種科技，因此實際上並沒有履行之可能性。

(二) 確定

標的必須確定或可得確定，否則法律行為無效。確定之方法，可以分為種類之債與選擇之債兩種情形。種類之債，於債務人交付其物之必要行為完結時確定，或者是經債權人同意，指定其應交付之物。（民§200 II）例如購買白米100斤就是種類之債，可以藉由銷售人員之包裝行為，讓標的確定；選擇之債，除法律規定或契約另有訂定者，其選擇權屬於債務人，於選擇之時確定。（民§208）

種類之債中，有關「債務人交付其物之必要行為完結」之認定，可分為下列情況，說明如下：（如第77頁圖）

1. 赴償債務：自種類物分離，並且持往債權人之住所，使債權人處於隨時可得受領之狀態。
2. 往取債務：自種類物分離，並且通知債權人前來受領。
3. 送付債務：自種類物分離，並且持往第三人之住所，使第三人處於隨時可得受領之狀態。
4. 代送債務：自種類物分離，並且發送於運送承攬人。

(三) 適法

法律行為之標的不得違反法律強制或禁止之規定。（民§71）例如甲向乙購買軍火，依據槍砲彈藥刀械管制條例第5-1條規定，屬於

買賣槍械行為

民§71
違反禁止規定無效

民§72
違反公序良俗無效

【槍砲彈藥刀械管制條例第5-1條】
　　手槍、空氣槍、獵槍及其他槍砲、彈藥專供射擊運動使用者，非經中央主管機關許可，不得製造、販賣、運輸、轉讓、出租、出借、持有、寄藏或陳列。

強制規定：命令當事人應為一定之行為者，例如應訂定章程、應以書面為之。

取締規定：違反結婚年齡之限制，得撤銷之。

【民法第71條】
　　法律行為，違反強制或禁止之規定者，無效。但其規定並不以之為無效者，不在此限。

禁止規定：命令當事人不得為一定之行為者，例如權利能力不得預先拋棄、故意責任不得預先免除。

違法禁止行為。所以，依據民法第71條規定，屬於違反禁止規定而無效，此行為亦違反民法第72條規定，違反公序良俗而無效。

㈣妥當

標的不得違背公共秩序或善良風俗。民法第72條規定：「法律行為，有背於公共秩序或善良風俗者，無效。」如前述以槍械為標的物之買賣契約，或者是請槍手代為參加考試，作為贈與之原因，均屬於違反本條之公序良俗規定。

有些法律上之行為，雖然有背於公共秩序或善良風俗，但是法律特別規定並不使其為無效，而規定為得撤銷，例如民法第74條之暴利行為，或民法第92條之詐欺，其法律效果均僅得撤銷。

所謂暴利行為，是指乘他人之急迫、輕率或無經驗，使其為財產上之給付或為給付之約定，依當時情形顯失公平者，法院得因利害關係人之聲請，撤銷其法律行為或減輕其給付。（民§74）例如趁人之危，當事人必須逃離災害場所，而以高價販賣所需之民生物品，或以高價開車載離危難場所，雖然當事人是自願給付，但在法律評價上並非公平之狀態，特設此規定。但為了表示慎重，利害關係人必須以訴訟之方式，向法院聲請撤銷法律行為或減輕其給付。

三 無效之效力

前開條文中，違反強行規定、違反公序良俗、違反法定方式，均屬欠缺生效要件之法律行為，法律效果歸之於無效。此之無效，屬於自始、當然、確定無效。所謂自始無效，是指自法律行為成立時，即存有無效之原因而無效，亦即從未發生過當事人所欲發生之法律效力；所謂當然無效，是指無待主張，也不必經由一定程序，法律行為即屬無效；所謂確定無效，是指法律行為之無效，並不會因為時間的經過而補正。

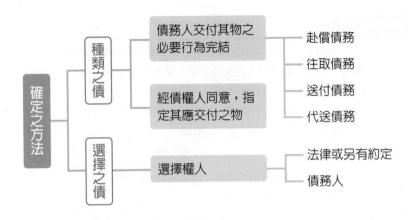

20歲的甲、18歲的乙為某大學之學長學弟,甲學長幫乙學弟代考期末考某科,使乙順利及格。乙為感謝甲,便對甲表示說:「為了報答你幫我代考,送你一支限量手機!」甲允而受之。則該贈與契約之效力為何? (A)有效 (B)無效 (C)因乙為限制行為能力人而效力未定 (D)有效,但乙的法定代理人得撤銷 【97身心障礙五等-法學大意】	(B)
甲將自家門前的人行道出租給乙擺攤,則該租賃契約效力為何? (A)有效 (B)無效 (C)得撤銷 (D)效力未定 【97初等人事經建政風-法學大意】	(B)
債務人應將標的物攜帶到債權人之住所地,使得債權人處於隨時受領之狀態,其性質為: (A)往取債務 (B)赴償債務 (C)代送買賣 (D)送付債務 【96公務初等人事經建-法學大意】	(B)
對於法律行為無效的敘述,下列何者錯誤? (A)當然無效 (B)自始無效 (C)確定無效 (D)嗣後無效 【97基層警察-法學緒論】	(D)
暴利行為之撤銷,聲請權人應於法律行為後幾年內聲請法院撤銷之? (A)1年 (B)2年 (C)5年 (D)10年 【97不動產經紀人-民法概要】	(A)
民法第95條規定,非對話而為意思表示者,其意思表示何時發生效力? (A)發出通知時生效 (B)通知到達時生效 (C)通知到達24小時起生效 (D)通知經相對人瞭解時生效 【97消防不動產-民法概要】	(B)
下列何種行為違反公序風俗? (A)繼承人拋棄繼承 (B)人格權之被害人與加害人和解,約定加害人僅須登報道歉,不須金錢賠償 (C)公司與員工約定,除非公司破產,否則員工不得辭職 (D)租約當事人約定,承租人應負擔租賃標的物之稅捐 【97公務初等-法學大意】	(C)

相關考題

甲受僱於乙銀行，雙方為甲結婚時即需辭職的約定。下列敘述何者錯誤？　(A)僱傭契約仍然有效　(B)辭職的約定無效　(C)雙方需受約定的拘束　(D)辭職的約定違反公序良俗 【97鐵公路人員-法學知識與英文】	(C)

解析：

請參照第80頁有關無效之規定。依據民法第111條之規定，法律行為除去無效的部分，其餘亦可成立者，則其他部分，仍為有效。所以僱傭契約除去違反公序良俗部分（結婚即需辭職之規定），而僱傭契約仍可成立，此一部分仍為有效，所以選項(A)僱傭契約仍然有效並無錯誤。

甲乙雙方簽訂人口買賣契約，此買賣契約的效力如何？　(A)有效　(B)無效　(C)效力未定　(D)得撤銷　【96普考-法學知識與英文】	(B)
法律行為若有背於公共秩序或善良風俗者，其效力為何？　(A)有效　(B)無效　(C)效力未定　(D)得撤銷　【97鐵公路-民法大意】	(B)

14 無行為能力

一 無行為能力之法律效果

有關無行為能力人之範圍，業已說明如前文「行為能力」章節，接下來是探討無行為能力人之意思表示的效果。從年齡的判斷來說，無行為能力人是<u>未滿7歲者</u>，通常都還須把屎把尿，當然更需要特別的保護。

無行為能力人不能自己為意思表示，必須由法定代理人代為意思表示，並代受意思表示。（民§76）因此，<u>無行為能力人之意思表示，無效，無論是否為單獨行為或契約行為，都是無效</u>；雖非無行為能力人，而其意思表示，係在無意識或精神錯亂中所為者亦同。（民§75）

無行為能力人不能自為意思表示或受意思表示，必須透過法定代理人代為或代受之。與限制行為能力人的情況不同，限制行為能力人可以為意思表示或受意思表示，只是效力未定，必須經法定代理人事前同意或事後承認始生效力。

二 無效

<u>法律行為之一部分無效者，全部皆為無效。但除去該部分亦可成立者，則其他部分，仍為有效</u>。（民§111）無效之法律行為，若具備他法律行為之要件，並因其情形，可認當事人若知其無效，即欲為他法律行為者，其他法律行為，仍為有效。（民§112）

無效法律行為之當事人，於行為當時知其無效，或可得而知者，應負回復原狀或損害賠償之責任。（民§113）

6歲的甲向自動販賣機購買了一罐西米露,也喝完了。甲的父母可以代甲主張契約: (A)有效 (B)無效 (C)得撤銷 (D)效力未定 【99地方特考三等法制-民法】	(B)
甲出售一件洋裝給5歲的乙,甲與乙的買賣契約,效力如何? (A)有效 (B)無效 (C)效力未定 (D)得撤銷 【99普考財稅行政-民法概要】	(B)
對於未滿7歲的人,下列敘述何者正確? (A)不得為契約當事人 (B)不得自行締結契約 (C)不得繼承財產 (D)不得占有動產 【97基層警察-法學緒論】	(B)
6歲小孩得其父母之允許自行至車行購買腳踏車後興高采烈騎回家。其法律關係之效力為何? (A)買賣契約、物權契約均有效 (B)買賣契約、物權契約均無效 (C)買賣契約有效、物權契約無效 (D)買賣契約無效、物權契約有效 【96調查特考-法學知識與英文】	(B)

15 限制行為能力人

一 基本概念

　　限制行為能力人雖然仍受到民法相當的保護，但相較於無行為能力人，存在著較大的自主空間。但是，仍透過法定代理人之事前允許或事後承認，作為保護限制行為人的重要防線。基本上，只要法定代理人允許，就可以為意思表示或受意思表示。（民§77）如果沒有獲得允許，單獨行為無效，契約行為效力未定。契約在效力未定的情況之下，須經過法定代理人之承認，始生效力。（民§78、79）經承認之法律行為，如無特別訂定，溯及為法律行為時發生效力。（民§115）

二 無需法定代理人允許之例外情況

　　在某些情況下，限制行為能力人所為之法律行為是有效的。如純獲法律上之利益，或依其年齡及身分、日常生活所必需者，並不需要得到法定代理人之允許。（民§77但）例如，甲送一台玩具汽車給10歲的小孩乙，屬於純獲法律上的利益；15歲的國中生到學校福利社購買一罐飲料，則為依其年齡及身分、日常生活所必需者。

　　其次，限制行為人用詐術使人信其為有行為能力人或已得法定代理人之允許者，其法律行為為有效，並不需要法律加以保障其法律行為的有效性。（民§83）例如16歲的黃姓少年欺騙阿扁，讓阿扁誤以為他已經是成年人，而將變形金剛賣給阿扁，本來因為其屬未成年人，契約效力未定，但是因為其使用詐術，已經沒有保護的必要，所

謝謝你送我這間房子！

純獲法律上之利益

依其年齡及身分、日常生活所必需

兒子這筆錢2萬元當作你高中3年的生活費。

詐術

特定財產之處分

獨立營業之允許

上述特定情況下，限制行為人並無須透過法定代理人加以保護之必要，或是施用詐術，或法定代理人業已允許，顯然已無保護之必要。

以變形金剛的買賣契約有效成立，黃姓少年有義務要移轉所有權給阿扁。

　　有關特定財產之處分，法定代理人允許限制行為能力人處分之財產，限制行為能力人，就該財產有處分之能力。（民§84）最後，有關「獨立營業之允許」，法定代理人允許限制行為能力人獨立營業者，諸如開一家公司，則讓限制行為能力人關於其營業之部分，有行為能力。（民§85）

相關考題　　**單獨行為無效**

依我國民法之規定，未得法定代理人允許所為單獨行為之效力如何？　(A)得撤銷　(B)效力未定　(C)有效　(D)無效　　　　　　　　　　　　　　　　　　　　　　【97基層警察-法學緒論】	(D)
甲14歲未得法定代理人同意，所為下列之法律行為，何者無效？　(A)純獲法律上利益　(B)依其年齡及身分、日常生活所需者　(C)單獨行為　(D)契約　　　　　　　　　　　　　　　　【97不動產經紀人-民法概要】	(C)

相關考題　　**承認後生效時點**

| 甲出售電視機給17歲的乙，乙的母親丙於三天後承認乙的行為。請問：甲與乙之契約何時生效？　(A)甲與乙訂約時　(B)丙承認時　(C)丙承認10天後　(D)甲與乙訂約1個月後　　　　　　　　　　　　　　　　　　　　　　　　【96五等地方公務-法學大意】 | (A) |

相關考題　詐術有效

甲17歲因對房地產深感興趣，於參觀乙建設公司推出之建案時，向乙謊稱其為年約26歲之竹科新貴，向乙訂購房屋一戶並預付新臺幣1萬元訂金。問：甲、乙之買賣契約效力如何？　(A)有效　(B)無效　(C)效力未定　(D)甲之法定代理人得以甲尚未成年為由撤銷該契約　【97不動產經紀人-民法概要】	(A)

相關考題　契約行為效力未定

17歲之甲未告訴乙自己尚未成年，而向乙訂購一輛重型機車，請問：該買賣契約之效力為何？　(A)效力未定　(B)強制有效　(C)強制無效　(D)乙得撤銷甲為詐欺之意思表示　【97公務初等-法學大意】	(A)

解析：
甲並沒有告訴乙自己尚未成年，並非以詐術為之。

有關行為能力之敘述，下列何者正確？　(A)限制行為能力人，在無意識或精神錯亂中，所訂立之契約無效　(B)無行為能力人得自行接受意思表示，但應由法定代理人代為意思表示　(C)無行為能力人之意思表示，無效。但不得以其無效對抗善意第三人　(D)限制行為能力人用詐術使人信其為有行為能力人或已得法定代理人之允許者，其法律行為無效　【99高考三等財稅行政-民法】	(A)

相關考題 特定財產處分

未成年子女未經父母同意，即擅自將父母給予之零用錢，購買玩具分贈同學，此法律行為之法律上效力為何？ (A)效力未定 (B)無效 (C)得撤銷 (D)有效 【97鐵公路佐級公路監理－法學大意】	(D)

解析：

請參考民法第84條有關特定財產處分之規定：「法定代理人允許限制行為能力人處分之財產，限制行為能力人，就該財產有處分之能力。」不過本題題意並不清楚，如果是無行為能力人，答案可能就是(B)了。

其他獲得玩具贈與的同學，就是民法第77條但書：「限制行為能力人為意思表示及受意思表示，應得法定代理人之允許。但純獲法律上之利益，或依其年齡及身分、日常生活所必需者，不在此限。」

下列有關行為能力的敘述，何者正確？ (A)無行為能力人為意思表示及受意思表示，應得法定代理人之允許 (B)限制行為能力人未得法定代理人之允許，所為之單獨行為，無效 (C)民法對於無行為能力人純獲法律上之利益，或依其年齡及身分、日常生活所必需之法律行為，已設有明文規定 (D)限制行為能力人之法定代理人，不得代受意思表示，但得代為意思表示	(B)

【101初等一般行政－法學大意】

16 虛偽意思表示

一 單獨虛偽意思表示（心中保留）

社會上有些人總是「心口不一」，例如常常有人以瞧不起人的口吻，揶揄道「你要是考得上大學，我的財產全都送給你。」實際上，說這句話的人，並沒有想要受這句話約束的意思。

單獨虛偽意思表示，是指表意人無欲為其意思表示所拘束之意，而為意思表示者。（民§86）由於單獨虛偽意思表示，只有自己知道，其他人不知道其真正的意思，所以效力為有效。否則，每個人都在事後宣稱所說的話不算數，將會嚴重影響交易安全。但是，假設相對人也知道，基本上就不值得保護，其意思表示就無效了，此規定在民法第86條但書：「但其情形為相對人所明知者，不在此限。」。

二 通謀虛偽意思表示

是指表意人與相對人通謀而為虛偽意思表示的情況，其意思表示無效。（民§87 I）常見的情況，例如某甲欠某乙錢，某甲為了脫產，所以與某丙簽訂虛偽意思的骨董買賣契約，實際上並沒有要將該骨董賣給某丙的意思，某丙也知情。此種情形，某甲與某丙間的契約關係即屬無效。但是，為了保護善意第三人，雖然無效，也不能對抗善意第三人；惡意第三人，知道意思表示是虛偽的，並不值得保護，所以可以對抗之。

單獨虛偽意思表示

通謀虛偽意思表示

目 隱藏行為

雖然是通謀虛偽意思表示，但是隱藏他項法律行為，適用關於他項法律行為之規定。（民§87 II）例如為了逃避贈與稅，以「假買賣之名，行贈與之實」。所以，雙方虛偽之買賣意思表示，無效，但是隱藏贈與的法律行為，適用關於贈與法律行為之規定。

相關考題

下列何者為是？ (A)表意人欲撤銷因脅迫而為之意思表示，其除斥期間為發現脅迫終止後2年內 (B)通謀虛偽意思表示，原則上無效，但不得以此對抗善意第三人 (C)撤銷受詐欺而為意思表示之效力，得對抗善意第三人 (D)法律行為受撤銷之效力，其無效原則上不溯及既往 【97消防不動產-民法概要】	(B)

解析：
(A)(C)參照民法第92條，(D)參照本書第118頁。

甲與乙通謀虛偽意思表示，將其所有之土地出賣與乙而訂立假買賣契約，並將其土地所有權移轉登記與乙。不久乙死亡，其子丙辦理繼承登記，據查丙並不知上情。請問：
一、如丙將該土地出賣與丁，甲得否向丁請求返還該土地？
二、如丙將該土地出租與戊，甲得否向戊請求返還該土地？ 【97三等關務警特-民法】

甲為避免其財產被強制執行，而以通謀虛偽意思表示方式，將其所有之A屋出售予乙，其契約效力如何？ (A)有效 (B)無效 (C)效力未定 (D)得撤銷 【99普考財稅行政-民法概要】	(B)

相關考題

下列關於意思表示的敘述，何者正確？ (A)虛偽意思表示，隱藏他項法律行為者，適用關於該項法律行為之規定 (B)表意人因過失而不知相對人之姓名、居所者，得依民事訴訟法公示送達之規定，以公示送達為意思表示之通知 (C)意思表示因傳達人或傳達機關傳達不實者，傳達人或傳達機關之撤銷權，自意思表示後，經過1年而消滅 (D)向法定代理人允許其獨立營業之限制行為能力人為意思表示者，以其通知達到其法定代理人時，發生效力	(A)

【100高考-法學知識與英文】

解析：

(B)民事訴訟法第149條第1項規定：對於當事人之送達，有下列各款情形之一者，受訴法院得依聲請，准為公示送達：

一、應為送達之處所不明者。

二、於有治外法權人之住居所或事務所為送達而無效者。

三、於外國為送達，不能依第145條之規定辦理，或預知雖依該條規定辦理而無效者。

※ 記憶方法：一下子有效，一下子無效，那麼複雜，該怎麼記憶呢？很簡單，只要集滿兩人明知，就無效。所以單獨虛偽意思表示，只有一人，所以有效；通謀虛偽意思表示，兩個人，所以無效。

※ 條號記憶法：民法第88條之「意思表示之內容有錯誤，或表意人若知其事情即不為意思表示者」，可以設計一個模擬情境：兒子跟老爸說考第5名，就買合成獸一隻當獎品，爸爸答應了，卻不知道該班只有五位學生，所以如果爸爸(88)知道這個事實，就不會答應了。

17 錯誤

一 基本概念

　　錯誤，表意人為意思表示時，因為對於內容不正確的認識，或者是認識上的欠缺，導致內在的效果意思與外在的表示行為，兩者產生不一致的結果，稱之為錯誤。本法規定：意思表示之內容有錯誤，或表意人若知其事情即不為意思表示者，表意人得將其意思表示撤銷之。但以其錯誤或不知事情，非由表意人自己之過失者為限。（民§88Ⅰ）

二 一般錯誤

　　民法第88條第1項是指一般錯誤的型態，可以分成「意思表示內容錯誤」以及「表示行為錯誤」的兩種錯誤情況。

　　民法第88條第1項所謂「意思表示之內容有錯誤」，即所謂的表示內容錯誤，可以分成下列三項內容加以討論：

法律行為性質的錯誤	例如將租賃關係，誤為使用借貸關係。
當事人本身的錯誤	是指當事人同一性的錯誤，如誤甲為乙，而與乙為法律行為。但是此種錯誤，必須要法律行為很重視當事人本身，例如要找英文家教，結果來的人是學俄文的，並不會英文。 民法第88條第2項規定：「當事人之資格或物之性質，若交易上認為重要者，其錯誤，視為意思表示內容之錯誤。」
標的物本身的錯誤	例如誤糖為鹽而購買。

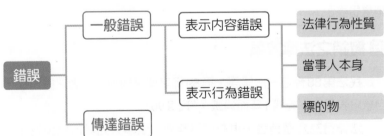

　　民法第88條所謂表意人「若知其事情即不為意思表示」，是指表示行為錯誤，例如誤寫，將公尺寫成公里，將單位千寫成萬，表意人主觀上的認知並沒有錯誤，只是在將法效意思表現於外時，發生錯誤之情況。發生錯誤時，表意人自己並無過失，則可撤銷其意思表示。（民§88Ⅰ）

三 動機錯誤

　　如果是表意人在形成特定內容的意思表示過程中，對於具有重要性的基礎事實，發生認知不正確的情況，例如誤以為自己已經考上警察特考，所以將所有的考試用書送給其他考生。由於贈與的動機，無法顯現於外，因此若是動機錯誤的情況，是不能夠主張撤銷，必須由表意人自行承擔動機錯誤所造成的風險。

四 傳達錯誤

　　因傳達人或傳達機關傳達不實者，得比照民法第88條錯誤之規定撤銷之。若表意人自己沒有過失，可以撤銷其意思表示。例如某甲請某乙銷售房屋乙間，原本銷售價格是100萬元，但某乙在傳達給購屋者某丙時，卻誤表示為10萬元，若表意人自己沒有過失，可以撤銷意思表示。

五 撤銷之法律效果

　　民法第88條之一般錯誤，第89條之傳達錯誤，兩者之撤銷權，自意思表示後，經過1年而消滅。（民§90）

　　法律行為經撤銷者，視為自始無效。當事人知其得撤銷或可得而知者，其法律行為撤銷時，應負回復原狀或損害賠償之責任。（民§114）

相關考題 基本題型

有關錯誤之敘述，下列所述何者正確？ (A)表意人撤銷其意思表示，以無過失者為限 (B)表意人撤銷其意思表示，應向法院為之 (C)當事人同一性之錯誤，屬於表示行為錯誤 (D)撤銷權，自意思表示後，經過2年而消滅 【99地方特考三等法制-民法】	(A)
阿明到便利超商買鹽，結果誤拿白糖而結帳，其意思表示之錯誤為下列何種類？ (A)意思表示內容錯誤 (B)重大動機錯誤 (C)表示行為錯誤 (D)傳達錯誤 【100地方特考五等-法學大意】	(C)

相關考題 錯誤撤銷之損害賠償

民法第91條規定：表意人因意思表示錯誤而撤銷意思表示時，表意人對於信其意思表示有效而受損害之相對人或第三人，應負損害賠償責任。本規定之責任性質為何？ (A)過失責任 (B)推定過失責任 (C)無過失責任 (D)故意責任 【99三等身障特考財稅行政-民法】	(C)

相關考題 傳達錯誤

被傳達人誤傳的意思表示，其效力如何？ (A)有效 (B)無效 (C)得撤銷 (D)效力未定 【97公務初等-法學大意】	(C)
意思表示因傳達人或傳達機關傳達不實時，該意思表示之效力如何？ (A)無效 (B)有效 (C)非因表意人之過失者得撤銷 (D)無論是否可歸責於表意人皆可撤銷 【97不動產經紀人-民法概要】	(C)

相關考題 撤銷

關於法律行為的撤銷，下列敘述何者錯誤？ (A)撤銷具有溯及效力，視為自始無效 (B)撤銷權之行使具有絕對之效力 (C)惡意當事人負回復原狀或賠償責任 (D)撤銷時必須向法院提起訴訟 【96五等地方公務-法學大意】	(D)
意思表示因錯誤而主張撤銷者，應自意思表示後多久期間內行使其權利？ (A)6個月 (B)1年 (C)2年 (D)10年 【97三等公務民航-法學緒論】	(B)

18 詐欺與脅迫

一 詐欺與脅迫之概念

詐欺，民法上所謂詐欺，係指欲表意人陷於錯誤，故意以不實之事，令其因錯誤而為意思表示而言。（89台上2293）刑法上也有所謂的詐欺罪，規範在刑法第339條「意圖為自己或第三人不法之所有，以詐術使人將本人或第三人之物交付者，處5年以下有期徒刑、拘役或科或併科50萬元以下罰金。以前項方法得財產上不法之利益或使第三人得之者，亦同。前二項之未遂犯罰之。」

脅迫，則是指以預告危害他人，使他人心生恐怖而為之意思表示。刑法上也有所謂的恐嚇取財罪，規範在刑法第346條「意圖為自己或第三人不法之所有，以恐嚇使人將本人或第三人之物交付者，處6月以上5年以下有期徒刑，得併科3萬元以下罰金。以前項方法得財產上不法之利益，或使第三人得之者，亦同。前二項之未遂犯罰之。」

二 詐欺與脅迫之法律效果

因被詐欺或被脅迫而為意思表示者，表意人得撤銷其意思表示。但詐欺係由第三人所為者，以相對人明知其事實或可得而知者為限，始得撤銷之。被詐欺而為之意思表示，其撤銷不得以之對抗善意第三人。（民§92）詐欺或脅迫之撤銷，應於發見詐欺或脅迫終止後，1年內為之。但自意思表示後，經過10年，不得撤銷。（民§93）

舉一個第三人詐欺的例子，甲要賣花瓶給乙，甲的老媽跟乙說此

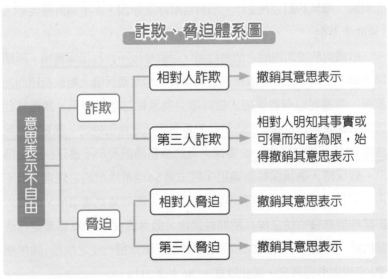

乃稀世真品「蟠龍花瓶」，乙相信甲的老媽的話，然後跟甲高價買了花瓶，實際上只是一個很普通的花瓶，必須要甲明知或可得而知此一詐欺的過程，乙才能夠撤銷之。

被脅迫所為之意思表示，雖然亦有背於公共秩序或善良風俗，依據民法第72條規定，應屬無效。但民法第92條針對脅迫之意思表示有規定，僅得由表意人撤銷其意思表示，並非當然無效。（60台上584）

三 與保險法第64條之關係

按訂立契約時，要保人對於保險人之書面詢問，應據實說明。要保人故意隱匿，或因過失遺漏，或為不實之說明，足以變更或減少保險人對於危險之估計者，保險人得解除契約；其危險發生後亦同。但要保人證明危險之發生未基於其說明或未說明之事實時，不在此限。前項解除契約權，自保險人知有解除之原因後，經過1個月不行使而消滅；或契約訂立後2年，即有可解除之原因，亦不得解除契約。（保險法§64）

所謂對於書面詢問之故意隱匿，乃消極以不作為隱瞞實情，所謂為不實之說明，乃積極以作為虛構事實，均足使保險人陷於錯誤而為承保，亦即足以導致保險人被詐欺而為承保之意思表示，故應認此法條乃保險契約中關於因詐欺而為意思表示之特別規定，應有排除民法第92條規定之效力。於要保人有此故意隱匿及為不實之說明之情形，致保險人為承保時應適用保險法第64條解除契約之規定，而不再適用民法第92條撤銷意思表示之規定。蓋若謂此種情形，保險人於契約解除權行使之除斥期間經過後，仍得依民法第92條規定行使撤銷權，將使保險法第64條第2項對契約解除權行使之限制（除斥期間）之規定形同具文，顯非所宜。（86台上2113）

第三人脅迫

好高興喔！今天終於有人賞識我的作品，高價賣出一幅畫。

小毛，小花是我的女友，她的油畫作品你最好買下來，否則對你家人不利。

第三人脅迫，被脅迫人可否撤銷意思表示？

民法第92條第1項但書，僅針對第三人詐欺之情況，限制在相對人明知或可得而知的情況，才可以撤銷其意思表示。主要在於被詐欺的情況，雖然被詐欺者的權益要予以保障，但是交易安全還是要維護，若相對人明知或可得而知，就不必擔心交易安全之問題，蓋因該相對人並不值得保護。

受脅迫之情況則沒有規定，惟因為受脅迫之情節更形嚴重，被脅迫人之權益更重於交易安全，因此即便相對人並非明知或可得而知，如同上例中的小花並不知情，小毛還是可以撤銷其被脅迫之行為。

101

甲捏造事實，宣稱其能量水有治療肝病的療效，乙深信後與甲成立買賣契約。則買賣契約的效力如何？　(A)無效　(B)不成立　(C)效力未定　(D)得撤銷　　【96四等地方公務-法學知識與英文】	(D)
下列各項撤銷權之行使中，何者不需聲請法院為之？　(A)暴利行為之撤銷　(B)有害債權人權利之撤銷　(C)社團總會決議之撤銷　(D)被詐欺或被脅迫所為意思表示之撤銷 　　【97初等人事經建政風-法學大意】	(D)

解析：

(A)民法第74條第1項：「法律行為，係乘他人之急迫、輕率或無經驗，使其為財產上之給付或為給付之約定，依當時情形顯失公平者，法院得因利害關係人之聲請，撤銷其法律行為或減輕其給付。」

(B)民法第244條第1項：「債務人所為之無償行為，有害及債權者，債權人得聲請法院撤銷之。」

(C)民法第56條第1項：「總會之召集程序或決議方法，違反法令或章程時，社員得於決議後3個月內請求法院撤銷其決議。但出席社員，對召集程序或決議方法，未當場表示異議者，不在此限。」

甲向友人乙以高價購買一古董花瓶，但後來發現該花瓶實際上乃是幾可亂真的贗品而為乙所知，則甲可以下列何種理由主張撤銷？　(A)物之性質錯誤　(B)表示錯誤　(C)動機錯誤　(D)詐欺 　　【100高考法制-民法】	(A) (D)
18歲之甲購買日常生活所需物品，發現被詐欺，未經法定代理人之允許逕自撤銷其意思表示，其效果為何？　(A)有效　(B)無效　(C)效力未定　(D)得撤銷　　【100高考法制-民法】	(B)

相關考題 **詐欺**

甲至乙開設之二手車行買車，適逢乙出國，逐由店員丙接待。甲有意購買展售之A車，逐問丙A車是否為泡水車，丙隱匿A車為泡水車之事實，甲在不知情下買A車。1年2個月後，好友丁向甲借A車，發現該車為泡水車，馬上告知甲。甲當天至乙之車行，要求撤銷該車之買賣契約。請問下列敘述何者正確？ (A)甲不得撤銷該買賣契約，因過了除斥期間 (B)甲不得撤銷該買賣契約，因係第三人丙詐欺，乙當時並不知情 (C)甲不得撤銷該買賣契約，因消極隱匿事實並非詐欺 (D)甲得向乙撤銷該買賣契約 【99地方特考三等-法學知識與英文】	(D)

相關考題 **脅迫**

甲威脅乙，要求乙將精華地段之土地出售於甲，否則要暴力相向，乙心生恐懼而將土地出售於甲。請問該買賣契約之效力如何？ (A)無效 (B)有效 (C)得撤銷 (D)效力未定 【97初等人事經建政風-法學大意】	(C)
乙因受丙之脅迫而將其所珍藏之古董出售於甲，甲為善意第三人，則此買賣契約之效力為何？ (A)不論甲是否為善意，乙均可主張其是被脅迫，而撤銷買賣契約 (B)甲為善意第三人，故乙不可主張其是被脅迫，而撤銷買賣契約 (C)此買賣契約無效 (D)此買賣契約不生效力 【96五等地方公務-法學大意】	(A)

試回答下列問題：

一、甲因受乙之受僱人丙詐欺而出賣其所有土地一筆給乙。甲得向乙主張何種權利？

二、甲因受丁之要脅對其家人不利，而將房屋興建工程交由乙承攬。甲不欲履行契約，有無依據？

【96升官等一般民行政-民法總則與刑法總則】

19 法律行為附款

一 停止條件與解除條件

以將來不確定客觀事實之成就與否，作為法律行為效力之發生或消滅之附款，稱之為條件，可分為停止條件與解除條件。附停止條件之法律行為，是指於條件成就時，法律行為始發生效力，例如「如果你考上高考，我就買間房子送你。」買間房子送人，是贈與行為，但是發生效力的前提，在於受贈人能夠考上高考，考上高考，就是停止條件。（民§99Ⅰ）

附解除條件之法律行為，是指本來存在著一種法律關係，於條件成就時，法律行為失其效力而言。例如在你唸大學的時候，我都持續支助你每個月5千元，等你畢業找到工作後，就停止支助。所以，在唸大學的時候，一直存在著每個月5千元的贈與關係，當畢業找到工作後，贈與關係就不再存在，所以畢業找到工作，就是解除條件。（民§99Ⅱ）

二 不許附條件的法律行為

基於私法自治原則，民法原則上容許當事人所為之法律行為附條件，但例外基於法律規定、公序良俗，或相對人利益之保護，不允許附條件。基本上分成兩類：

（一）妨害相對人利益者：以形成權為主，否則會無法快速地確認當事人間的法律關係。例如，抵押權、撤銷權、承認權、選擇權、解除權、買回權等。

㈡違背公序良俗等公益者：例如結婚、離婚、收養、認領等身分行為，繼承之承認與拋棄、票據行為等。

三 期限

期限，是以將來確定日期的到來，作為法律行為效力發生或消滅的附款。期限，可以分成始期與終期。附始期之法律行為，於期限屆至時，發生效力。附終期之法律行為，於期限屆滿時，失其效力。（民§102ⅠⅡ）

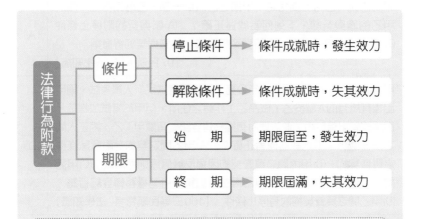

條件的擬制成就

如果以「考上大學」作為條件，當考上大學，就是條件的自然成就。然而，還有一些情況，雖然條件最後沒有成就，還是擬制將之視為已經成就。民法第101條規定：「因條件成就而受不利益之當事人，如以不正當行為阻其條件之成就者，視為條件已成就。因條件成就而受利益之當事人，如以不正當行為促其條件之成就者，視為條件不成就。」

四 期待權之保護

　　條件與期限均尚未確定，但是卻有實現的可能，對於此種期待實現可能之權利，有加以保護之必要，民法第100條規定：「附條件之法律行為當事人，於條件成否未定前，若有損害相對人因條件成就所應得利益之行為者，負賠償損害之責任。」此規定依據民法第102條第3項規定，準用於始期與終期。

相關考題　附停止條件之法律行為	
甲向乙說：乙考上高考時，甲即送乙汽車一部，乙感謝再三。關於甲乙的贈與契約，下列何者敘述正確？　(A)贈與契約附停止條件 (B)贈與契約效力未定　(C)贈與契約無效　(D)贈與契約得撤銷　【97民航人員-法學知識】	(A)
甲與乙約定，若乙通過100年公務人員特種考試民航人員考試，則甲出售其所有的A屋於乙，做為乙工作時之住所，但甲於考試放榜前，即將該屋出售於丙，並辦理所有權移轉登記。有關甲、乙、丙三人間之法律關係，下列敘述何者正確？　(A)甲乙間之契約為附解除條件之買賣契約　(B)甲丙間之買賣契約因違反誠信原則而無效　(C)甲丙間之買賣契約雖屬有效，但乙得主張撤銷該所有權移轉登記行為 (D)甲乙間之買賣契約附有停止條件　【100三等民航特考-法學知識】	(D)
甲對乙表示說：「若你1年內戒除抽菸習慣，就帶你去日本北海道玩5天。」甲允受之。則甲乙之間的法律行為係為：　(A)附消極條件之停止條件　(B)附積極條件之停止條件　(C)附積極條件之解除條件 (D)附消極條件之解除條件　　【97公務初等一般行政-法學大意】	(A)
甲與有夫之婦乙約定雙方同居，甲並因此贈與房屋一棟給乙，且即移轉登記，但同時又約定乙若不再同居，必須返還房屋。則甲與乙的法律行為是否有效？　(A)贈與行為有效　(B)房屋所有權移轉行為有效　(C)贈與行為效力未定　(D)房屋所有權移轉行為效力未定　　【99高考三等財稅行政-民法】	(B)

相關考題　附停止條件之法律行為

老師與學生約定，如果學生考試考100分時，老師即贈送學生王建民棒球卡一套，該附款屬於：　(A)停止條件　(B)解除條件　(C)負擔　(D)期限　　【100地方特考三等-民法】	(A)

相關考題　附解除條件之法律行為

乙向甲承租房屋，同時約定乙高考考上時，即不再承租。關於甲乙的租賃契約，下列敘述何者正確？　(A)租賃契約附解除條件　(B)租賃契約無效　(C)租賃契約效力未定　(D)租賃契約不成立　　【97基層警察-法學緒論】	(A)
下列法律行為，何者為附解除條件之情形？　(A)甲向乙借10萬元，約定乙每月支付利息1千元　(B)父親甲與就讀小學的兒子乙約定，乙如月有一科考100分，甲就給乙100元　(C)甲、乙約定於民國106年12月初，開設自助餐廳　(D)當甲考上公務員高普考時，乙的房屋就不再續租給甲　　【111高考-法學知識與英文】	(D)

相關考題　不許附條件之法律行為

下列何種法律行為可以附條件？　(A)選擇權的行使　(B)拋棄繼承　(C)土地所有權的移轉　(D)認領非婚生子　　【97公務初等一般行政-法學大意】	(C)

解析：

選擇權是形成權的一種，拋棄繼承、認領非婚生子女都是身分行為，三者均不允許附條件。

身分行為是否可以附加條件？　(A)可以　(B)不可以　(C)視行為之類型而定　(D)視條件之內容而定　　【96公務初等人事經建-法學大意】	(B)

20 代理

▬ 代理

　　代理，是指代理人於代理權限內，以本人名義所為之意思表示或受第三人之意思表示，其效力直接對本人發生效力。(民§103)代理權之消滅原因，包括「授與法律關係終了」(民§108Ⅰ)、「代理權撤回」(民§108Ⅱ)，及「代理人或本人死亡或喪失行為能力」。

㈠直接代理：

　　例如有個人跑來跟你說，他幫郭先生來賣個骨董給你。

㈡間接代理：

　　例如有個人跑來跟你說，要賣一個骨董給你，沒有表示是替郭先生賣骨董，所賺的錢則是進入了郭先生的口袋。

　　行紀，這個臺灣社會已經幾乎不存在的法律行為，也是間接代理，依據民法第576條規定：「稱行紀者，謂以自己之名義，為他人之計算，為動產之買賣或其他商業上之交易，而受報酬之營業。」

　　實務上曾有一例，某甲將兩只包包交給某乙，在某乙的「空姐名品收集棧」店面內寄賣，並約定賣出時，某乙可以獲得一成的佣金，即屬行紀的法律關係。此時應適用寄託之規定，某乙應負善良管理人之注意義務。(臺北地院97簡上244)

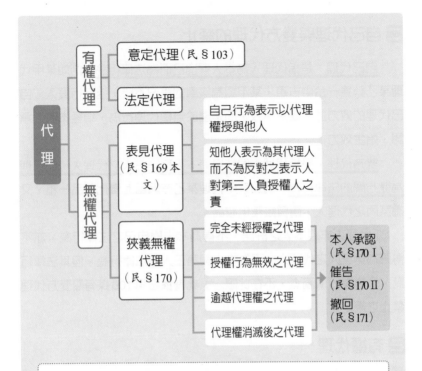

代理制度

代理，是民法中相當重要的制度，除了民法第103至110條規定有關民法總則知「代理」外，還有一些條文是規範在民法第167至171條規定有關債篇通則之「代理權之授與」，學習上必須特別注意。

代理，在個人活動複雜且頻繁的社會環境中，讓許多無法親自處理事務者，可以透過代理權授與的制度，讓許多法律行為依舊可以順利完成。除了意定代理外，針對無行為能力人及限制行為能力人，為了補充其行為能力之欠缺與不足，尚有法定代理之制度。無論是意定代理或法定代理，對於現今社會均產生莫大的功用。

二 自己代理與雙方代理的禁止

　　自己代理，是指代理人為本人與自己而為法律行為，例如某甲代理某乙銷售一台中古車，某甲認為該車的車況不錯，遂自行買入。自己代理的效力並非當然無效，而是屬於無權代理行為，須經本人之承認，始生效力。

　　雙方代理，是指代理人同時身兼本人與第三人之代理人，而代理為雙方間的法律行為。例如某甲代理某乙在網路上賣化妝品一箱，又為某丙之代理人，購買該箱化妝品。

　　「代理人非經本人之許諾，不得為本人與自己之法律行為，亦不得既為第三人之代理人，而為本人與第三人之法律行為。但其法律行為，係專履行債務者，不在此限。」此為民法第106條有關雙方代理禁止之規定。

三 有權代理

　　有權代理有兩種，一為「意定代理」，一為「法定代理」，例如民法第1003條夫妻日常家務代理人、第1086條父母為未成年子女法定代理人，但是身分行為的代理不被允許，如：早期的指腹為婚風俗。

　　隱名代理，代理人雖未以本人名義或明示以本人名義為法律行為，惟實際上有代理本人之意思，且為相對人所明知或可得而知者，自仍應對本人發生代理之效力。（最高法院92台上1064）

自己代理

小毛畫了一幅畫，委託小花代為尋找買主。小花覺得這幅畫很美，價格又很實惠，所以自己就買了下來。
此種自己代理的情況，顯然與本人之利益相衝突。

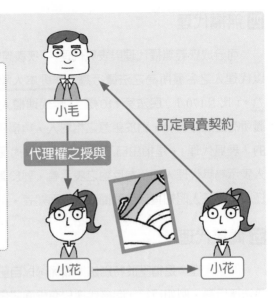

小毛

代理權之授與

訂定買賣契約

小花 → 小花

雙方代理

小毛畫了一幅畫，委託小花代為尋找買主，高價賣出。阿郎也在找可以投資的畫，也是委託小花代為尋找，希望低價買入。
此種雙方代理的情況，難以為本人忠實處理事務，本人與相對人間也會產生利益衝突。

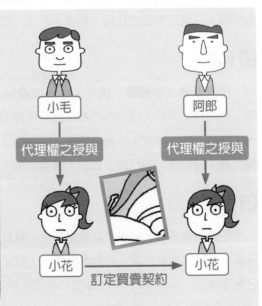

小毛　　　　　　阿郎

代理權之授與　　代理權之授與

小花 → 小花

訂定買賣契約

四 無權代理

可分成狹義無權代理與表見代理。「狹義無權代理」，無代理權人以代理人之名義所為之法律行為，<u>非經本人承認，對於本人不生效力</u>。（民§170 I）民法第110條：「無代理權人，以他人之代理人名義所為之法律行為，對於善意之相對人，負損害賠償之責。」而所謂的「表見代理」，是指由自己之行為表示以代理權授與他人，或知他人表示為其代理人而不為反對之表示者，對於第三人應負授權人之責任。但第三人明知其無代理權或可得而知者，不在此限。（民§169）

五 間接代理

間接代理，是指基於特別法律關係，以自己名義為本人計算，而為法律行為，例如行紀。間接代理只有兩面關係，其一為間接代理人與相對人、其二為間接代理人與本人。本人與相對人並無直接關係。

六 代表

代表是法人的機關，與法人是一個權利主體關係，其所為之行為，就視為法人本人自己的行為，此與代理則是兩個權利主體間的關係，有所不同。代表人所為之行為，不論為法律行為、事實行為或侵權行為，均為法人的行為；代理人僅得代為法律行為及準法律行為。

七 使者

使者為傳達本人已決定之意思表示，屬於表示機關。與代理不同之處，在於代理是代理人自為意思表示，而非代為表示本人已經決定之意思表示。使者無須有行為能力，因為無須自己為意思表示，有

點像是傳聲筒，意思表示有無錯誤、詐欺、脅迫等情事，應就本人決定。

八 代理行為之瑕疵

代理人之意思表示，因其意思欠缺、被詐欺、被脅迫，或明知其事情或可得而知其事情，致其效力受影響時，其事實之有無，應就代理人決之。但代理人之代理權係以法律行為授與者，其意思表示，如依照本人所指示之意思而為時，其事實之有無，應就本人決之。（民§105）

舉例來說，某甲請某乙幫忙買車子，結果被賣車的某丙所騙，買到中古車，因為本人沒有跟某丙有任何交談，所以某丙到底有沒有騙某乙，就不是問本人，而是要看看代理人到底發生了什麼事情。

至於但書在講什麼呢？

延續剛剛的例子，某甲在路邊二手車行看到一台很漂亮的車子，委請某乙以50萬元購買該車，某乙傻傻地跑去跟某丙買車，也沒殺價，直接說我要用50萬元買這台車，某丙欣喜若狂，順便又亂講這台車非泡水也非事故，買到根本是賺到，結果事後發現是泡水事故車。這個時候，被騙與否，要看本人某甲，而泡水事故車與否並不會影響某甲購車的意願，所以本人某甲並沒有被騙。

九 代理權之限制與撤回

代理權之限制及撤回，不得以之對抗善意第三人。但第三人因過失而不知其事實者，不在此限。（民§107）

➕ 其他名詞：代位權

債務人怠於行使其對第三人的權利時，債權人為了保全其債權，代位行使債權人之權利。依據民法第242條規定：「債務人怠於行使其權利時，債權人因保全債權，得以自己之名義，行使其權利。但專屬於債務人本身者，不在此限。」（參見本書第208頁）

相關考題 代理之種類	
父母之行為與未成年子女之利益相反，依法不得代理時，法院得依職權為子女選任下列何者？ (A)普通代理人 (B)特別代理人 (C)照護人 (D)輔佐人 【97初等人事經建政風-法學大意】	(B)

相關考題 無權代理	
乙無代理權，卻以甲之代理人的名義與丙締結契約，則該契約之效力為何？ (A)有效 (B)無效 (C)得撤銷 (D)效力未定 【97初等人事經建政風-法學大意】	(D)
關於民法上的「代理」，下列敘述何者錯誤？ (A)限制行為能力人亦得為代理人 (B)代理人必須以本人名義為意思表示 (C)未受委任之無權代理一律無效 (D)同一個本人可以有數個代理人，其代理行為原則上應共同為之 【98四等基層警察-法學緒論】	(C)
甲無代理權，擅自以乙之名義向丙購買汽車一部，則下列選項何者正確？ (A)若丙善意，買賣契約對甲生效 (B)須乙承認，買賣契約始對乙生效 (C)不論乙是否承認，丙可向甲請求損害賠償 (D)不論乙是否承認，買賣契約皆對乙生效，但丙可向甲請求損害賠償 【96公務初等般行政-法學大意】	(B)

相關考題　無權代理

有行為能力之甲經本人乙之授權代理出售乙之車，結果甲自行買受乙之車。問甲、乙間該車之買賣是：　(A)僅成立不生效力　(B)須經乙之承認，始生效力　(C)有效，但乙得撤銷之　(D)有效，但乙得解除之　　　　　　　　　　　　　　　　　　【100高考法制 - 民法】	(B)
下列有關無權代理之敘述，何者錯誤？　(A)無權代理之效力非經本人承認，對本人不生效力　(B)無權代理之效力為效力未定，經本人承認為有效　(C)無權代理之效力為效力未定，經本人拒絕承認為無效　(D)無權代理雖本人未為授權仍應負授權人責任　　　　　　　　　　　　　　　　【99鐵路高員三級 - 法學知識與英文】	(D)

相關考題　代理權之性質

代理權之法律性質是：　(A)權利　(B)權限　(C)權能　(D)權益　　　　　　　　　　　　　　　　　　　【100高考法制 - 民法】	(B) (C)

相關考題　不允許代理

下列何種行為允許代理？　(A)繼承　(B)占有　(C)未滿7歲之人被收養　(D)毀損他人之物　　　　　　　　【96五等地方公務 - 法學大意】	(C)
下列何種行為不得代理？　(A)買賣契約之訂立　(B)簽發票據之行為　(C)遺囑之訂立　(D)所有權之移轉登記　　　　　　　　　　　　　　　　　【101初等人事行政 - 法學大意】	(C)

相關考題　代理權之授與

原則上關於代理權之授與行為的性質，下列敘述何者正確？　(A)為委任契約　(B)為無名契約　(C)為單獨行為　(D)為要式行為　　　　　　　　　　　　　　【99三等身障特考財稅行政 - 民法】	(C)

關於有權代理，下列敘述何者錯誤？ (A)代理行為所生法律關係之當事人為本人與相對人 (B)代理行為的效力直接歸屬本人 (C)有效的代理權授與，應經代理人同意 (D)代理權的限制，不得對抗善意第三人 　【105三等警察-法學知識與英文】 　(C)

下列關於民法上代理制度的敘述，何者正確？ (A)法律行為與事實行為均可委由他人代理為之 (B)限制行為能力人亦可為他人之代理人 (C)民法上僅承認意定代理 (D)身分行為可委由他人以自己名義代為 　【100地方特考四等-法學知識與英文】 　(B)

下列關於代理的敘述，何者正確？ (A)代理人之意思表示，因其意思欠缺，致其效力受影響時，其事實之有無，應就本人決之 (B)代理人之意思表示，因明知其事情或可得而知其事情，致其效力受影響時，其事實之有無，應就相對人決之 (C)代理人之意思表示，因其被詐欺、被脅迫，致其效力受影響時，其事實之有無，應就代理人決之 (D)代理人之代理權係以法律行為授與者，其意思表示，如依照本人所指示之意思而為時，其事實之有無，應就代理人決之 　【100關稅三等-法學知識】 　(C)

甲夫將其蓋有本人私章及其所有房屋之出售空白合約，交由其妻乙向丙簽訂買賣房屋契約及收取定金，則： (A)甲可以主張乙為無權代理而對抗丙 (B)甲可以主張乙為越權代理而對抗丙 (C)甲可以主張乙為無權處分而對抗丙 (D)乙為表見授權因此甲無法對抗丙 　【97消防不動產-民法概要】 　(D)

相關考題 代理權之限制與撤回

關於代理之敘述，下列何者正確？ (A)代理權消滅或撤回時，代理人得保留原授權書 (B)代理權於其所由授與之法律關係存續中，不得撤回之 (C)代理權經限制或撤回者，本人對於因過失而不知其事實的第三人，就其已經限制或撤回的部分，不負授權人之責任 (D)代理人為限制行為能力人者，其所為或所受之意思表示，視為其法定代理人所為或所受之意思表示 【99高考三等財稅行政-民法】	(C)

相關考題 雙方代理

甲授權乙為其承租房屋，乙適有A屋欲出租，甲並不知情，乙便以甲之名義與自己訂定為期2年之租賃契約。則此一租賃契約效力如何？ (A)自始有效 (B)自始無效 (C)甲得撤銷該契約 (D)效力未定 【100地方特考三等-民法】	(D)
甲代理其17歲的兒子乙，與自己訂立買賣契約。該買賣契約的效力如何？ (A)有效 (B)無效 (C)效力未定 (D)得撤銷 【100地方特考四等-民法概要】	(C)

解析：
準用無權代理效力未定。（民§170）

無效與撤銷

一 無效

　　法律行為之一部分無效者，全部皆為無效。但除去該部分亦可成立者，則其他部分，仍為有效。（民§111）但書的部分舉個例子，例如甲向毒梟乙購買毒品乙包及保時捷汽車乙輛，毒品部分無效，汽車部分有效。

　　無效之法律行為，若具備他法律行為之要件，並因其情形，可認當事人若知其無效，即欲為他法律行為者，其他法律行為，仍為有效。（民§112）此即所謂的「無效行為之轉換」。

　　無效法律行為之當事人，於行為當時知其無效，或可得而知者，應負回復原狀或損害賠償之責任。（民§113）

二 撤銷

　　法律行為經撤銷者，視為自始無效。（民§114 I）例如錯誤、被詐欺、被脅迫等所為的撤銷，在撤銷後自始無效。當事人知其得撤銷或可得而知者，其法律行為撤銷時，準用前（113）條之規定。（民§114 II）

　　經承認之法律行為，如無特別訂定，溯及為法律行為時發生效力。（民§115）本條除了是有關效力未定法律行為之承認之外，還包括撤銷法律行為之承認，只是前者是事後同意，後者則屬於事後追認。

　　撤銷及承認，應以意思表示為之。（民§116 I）如相對人確定者，前項意思表示，應向相對人為之。（民§116 II）

　　法律行為須得第三人之同意始生效力者，其同意或拒絕，得向當事人之一方為之。（民§117）

相關考題 **無 效**

無效之法律行為，若具備他法律行為之要件，並因其情形，可認當事人若知其無效，即欲為他法律行為者，其他法律行為，為： (A)得撤銷　(B)無效　(C)效力未定　(D)有效 【99地方特考三等法制-民法】	(D)

相關考題 **撤 銷**

關於債權人之撤銷權，下列敘述何者正確？　(A)債務人所為之無償行為，以行為時明知有損害於債權人之權利者為限，始得撤銷　(B)債務人之行為僅有害於以給付特定物為標的之債權者，亦得撤銷　(C)撤銷權之行使，限於聲請法院為之，不得以意思表示為之　(D)撤銷權自債務人行為時起，1年間不行使而消滅 【99高考三等財稅行政-民法】	(C)

解析：本題為民法第244、245條規定。

下列關於解除權與撤銷權之敘述，何者正確？　(A)二者均包括一切法律行為　(B)前者限於法律所規定；後者則包含約定與法定　(C)均屬形成權　(D)二者原則上不溯及既往 【96五等地方公務-法學大意】	(C)

22 無權處分

剛撿到的金筆，
不是我的，所以
便宜賣。

一 無權處分

　　無權利人就權利標的物所為之處分，<u>經有權利人之承認始生效力</u>。無權利人就權利標的物為處分後，取得其權利者，其處分自始有效。但原權利人或第三人已取得之利益，不因此而受影響。若數處分相牴觸時，以其最初之處分為有效。（民§118）

二 買賣非處分行為

　　民法第118條規定中，「處分」二字是指處分行為，包括物權行為及準物權行為，但不包括負擔行為，例如出賣別人的物品，則非屬本條所稱的「處分」，而為有效。

　　實務見解認為「買賣非處分行為，故公同共有人中之人，未得其他公同共有人之同意，出賣公同共有物，應認為僅對其他公同共有人不生效力，而在締約當事人間非不受其拘束。苟被上訴人林○○簽立之同意書，果為買賣，縱出賣之標的物公同共有土地，而因未得其他公同共有人之同意，對其他公同共有人不生效力。惟在其與上訴人間既非不受拘束，而如原審認定之事實，該土地其後又已因分割由被上訴人林○○單獨取得，則上訴人請求林○○就該土地辦理所有權移轉登記，當非不應准許。」（71 台上 5051）

三 無權處分及無權代理之區別

項目	無權代理	無權處分
法律行為範圍	處分行為及負擔行為	僅處分行為
效力	處分行為及負擔行為均效力未定	僅處分行為效力未定
名義	以本人名義	以自己名義

相關考題　基本題型

乙借用甲之手錶，而以自己的名義將手錶出賣並交付給丙，乙的行為稱為：　(A)無權代理　(B)無權處分　(C)無因管理　(D)無權占有　　　　　　　　　　　　　　　　　　　【97消防不動產-民法概要】	(B)

相關考題　無權處分之效力

無權利人就權利標的物所為之處分，效力如何？　(A)無效　(B)有效　(C)得撤銷　(D)效力未定　　　　　【96高考三級-法學知識與英文】	(D)
無處分權人就權利標的物所為之處分，效力如何？　(A)有效　(B)無效　(C)經有權利人承認後即有效　(D)有權利人得撤銷之　　　　　　　　　　　　　　　　　　　【97不動產經紀人-民法概要】	(C)
無權利人就他人權利標的物所訂立之買賣契約，其效力如何？　(A)有效　(B)無效　(C)效力未定　(D)得撤銷　　　　　　　　　　　　　　【98四等退除役轉任公務-法學知識與英文】	(A)

解析：訂立買賣契約，因屬債權契約，並不必對於權利標的物擁有所有權，即可成立契約。事後若因非權利所有人，而無法履行契約，屬於債務不履行之問題。

甲以自己之名義出售乙所寄放之名畫於丙，丙不知甲無處分之權限，下列敘述何者錯誤？　(A)甲讓與畫之所有權於丙，為無權處分　(B)丙並未取得畫之所有權　(C)乙得向甲請求侵權行為之損害賠償　(D)乙得向甲請求返還不當得利　　　　　　【99高考三級法制-民法】	(B)
甲的下列那一個行為，構成民法第118條的無權處分？　(A)以自己的名義，擅自將乙的房屋出租與丙，並已交屋給丙居住　(B)以自己的名義，擅自將丙的自行車的所有權讓與給乙　(C)擅自以乙的名義，將乙的相機出售與丙，尚未交付　(D)以自己的名義，擅自與丙訂立關於乙的相機之買賣契約　　　　　　　　【107三等警察-法學知識與英文】	(B)

Note

23 消滅時效與除斥期間

一 消滅時效與除斥期間

消滅時效是指因長時間不行使權利，致使請求權效力減損之時效制度。所以，實際上不是消滅，而只是效力減損，權利本身依舊可以主張，只是變成自然權利。被主張權利者，得主張消滅時效抗辯，故屬「抗辯權發生主義」，得拒絕給付。但是，若債務人仍為履行之給付者，不得以不知時效為理由，請求返還。其以契約承認該債務或提出擔保者亦同。（民§144）

除斥期間是指因為法律行為有瑕疵或其他不正常之情形，以致於影響法律行為之效力，當事人得於一定期間內，行使撤銷權或其他補救行為，例如錯誤、詐欺、脅迫所為之意思表示，而得行使撤銷權。

二 拋棄時效利益之意思表示

債務人欠債不還，本已罹15年之消滅時效，但債務人並沒有主張時效消滅，而是單方面承認其債務，債權人是否還可行使其權利？

實務見解認為「按法律並無強制債務人享受時效利益之規定，故債務人苟於時效完成後，以單方行為承認其債務，即無庸再以時效業經完成而限制債權人行使其權利之必要，是以債務人於時效完成後，以單方行為所為之債務承認，應解為係屬拋棄時效利益之默示意思表示，不得再以時效業經完成拒絕給付。」（92台上1851）

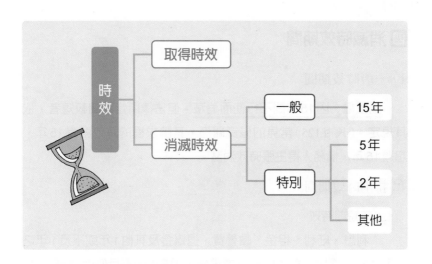

消滅時效與除斥期間之區別

項目	消滅時效	除斥期間
(1)適用權利類型	請求權	形成權，主要為撤銷權
(2)時效中斷或不完成	有	無
(3)起算時間	作為：自請求權可行使時起算 不作為：自行為時起算	自權利成立時起算
(4)期間過後之效力	請求權並未消滅，他造當事人得以時效消滅為抗辯	期間經過後則消滅
(5)時效完成後之拋棄	當事人得拋棄時效之利益	形成權業已消滅，故無拋棄可言
(6)期間長短	最長15年	較短，一般而言不超過10年

四 消滅時效期間

(一)一般時效期間

　　請求權，因15年間不行使而消滅。但法律所定期間較短者，依其規定。(民§125)常見的借貸關係，其請求權的時效就是15年，超過15年，債務人得主張時效消滅。

(二)特別時效期間

1.5年短期時效

　　利息、紅利、租金、贍養費、退職金及其他1年或不及1年之定期給付債權，其各期給付請求權，因5年間不行使而消滅。(民§126)

2.2年短期時效

　　民法第127條規定如下：

　　左列各款請求權，因2年間不行使而消滅：

　(1)旅店、飲食店及娛樂場之住宿費、飲食費、座費、消費物之代價及其墊款。

　(2)運送費及運送人所墊之款。

　(3)以租賃動產為營業者之租價。

　(4)醫生、藥師、看護生之診費、藥費，報酬及其墊款。

　(5)律師、會計師、公證人之報酬及其墊款。

　(6)律師、會計師、公證人所收當事人物件之交還。

　(7)技師、承攬人之報酬及其墊款。

　(8)商人、製造人、手工業人所供給之商品及產物之代價。

3. 其他時效

(1)因侵權行為所生之損害賠償請求權,自請求權人知有損害及賠償義務人時起,2年間不行使而消滅。自有侵權行為時起,逾10年者亦同。(民法§197Ⅰ)

(2)貸與人就借用物所受損害,對於借用人之賠償請求權、借用人依第466條所定之賠償請求權、第469條所定有益費用償還請求權及其工作物之取回權,均因6個月間不行使而消滅。前項期間,於貸與人,自受借用物返還時起算。於借用人,自借貸關係終止時起算。(民§473)

(3)定作人之瑕疵修補請求權、修補費用償還請求權、減少報酬請求權、損害賠償請求權或契約解除權,均因瑕疵發見後1年間不行使而消滅。承攬人之損害賠償請求權或契約解除權,因其原因發生後,1年間不行使而消滅。(民§514)

(4)依第606條至第608條之規定所生之損害賠償請求權,自發見喪失或毀損之時起,6個月間不行使而消滅。自客人離去場所後,經過6個月者亦同。(民§611)

(5)占有人,其占有被侵奪者,得請求返還其占有物;占有被妨害者,得請求除去其妨害;占有有被妨害之虞者,得請求防止其妨害。(民§962)前條請求權,自侵奪或妨害占有或危險發生後,1年間不行使而消滅。(民§963)

五 以抵押權、質權或留置權擔保之請求權

以抵押權、質權或留置權擔保之請求權,雖經時效消滅,債權人仍得就其抵押物、質物或留置物取償。(民§145Ⅰ)前項規定,於利息及其他定期給付之各期給付請求權,經時效消滅者,不適用之。(民§145Ⅱ)

六 主權利及於從權利

主權利因時效消滅者，其效力及於從權利。但法律有特別規定者，不在此限。（民§146）

七 時效期間之加長縮短與拋棄

時效期間，不得以法律行為加長或減短之。並不得預先拋棄時效之利益。（民§147）

相關考題 消滅時效之適用範圍

有關消滅時效完成的民法規定或學理，下列敘述何者正確？ (A)時效完成後，債務人不得拋棄時效之利益 (B)以抵押權、質權或留置權擔保之請求權，經時效消滅者，抵押物、質物或留置物之所有人不得拒絕債權人之取償 (C)請求權已經時效消滅，債務人以契約承認該債務或提出擔保者，其承認或擔保無效 (D)主權利因時效消滅者，從權利不因此而受影響 【97公務初等一般行政-法學大意】	(B)
依民法之規定，關於消滅時效之敘述，下列敘述何者正確？ (A)請求權已經時效消滅，債務人以<u>單方行為</u>承認該債務者，即不得以不知時效為由，而拒絕履行該債務 (B)時效期間得以法律行為加長或減短之 (C)請求權於時效完成後，請求權歸於消滅 (D)時效完成後，因時效受利益之人得拋棄時效之利益 【110高考-法學知識與英文	(D)

解析：
(A)契約承認該債務，不得以不知時效為理由，請求返還。（民§144Ⅱ）

相關考題　消滅時效之適用範圍

下列關於民法「消滅時效」的敘述，何者正確？　(A)父母對於子女之親權會因時效而消滅　(B)一般請求權因10年不行使而消滅　(C)請求權已經時效消滅，債務人仍不慎為給付者，事後得請求返還　(D)消滅時效得因債權人之請求履行而中斷　【98四等基層警察-法學緒論】	(D)
下列何種權利適用消滅時效？　(A)姓名權受侵害之除去妨害請求權　(B)因詐欺而請求撤銷之權　(C)占有人之物上請求權　(D)已登記不動產之物上請求權　【98調查局-法學知識與英文】	(C)
下列何種請求權有消滅時效規定之適用？　(A)已離婚之前妻之贍養費給付請求權　(B)未婚妻之履行婚約請求權　(C)已登記不動產所有人之除去妨害請求權　(D)夫妻之同居請求權　【97鐵公路佐級公路監理-法學大意】	(A)

解析：

(A)請參考民法第126條規定：「利息、紅利、租金、贍養費、退職金及其他1年或不及1年之定期給付債權，其各期給付請求權，因5年間不行使而消滅。」

下列何種權利有消滅時效制度之適用？　(A)抵押權　(B)質權　(C)留置權　(D)繼承回復請求權　【100三等司法特考-法學知識與英文】	(D)
下列何種權利得適用消滅時效規定？　(A)已登記不動產之所有物返還請求權　(B)動產所有人的物上請求權　(C)夫妻的同居請求權　(D)人格權受侵害時的除去侵害請求權　【100高考法制-民法】	(B)

相關考題　形成權

因權利人單方的意思表示，能直接創設、改變或消滅某種法律關係的權利，稱之為：　(A)請求權　(B)支配權　(C)形成權　(D)抗辯權　【98普考-法學知識與英文】	(C)

民法之一般消滅時效期間為： (A)10年 (B)2年 (C)15 年 (D)20年　　　　　　　　　　　【96四等退除役轉任-法學知識與英文】	(C)
下列有關消滅時效完成的敘述，何者正確？ (A)時效完成後，債務人得拋棄時效之利益 (B)以抵押權、質權或留置權擔保之請求權，經時效消滅者，抵押物、質物或留置物之所有人得拒絕債權人之取償 (C)請求權已經時效消滅，債務人以契約承認該債務或提出擔保者，其承認或擔保無效 (D)主權利因時效消滅者，從權利不因此而受影響　　　　　　　　　　　【99第二次司法特考-法學知識與英文】	(A)
甲在民國99年9月9日被乙開車撞傷，在民國99年12月12日起訴請求賠償損害，該訴訟在民國100年5月5日判決甲勝訴確定。試問：甲的損害賠償請求權，消滅時效何時屆滿？ (A)民國101年12月12日 (B)民國102年5月5日 (C)民國105年5月5日 (D)民國115年5月5日　　　　　　　　　　　【100高考法制-民法】	(C)

解析：民法第137條第3項規定。

民法上的一般請求權，因幾年間不行使而消滅？ (A)5年 (B)10年 (C)12年 (D)15年　　　　　　　　　【101初等人事行政-法學大意】	(D)
關於民法之消滅時效制度，下列敘述何者錯誤？ (A)經確定判決所確定的請求權，其原有時效期間短於5年者，重行起算的期間為5年 (B)時效期間得以法律行為加長或減短 (C)僅適用於請求權 (D)消滅時效完成，義務人取得拒絕給付的抗辯權【109普考-法學知識與英文】	(B)

下列對於消滅時效與除斥期間之敘述何者正確？ (A)消滅時效適用於形成權；除斥期間適用於請求權 (B)消滅時效自始固定不變；除斥期間有中斷或不完成 (C)消滅時效完成後，形成權消滅，無利益拋棄；除斥期間經過後，當事人得拋棄時效利益 (D)消滅時效完成後請求權不消滅，債務人如不提出抗辯，法院不得依職權審酌；除斥期間經過後，形成權消滅，法院可不待當事人主張而依職權審酌【97消防不動產-民法概要】	(D)

相關考題　消滅時效與除斥期間

關於消滅時效及除斥期間，下列敘述何者正確？　(A)消滅時效適用之客體為形成權；除斥期間適用之客體為請求權　(B)消滅時效的期間固定不變；除斥期間會因中斷而延長　(C)消滅時效完成後，形成權消滅，無利益可拋棄；除斥期間經過後，當事人可以拋棄期限利益　(D)時效利益必須當事人主張，法院不得依職權審酌；除斥期間經過後，法院應依職權審酌，不待當事人主張 【100三等民航特考-法學知識】	(D)

相關考題　特別消滅時效

甲的房屋出租給乙，乙上個月的租金5萬元尚未支付，請問甲對該月租金請求權的消滅時效，應為多久？　(A)15年　(B)5年　(C)2年　(D)1年　【96五等錄事-法學大意】	(B)
醫師對於病人之診費請求權，因幾年間不行使而消滅？　(A)1年　(B)2年　(C)5年　(D)15年　【97鐵公路-民法大意】	(B)
甲經營卡啦OK店，乙至其店消費並且白吃白喝，請問：甲對乙飲食費用之請求權，其消滅時效之期間為幾年？　(A)1年　(B)2年　(C)10年　(D)20年　【97鐵公路佐級公路監理-法學大意】	(B)
解析： (B)2年，請參考民法第127條第1款規定：「左列各款請求權，因2年間不行使而消滅：一、旅店、飲食店及娛樂場之住宿費、飲食費、座費、消費物之代價及其墊款。」	
非以租賃動產為營業之租金給付請求權，因多少年不行使而消滅時效？　(A)15年　(B)10年　(C)5年　(D)2年　【99高考三等財稅行政-民法】	(C)
甲曾至租車公司租車，租期2天，但甲當時付不出錢，欠租車公司新臺幣1萬元。該筆欠款請求權之消滅時效為何？　(A)15年　(B)5年　(C)2年　(D)1年　【100地方特考五等經建行政-法學大意】	(C)

24 時效中斷與時效不完成

一 時效中斷

時效進行中，因一定事由之發生，致已進行之期間歸於無效，並自中斷之事由終止時，重新起算之制度。例如債權人某甲向債務人某乙於接近15年的時候，以存證信函請求某乙返還100萬元之借款，消滅時效及因請求而中斷。

消滅時效中斷之事由，包括請求、承認、起訴，以及與起訴有同一效力之事項。所謂與起訴有同一效力，是指支付命令、調解仲裁、申報和解債權或破產債權、告知訴訟，及開始執行行為或聲請強制執行。(民§129)

二 時效不中斷

法律不保護權利睡覺者，雖說前述因權利人之主張而使消滅時效中斷，可是權利人還是有可能發生權利睡覺之事由，就不宜對之加以保護。例如時效因請求而中斷者，若於請求後6個月內不起訴，視為不中斷。(民§130)

除此之外，其他還有六種時效不中斷的情況如下：

㈠時效因起訴而中斷者，若撤回其訴，或因不合法而受駁回之裁判，其裁判確定，視為不中斷。(民§131)

㈡時效因聲請發支付命令而中斷者，若撤回聲請，或受駁回之裁判，或支付命令失其效力時，視為不中斷。(民§132)

㈢時效因聲請調解或提付仲裁而中斷者，若調解之聲請經撤回、被駁回、調解不成立或仲裁之請求經撤回、仲裁不能達成判斷時，視為不中斷。(民§133)

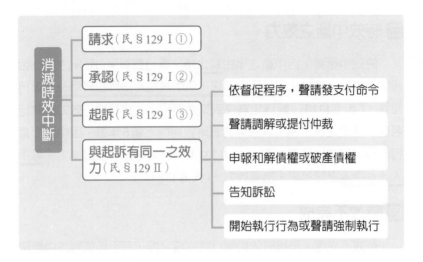

（四）時效因申報和解債權或破產債權而中斷者，若債權人撤回其申報時，視為不中斷。（民§134）

（五）時效因告知訴訟而中斷者，若於訴訟終結後，6個月內不起訴，視為不中斷。（民§135）例如，甲公司承攬A政府機關的道路養護，因路面有坑道，導致某乙死亡，某乙之家屬請求國家賠償，A政府機關告知甲公司正在打官司（告知訴訟），打完官司後，確定要賠給某乙家屬100萬元（訴訟終結）。A機關又依據契約向甲公司請求給付，甲公司給付該100萬元給政府機關，於前開官司確認後，8個月才起訴請求保險公司依據第三人責任險給付保險金額，保險公司認為甲公司6個月內沒有對其起訴，時效視為不中斷，而原本保險金給付請求權早就過了許多年，而主張時效消滅之抗辯。

（六）時效因開始執行行為而中斷者，若因權利人之聲請，或法律上要件之欠缺而撤銷其執行處分時，視為不中斷。（民§136Ⅰ）時效因聲請強制執行而中斷者，若撤回其聲請，或其聲請被駁回時，視為不中斷。（民§136Ⅱ）

三 時效中斷之效力

時效中斷者，自中斷之事由<u>終止</u>時，重行起算。（民§137 I）因起訴而中斷之時效，<u>自受確定判決</u>，或因其他方法訴訟終結時，重行起算。（民§137 II）經確定判決或其他與確定判決有同一效力之執行名義所確定之請求權，其原有消滅時效期間不滿5年者，因中斷而重行起算之時效期間為5年。（民§137 III）時效中斷，以當事人、<u>繼承人、受讓人</u>之間為限，始有效力。（民§138）

四 時效不完成

時效不完成，是指時效期間行將完成之際，有不能或難於中斷時效之事由發生，使時效於該事由終止後一定期間內，暫緩完成，俾請求權人得於此一定期間內行使權利，以中斷時效之制度。（80台上2497）例如，某乙欠某甲100萬元，在15年的時效快要完成之際，某甲正準備下山到法院提出訴訟，但突然發生九二一地震之類的天災或其他不可避之事變，導致山路不通1個月，待山路通暢的1個月內，時效不完成。（民§139）其他如繼承人未確定、法定代理人欠缺、代理關係存續、婚姻關係存續，而導致在6月及1年的期限內，時效不完成。（民§140~143）

相關考題　時效不完成

下列有關消滅時效不完成的敘述，何者正確？　(A)消滅時效不完成，是指時效期間因法定事由而重行起算　(B)時效之期間終止時，因天災或其他不可避之事變，致不能中斷其時效者，自其妨礙事由消滅時起，3個月內，其時效不完成　(C)屬於繼承財產之權利或對於繼承財產之權利，自繼承人確定或管理人選定或破產之宣告時起，6個月內，其時效不完成　(D)夫對於妻或妻對於夫之權利，於婚姻關係消滅後，9個月內，其時效不完成　【96公務初等一般行政-法學大意】	(C)

```
消滅時效不完成
├─ 天災或其他不可避免的事變    （民§139）
├─ 遺產繼承人或管理人未定    （民§140）
├─ 法定代理人的欠缺    （民§141）
├─ 法定代理關係之存續    （民§142）
└─ 婚姻關係之存續    （民§143）
```

相關考題　時效不完成

在婚姻關係存續期間，甲夫向乙妻借新臺幣100萬元，雖然經過15年，但乙於雙方離婚後1年內，尚得請求甲返還借款，是因為下列何種制度？　(A)時效中斷　(B)時效不完成　(C)時效進行停止　(D)時效重行起算　【105普考-法學知識與英文】	(B)

相關考題　時效中斷、不中斷

下列有關消滅時效中斷的效力之敘述，何者正確？　(A)時效中斷除在當事人之間有效力外，在繼承人、受讓人之間，亦有效力　(B)時效中斷者，自中斷之事由開始時，重行起算　(C)因起訴而中斷之時效，自起訴時，重行起算　(D)經確定判決或其他與確定判決有同一效力之執行名義所確定之請求權，其原有消滅時效期間不滿3年者，因中斷而重行起算之時效期間為3年　【100五等司法特考-法學大意】	(A)
下列何者，為消滅時效的中斷事由？　(A)天災　(B)債務人拒絕給付　(C)債權人請求履行債務　(D)法定代理人不同意　【99普考財稅行政-民法概要】	(C)
時效因請求而中斷者，應於請求後多久期限內起訴，否則即視為不中斷？　(A)5年　(B)3年　(C)6個月　(D)1個月　【96五等錄事-法學大意】	(C)

25 自衛行為

一 正當防衛

對於現時不法之侵害，為防衛自己或他人之權利所為之行為，不負損害賠償之責。但已逾越必要程度者，仍應負相當賠償之責。（民§149）

二 緊急避難

因避免自己或他人生命、身體、自由或財產上急迫之危險所為之行為，不負損害賠償之責。但以避免危險所必要，並未逾越危險所能致之損害程度者為限。（民§150 I）

例如：火災時，消防隊員打破停在消防栓旁的車窗，以利救火。

三 自助行為

為保護自己權利，對於他人之自由或財產施以拘束、押收或毀損者，不負損害賠償之責。但以不及受法院或其他有關機關援助，並非於其時為之，則請求權不得實行或其實行顯有困難者為限。（民§151）自助行為，拘束他人自由或押收他人財產者，應即時向法院聲請處理。若聲請被駁回或其聲請遲延者，行為人應負損害賠償之責。（民§152）

相關考題

對於現時不法之侵害，為防衛自己或他人之權利所為之行為，稱之為：　(A)正當防衛　(B)緊急避難　(C)自助行為　(D)自救行為 【97消防不動產-民法概要】	(A)
有關正當防衛的民法規定或學理，下列敘述何者正確？　(A)只要有侵害之虞即可實施正當防衛　(B)正當防衛之對象不限於現時不法之侵害　(C)須為防衛自己或他人之權利及法益　(D)權利人之反擊行為須未逾越必要程度　　　　　　　【96五等地方公務-法學大意】	(D)
下列有關權利行使之敘述，何者錯誤？　(A)行使權利，應依誠實及信用方法　(B)對於緊急避難行為之防禦，得主張緊急避難　(C)對於自助行為之防禦，不得主張正當防衛　(D)對於正當防衛行為之防禦，得主張正當防衛　　　　　　【101初等一般行政-法學大意】	(D)

26 禁止權利濫用

一 權利濫用之禁止

權利人於法律限制內，雖然可以自由行使其權利，但是不能違反公共利益，這是權利社會化的基本內涵；如果專以損害他人利益為目的者，其權利的行使，實為不法行為，自然為法律所不允許。因此，我國民法第148條第1項規定：「權利之行使，不得違反公共利益，或以損害他人為主要目的。」

實務見解

甲向法院訴請乙返還9平方公尺的土地，法院認為要回這土地，需拆除被告所有六層樓房中央部分，勢必影響大樓結構安全，而且甲要回土地後，也難以從事其他利用，顯然是以損害他人為主要目的，有權利濫用之情形，判決甲之請求敗訴。(86台上1840)

二 誠實信用原則

誠實信用原則，是在具體的權利義務關係，依正義公平之方法，確定並實現權利之內容，避免當事人間犧牲他方利益以圖利自己，自應以權利及義務人雙方利益為衡量依據，並應考察權利義務之社會上作用，於具體事實妥善運用之方法。(86台上64)

另外，有最高法院認為「債權人行使權利，依公正客觀之方法衡量雙方之利益，顯然失衡而不公平者，則超過正當期待利益部分即不受法律保護而言，非謂當事人之正當期待利益，亦不得請求，或不受法律保護。」(95台上2900)民法第148條第2項規定：「行使權利，履行義務，應依誠實及信用方法。」

（9m² 的土地）

民法諸原則中，最能顯現法律與道德相關聯者，係下列那一項？ (A)契約自由原則　(B)損害填補原則　(C)誠信原則　(D)無過失責任 原則　　　　　　　　　　　【96三等司法 - 法學知識與英文】	（C）
下列何者，為民法學說上所稱之「帝王條款」？　(A)正當防衛 (B)衡平原則　(C)誠信原則　(D)情事變更原則 　　　　　　　　　　　【102四等地方特考 - 民法概要】	（C）

第三篇　債篇總論

民法的架構

```
                          民　法
      ┌─────┬─────┬─────┬─────┬─────┐
     總則  債篇總論 債篇各論 物權  親屬  繼承
```

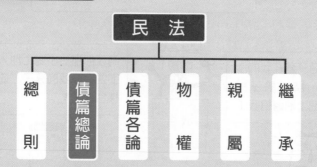

債總的架構

```
                    債篇總論
   ┌────┬────┬────┬────────┬────┬────┐
 債之發生 債之標的 債之效力 多數債務人 債之移轉 債之消滅
                        及債權人
```

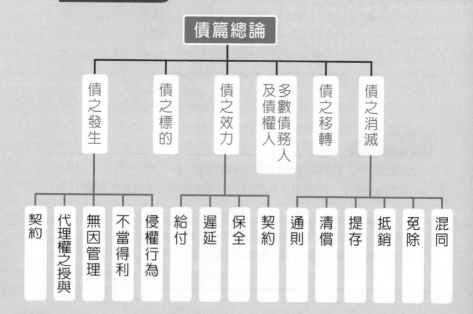

```
債之發生                    債之效力              債之消滅
┌──┬─────┬────┬────┬────┐  ┌──┬──┬──┬──┐  ┌──┬──┬──┬──┬──┬──┐
契約 代理權之授與 無因管理 不當得利 侵權行為  給付 遲延 保全 契約  通則 清償 提存 抵銷 免除 混同
```

本篇目錄

1 契約

一 契約自由原則

在私法關係中，個人之取得權利、負擔義務，純由個人之自由意思，國家不得干涉，從而基此自由意思締結任何契約，不論其內容如何，方式如何，法律應要加以保護。但是，隨著生活型態之演進、交易複雜之趨勢，契約自由原則也逐漸被打破，例如定型化契約之規範、競業禁止條款之限制等均屬之。

二 契約與契約之成立

契約有所謂的廣義契約，包括債權契約與物權契約，而狹義契約，則僅是指債權契約而言。債權契約，是指以發生債之關係為目的，而由兩個以上對立之意思表示達成一致之法律行為。

當事人互相表示意思一致者，無論其為明示或默示，契約即為成立。當事人對於必要之點，意思一致，而對於非必要之點，未經表示意思者，推定其契約為成立，關於該非必要之點，當事人意思不一致時，法院應依其事件之性質定之。（民§153）貨物標定賣價陳列者，視為要約。但價目表之寄送，不視為要約。（民§154Ⅱ）

三 要約與承諾

為了締結契約為目的所為要約之意思表示，待他方為承諾而達成一致時，契約即告成立。因此，承諾是指對於要約人所為之意思表示內容，在承諾期限內表達同意之意思表示。要約之引誘，是指一方所

要 約

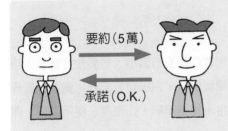

契約之要約人，因要約而受拘束。（民§154 I）當他造當事人承諾之後，雙方意思表示一致，契約即為成立。（民§153 I）

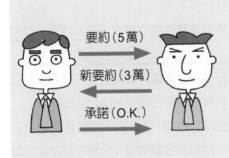

要約經拒絕者，失其拘束力。（民§155）將要約擴張、限制或為其他變更而承諾者，視為拒絕原要約而為新要約。（民§160 II）遲到之承諾，除第159條情形外，視為新要約。（民§160 I）

貨物標定賣價陳列者視為要約

價目表之寄送不視為要約

為的意思表示，欠缺締約之意思，只是希望他方來向自己為要約，如價目表之寄送，不視為要約，僅屬於要約之引誘。（民§154Ⅱ）

四 單務契約與雙務契約

雙務契約比較常見，顧名思義就是雙方當事人對於他方當事人皆負有債務，例如買賣、租賃。舉個例子，汽車買賣契約，賣方有義務交付汽車，買方有義務交付價金。單務契約，如贈與、使用借貸、保證皆屬之，單方面負有債務。

五 預約

契約有預約與本約之分，兩者異其性質及效力，預約權利人僅得請求對方履行訂立本約之義務，不得逕依預定之本約內容請求履行，又買賣預約，非不得就標的物及價金之範圍先為擬定，作為將來訂立本約之張本，但不能因此即認買賣本約業已成立。（61台上964）

預約係約定將來訂立一定契約（本約）之契約。假設將來依所訂之契約履行而無須另訂本約者，縱然命名為預約，仍然不是預約。實務上，曾發生當事人雙方簽訂的契約，名為「土地買賣預約書」，契約內容中，包括買賣坪數、價金、繳納價款、移轉登記期限等均經明確約定，非但並無將來訂立買賣本約之約定，且該契約書的第三條以下，均為雙方照所訂契約履行之約定，自屬本約而非預約。（64台上1567）

六 意思實現

是指依據習慣或者是事件的性質，承諾無須通知，只要依據有可認為承諾之事實，即可推斷有此承諾之意思，其契約為成立。（民

§161 I）如果要約人要約當時，預先聲明承諾無須通知者，也準用民法第161條第1項規定，有可認為承諾之事實，其契約為成立。例如收到出版社直接寄來的套書，並附上匯款單，雖然收件者並未要求出版社寄送，雙方也未訂定契約，此一寄來之行為如同要約，若收件者依指示匯款，即屬「有可認為承諾」之事實，契約即告成立。

相關考題　契約成立之要件

下列有關契約成立之敘述，何者錯誤？　(A)甲向乙發出要約，乙向甲作出承諾，甲乙間之契約即為成立　(B)甲向乙發出要約，乙亦同時向甲作出相同之要約，契約亦為成立　(C)甲向乙發出要約，乙未作出承諾，但變更甲之要約後另發出要約，甲雖未承諾亦可成立契約　(D)甲向乙發出要約，乙變更甲之要約後另發出要約，經甲承諾後契約即為成立　【96升官等-法學知識與英文】	(C)
房屋代銷契約中明定以售價之4%為報酬，如消費者討價還價後約定以售價之3%為報酬，則其後約定之效力為何？　(A)適用3%　(B)適用4%　(C)個別磋商條款無效　(D)有爭議，效力未定　【96公務初等一般行政-法學大意】	(A)

相關考題　要約

下列有關要約之敘述，何者錯誤？　(A)要約經拒絕者，失其拘束力　(B)對話為要約者非立時承諾，失其拘束力　(C)要約之要約人因要約而受拘束，故要約時不得預先聲明不受拘束　(D)要約定有承諾期限者，非於其期限內為承諾，失其拘束力　【97四等關務-法學知識】	(C)

解析：
(B)舉個例子，甲對乙說，這房子200萬你要不要？乙沒有當場說好（沒有承諾）。等到了隔天，乙才說我願意。甲說：抱歉那是昨天的價格，今天是300萬。

相關考題 要 約

民法第154條第2項規定「貨物標定賣價陳列者,視為要約。」此處所稱之「視為」可否以證據推翻之? (A)可以 (B)不可以 (C)視情況而定 (D)由法官決定 【96三等司法-法學知識與英文】	(B)
下列何者為要約? (A)價目表之寄送 (B)房屋出租招貼 (C)報紙刊登徵才廣告 (D)貨物標定賣價陳列 【96公務初等人事經建-法學大意】	(D)
甲到鞋店見有克拉克牌皮鞋標價2,000元,即向店員表示購買,結帳時老板表示該標價錯置,價金應為6,000元,而非2,000元。此時該克拉克牌皮鞋之買賣契約效力如何? (A)不成立 (B)已成立生效 (C)老板得因錯誤而撤銷 (D)推定其已成立生效 【99三等身障特考財稅行政-民法】	(B)
甲發信函予乙表示承諾購買乙所有之物,惟甲於該信函送達至乙處前猝死,則下列敘述何者正確? (A)該承諾於甲死亡時失其效力 (B)該承諾於送達乙處時發生效力 (C)該承諾於甲之繼承人承認時發生效力 (D)乙得以甲之死亡否認該承諾之效力 【99高考三級法制-民法】	(B)
便利超商貨架上標有新款巧克力價格陳列,此種意思表示稱為? (A)要約 (B)要約引誘 (C)承諾 (D)預約 【106普考-法學知識與英文】	(A)

相關考題 單務契約與雙務契約

下列何種契約為單務契約? (A)和解 (B)保證 (C)買賣 (D)互易 【99初等一般行政-法學大意】	(B)

相關考題　單務契約與雙務契約

關於合會契約，下列敘述何者錯誤？　(A)具有團體性的契約　(B)有償契約　(C)單務契約　(D)要式契約 　　　　　　　　　　　　　　【99初等人事行政 - 法學大意】	(C)
下列何者為單務契約（片務契約）？　(A)贈與契約　(B)買賣契約　(C)租賃契約　(D)僱傭契約 　　　　　　　　　　　【97鐵公路佐級公路監理 - 法學大意】	(A)

解析：

單務契約，是指一方負擔義務，他方享有權利，並不須要他方之對待給付。例如贈與契約、使用借貸契約、無息之消費借貸契約等。

相關考題　預約

預約義務人如不訂立本約時，預約權利人得如何主張？　(A)依預定之本約內容直接請求履行　(B)請求預約義務人履行訂立本約之義務　(C)撤銷其預約　(D)主張本約無效 　　　　　　　　　　　【99三等身障特考財稅行政 - 民法】	(B)

相關考題　懸賞廣告

關於「懸賞廣告」之敘述，下列何者正確？　(A)廣告人對不知有廣告而完成廣告所定行為之人，不負給付報酬義務　(B)未定有完成行為期間之懸賞廣告，廣告人不得撤回　(C)懸賞廣告中不得聲明因完成廣告所定行為而取得專利權者，該權利屬於廣告人　(D)數人共同完成廣告所定行為時，由行為人共同取得報酬請求權 　　　　　　　　　　　【102四等地方特考 - 民法概要】	(D)

2

無因管理

一 無因管理的定義

　　所謂無因管理，是指未受委任，並無義務，而為他人管理事務者。其管理應依本人明示或可得推知之意思，以有利於本人之方法為之。（民§172）無因管理的制度，主要是衡平獎勵人類互助精神以及禁止干預他人事物，為其立法之核心理念。

　　例如某甲家中著火，因出國旅遊無人在家，因此，鄰居某乙打電話給119，或者是拿滅火器幫忙滅火，屬於為他人管理事務，可以推知某甲也會認可此一做法，某乙行為的結果，當然也有利於某甲的作為，即屬於無因管理。

　　實務上，認為不論適法無因管理或不法管理行為，均須管理人有為本人管理事務之意思，即以其管理行為所生事實上之利益，歸屬於本人之意思，始能成立。（最高法院96年度台上字第621號民事判決）無因管理，通說認為是事實行為，即便是無行為能力人亦得成立無因管理。

二 管理人之權利

(一)適法管理

　　管理事務，利於本人，並不違反本人明示或可得推知之意思者，管理人為本人支出必要或有益之費用，或負擔債務，或受損害時，得請求本人償還其費用及自支出時起之利息，或清償其所負擔之債務，或賠償其損害（民§176Ⅰ）。第174條第2項有關「公益管理」之情

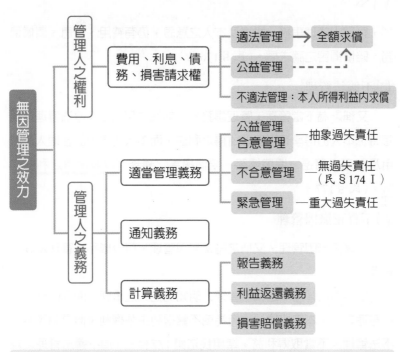

下述行為，均屬本人明示或可得推知之意思，且有利於本人。

幫忙拿滅火器救火

撥打 119 ＝ 管理事務

形，管理人管理事務，雖違反本人之意思，仍有費用、利息、清償債務、賠償損害之請求權。（民§176Ⅱ）

㈡不適法管理

又稱之為不當管理，管理事務不合於民法第176條適法管理之規定時，本人仍得享有因管理所得之利益，而本人所負對於管理人之費用及利息之償還、清償債務、賠償損害之義務，<u>以其所得之利益為限</u>。（民§177Ⅰ）

㈢不真正無因管理

不真正無因管理，又稱之為準無因管理，可分成不法管理及誤信管理。

所謂<u>不法管理</u>，是指若管理人明知為他人之事務，而為自己之利益管理之者，本應依據侵權行為或不當得利主張權利，但是為了避免不法管理人不當取得利益，準用民法第177條第1項不適法管理之規定，讓本人得主張因不法管理所取得到的利益。（民§177Ⅱ）

例如甲明知賓士車為乙所有，價值50萬元，仍加以改裝修理，再轉賣給第三人丙，賣得100萬元，乙得主張無因管理。（侵權行為或不當得利，均僅能主張50萬元，讓甲獲得多出來的50萬元利益）

【民法第177條】

Ⅰ管理事務不合於前條之規定時，本人仍得享有因管理所得之利益，而本人所負前條第1項對於管理人之義務，以其所得之利益為限。（不適法管理或不當管理）

Ⅱ前項規定，於管理人明知為他人之事務，而為自己之利益管理之者，準用之。（不真正無因管理之不法管理）

　　誤信管理，是指誤信他人之事務為自己的事務，而為管理者，不能類推適用無因管理之規定。（如下圖）

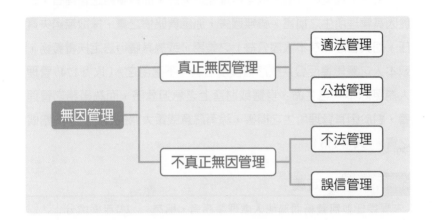

誤信管理

阿伯以為是自己的車子而修理，所支出的費用顯無為本人管理事務之意思，也無以管理行為所生事實上之利益，歸屬於本人之意思，不能依據無因管理向小姐請求，但還是可以主張不當得利。

三 管理人之義務

管理人違反本人明示或可得推知之意思,而為事務之管理者,對於因其管理所生之損害,雖無過失,亦應負賠償之責,採取無過失責任。如其管理係為本人盡公益上之義務,或為其履行法定扶養義務,或本人之意思違反公共秩序善良風俗者,不適用之。(民§174)管理人為免除本人之生命、身體或財產上之急迫危險,而為事務之管理者,對於因其管理所生之損害,除有惡意或重大過失者外,不負賠償之責。(民§175)

相關考題　定義	
未受委任並無義務而為他人處理事務者,稱為: (A)無權處分 (B)無權代理 (C)無因管理 (D)不當得利 【97鐵公路佐級公路監理-法學大意】	(C)

相關考題　法律性質	
無因管理之法律性質為: (A)事實行為 (B)法律行為 (C)準法律行為 (D)違法行為 【98國安局五等-法學大意】	(A)

相關考題　不法管理	
管理人明知為他人之事務,而為自己之利益管理者,稱之為: (A)誤信管理 (B)不法管理 (C)適法的無因管理 (D)不適法的無因管理 【96四等關務-法學知識】	(B)

相關考題

甲基於無因管理,幫乙對丙清償債務。事後發現,其實乙對丙的債務根本不存在,丙應將所得金錢,向誰返還? (A)甲 (B)乙 (C)向甲乙任一人為返還,因為甲乙為連帶債權人 (D)向甲乙共同返還,因為甲乙為不可分債權人 【103三等地特 - 法學知識與英文】	(A)
甲誤認為乙之自行車為自己所有,而將該車交由丙修理,甲對於所支出之修理費用,應如何依據法律規定向乙求償? (A)無因管理 (B)不當得利 (C)所有物返還 (D)契約責任 【96五等錄事 - 法學大意】	(B)

解析:
甲誤認為乙之自行車為自己所有而將該車修理,顯無為本人管理事務之意思,也無以管理行為所生事實上之利益,歸屬於本人之意思,所以並非是無因管理。

甲為自己利益,擅自以自己名義將乙所有、市值100萬(新臺幣,以下同)之A古玩,以150萬出賣並交付予善意無過失之丙。下列敘述何者正確? (A)乙得對丙主張所有權人之物上返還請求權 (B)乙得依侵權行為請求權向甲請求150萬 (C)乙得依不當得利返還請求權向甲請求150萬 (D)乙得請求甲因不法管理行為所得之全部利益150萬 【109高考 - 法學知識與英文】	(D)

3 不當得利

一 不當得利之概念

　　不當得利，是指無法律上之原因而受利益，致他人受損害者，應返還其利益。雖有法律上之原因，而其後已不存在者，亦同。(民§179)不當得利請求返還之範圍，應以對方所受之利益為限。(61台上1695)一般常見者，如履行契約而為給付者，若契約經撤銷，給付之目的既歸消滅，受領人受此利益之法律上原因即已失其存在，成立不當得利。(23上1528)

　　民法規定約定利率超過週年16%者，超過部分之約定，無效(民§205)，但仍可受領。換言之，若超過的部分，債務人還是任意給付，債權人也受領了，不能說是不當得利請求返還。(29渝上1306)

二 物權行為獨立性、無因性，與不當得利之關聯

　　物權行為有獨立性及無因性，不因無為其原因之債權行為，或為其原因之債權行為係無效或得撤銷而失效；而買賣契約與移轉所有權之契約不同，買賣契約不過一種以移轉物權為目的之債權契約，難謂即為移轉物權之物權契約，且出賣人對於出賣之標的物，不以有處分權為必要。(37上字7645、38台上111)

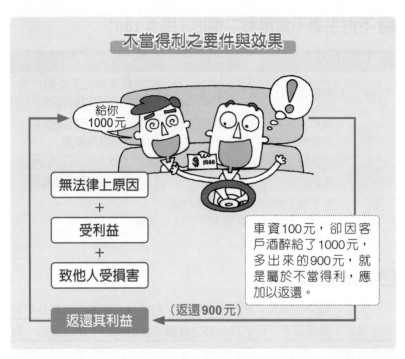

不當得利之要件與效果

給你 1000元

無法律上原因
＋
受利益
＋
致他人受損害

車資100元，卻因客戶酒醉給了1000元，多出來的900元，就是屬於不當得利，應加以返還。

（返還900元）

返還其利益

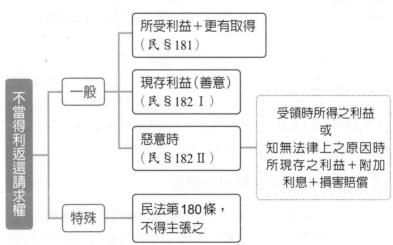

不當得利返還請求權

一般

所受利益＋更有取得
（民§181）

現存利益（善意）
（民§182Ⅰ）

惡意時
（民§182Ⅱ）

受領時所得之利益
或
知無法律上之原因時所現存之利益＋附加利息＋損害賠償

特殊

民法第180條，不得主張之

三 不得主張不當得利之情形（民§180）

編號	條文	實際案例
一	給付係履行道德上之義務者。	父親替非婚生子女給付安親班費用(非以贈與為之)
二	債務人於未到期之債務因清償而為給付者。	10月31日才到期的債務，5月31日就先償還。
三	因清償債務而為給付，於給付時明知無給付之義務者。	債權人免除債務後，還是以清償為目的而返還債務。
四	因不法之原因而為給付者。但不法之原因僅於受領人一方存在時，不在此限。	賭債。

四 不當得利之效力

　　不當得利之受領人，除返還其所受之利益外，如本於該利益更有所取得者，並應返還。但依其利益之性質或其他情形不能返還者，應償還其價額。（民§181）不當得利之受領人，以其所受者，無償讓與第三人，而受領人因此免返還義務者，第三人於其所免返還義務之限度內，負返還責任。（民§183）

　　不當得利之受領人，如果是善意的情況，不知無法律上之原因，而其所受之利益已不存在者，免負返還或償還價額之責任。如果是惡意的情況，受領人於受領時，知無法律上之原因或其後知之者，應將受領時所得之利益，或知無法律上之原因時所現存之利益，附加利息，一併償還；如有損害，並應賠償。（民§182）

五 民法中有關不當得利之規定

　㈠民法第197條第2項規定：「損害賠償之義務人，因侵權行為受利益，致被害人受損害者，於前項時效完成後，仍應依關於不當得利之規定，返還其所受之利益於被害人。」

實務案例

倘出賣人出賣他人之不動產，並依買受人之指示，使該他人將買賣標的物不動產所有權逕移轉登記於買受人所指定之第三人，則此第三人與該他人間僅存有移轉物權之獨立物權契約關係，其間並無何買賣債權債務關係，亦不因其取得所有權之登記原因載『買賣』而受影響；若此，如買受人無法律上之原因，使非買賣當事人之第三人取得不動產所有權，第三人因而受有利益，且該買受人有受損時，買受人即非不得請求第三人移轉不動產所有權登記以返還利益。（89 台上 961）

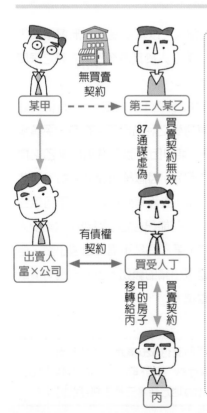

甲賣土地給富×公司，尚未移轉登記，丁向富×公司買甲之土地，丁又轉售給丙。後來丁後悔賣給丙，乃與乙通謀虛偽意思表示（民§87），要求甲將土地移轉給乙。

丙非常生氣，認為丁怎麼可以毀約，乃主張其與乙的買賣契約是通謀虛偽意思表示而無效，再加上甲只是移轉物權給乙，與乙也沒有債權契約關係，因此乙受有利益（取得土地），丁受有損害（移轉土地給乙），無法律上原因（買賣契約已因通謀虛偽無效），丁可依據不當得利，請求乙返還房屋及土地。

丙遂行使代位權（民§242），代位丁，請求乙將系爭土地所有權移轉登記於丁，再依據買賣契約，請求丁移轉該房子與土地給丙。

上述實務見解，就在探求丁可不可以依據不當得利請求乙返還。

㈡民法第266條規定：「因不可歸責於雙方當事人之事由，致一方
之給付全部不能者，他方免為對待給付之義務；如僅一部不能
者，應按其比例減少對待給付。前項情形，已為全部或一部之對
待給付者，得依關於不當得利之規定，請求返還。」

㈢民法第419條規定：「贈與之撤銷，應向受贈人以意思表示為
之。贈與撤銷後，贈與人得依關於不當得利之規定，請求返還贈
與物。」

㈣第816條規定：「因前五條之規定而受損害者，得依關於不當得
利之規定，請求償還價額。」

六 轉得人之責任

第183條規定：「不當得利之受領人，以其所受者，無償讓與第
三人，而受領人因此免返還義務者，第三人於其所免返還義務之限度
內，負返還責任。」是在規定什麼？

這條規定必須先看一下民法第182條第1項規定：「不當得利之
受領人，不知無法律上之原因，而其所受之利益已不存在者，免負返
還或償還價額之責任。」舉個例子，某甲因錯誤而撤銷與某乙之間
的小豬買賣契約，債權行為（契約之訂定）因撤銷而溯及至始不生效
力，物權行為（交付小豬以移轉所有權）依舊有效存在，某甲可以主
張不當得利請求返還小豬。但是，某乙可能已經把小豬無償送給愛人
某丙，依據民法第182條第1項規定，某乙固然不需要返還小豬，但
是愛人某丙則依據民法第183條有返還小豬的義務。但如果是有償讓
與小豬給某丙，則第三人還是不必返還。

相關考題

甲出售A屋予乙，價金500萬元，乙誤為支付520萬元。乙就多支付的20萬元，得向甲主張：　(A)侵權行為　(B)詐欺　(C)不當得利　(D)債務不履行　　　　　　　　　　　　　　　　【99地方特考三等法制 - 民法】	(C)

相關考題

甲出售A書給乙，並已交付。其後發現該買賣契約無效，甲該如何？ (A)甲向乙請求侵權行為，損害賠償 (B)甲向乙請求不當得利，返還A書 (C)甲向乙請求所有物（A書）返還 (D)甲不得向乙作任何請求 【99地方特考五等-法學大意】	(B)
下列有關不當得利之敘述何者錯誤？ (A)給付係履行道德義務者，不得以不當得利請求返還 (B)未到期之債務，提前清償者，得以不當得利請求返還 (C)因清償債務於給付時明知無給付義務者，不得以不當得利請求返還 (D)因賭債而為給付者，不得以不當得利請求返還 【97三等關務警特-法學知識】	(B)
依民法第179條規定，無法律上之原因而受利益，致他人受損害者，應返還其利益，稱為： (A)無因管理 (B)有因管理 (C)不當得利 (D)無權代理 【98國安局五等-法學大意】	(C)
甲乙訂立電腦買賣契約，但買受人甲才15歲，甲的父母事後拒絕承認該契約。試問甲乙間的法律關係如何？ (A)乙可以契約無效，主張甲的占有電腦為無權占有，而主張所有物返還請求權 (B)乙可以契約無效，主張甲的占有電腦為侵權行為，而主張回復原狀的損害賠償責任 (C)乙可以契約無效，主張甲的占有電腦為不當得利，而主張不當得利的返還 (D)乙可以契約無效，主張甲的占有電腦為無因管理 【98不動產經紀人-民法概要】	(C)
甲無法律上原因由乙處取得A屋。嗣後甲因A屋都市更新計畫而取得更高價的B屋，甲並仍居住該屋中，下列敘述何者正確？ (A)甲應返還A屋價額 (B)甲應返還B屋價額 (C)甲可以主張所得A屋利益已不存在 (D)甲應返還B屋 【103四等地特-法學知識與英文】	(D)
甲有市價10萬元之盆栽，託乙照料，乙竟為自己之利益而將之以20萬元之價格出售並交付於善意且無重大過失之丙。下列敘述，何者錯誤？ (A)乙乃不法管理 (B)丙善意取得盆栽之所有權 (C)甲可依侵權行為之規定向乙請求10萬元 (D)甲可依侵權行為之規定向乙請求20萬元 【106司特四等-法學知識與英文】	(D)

4 侵權行為

一 侵權行為之概念

　　因故意或過失，不法侵害他人之權利者，負損害賠償責任。故意以背於善良風俗之方法，加損害於他人者亦同。違反保護他人之法律，致生損害於他人者，負賠償責任。但能證明其行為無過失者，不在此限。（民§184）損害賠償之債，以有損害之發生及有責任原因之事實，並二者之間，有相當因果關係為成立要件。（48台上481）

二 背於善良風俗

　　實務上曾發生一起案例，某甲與乙女為夫妻，但又與丙女二人外遇，實務認為某甲違反夫妻忠貞義務，而故意以背於善良風俗之方法侵害某乙基於配偶關係之身分法益，且情節重大，得依民法第195條之規定，請求賠償非財產上之損害（精神慰藉金）。（95台上234）

三 違反保護他人之法律

　　違反保護他人之法律，係指違反一般防止妨害他人權益或禁止侵害他人權益之法律而言。例如刑法第193條關於違背建築術成規罪，係規範承攬工程人、監工人於營造或拆卸建築物時，應依照建築術成規而行，以維護公眾安全，間接及於保護個人權益之安全，當屬於保護他人之法律。實務上曾發生一起案例，被告某甲明知系爭大樓建造過程中有基礎放樣偏差之情形，卻未依建築技術規定修正，對大樓之安全性造成重大危害，致於九二一地震時震毀，則被告某甲違反保護他人之法律，與被害人之損害間具有相當因果關係。（95台上395）

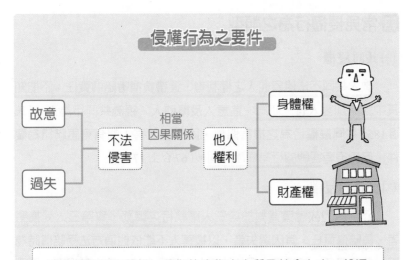

侵權行為之要件

故意 ─┐
       ├─ 不法侵害 ──相當因果關係──> 他人權利 ─┬─ 身體權
過失 ─┘   └─ 財產權

所謂相當因果關係，是指依事物之本質及社會上之一般通念，有此行為通常會導致損害之結果，即認為有相當因果關係。

侵權行為型態	侵害客體	主觀責任	條文
因故意或過失，不法侵害他人之權利者，負損害賠償責任。	權利	故意、過失	（民§184Ⅰ前段）
故意以背於善良風俗之方法，加損害於他人者。	一般法益	故意以背於善良風俗之方法，加損害於他人	（民§184Ⅰ後段）
違反保護他人之法律，致生損害於他人者，負賠償責任。但能證明其行為無過失者，不在此限。	一般法益		（民§184Ⅱ）

四 常見侵權行為之類型

(一)共同侵權

　　數人共同不法侵害他人之權利者，連帶負損害賠償責任；不能知其中孰為加害人者，亦同。造意人及幫助人，視為共同行為人。(民§185)共同侵權行為之損害賠償，固不以加害人間有意思聯絡為要件，但仍須有客觀的行為關聯共同。(67台上1737)

(二)公務員侵權

　　公務員因故意違背對於第三人應執行之職務，致第三人受損害者，負賠償責任。其因過失者，以被害人不能依他項方法受賠償時為限，負其責任。如被害人得依法律上之救濟方法，除去其損害，而因故意或過失不為之者，公務員不負賠償責任。(民§186)

　　公務員行使公權力之際而侵害他人者，應依本規定負損害賠償責任，國家則依據國家賠償法負其責任。國家負擔賠償之後，對於公務員也有求償權。但為避免公務員有動輒得咎之虞，僅限於公務員故意或重大過失始須賠償。(國賠§4Ⅱ)

(三)無行為能力人或限制行為能力人侵權

　　無行為能力人或限制行為能力人，不法侵害他人之權利者，以行為時有識別能力為限，與其法定代理人連帶負損害賠償責任。行為時無識別能力者，由其法定代理人負損害賠償責任。前項情形，法定代理人如其監督並未疏懈，或縱加以相當之監督，而仍不免發生損害者，不負賠償責任。(民§187ⅠⅡ)如不能依前述規定受損害賠償時，法院因被害人之聲請，得斟酌行為人及其法定代理人與被害人之經濟狀況，令行為人或其法定代理人為全部或一部之損害賠償。(民§187Ⅲ)

編號	類型	條文	案例
一	共同侵權	民§184＋§185	甲、乙兩車撞上丙車。
二	公務員侵權	民§184＋§186	大水來時，未依規定將堤防水門關閉。
三	無行為能力人或限制行為能力人侵權	民§184＋§187	3歲孩童偷吃鄰居種的西瓜。
四	受僱人侵權	民§184＋§188	公車司機撞傷行人。
五	動物侵權	民§190	甲的狗突然衝出，使騎腳踏車的民眾摔倒。

共同侵權

民§184
不以意思聯
絡為要件

受僱人侵權

動物侵權

公務員侵權

水門沒關

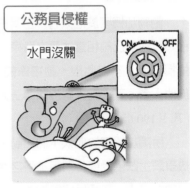

無行為能力人或限
制行為能力人侵權

3歲小孩偷吃
他人的西瓜

㈣受僱人侵權

受僱人因執行職務，不法侵害他人之權利者，由僱用人與行為人連帶負損害賠償責任。但選任受僱人及監督其職務之執行，已盡相當之注意或縱加以相當之注意而仍不免發生損害者，僱用人不負賠償責任。如被害人因僱用人已盡監督之責而免負損害賠償責任時，法院因其聲請，得斟酌僱用人與被害人之經濟狀況，令僱用人為全部或一部之損害賠償。（民§188ⅠⅡ）僱用人賠償損害時，對於為侵權行為之受僱人，有求償權。（民§188Ⅲ）

㈤動物侵權

動物加損害於他人者，由其占有人負損害賠償責任。但依動物之種類及性質已為相當注意之管束，或縱為相當注意之管束而仍不免發生損害者，不在此限。動物係由第三人或他動物之挑動，致加損害於他人者，其占有人對於該第三人或該他動物之占有人，有求償權。（民§190）

所謂加損害於他人，例如動物追趕行人或機車騎士，導致行人或機車騎士跌倒受傷，即有本條之適用。占有人，對於動物事實上具備管領力之人，包括民法第942條之輔助占有人，其規定內容為民法第942條：「受僱人、學徒、家屬或基於其他類似之關係，受他人之指示，而對於物有管領之力者，僅該他人為占有人。」

五 民法第187條及第188條之區別

項目	民§187	民§188
侵權行為人	無行為能力人或限制行為能力人	受僱人
	法定代理人	僱用人
連帶賠償	有識別能力→連帶賠償 無識別能力→法定代理人賠償	執行職務→連帶賠償
不負賠償責任	監督並未疏懈,或縱加以相當之監督,而仍不免發生損害。	選任受僱人及監督其職務之執行,已盡相當之注意或縱加以相當之注意而仍不免發生損害。
酌定賠償	斟酌行為人及其法定代理人與被害人之經濟狀況,令行為人或其法定代理人為全部或一部之損害賠償。	斟酌僱用人與被害人之經濟狀況,令僱用人為全部或一部之損害賠償。
求償權	無	有,僱用人賠償損害時,對於為侵權行為之受僱人,有求償權。

下列有關冒用姓名的敘述，何者正確？　(A)冒用他人姓名而為法律行為者，為無權代理　(B)冒用他人姓名而為法律行為者，為無因管理　(C)冒用他人姓名係侵害他人姓名權的一種形態　(D)姓名被他人冒用者，可依民法規定更改姓名　【99地方特考五等-法學大意】 | (C)

下列何者，不是侵權行為損害賠償責任的成立要件？　(A)被害人受有損害　(B)行為具有不法性　(C)行為與損害間具有因果關係　(D)被害人無故意或過失　【99高考三級法制-民法】 | (D)

下列對於法定代理人之侵權行為責任何者敘述錯誤？　(A)無行為能力人或限制行為能力人，不法侵害他人權利者，以行為時有識別能力為限，與其法定代理人連帶負損害賠償責任　(B)行為時無識別能力者，則法定代理人亦無須負損害賠償責任　(C)法定代理人如其監督並未疏懈，或縱加以相當監督，而仍不免發生損害，不負賠償責任　(D)無法依民法第187條第1、2項規定受損害賠償時，法院因被害人聲請，得斟酌行為人及其法定代理人與被害人之經濟狀況，令行為人或其法定代理人為全部或一部之損害賠償　【97消防不動產-民法概要】 | (B)

輟學在家之15歲少年甲騎乘腳踏車外出時，不慎撞傷路人乙，致乙身體受有傷害時，下列敘述何者正確？　(A)原則上甲應與其法定代理人丙連帶負損害賠償責任　(B)僅甲之法定代理人丙應對乙負損害賠償責任　(C)僅甲本人應對乙負損害賠償責任　(D)因甲未成年，乙應自行承擔所受損害　【100地方特考四等-民法概要】 | (A)

相關考題 共同侵權

甲、乙、丙3人同時向丁丟擲石頭，丁因此而受傷，但不知該侵害行為由何人所為，甲、乙、丙之責任為： (A)不須負責 (B)各自按比例負責 (C)以最具危險可能者負責 (D)共同負連帶責任 【96公務初等一般行政-法學大意】	(D)

相關考題 僱用人侵權行為責任

設甲為乙之員工，某日為乙送貨至客戶丙處時，不小心撞毀丙之自用車，下列敘述何者正確？ (A)甲之侵權行為由甲負責，應由甲賠償丙之損失，與乙無關 (B)侵權行為人是甲，但如由乙賠償丙損失後，乙得全額向甲求償 (C)侵權行為人雖是甲，由乙賠償丙之損失不得向甲求償，因甲是為乙工作，由乙負責乃理所當然 (D)侵權行為人是甲，仍由乙賠償丙之損失而且不得向甲求償，因甲是不小心的 【96升官等-法學知識與英文】	(B)
甲客運公司僱用乙為司機駕駛公車，某日，乙不慎開公車撞傷某丙。丙欲請求損害賠償，則下列敘述何者正確？ (A)丙僅得向甲請求損害賠償 (B)丙僅得向乙請求損害賠償 (C)丙得選擇向甲或向乙其中一人請求全部之損害賠償 (D)丙只能向甲及乙各請求一半之損害賠償 【98四等基層警察-法學緒論】	(C)
下列何種受僱人之行為，僱用人應負連帶賠償責任？ (A)郵局對郵差侵占包裹所生之損害 (B)客運公司因司機未阻止乘客間的互毆行為所生之損害 (C)保險公司對業務員和客戶太太的通姦行為所生之損害 (D)醫院對護理人員院外的竊盜行為所生之損害 【107四等警察-法學知識】	(A)

受僱人於執行職務時，不法侵害他人權利者，僱用人應與受僱人負連帶責任，因此，下列敘述何者正確？　(A)被害人僅得對僱用人請求給付一半之賠償金額　(B)僱用人單獨賠償後，得向受僱人請求返還全部之賠償價額　(C)僱用人不得向受僱人求償　(D)僱用人單獨賠償後，僅得向受僱人請求返還一半之賠償價額 【96公務初等一般行政-法學大意】	(B)
某A仲介公司不動產經紀人甲，在介紹房屋過程中隱瞞該屋為海砂屋之事實，買受人知情後憤而追訴求償，請問誰該負責任？　(A)A仲介公司　(B)不動產經紀人甲　(C)A仲介公司與不動產經紀人甲連帶負責　(D)基於契約自由原則買受人自行承擔損失 【97消防不動產-民法概要】	(C)
甲、乙當事人間對丙所負責任，何者不成立民法第188條「受僱人與僱用人」之僱用關係？　(A)甲計程車靠行乙交通公司營業，甲載客途中撞傷丙　(B)甲乘客路邊攔乘司機乙所駕駛計程車，乙途中撞傷丙　(C)甲醫師任職於乙醫院，甲進行手術因失誤致丙死亡　(D)甲飛機駕駛員任職於乙航空公司，甲因起飛失敗而迫降，致乘客丙受傷 【100高考法制-民法】	(B)
受害人甲向加害人（即受僱人）乙及其僱用人丙主張侵權行為，乙已有效提出時效抗辯，但其僱用人丙未為時效抗辯，則丙之責任為何？　(A)完全不能免責　(B)可以全部免責　(C)可以部分免責　(D)不能免責但可以向乙追索　　　　【99高考三等財稅行政-民法】	(B)
受僱人於執行職務時，不法侵害他人權利者，僱用人應與其負連帶責任，性質上屬於：　(A)過失責任　(B)無過失責任　(C)中間責任　(D)絕對責任　　　　【100地方特考五等經建行政-法學大意】	(C)

解析：
中間責任，推定過失責任。

相關考題 公務員侵權行為責任

關於公務員侵權行為之救濟方式，下列敘述何者錯誤？ (A)公務員職務外行為，依一般侵權行為救濟 (B)公務員職務上私法行為侵害人民時，依一般侵權行為救濟 (C)公務員之違背職務出於故意者，受害人應先依他法求償 (D)公務員之公法上職務行為致加害被害人時，可依國家賠償法救濟 【97公務初等一般行政-法學大意】	(C)

解析：
(C)，「過失」才先依他法，請參考民法第186條規定。

甲為公務人員，執行職務時因故遭人民毆傷，導致殘廢。甲受傷期間，醫療費用由全民健康保險支付，並依公教人員保險法規定領取殘廢給付。嗣後甲向滋事者起訴請求損害賠償時，是否應扣除該等醫療費用及殘廢給付？ (A)醫療費用及殘廢給付均應扣除 (B)醫療費用及殘廢給付均不應扣除 (C)僅扣除醫療費用，不扣除殘廢給付 (D)僅扣除殘廢給付，不扣除醫療費用 【99高考三級法制-民法】	(B)

5 損害賠償之範圍

　　損害賠償之範圍，主要是探討何人、何種權利，以及請求的項目，以下針對幾項重點討論。

■ 財產上之損害賠償

　　被害人遭他人侵害身體或健康，除可依據民法第184條主張損害賠償外，如醫藥費的負擔，還可以主張喪失或減少勞動能力或增加生活上之需要。（民§193）例如某甲被某乙開車撞傷，兩個月無法工作，損失6萬元。

　　不法侵害他人致死者，雖然被害人已經死亡，對於支出醫療及增加生活上需要之費用或殯葬費之人，還是應負損害賠償責任。（民§192 I）被害人對於第三人負有法定扶養義務者，加害人對於該第三人亦應負損害賠償責任。（民§192 II）例如，被害人死亡後，留有三歲小孩，加害人就應該賠償此依法定之扶養義務。

■ 非財產上之損害賠償

　　不法侵害他人致死者，被害人之父、母、子、女及配偶，雖非財產上之損害，亦得請求賠償相當之金額。（民§194）若是身體、健康、名譽、自由、信用、隱私及貞操之七大類型，或侵害他人格法益而情節重大者，被害人雖非財產上之損害，亦得請求賠償相當之金額。（民§195 I）

客體	類　型		請求項目	法條依據
人	死亡	所受損害	醫療費	民§184＋§192
			增加生活上需要費用	
			殯葬費	
		所失利益	法定扶養義務	
		精神損害	慰撫金	民§184＋§194
	身體或健康	所受損害	醫療費	民§184
			喪失或減少勞動能力	民§184＋§193
			增加生活上之需要	
		精神損害	慰撫金	民§184＋§195
	名譽、自由、信用、隱私、貞操	精神損害	慰撫金	民§184＋§195
	其他人格法益而情節重大	精神損害	慰撫金	
	他人基於父、母、子、女或配偶關係之身分法益而情節重大	精神損害	慰撫金	
物	不法毀損他人之物		其物因毀損所減少之價額	民§184＋§196

　　前述七大類型外之其他人格法益，必須具備情節重大之要件，才能主張非財產上之損害賠償。名譽遭侵害，並得請求回復名譽之適當處分。例如登報道歉，就是最常見的適當處分，有時候登報道歉的費用，比賠償的金額還要高。

三 消滅時效

　　因侵權行為所生之損害賠償請求權，自請求權人知有損害及賠償義務人時起，2年間不行使而消滅。自有侵權行為時起，逾10年者亦同。損害賠償之義務人，因侵權行為受利益，致被害人受損害者，於前項時效完成後，仍應依關於不當得利之規定，返還其所受之利益於被害人。（民§197）

四 債權廢止請求權

　　因侵權行為對於被害人取得債權者，被害人對該債權之廢止請求權，雖因時效而消滅，仍得拒絕履行。（民§198）按侵權行為之被害人，於民法第197條第1項所定之時效未完成前，本於侵權行為損害賠償之回復原狀請求權（民§213），除得請求加害人免除其債務，以廢止加害人之債權外，對於加害人之請求履行債務，亦有拒絕履行之抗辯權。被害人對於債權之廢止請求權，雖因時效而消滅，依民法第198條規定，仍得拒絕履行。（90台上399）

　　例如被害人遭加害人詐欺而陷於錯誤，所訂定的買賣契約，可以依據民法第92條撤銷意思表示，也可以行使廢止請求權。惟此須限於加害人因侵權行為而取得對被害人之債權時，被害人始得依該條規定，對於該債權請求廢止，並拒絕履行。（高等法院96年上字第793號）

RCA事件之損害賠償請求權

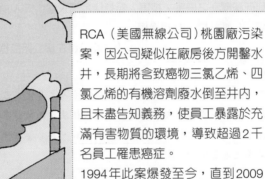

RCA（美國無線公司）桃園廠污染案，因公司疑似在廠房後方開鑿水井，長期將含致癌物三氯乙烯、四氯乙烯的有機溶劑廢水倒至井內，且未盡告知義務，使員工暴露於充滿有害物質的環境，導致超過2千名員工罹患癌症。

1994年此案爆發至今，直到2009年11月11日，首次在臺北地方法院開庭進行實質審理。這起案件的困難點，除了傾倒有毒廢棄物與員工罹患癌症之因果關係、子公司責任外，還有一個問題就是請求權是否罹於時效之問題？換言之，也就是請求權人知有損害及賠償義務人時起之2年，以及自有侵權行為時起之10年，其起算之時點為何，成為這起案件是否勝敗之關鍵因素。

下列何種人格權受侵害時，以情節重大者為限，方得請求非財產上之損害賠償？　(A)身體權　(B)名譽權　(C)隱私權　(D)肖像權　　(D)
【96四等關務-法學知識】

甲因過失而將乙之愛犬撞死，乙傷心至極，得主張何權利？　(A)請求慰撫金　(B)請求回復名譽　(C)僅得請求金錢賠償　(D)請求懲罰性賠償　　(C)
【96公務初等一般行政-法學大意】

下列何種權利之侵害，被害人無慰撫金請求權？　(A)所有權　(B)名譽權　(C)隱私權　(D)貞操權　　(A)
【97鐵公路佐級公路監理-法學大意】

解析：

請參照民法第195條第1項：「不法侵害他人之身體、健康、名譽、自由、信用、隱私、貞操，或不法侵害其他人格法益而情節重大者，被害人雖非財產上之損害，亦得請求賠償相當之金額。其名譽被侵害者，並得請求回復名譽之適當處分。」

下列何者非特別人格權？　(A)信用　(B)信仰　(C)姓名　(D)自由　　(B)
【99普考-法學知識與英文】

關於「隱私權」概念在我國法律發展上的變遷，以下敘述何者錯誤？　(A)「隱私權」是憲法上的概念，不是民法上的概念　(B)我國憲法條文當中，並沒有明文列舉「隱私權」的規定　(C)民法侵權行為的規定，在民國88年修法公布之前，並未明文列舉「隱私權」之侵害　(D)我國憲法上的「隱私權」包括個人自主控制個人資訊之資訊隱私權　　(A)
【96四等關務-法學知識】

相關考題 消滅時效

甲竊取乙之財物,下列有關乙之損害賠償請求權之敘述,何者錯誤? (A)自乙知悉是甲所竊時起,滿2年後,時效完成 (B)如乙始終不知是甲所竊,則在被竊滿10年後,時效完成 (C)乙在被竊15年內,仍可向甲請求返還不當得利 (D)自乙知悉是甲所竊時起,滿1年後,時效完成 【100關稅三等-法學知識】	(D)

甲於網路上散播有損乙之名譽的訊息,下列敘述何者正確? (A)乙之慰撫金賠償請求權,自乙知甲之侵權行為時起,3年間不行使而消滅 (B)乙向甲為起訴請求後,即得將其對甲之慰撫金賠償請求權讓與給第三人 (C)乙在未向甲為任何請求前死亡時,乙之繼承人仍繼承乙對甲之慰撫金賠償請求權 (D)對名譽之侵害,在民事法上,除賠償慰撫金外,別無其他救濟方法【99普考財稅行政-民法概要】	(B)

解析:參考民法第999條第3項。

因侵權行為所生之損害賠償請求權,因下列何種情形而消滅? (A)自請求權人知有損害及賠償義務人時起,1年間不行使 (B)自請求權人知有損害及賠償義務人時起,2年間不行使 (C)自有侵權行為時起,逾5年不行使 (D)自有損害發生時起,逾10年不行使 【97鐵公路-民法大意】	(B)

相關考題 請求主體

設甲駕車不慎撞到乙車,乙不幸罹難,下列說明何者錯誤? (A)乙之祖父母不得對甲請求非財產上的損害賠償 (B)乙之子女包括非死產之胎兒得對甲請求非財產上的損害賠償 (C)乙之配偶係再婚之配偶得對甲請求非財產上損害賠償 (D)乙之獨生女已經出嫁,不得對甲請求非財產上損害賠償 【97四等關務-法學知識】	(D)

不法侵害他人致死時,得向加害人請求賠償非財產上之損害者為: (A)被害人之祖父母、父、母 (B)被害人之配偶、兄弟姊妹 (C)被害人之配偶、子、女 (D)被害人之子、女、孫子女 【100地方特考四等-民法概要】	(C)

甲加害乙致死，則下列敘述，何者正確？ 　(A)丙雖然不是乙的親人，但為乙支出殯葬費，故可請求甲賠償殯葬費 　(B)乙妻之胎兒尚未出生，故不可請求甲賠償損害 　(C)丁乃乙之胞弟，故可向甲請求精神上損害賠償 　(D)乙之老父雖不能維持生活，但尚有謀生能力，故不可請求甲賠償扶養費

（A）

【99四等身障特考一般行政－法學知識】

下列何種情形，被害人乙不得請求甲賠償慰撫金？ 　(A)甲綁架乙之小孩 　(B)甲不法侵害乙孕婦乙之胎兒致死 　(C)甲不法侵害乙公司之信譽 　(D)甲將乙送修電腦中硬碟所儲存的私密淫照曝光

（C）

【99普考－法學知識與英文】

甲因駕車不慎將乙撞成植物人，乙可否向甲請求損害賠償？ 　(A)只可以請求財產上損害賠償 　(B)可以請求財產上與精神上損害賠償 　(C)只可以請求精神上損害賠償 　(D)已經有全民健保不可以請求賠償

（B）

【99地方特考三等法制－民法】

下列關於民法上「損害賠償」的敘述，何者錯誤？ 　(A)人格權受侵害只有慰撫金（精神上的損害賠償） 　(B)財產權受侵害不會有慰撫金（精神上的損害賠償） 　(C)人格權受侵害之慰撫金，原則上不得讓與或繼承 　(D)財產權受侵害之損害賠償，原則上可以讓與或繼承

（A）

【100關稅四等－法學知識】

解析：
民法第18條。

相關考題 損害賠償之繼承

乙為甲修理屋頂偷工減料,乙完工後數日,因下雨房屋嚴重漏水,導致古畫數幅毀損,甲因此頓覺人生無味而自殺,甲之繼承人丙是否可以向乙主張賠償? (A)得向乙主張扶養費及精神損害賠償 (B)不得向乙主張扶養費及精神損害賠償 (C)得向乙主張扶養費但不得請求精神損害賠償 (D)得向乙主張精神損害賠償但不得請求扶養費

(B)

【99高考三級法制-民法】

解析:

民法第195條第2項規定:「前項請求權,不得讓與或繼承。但以金額賠償之請求權已依契約承諾,或已起訴者,不在此限。」第3項規定:「前二項規定,於不法侵害他人基於父、母、子、女或配偶關係之身分法益而情節重大者,準用之。」

相關考題 損害賠償之範圍

不法侵害他人致死時,下列何者,不在損害賠償範圍之內? (A)為死者支出之醫療費用 (B)死者如尚生存所應取得之利益 (C)為死者支出之殯葬費用 (D)死者依法應支付之扶養費

(B)

【99高考三級法制-民法】

相關考題 債權廢止請求權

甲受乙脅迫,而將土地一筆賤賣與乙,若甲對該買賣契約之廢止請求權已因時效而消滅者,其法律效果如何? (A)甲得拒絕履行 (B)甲可聲請法院撤銷 (C)甲可主張買賣契約無效 (D)甲可主張買賣契約效力未定

(A)

【96公務初等人事經建-法學大意】

6 債之標的

一 損害賠償之債

(一)損害賠償之方法

損害賠償之方法，以回復原狀為原則，例外則可採金錢賠償。

(二)損害賠償之範圍

損害賠償，除法律另有規定或契約另有訂定外，應以填補債權人所受損害及所失利益為限。依通常情形，或依已定之計畫、設備或其他特別情事，可得預期之利益，視為所失利益。（民§216）損害非因故意或重大過失所致者，如其賠償致賠償義務人之生計有重大影響時，法院得減輕其賠償金額。（民§218）

關於物或權利之喪失或損害，負賠償責任之人，得向損害賠償請求權人，請求讓與基於其物之所有權或基於其權利對於第三人之請求權。第264條有關同時履行抗辯權之規定，於前述情形準用之。（民§218-1）所謂準用「同時履行抗辯權」之規定，損害賠償請求權人在未獲得負賠償責任之人的全額賠償時，得拒絕讓與基於其物之所有權或基於其權利對於第三人之請求權予被告。

二 種類之債

給付物僅以種類指示者，依法律行為之性質或當事人之意思不能定其品質時，債務人應給以中等品質之物。前項情形，債務人交付其物之必要行為完結後，或經債權人之同意指定其應交付之物時，其物即為特定給付物。（民§200）

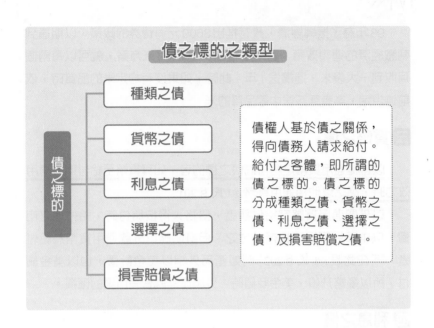

債之標的之類型

債之標的
- 種類之債
- 貨幣之債
- 利息之債
- 選擇之債
- 損害賠償之債

債權人基於債之關係，得向債務人請求給付。給付之客體，即所謂的債之標的。債之標的分成種類之債、貨幣之債、利息之債、選擇之債，及損害賠償之債。

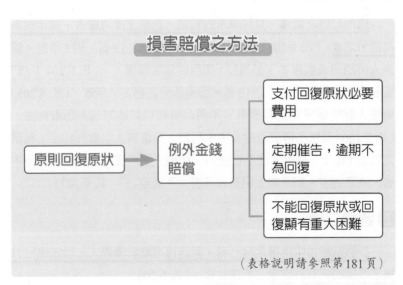

損害賠償之方法

原則回復原狀 → 例外金錢賠償
- 支付回復原狀必要費用
- 定期催告，逾期不為回復
- 不能回復原狀或回復顯有重大困難

（表格說明請參照第181頁）

　　98年為了振興經濟,政府推出3600元消費券的政策,以期達到刺激經濟的連鎖效應。有業者推出3600元買米方案,就可以每兩個月收到一大袋米,連續送1年。此時,如果沒有約定米的品質時,依前述規定,業者應該送中等品質的米。

三 貨幣之債

　　以特種通用貨幣之給付為債之標的者,如其貨幣至給付期失通用效力時,應給以他種通用貨幣。(民§201)

　　以外國通用貨幣定給付額者,債務人得按給付時,給付地之市價,以中華民國通用貨幣給付之。但訂明應以外國通用貨幣為給付者,不在此限。(民§202)例如產品外銷以美金計價,也以美金給付,所以臺幣升值,美金貶值時,外銷產品就會有所謂的匯損。

四 利息之債

　　應付利息之債務,其利率未經約定,亦無法律可據者,週年利率為百分之5。(民§203)約定利率逾週年百分之12者,經1年後,債務人得隨時清償原本。但須於1個月前預告債權人。(民§204Ⅰ)約定利率,超過週年百分之16者,超過部分之約定,無效。(民§205)債權人除前條限定之利息外,不得以折扣或其他方法,巧取利益。(民§206)利息不得滾入原本再生利息。但當事人以書面約定,利息遲付逾1年後,經催告而不償還時,債權人得將遲付之利息滾入原本者,依其約定。如商業上另有習慣者,不適用之。(民§207)

五 選擇之債

　　於數宗給付中得選定其一者,其選擇權屬於債務人。但法律另有規定或契約另有訂定者,不在此限。(民§208)

　　例如甲向乙買東西,雙方約定乙可以交付汽水一瓶、玩偶兩個,

或者是白米一包，原則上是由乙決定要交付三種物品中的一項。買房子也常看到契約內有規定，建設公司可以選擇和成牌馬桶或其他同等級的馬桶。

數宗給付中，有自始不能或嗣後不能給付者，債之關係僅存在於餘存之給付。但其不能之事由，應由無選擇權之當事人負責者，不在此限。（民§211）

六 損益相抵及過失相抵

所謂損益相抵，是指基於同一原因事實受有損害並受有利益者，其請求之賠償金額，應扣除所受之利益。（民§216-1）

所謂過失相抵，是指損害之發生或擴大，被害人與有過失者，法院得減輕賠償金額，或免除之。重大之損害原因，為債務人所不及知，而被害人不預促其注意或怠於避免或減少損害者，為與有過失。於被害人之代理人或使用人與有過失者，準用之。（民§217）

法令規定	案例事實
負損害賠償責任者，除法律另有規定或契約另有訂定外，應回復他方損害發生前之原狀。債權人得請求支付回復原狀所必要之費用，以代回復原狀。（民§213）	甲坐在友人乙所購買的新椅子上，因體重過重，導致椅子解體。甲原則上應將椅子回復原狀，或者是由乙送修，支付的修理費用由甲負擔。
應回復原狀者，如經債權人定相當期限催告後，逾期不為回復時，債權人得請求以金錢賠償其損害。（民§214）	接前例，如果乙訂一定的期限，要求甲將椅子恢復成原狀，甲卻相應不理，乙就可以請求甲賠償其椅子的損害。
不能回復原狀或回復顯有重大困難者，應以金錢賠償其損害。（民§215）	假設椅子解體，而且重要的主幹都已經粉碎，已經不是重新組裝可以解決，乙可以要求甲以金錢賠償其損害。

民法所規定之損害賠償責任：　(A)以回復原狀為原則，金錢賠償為例外　(B)以金錢賠償為原則，回復原狀為例外　(C)僅金錢賠償　(D)僅須回復原狀　【96公務初等人事經建-法學大意】	(A)
負損害賠償責任者，除法律另有規定或契約另有訂定外，賠償義務人原則上：　(A)應回復他方損害發生前之原狀　(B)應以金錢賠償損害　(C)得自由選擇賠償方式　(D)以給付金錢賠償者，不須加給利息　【99普考財稅行政-民法概要】	(A)
損害賠償，應以何種方式為原則？　(A)金錢賠償　(B)代替賠償　(C)回復原狀　(D)實物賠償　【99初等人事行政-法學大意】	(A) (C)

下列有關民事損害賠償之敘述，何者錯誤？　(A)民事損害賠償之範圍以被害人所受之損害為限，所失之利益不包括在內　(B)民事損害賠償之範圍，被害人所受之損害及所失之利益皆包括在內　(C)民事損害之發生或擴大，被害人與有過失時，法院得減輕賠償金額　(D)民事損害之發生或擴大，被害人與有過失時，法院得免除賠償金額　【97海巡-法學知識與英文】	(A)
甲運交遭黃麴毒素污染的玉米粒一批給乙，此批玉米粒又導致乙原儲藏的玉米粒受污染，則甲對乙所負責任範圍為何？　(A)僅限於污染的玉米粒本身　(B)污染的玉米粒加上遲延利息　(C)污染的玉米粒加上其所污染的玉米粒　(D)不負責任　【99高考三級法制-民法】	(C)

有關種類之債之敘述，下列何者錯誤？　(A)買賣契約中約定，給付臺東池上有機蓬萊米100公斤，係屬種類之債　(B)承攬契約中約定，承攬人應使用臺灣製造之水泥50包，係屬種類之債　(C)給付種類之債，於債務人交付其物之必要行為完結後，其物即為特定給付物　(D)給付物僅以種類指示者，如不能依法律行為之性質或當事人之意思確定其品質時，則債務人應給以最優品質之物　【106高考-法學知識與英文】	(D)

相關考題　利息之債

約定利率，超過週年百分之20者，對於超過部分利息約定之效力，下列敘述何者正確？　(A)約定無效　(B)若已為給付，債權人構成不當得利　(C)債務人得拒絕給付　(D)債權人得訴請履行 【100地方特考三等-民法】	(C)

解析：
已修法為超過週年百分之16者，超過部分之約分，無效。(民§205)

相關考題　過失相抵和損益相抵

甲搭乘乙所駕駛之計程車，因甲趕時間，遂指示乙儘量超速。乙因此不及閃避紅燈右轉之丙車，乙受重傷向丙請求賠償，丙得作下列何主張？　(A)損益相抵　(B)窮困抗辯　(C)過失相抵　(D)代位求償 【97消防不動產-民法概要】	(C)
歌星甲因乙之故意妨礙，以致於無法登台演唱，而喪失報酬，乙主張對甲之賠償應扣除甲往返之交通費及住宿費，此為：　(A)過失相抵　(B)損益相抵　(C)以新替舊　(D)損害酌減 【99四等身障特考一般行政-法學知識】	(B)

7 契約之確保

一 定金

　　定金為要物的從契約，指以確保契約之履行為目的，由當事人一方交付於他方之金錢或其他代替物。實務上，常見當事人購買物品，為了保留物品的購買權利，會先支付定金。透過定金的制度，讓給付定金的一方，為了避免定金的損失，願意履行契約之義務，取得定金的一方，也可以取得最基本的保障。因此，民法第248條規定：「訂約當事人之一方，由他方受有定金時，推定其契約成立。」

二 違約金

　　違約金屬於從契約，指為了確保契約履行為目的，當事人約定債務人於債務不履行時，應支付之金錢。（民§250Ⅰ）

　　違約金之類型可分為兩類：

　　㈠**賠償性違約金**：原則上，除非當事人間另有約定，違約金視為因不履行而生損害之賠償總額。（民§250Ⅱ）

　　㈡**懲罰性違約金**：是指當事人約定，當債務不履行之際，違約金之金額，主要是針對違約的行為，具有懲罰性之作用。

　　違約金的約定，有時候金額過高（過高酌減），或者是不符合比例原則（比例減低），則可能透過法院介入的機制，予以適度的減少。（民§252）如果契約只是一部分未履行，若給付約定的全部違約金，似乎又失之過苛。因此，債務已為一部履行者，法院得比照債權人因一部履行所受之利益，減少違約金。（民§251）

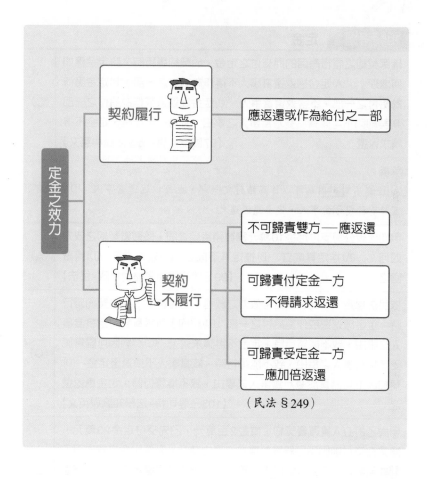

契約履行 ── 應返還或作為給付之一部

定金之效力

契約
不履行

不可歸責雙方──應返還

可歸責付定金一方
──不得請求返還

可歸責受定金一方
──應加倍返還

（民法§249）

確保契約之履行為目的而交付之定金，於契約履行時，該定金應如何處理？　(A)定金應返還當事人不得作為給付之一部　(B)定金應作為給付之一部，不得返還當事人　(C)定金應返還或作為給付之一部　(D)契約因不可歸責於雙方當事人之事由，致履行不能時，定金不得請求返還　　　　　　　　　　【97國安人員-法學知識與英文】	(C)

解析：
(A)(B)都不對，因為可以作為給付之一部，也可以返還當事人；(D)如果不可歸責於雙方當事人，定金應返還之。

甲向建設公司支付定金10萬元購買預售屋壹間，該買賣契約之效力如何？　(A)推定其成立　(B)推定其不成立　(C)效力未定　(D)得撤回之　　　　　　　　　　【99三等身障特考財稅行政-民法】	(A)

依民法規定，下列有關定金效力之敘述，何者錯誤？　(A)契約履行時，定金應返還或作為給付之一部　(B)契約因可歸責於付定金當事人之事由，致不能履行時，定金不得請求返還　(C)契約因可歸責於受定金當事人之事由，致不能履行時，該當事人不須返還定金　(D)契約因不可歸責於雙方當事人之事由，致不能履行時，定金應返還之　　　　　　　　　　【103三等司特-法學知識與英文】	(C)

甲與乙訂立A畫買賣契約，價金2百萬元，乙先交付定金20萬元，該畫在交付前因不可歸責於雙方之事由焚燬。有關定金之效力甲乙間並無約定，下列敘述何者正確？　(A)甲不須返還定金　(B)甲應返還定金　(C)定金作為乙應支付價金之一部　(D)甲應加倍返還定金予乙　　　　　　　　　　【103三等地特-法學知識與英文】	(B)

相關考題　違約金

關於違約金，下列敘述何者正確？　(A)違約金除當事人另有訂定外，視為定金　(B)債務已為一部履行者，法院得減少違約金　(C)約定違約金過高者，該約定全部無效，債權人無請求權　(D)有違約金之約定即不得解除契約　　　　　　【99地方特考五等 - 法學大意】	(B)
甲出賣汽車零件一批予乙，買賣契約中約定「甲未能於今年5月5日如期交貨，應賠償乙5萬元之違約金。」甲無法如期交貨，致乙損失15萬元，乙得向甲請求賠償之範圍為：　(A)15萬元之損害賠償　(B)15萬元之損失與違約金5萬元　(C)違約金5萬元　(D)10萬元　　　　　　　　【103四等地特 - 法學知識與英文】	(C)

8 給付不能

一 給付不能之概念

給付不能，是指債之發生原因成立後，債務人不能依債之本旨而為給付之債務不履行類型。

二 給付不能之型態

㈠自始不能

1. **自始主觀不能**：例如無權出賣他人之物。自始主觀不能的契約有效，債權人得向債務人要「履行利益」的損害賠償。

2. **自始客觀不能**：例如出賣一棟早就燒掉的房子。若加上原本出賣人就「明知或可得而知」其契約無法履行，出賣人要負「信賴利益」的損害賠償。

㈡嗣後不能

1. **嗣後主觀不能**：例如贈與物於贈與時，在贈與人所有並占有中，嗣後贈與人將該贈與物賣給他人，導致不能對受贈人為給付。

2. **嗣後客觀不能**：例如出賣之標的物於訂約時尚存在，交付前夕被火燒燬。

三 給付不能之效果

以不能之給付為契約標的者，其契約為<u>無效</u>。但有兩種例外情況，<u>㈠給付不能之情形可以除去</u>，而當事人訂約時，並預期於不能

債務人	效果	債權人	效果
不可歸責債務人	免給付義務	不可歸責債權人	免為對待給付
不可歸責債務人	免給付義務	可歸責債權人	債務人得請求債權人對待給付
可歸責債務人	債權人得請求損害賠償 一部無利益，債權人得拒絕	不可歸責債權人	得解除契約

之情形除去後為給付者，其契約仍為有效。二附停止條件或始期之契約，於條件成就或期限屆至前，不能之情形已除去者，其契約為有效。(民§246但)

四 契約無效之締約過失責任

契約因以不能之給付為標的而無效者，當事人於訂約時知其不能或可得而知者，對於非因過失而信契約為有效致受損害之他方當事人，負賠償責任。給付一部不能，而契約就其他部分仍為有效者，或依選擇而定之數宗給付中有一宗給付不能者，對於不能之部分或不能之一宗，負賠償責任。此種之損害賠償請求權，因2年間不行使而消滅。(民§247)

五 給付不能之歸責情況與效果

因不可歸責於債務人之事由，致給付不能者，債務人免給付義務。債務人因前項給付不能之事由，對第三人有損害賠償請求權者，債權人得向債務人請求讓與其損害賠償請求權，或交付其所受領之賠償物。(民§225)前述債務人免給付義務之情況，若係因可歸責於他方之事由，得請求對待給付。(民§267)

因不可歸責於雙方當事人之事由，致一方之給付全部不能者，他方免為對待給付之義務；如僅一部不能者，應按其比例減少對待給付。前項情形，已為全部或一部之對待給付者，得依關於不當得利之規定，請求返還。(民§266)

因可歸責於債務人之事由，致給付不能者，債權人得請求賠償損害。給付一部不能者，若其他部分之履行，於債權人無利益時，債權人得拒絕該部之給付，請求全部不履行之損害賠償。(民§226)此

種情況，債權人還可以解除契約。（民§256）例如甲的車子換乙的房子，可是甲的車子在交貨過程中車禍撞毀了，乙可以解除契約，也可以請求損害賠償，若車價50萬元，可以請求甲賠50萬元，但乙還是要交付房子，否則乙賺了50萬，房子也沒交付，就顯失平衡了。

六 不完全給付

是指債務人雖為給付，但未依債之本旨而為給付，或債務人違反因債之關係所生的附隨義務。因可歸責於債務人之事由，致為不完全給付者，債權人得依關於給付遲延或給付不能之規定行使其權利。因不完全給付而生前項以外之損害者，債權人並得請求賠償。（民§227）

七 情事變更原則

契約成立後，情事變更，非當時所得預料，而依其原有效果顯失公平者，當事人得聲請法院增、減其給付或變更其他原有之效果，此即「情事變更原則」。此原則，於非因契約所發生之債，準用之。（民§227-2）因情勢變更為增加給付之判決，非全以物價變動為依據，並應依客觀之公平標準，審酌一方因情事變更所受之損失，他方因情事變更所得之利益，及其他實際之情形，以定其增加給付之適當數額。（66台上2975）

給付不能之種類與效力

甲於 1999 年九二一大地震之後與乙訂立 A 屋買賣契約，事後發現 A 屋已於九二一地震中滅失。則甲、乙之買賣契約係屬： (A)自始主觀不能 (B)嗣後主觀不能 (C)自始客觀不能 (D)嗣後客觀不能 【96 五等地方公務 - 法學大意】	(C)
以何種不能之給付為契約之標的者，其契約為無效？ (A)自始主觀不能 (B)自始客觀不能 (C)嗣後主觀不能 (D)嗣後客觀不能 【100 地方特考四等 - 民法概要】	(B)
以自始客觀不能之給付為契約標的者，契約效力如何？ (A)有效 (B)無效 (C)效力未定 (D)得撤銷 【96 三等退除役轉任、三等警特 - 法學知識與英文】	(B)

給付不能之歸責情況與效果

設甲向乙購買一輛機車已經簽約，約定第二天交車並交付價金，未料當天晚上機車被無名火波及致全毀。下列敘述何者正確？ (A)甲仍應支付價金給乙 (B)乙仍應交付機車給甲 (C)若甲已支付價金給乙時，不得請求返還 (D)甲乙皆可免交車及交付價金之義務 【97 高考三級 - 法學知識與英文】	(D)

解析：

依據民法第 225 條第 1 項規定：「因不可歸責於債務人之事由，致給付不能者，債務人免給付義務。」

甲向乙購買一筆土地，在約定移轉土地所有權期限屆至之前，該筆土地突然遭政府徵收，以致無法移轉所有權，於此情形，甲得向乙主張何種權利？ (A)請求損害賠償 (B)依法解除契約 (C)買賣契約無效 (D)請求讓與徵收補償金請求權 【99 高考三等財稅行政 - 民法】	(D)

相關考題　給付不能之歸責情況與效果

雙務契約之一方，因可歸責於自己之事由，以致於給付不能者，須對他方負損害賠償責任，但他方當事人之義務為何？　(A)應免為給付　(B)應為對待給付　(C)應為減輕給付　(D)應為加重給付 【96公務初等人事經建 - 法學大意】	(B)
契約成立後，因不可歸責於雙方當事人之事由致給付不能者，債權人得主張下列何種權利？　(A)解除契約　(B)損害賠償　(C)免對待給付義務　(D)契約無效　　　　　　　【100高考法制 - 民法】	(C)
因不可歸責於債務人事由，致給付不能者，債務人之責任為何？ (A)免給付義務　(B)應為部分之給付　(C)應為替代給付　(D)應為全部給付　　　　　　　【100四等行政警察 - 法學緒論】	(A)
在雙務契約下，因不可歸責於雙方當事人之事由，致一方之給付全部不能者，其法律效果為何？　(A)他方仍須為對待給付　(B)他方免為對待給付　(C)他方得撤銷契約　(D)契約視為自始無效 【99普考財稅行政 - 民法概要】	(B)
甲出賣幼犬於乙，雙方就甲之過失責任並無特約，而該犬於交付前因寒流而凍死。下列敘述何者錯誤？　(A)若不可歸責於甲致該犬凍死者，甲免給付義務　(B)若可歸責於甲致該犬凍死者，乙可向甲請求賠償損害　(C)若可歸責於甲致該犬凍死者，乙可解除契約並向甲請求賠償損害　(D)甲就該犬之凍死，若無重大過失，則甲不負賠償責任　　　　　　　【106三等警察 - 法學知識與英文】	(D)

相關考題 **不完全給付**

甲出售並交付機器一部給乙，但甲未告知機器之特殊使用方法，導致乙因使用方法不當，引起機器爆破，乙之身體、機器和廠房受到損害。此際，甲對乙應負何種債務不履行之責任？
(A)給付不能之損害賠償責任　(B)給付遲延之損害賠償責任　(C)不完全給付之損害賠償責任　(D)受領遲延之損害賠償責任

(C)

【107四等警察-法學知識】

相關考題 **情事變更原則**

甲借錢給乙，約定5年後返還，孰料清償日屆至時，通用貨幣劇烈貶值，僅為原來價值的1%，甲可本於何原則請求法院為救濟？
(A)損益相抵原則　(B)暴利行為原則　(C)情事變更原則　(D)公序良俗原則

(C)

【96公務初等一般行政-法學大意】

相關考題 **其他考題**

醫生為病人開刀　慎致病人殘廢，此種債務不履行，通常可稱為：
(A)拒絕給付　(B)加害給付　(C)給付遲延　(D)給付不能

(B)

【98國安局五等-法學大意】

9 歸責事由

一 基本概念

「這家筆記型電腦可是號稱堅若磐石，由世界第一大廠甲公司製造，讓我們實地來測試一下吧！」結果往堅硬的石子路上重重一摔，眾人驚呼「天啊！居然就碎了，這一定要請甲公司負責。」

換個方式，如果是剛成立的國內筆記型電腦生產廠商乙公司，國內正全力扶植，同樣地做了這一個實驗，只是丟的地方是柔軟的沙發，結果也碎了。但是，眾人覺得理所當然，也沒打算讓乙公司負責，因為乙公司是技術不夠純熟的新廠。

<u>當事人有不同的客觀要件，法律對於其要負擔的責任就有所不同</u>。例如受有報酬者，當然要負擔較高的責任；監護人要照顧弱勢的被監護人，當然也要非常小心注意，以免被監護人受到侵害，而應負善良管理人之注意義務。（民§1100）

二 不同等級的責任

故意責任算是最輕微的責任吧！只要不是故意，通通不要負責任。想想一位柔弱的西施姑娘，只要是不小心把杯子摔破，可能男士都說沒關係，除非是故意把昂貴的蒙娜麗莎微笑古畫毀損，才會受到責難吧！

其次則是過失責任，分為<u>重大過失責任</u>、<u>具體輕過失責任</u>、<u>抽象過失責任</u>，其具體內容如右頁說明。簡單來說，就是一位大學生，對其要求不高，只需要做到國小生的境界，如果連國小生的注意力都做

不到就要負責，稱之為重大過失責任；如果要求其做到大學生的注意程度，但沒有做到就要負責，稱之為具體輕過失；最後一個，如果要求其做到研究生的程度，但沒有做到而要負責，稱之為抽象輕過失。

最後則是不可抗力責任，特與無過失責任列在相同等級（有論者認為二者不同）。簡單來說，就算沒有一絲一毫的不小心，還是要負責任，常見者如消費者保護法，為了保護消費者，有採此一等級之責任。

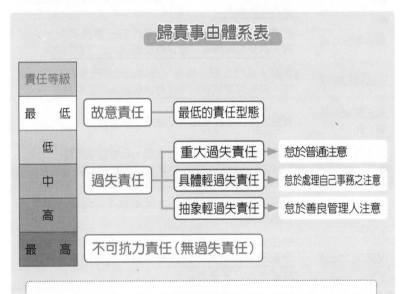

歸責事由體系表

責任等級		
最　　低	故意責任	最低的責任型態
低	過失責任	重大過失責任 → 怠於普通注意
中		具體輕過失責任 → 怠於處理自己事務之注意
高		抽象輕過失責任 → 怠於善良管理人注意
最　　高	不可抗力責任（無過失責任）	

關聯學習

前述「債之標的」的章節中，談到損害賠償之範圍，民法第218條規定：「損害非因故意或重大過失所致者，如其賠償致賠償義務人之生計有重大影響時，法院得減輕其賠償責任。」本條條文也提到故意或重大過失。

▼相關法條：

抽象輕過失責任	
民法第432條 第1項	承租人應以善良管理人之注意，保管租賃物，租賃物有生產力者，並應保持其生產力。
民法第468條 第1項	借用人應以善良管理人之注意，保管借用物。
民法第535條	受任人處理委任事務，應依委任人之指示，並與處理自己事務為同一之注意，其受有報酬者，應以善良管理人之注意為之。
民法第590條	受寄人保管寄託物，應與處理自己事務為同一之注意，其受有報酬者，應以善良管理人之注意為之。
民法第672條	合夥人執行合夥之事務，應與處理自己事務為同一注意。其受有報酬者，應以善良管理人之注意為之。
民法第888條 第1項	質權人應以善良管理人之注意，保管質物。
民法第1100條	監護人應以善良管理人之注意，執行監護職務。
具體輕過失責任	
民法第223條	應與處理自己事務為同一注意者，如有重大過失，仍應負責。
民法第535條	受任人處理委任事務，應依委任人之指示，並與處理自己事務為同一之注意，其受有報酬者，應以善良管理人之注意為之。
民法第590條	受寄人保管寄託物，應與處理自己事務為同一之注意，其受有報酬者，應以善良管理人之注意為之。
民法第672條	合夥人執行合夥之事務，應與處理自己事務為同一注意。其受有報酬者，應以善良管理人之注意為之。
民法 第1176-1條	拋棄繼承權者，就其所管理之遺產，於其他繼承人或遺產管理人開始管理前，應與處理自己事務為同一之注意，繼續管理之。

相關考題 歸責事由

欠缺與處理自己事務為同一注意所生之過失，通常可稱為： (A)重大過失 (B)具體輕過失 (C)抽象輕過失 (D)有認識之過失 【99四等基警行政警察-法學緒論】	(B)
欠缺與處理自己事務相同之注意，是屬於： (A)重大過失 (B)具體輕過失 (C)抽象輕過失 (D)故意 【99地方特考三等法制-民法】	(B)
依民法規定，監護人執行監護職務所負之責任為何？ (A)應負無過失責任 (B)應負抽象輕過失責任 (C)僅就具體輕過失負責 (D)僅就重大過失負責 【100高考-法學知識與英文】	(B)
下列何者無須盡善良管理人之注意義務？ (A)贈與人 (B)受任人 (C)承租人 (D)無因管理人 【97公務初等-法學大意】	(A)

10

給付遲延與受領遲延

一 債務人給付延遲

　　債務人給付延遲，係指該給付內容尚屬可能，並未存有給付不能之情形，而是債務人未依約定或法定時間履行債務。債務人給付遲延之要件：其要件有四，包括給付仍屬可能、債務已屆清償期，而債務人尚未給付、遲延係可歸責於債務人。

　　所謂清償期，給付有確定期限者，債務人自期限屆滿時起，負遲延責任。給付無確定期限者，債務人於債權人得請求給付時，經其催告而未為給付，自受催告時起，負遲延責任。其經債權人起訴而送達訴狀，或依督促程序送達支付命令，或為其他相類之行為者，與催告有同一之效力。催告定有期限者，債務人自期限屆滿時起負遲延責任。（民 §229）

　　所謂遲延係以可歸責於債務人為要件，因不可歸責於債務人之事由，致未為給付者，債務人不負遲延責任。（民 §230）債務人遲延者，債權人得請求其賠償因遲延而生之損害。債務人在遲延中，對於因不可抗力而生之損害，亦應負責。但債務人證明縱不遲延給付，而仍不免發生損害者，不在此限。（民 §231）

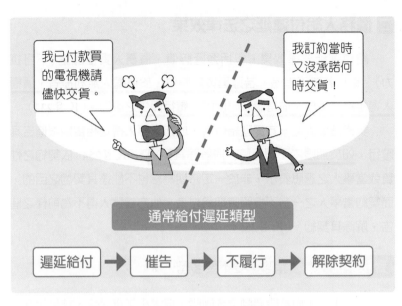

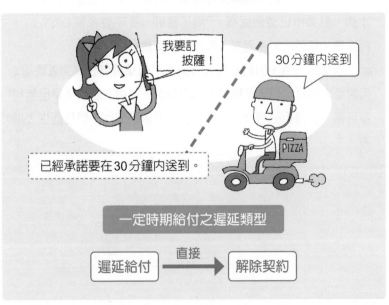

二 債務人給付遲延之法律效果

　　給付遲延法律效果，包括遲延賠償、債務人責任加重（不可抗力）、給付義務不消滅。若<u>遲延後之給付，於債權人無利益者，債權人得拒絕其給付，並得請求賠償因不履行而生之損害。</u>（民§232）

　　契約當事人之一方遲延給付者，他方當事人得定相當期限催告其履行，<u>如於期限內不履行時，得解除其契約。</u>（民§254）依契約之性質或當事人之意思表示，非於一定時期為給付不能達其契約之目的，而契約當事人之一方不按照時期給付者，他方當事人得不為前條之催告，解除其契約。（民§255）

實務案例 為了豬腳，要不要多留一天？

　　三十餘人向萬巒豬腳業者團購，要求小年夜送達，結果除夕才到，但某甲已請假返鄉，「為了豬腳，要不要多留1天？」一再思量，還是決定先返鄉，最後「年菜豬腳白訂了」。

　　以某甲為例，因為其已先行返鄉，如果萬巒豬腳業者晚送1天還要求履行給付，某甲等人可以拒絕。原由在於對某甲已無利益可言，自得拒絕給付，當然也可以要求賠償因不履行而生之損害。

三 債權人受領延遲

債權人對於已提出之給付，拒絕受領或不能受領者，自提出時起，負延遲責任。（民§234）給付無確定期限，或債務人於清償期前得為給付者，債權人就一時不能受領之情事，不負遲延責任。但其提出給付，由於債權人之催告，或債務人已於相當期間前預告債權人者，仍應負遲延責任。（民§236）

債務人責任之降低：在債權人遲延中，債務人僅就故意或重大過失，負其責任。（民§237）在債權人受領遲延中，債務人實際上也無法完成給付，所以外觀上也是給付遲延，但此種遲延情況，債務人無須支付利息。（民§238）債務人應返還由標的物所生之孳息或償還其價金者，在債權人遲延中，以已收取之孳息為限，負返還責任。（民§239）

債務人因為一直無法為給付，可能衍生出其他的費用，例如契約標的物的保管費用或其他提出的費用。舉例來說，若該標的物必須要在極低溫的環境之下保存，而要租用每日1,000元的冰櫃，此即保管費用。（民§240）有交付不動產義務之債務人，於債權人遲延後，得拋棄其占有。（民§241 I）

甲向某飯店業者訂購年菜，供除夕夜全家團圓飯之用，但飯店業者因為疏失，以致須於大年初三始可送達，甲應如何行使其權利？　(A)先經催告後，始得解除契約　(B)主張不完全給付之損害賠償　(C)不須催告直接解除契約　(D)只能主張給付遲延，不能主張解除契約 【96五等錄事-法學大意】	(C)
A透過網路向B訂購飛機模型一盒（種類之債），並約定送至便利超商，貨到付款。但B卻逾期遲遲未發貨，終於在超出約定期限後發貨至便利超商。詎當夜因便利超商大火，飛機模型燒毀。下列敘述何者正確？　(A)因不可歸責B而致給付不能，故A須給付價金　(B)因貨品尚未特定，無給付不能之情況，故A無須給付價金　(C)因B須對不可抗力事件負責，故B須對A負賠償責任　(D)B須再給付一次飛機模型 【109普考-法學知識與英文】	(C)

甲擔任乙之家庭教師，為乙補習英文。甲於約定之時日至乙處，乙卻外出未歸。此時甲與乙的權利義務關係如何？　(A)甲不必補課，乙仍應給付報酬　(B)甲不必補課，乙亦毋須給付報酬　(C)甲應補課，始得請求乙給付報酬　(D)甲應補課，乙不必給付報酬 【96五等錄事-法學大意】	(A)
甲向乙訂購原料一批，雙方未約定給付期限，乙接獲訂單後未經通知甲，隨即將貨送至甲廠，甲由於廠房暫無空間存放，而請求乙將該貨攜回，甲、乙間之法律關係為何？　(A)甲應負受領遲延責任　(B)甲應負給付遲延責任　(C)甲不負任何責任　(D)甲為與有過失 【96公務初等人事經建-法學大意】	(C)

解析：

民法第236條本文規定：「給付無確定期限，或債務人於清償期前得為給付者，債權人就一時不能受領之情事，不負遲延責任。」

相關考題 解除權

甲向乙購買一批貨物，雙方約定，買受人如未於訂約日起10日內付清價款，出賣人得解除契約。嗣後甲未依約定於訂約日起10日內付清款項，乙因而解除契約，此情形稱為： (A)法定解除權之行使 (B)約定解除權之行使 (C)解除條件成就 (D)合意解除契約 【99地方特考三等法制-民法】	(B)
買賣契約當事人訂立買賣契約後，雙方嗣又彼此同意解除該契約，此狀況稱為： (A)法定解除權之行使 (B)約定解除權之行使 (C)解除條件成就 (D)合意解除契約 【99地方特考三等法制-民法】	(D)

11 解除契約之效果

　　契約解除時，當事人雙方回復原狀之義務，除法律另有規定或契約另有訂定外，依左列之規定：（民§259）

一、由他方所受領之給付物，應返還之。

二、受領之給付為金錢者，應附加自受領時起之利息償還之。

三、受領之給付為勞務或為物之使用者，應照受領時之價額，以金錢償還之。

四、受領之給付物生有孳息者，應返還之。

五、就返還之物，已支出必要或有益之費用，得於他方受返還時所得利益之限度內，請求其返還。

六、應返還之物有毀損、滅失或因其他事由，致不能返還者，應償還其價額。

　　解除權之行使，不妨礙損害賠償之請求。（民§260）有解除權人，因可歸責於自己之事由，致其所受領之給付物有毀損、滅失或其他情形不能返還者，解除權消滅；因加工或改造，將所受領之給付物變其種類者亦同。（民§262）

相關考題	債權人之撤銷權	
非可歸責於有解除權人之事由，致應返還之物有毀損、滅失而不能返還時，除契約另有訂定外，應如何處理？　(A)回復原狀時，有解除權人應償還該物之價額　(B)有解除權人之解除權因此消滅　(C)他方當事人得主張不當得利　(D)有解除權人應向法院聲請調解		(A)
【100地方特考四等-民法概要】		

回復原狀義務

交付50萬

汽車買賣

交付A車

車商 / 購車民眾

6個月後解除契約

我要還你50萬，還有6個月的利息。

我要還你A車。

車商 / 購車民眾

如果汽車毀壞了！

抱歉！車子撞毀了，我還你車子的價款。

車商 / 購車民眾

車商 / 購車民眾

相關考題 債權人之撤銷權

甲、乙締結以新臺幣20萬元價金買賣甲所有中古車，當場甲先交付該車予乙，乙則支付二分之一價金，雙方並約定一週內乙應支付剩餘價金。惟乙屆期未依約支付剩餘價金，經甲催告乙仍未履行，甲乃解除契約。甲解約後之當事人間的法律關係，下列敘述，何者正確？ (A)因乙有可歸責事由，乙應先返還汽車予甲，始得向甲請求返還已給付價金 (B)甲解除契約取回汽車後，即不得向乙請求賠償因此所受任何損害 (C)乙於返還該車前，如該車因天災而滅失，乙仍須負償還該車價額之義務 (D)甲償還自乙受領之部分價金時，應附加自受領時起之利息 【100地方特考五等經建行政-法學大意】	(C) (D)
契約解除時，當事人雙方負回復原狀之義務。關於回復原狀之敘述，何者錯誤？ (A)應返還之物有毀損，致不能返還者，應償還其價額 (B)受領之給付物生有孳息者，應返還之 (C)受領之給付為金錢者，應附加自解除契約時之利息償還之 (D)由他方所受領之給付物，應返還之 【111普考-法學知識與英文】	(C)

12 保全與契約

■ 保全之概念

　　債權之內容為債權人得向債務人請求一定之給付，債務人必須以其責任財產作為該債權滿足之確保依據。保全債權，是確保債權獲償，防止債務人減少責任財產之手段，包括代位權及撤銷權。

■ 債權人之代位權

　　代位權，是為保全其債權。當債務人怠於行使其權利時，債權人因保全債權，得以自己之名義，行使其權利。但專屬於債務人本身者，不在此限。而所得利益依然歸屬於債務人（民§242）此一權利，非於債務人負遲延責任時，不得行使。（民§243）

相關考題　代位權	
下列關於代位權之敘述，何者錯誤？　(A)債權人係以自己名義行使　(B)債權人因行使代位與第三人之訴訟，其判決結果及於債務人　(C)第三人不得以債權人之抵銷抗辯對抗債權人　(D)行使之結果，其利益直接歸屬債權人　　　　　【96五等地方公務-法學大意】	(D)

■ 債權人之撤銷權

　　其性質為形成權，一但行使將使債務人與第三人間的法律行為被撤銷而消滅。債權人對於債務人所為詐害債權之行為，得聲請法院撤銷，但債權人行使撤銷權，須以起訴方式為之，又稱為「撤銷訴權」。

　　債務人所為之無償行為，有害及債權者，債權人得聲請法院撤銷之。（民§244 I）

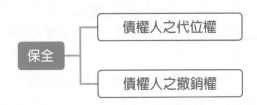

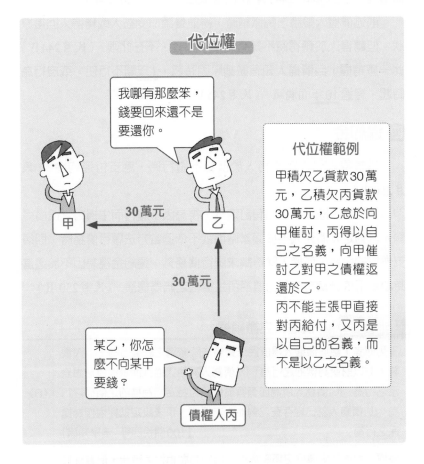

　　債務人所為之有償行為，於行為時明知有損害於債權人之權利者，以受益人於受益時亦知其情事者為限，債權人得聲請法院撤銷之。（民§244Ⅱ）

　　債務人之行為非以財產為標的，或僅有害於以給付特定為標的之債權者，不適用本（244）條第1、2項之規定。（民§244Ⅲ）

　　前述債權人聲請法院撤銷時，得並聲請命受益人或轉得人回復原狀。但轉得人於轉得時不知有撤銷原因者，不在此限。（民§244Ⅳ）此一撤銷權，自債權人知有撤銷原因時起，1年間不行使，或自行為時起，經過10年而消滅。（民§245）

四 違約金

　　其當事人得約定債務人於債務不履行時，應支付違約金。（民§250Ⅰ）

　　違約金，除當事人另有訂定外，視為因不履行而生損害之賠償總額。其約定如債務人不於適當時期或不依適當方法履行債務時，即須支付違約金者，債權人除得請求履行債務外，違約金視為因不於適當時期或不依適當方法履行債務所生損害之賠償總額。（民§250Ⅱ）

相關考題　　**債權人之撤銷權**

下列何者，屬於債權人得依民法聲請法院撤銷之詐害行為？　(A)債務人非以財產為標的之行為　(B)債務人與他人通謀而為虛偽意思表示之行為　(C)債務人所為僅有害於以給付特定物為標的之債權之行為　(D)債務人就已經存在之對他人之債務，事後設定抵押權作為擔保之行為　　　　　　　　　　　　　　　【100關稅四等-法學知識】	(D)
債權人對於詐害債權之撤銷訴權，自知有撤銷原因時起，最遲應於幾年內行使？　(A)1年　(B)3年　(C)5年　(D)10年　　　　　　　　　　　　　　　【103四等地特-法學知識與英文】	(D)

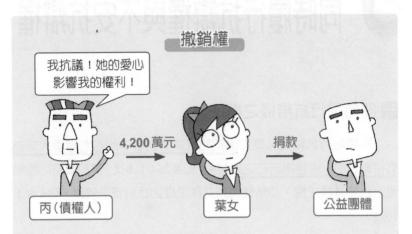

撤銷權

我抗議！她的愛心影響我的權利！

4,200萬元 → 捐款 →

丙（債權人）　　葉女　　公益團體

撤銷權範例

葉女為前夫背債4,200多萬元，債權人認為葉女到處捐善款，卻惡意躲債，控告葉女和公益團體；臺北地方法院判決撤銷她的捐贈行為。

法官認為，葉女捐款，財產就會減少，影響債權人權益，即便捐款對象是公益團體亦同。（二審認為葉女已被每月扣薪二分之一，其餘收入可自由捐贈，改判葉女勝訴）

相關考題 　債權人之撤銷權

依民法之規定，下列就無償契約之敘述，何者正確？ (A)無行為能力人為意思表示及受意思表示，應得法定代理人之允許與同意，但純獲法律上利益者不在此限　(B)不當得利受領人，以其所受者，無償讓與第三人，第三人一律免負返還責任　(C)受任人處理委任事物，未受有報酬者，應以善良管理人之注意為之　(D)債務人所為無償行為，有害及債權者，債權人得聲請法院撤銷之

【108高考-法學知識與英文】　(D)

13 同時履行抗辯權與不安抗辯權

一 同時履行抗辯權之概念

同時履行抗辯權，是指因契約互負債務者，於他方當事人未為對待給付前，得拒絕自己之給付。（民§264 I 本文）屬於暫時的拒絕他方行使其請求權，並無使他方之請求權因此消滅之效果。（96台上1098）

但自己有先為給付之義務者，就不能主張同時履行抗辯之權利，而不能拒絕自己的給付。（民§264 I 但）雖然他方當事人還沒有為完全的給付，但是已為部分之給付時，依其情形，如拒絕自己之給付有違背誠實及信用方法者，不得拒絕自己之給付。（民§264 II）

二 同時履行抗辯權與遲延責任

債務人享有同時履行抗辯權者，在未行使此抗辯權以前，仍可發生遲延責任之問題，必須行使以後始能免責。（97台上675）

三 不安抗辯權

當事人之一方，應向他方先為給付者，如他方之財產，於訂約後顯形減少，有難為對待給付之虞時，如他方未為對待給付或提出擔保前，得拒絕自己之給付。（民§265）此一權利，稱之為不安抗辯權，以他方之財產於訂約後顯形減少，致有難為對待給付之虞為要件。（93台上291號）

實務案例：同時履行抗辯權

（辦畢所有權移轉登記）

我不交屋，就移轉給丙，讓丙來向你請求交付。

一手交錢一手交屋，甲與丙都一樣。

尚未交付

房屋買賣
尚欠400萬

甲

移轉

丙

請求乙交付

乙

甲向乙買係爭房地，並且辦畢所有權移轉登記，惟因部分價金400萬元尚未給付，乙遂尚未將該屋交付予甲，後經法院爭訟，法院判決甲於給付400萬元之同時，乙即應交付該房地。後甲未給付400萬元之價金，乙自得主張同時履行抗辯權，拒絕將該屋交付甲。後甲將該屋移轉予丙，丙依據民法第767條請求返還，法院認為丙自甲繼受取得其所有權，自不得取得優於前手之權利，其請求之原因，難謂當。（94台上2382號）

實務案例 不安抗辯權

甲建設公司買了一塊土地，委請乙營造廠商幫忙蓋房子，乙蓋到一半，剛好發生金融海嘯，房市急凍，甲公司財產快速縮水，恐怕將要倒閉。乙公司即可以依據民法第265條規定，主張不安抗辯權，要求甲公司應提出對待給付（工程款）或提供擔保，否則即可拒絕繼續蓋房子。

四 第三人負擔契約

契約當事人之一方，約定由第三人對於他方為給付者，於第三人不為給付時，<u>應負損害賠償責任</u>。（民§268）

五 利益第三人契約

㈠概念

甲男喜歡乙女，適逢七夕情人節，所以向花店訂了99朵玫瑰花，請花店直接送給乙女，這就是所謂的利益第三人契約。依據民法規定：以契約訂定向第三人為給付者，要約人得請求債務人向第三人為給付，其第三人對於債務人，亦有直接請求給付之權。（民§269Ⅰ）某乙如果得知此事，在不違反契約內容的前提下，也可以直接到花店要求取花，然後拿著花在街上逛，感覺非常有面子。

㈡當事人之變更或撤銷權

第三人對於前項契約，未表示享受其利益之意思前，當事人得變更其契約或撤銷之。（民§269Ⅱ）

利益第三人契約

好的。

我要訂花送給女朋友。

乙女

甲男向花店訂花給乙女……

甲男

這是甲男送的花

我拒收

第三人對於當事人之一方表示不欲享受其契約之利益者，視為自始未取得其權利。（民 §269 Ⅲ）

承上述例子，如果甲男與乙女鬧翻，因為乙女還不知道甲男要送花給她。所以甲男就可以通知花店，將花轉送給丙女。

(三)第三人拒絕

第三人對於當事人之一方表示不欲享受其契約之利益者，視為自始未取得其權利。（民 §269 Ⅲ）

接續上列例子，如果乙女根本不喜歡甲男，對於花店送來的花當場表示拒絕，視為乙女自始未取得收下這99朵玫瑰花的權利。

(四)債務人之抗辯權

前條債務人，得以由契約所生之一切抗辯，對抗受益之第三人。
（民§270）

接續上列例子，如果甲男沒有付錢，因為花店要求須先付錢才願
意送花，結果乙女不知道甲男還沒有付錢，跑來向花店取花，花店可
以主張甲男還沒有付錢而拒絕給付給乙女。

相關考題 同時履行抗辯權

甲出售電腦一部於乙，未交付電腦前，甲向乙請求價金，乙得主張：　(A)撤銷權　(B)解除權　(C)同時履行抗辯權　(D)先訴抗辯權　　　　　　　　　　　　　　　【96五等地方公務-法學大意】	(C)
在雙務契約中得主張「一手交錢，一手交貨」之權利，稱為：(A)先訴抗辯權　(B)不安抗辯權　(C)同時履行抗辯權　(D)不貞抗辯權　　　　　　　　　　　　　　　【99地方特考三等法制-民法】	(C)

相關考題 不安抗辯權

民法第265條規定：「當事人之一方，應向他方先為給付者，如他方之財產，於訂約後顯形減少，有難為對待給付之虞時，如他方未為對待給付或提出擔保前，得拒絕自己之給付。」此種權利稱為：(A)不安抗辯權　(B)同時履行抗辯權　(C)過失相抵抗辯權　(D)先訴抗辯權　　　　　　　　　　　　　　【103普考-法學知識與英文】	(A)

相關考題 利益第三人契約

關於利益第三人契約，下列敘述，何者錯誤？ (A)要約人得請求債務人向第三人為給付 (B)第三人得請求債務人對自己為給付 (C)債務人得請求第三人為對待給付 (D)債務人得以基於契約所生之抗辯，對抗第三人 【99地方特考三等法制-民法】	(C)

相關考題 第三人負擔契約

契約當事人一方，約定由第三人對於他方為給付者，於第三人不為給付時，其法律效力為何？ (A)該契約當事人之一方應負損害賠償責任 (B)契約為無效 (C)契約為效力未定 (D)該契約當事人之一方應依契約約定為給付 【101初等人事行政-法學大意】	(A)
甲和乙在修剪花草契約中約定，由乙負責使丙為甲修剪花草。有關甲、乙、丙間之權利義務關係，下列敘述何者正確？ (A)甲乙間契約內容涉及第三人，違反契約相對性原則，其契約無效 (B)丙不為給付時，甲乙間之契約失其效力 (C)甲乙間契約有效成立，丙不為給付時，丙應對甲負賠償責任 (D)甲乙間契約有效成立，丙不為給付時，乙應對甲負賠償責任 【103四等司特-法學知識與英文】	(D)

14 連帶債權及連帶債務

一 連帶債務

數人負同一債務，明示對於債權人各負全部給付之責任者，為連帶債務。無明示時，連帶債務之成立，以法律有規定者為限。（民§272）「明示」是指債務人很明確地意思表示，向債權人表達願意與其他債務人就同一債務，負起連帶債務責任，其法律效力如右頁表。

二 我要誰給付，就是誰！

我要誰給付，就是誰！是指債權人得選擇要哪一位連帶債務人給付。民法第273條的規定：「連帶債務之債權人，得對於債務人中之一人或數人或其全體，同時或先後請求全部或一部之給付。連帶債務未全部履行前，全體債務人仍負連帶責任。」依此規定，連帶債務對債權人來說，是絕對有利的。所以跟銀行借錢，銀行總會要求找一位保證人來連帶保證，用來保護自己的債權。

三 連帶債務之牽連關係

連帶債務人中的一人所生的事項，效力是否及於其他連帶債務人？原則上，是沒有的。參照民法第279條規定：「就連帶債務人中之一人所生之事項，除前五條規定或契約另有訂定者外，其利益或不利益，對他債務人不生效力。」債務人所生之事項，效力及於他人者，是絕對效力事項，反之，不及於他人者，則為相對效力事項。

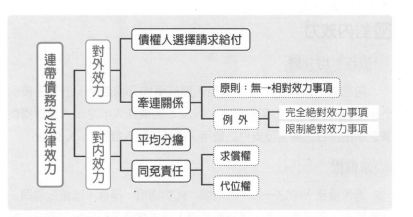

	原則	相對效力事項：不及於其他連帶債務人		民§279
牽連關係	例外	完全絕對效力事項	一人使債務消滅者，其他債務人亦免其責任。	民§274
			一人受確定判決，非基於該債務人之個人關係者，為他債務人之<u>利益</u>，亦生效力。	民§275
			債權人對債務人之一人遲延，為他債務人之利益，亦生效力。	民§278
		限制絕對效力事項	債權人向連帶債務人中之一人免除債務，而無消滅全部債務之意思表示者，除該債務人應分擔之部分外，他債務人仍不免其責任。	民§276
			連帶債務人中之一人，對於債權人有債權者，他債務人以該債務人應分擔之部分為限，得主張抵銷。	民§277

相關考題　連帶債務之牽連關係

連帶債務人中一人，受確定判決敗訴，而其判決非基於該債務人之個人關係者，對於其他債務人之效力如何？　(A)同樣有效　(B)不生效力　(C)效力未定　(D)視判決內容而定 　　　　　　　　　　　　　　【98四等司法特考－法學知識與英文】	(B)

解析：因為敗訴是「不利益」，民法第275條規定是要「利益」，才對其他債務人發生效力。

四 對內效力

㈠債務平均分擔

內部效力原則上，連帶債務人應該平均分擔債務。但有三種例外：1.法律規定、2.契約訂定，以及3.因債務人中之一人應單獨負責之事由所致之損害及支付之費用，由該債務人負擔。（民§280）

㈡求償權

連帶債務人中之一人，因清償、代物清償、提存、抵銷或混同，致他債務人同免責任者，得向他債務人請求償還各自分擔之部分，並自免責時起之利息。（民§281 I）

㈢代位權

誰先幫忙償還債務，誰就可以代位成債權人之地位，向其他人請求償還應負擔的連帶債務。（民§281 II）但是，這位讓債務消滅的人，並不承受「連帶」二字，也就是不可以向其他債務人主張負連帶清償責任。另外，該債務人除了代位權之外，也可以主張求償權，二者擇一。

五 連帶債權

連帶債權是指數人依法律或法律行為，有同一債權，而各得向債務人為全部給付之請求者。（民§283）連帶債權大多數發生的原因都是法律行為，例如甲、乙、丙共同借錢給丁，並與丁約定得由甲、乙、丙三人單獨請求借款債權之清償，或是甲、乙以其同有之房屋一棟，共同租予丙，甲、乙均為租賃契約之出租人，於租期屆滿時，各得向丙請求租賃物之返還。又債權人之更替，原則上不損及債務人之權利、利益，縱有移轉之情形，應屬法律之所許，只是債務人得以是否有對他為通知，作為抗辯之事由。

六 民法第277條之案例分析

模擬案例：

甲、乙、丙三人向丁連帶借貸60萬元，之後丁又向甲購物欠款35萬元，兩種債務均屆清償期，丁向乙請求清償借款50萬元，乙得主張甲之分擔額為20萬元，對丁主張抵銷，只需要償還乙30萬元（50-20）。

計算方式： 60÷3 = 20（甲之分擔額）

35＞20→乙可以主張抵銷20萬元

模擬案例：

對內效力──求償權（民§281）

甲、乙、丙三人向丁連帶借貸60萬元，甲對丁清償60萬元。

計算方式： 60÷3 = 20（三人各自的分擔額）

甲得向乙、丙請求各自分擔額20萬元

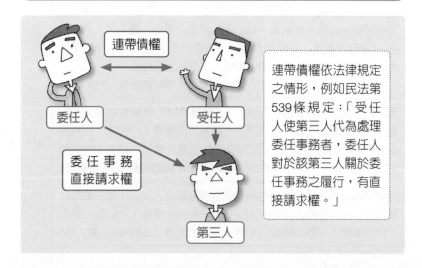

連帶債權

委任人

受任人

委任事務直接請求權

第三人

連帶債權依法律規定之情形，例如民法第539條規定：「受任人使第三人代為處理委任事務者，委任人對於該第三人關於委任事務之履行，有直接請求權。」

七 補充概念

㈠可分之債

數人負同一債務或有同一債權,而其給付可分者,除法律另有規定或契約另有訂定之外,應各平均分擔或分受之。(民§271)

㈡不可分之債

指數人負同一債務或有同一債權,而其給付不可分者而言。數人有同一債權,而其給付不可分者,謂不可分債權;數人負同一債務,而其給付不可分者,謂不可分債務。

相關考題	連帶債務	
甲、乙、丙三人向債權人丁借了90萬元,並願共負連帶債務之責,其後甲已經償還30萬元給丁,試問丁應向何人要求剩餘款項之返還? (A)乙 (B)丙 (C)乙、丙 (D)甲、乙、丙 　【97公務初等一般行政-法學大意】		(D)
甲、乙、丙、丁經法院判決須對戊連帶負100萬元之損害賠償責任,但甲於賠償100萬元後,欲請求乙、丙、丁各自償還25萬元之分擔額時,乙已不能償還,就乙不能償還之部分,應由何人承擔? (A)由甲自行承擔 (B)由甲與丙、丁按照比例分擔 (C)由戊與甲、丙、丁按照比例分擔 (D)由戊與丙、丁按照比例分擔 　【97初等人事經建政風-法學大意】		(B)
甲、乙、丙共同將丁毆打成傷,丁花費醫療費用新臺幣15萬元,嗣後丁免除其對甲之債務,請問乙、丙應如何負責? (A)乙、丙共同承擔15萬元責任 (B)乙、丙共同承擔10萬元責任 (C)乙、丙共同承擔5萬元責任 (D)乙、丙均同時免責【97消防不動產-民法概要】		(B)
連帶債權之債務人,於給付時最低限度應向何人為之,即生給付之效力? (A)向債權人中任一人 (B)向半數以上債權人 (C)向三分之二以上債權人 (D)向債權人全體 　【100五等司法特考-法學大意】		(A)

八 連帶債務之成立

★		條　號	定　義
連帶債務之成立	明示	民§272	
	法律規定	民§28	法人與董事之侵權責任
		民§35	董事不為破產聲請所造成之損害
		民§185	共同侵權
		民§187	無行為或限制行為能力人之侵權，與法定代理人
		民§188	僱用人與受僱人之侵權
		民§305	債務人與承擔債務人
		民§306	營業與他營業合併，而互相承受其資產及負債者
		民§471	數人共借一物
		民§637	數運送人
		民§681	合夥人對於債務
		民§705	隱名合夥人
		民§709-9	會首與得標會員
		民§748	數人保證債務
		民§1003-1	夫妻對於家庭生活費用
		民§1153	繼承人對於被繼承人之債務

相關考題　　連帶債權

連帶債權人中之一人已受領清償者，其對他連帶債權人之影響為何？　(A)他連帶債權人仍得繼續向債務人請求給付　(B)他連帶債權人得向債務人主張抵銷　(C)對他連帶債權人亦發生中斷時效之效力　(D)他連帶債權人之權利亦同消滅　　【100地方特考四等-民法概要】	(D)

A、B、C、D、E向甲連帶借款150萬元,甲免除A的債務,向B請求償還。B償還後,向C、D、E求償,C破產而無資力,當事人間的法律關係為何?

擬答:

一、甲免除A的債務,而無消減全部債務之意思表示者,除A應分擔之部分外,B、C、D、E仍不免其責任。除有例外情況,應平均分擔,故A、B、C、D、E等5人各自分擔30萬元。甲對於A之債務加以免除,全部債權僅剩下120萬元,甲自得向連帶債務人B請求償還。

二、B償還後,致C、D、E同免責任者,得向C、D、E請求償還各自分擔之30萬元部分。

三、C破產而無資力,B無法向C求償,而B又無過失,得向A、D、E等三人各按分擔部分求償(A雖已免除債務,但對於此部分仍應該加以分擔,此於學說上稱之為<u>求償權之擴大</u>)。C之30萬元,由A、B、D、E按其分擔比例負擔,即均7.5萬元。

四、結論:B得向A求償7.5萬元,向D、E各求償37.5萬元。

甲為乙(主債務人)的債務作保證,並代為清償完畢,事後發現保證契約及主債務契約皆無效。債權人應向誰返還所收受之給付? (A)甲 (B)乙 (C)向甲、乙任一人為返還,因為甲、乙為連帶債權人 (D)向甲、乙共同返還,因為甲、乙為不可分債權人 【103三等司特-法學知識與英文】	(A)

15 債之移轉

一 債之移轉的基本概念

　　債權人讓與第三人，與第三人承擔契約的情況並不同。債權的移轉對於債務人而言，債務人一樣是要履行債務，只是履行的對象不同而已。債權讓與的重點，在於如果債務人接到債權讓與的通知，對於新的受讓人履行債務後，卻發現債權根本沒有讓與，那該怎麼辦？

　　債務承擔則有所不同，債務承擔如果移轉，可能承擔人更沒有資力或沒有履行能力，因此債務的承擔，著眼的重點在於債權人要承認此事。如果債務人偷偷地讓新的第三人來承擔債務，對於債權人是否生效？

二 債權讓與

㈠債權可否移轉？

　　債權人得將債權讓與於第三人。

　　但是下列債權，則不得將債權讓與於第三人，包括（民§294）：

1. 依債權之性質，不得讓與者。例如租賃關係之成立，是以人格信賴為基礎，因此租賃債權性質上不得讓與（85台上1750）；
2. 依當事人之特約，不得讓與者。但是特約不得對抗善意第三人。
3. 債權禁止扣押者。所謂債權禁止扣押者，例如領受撫卹金之權利、犯罪被害補償金等。

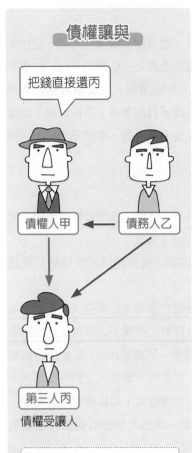

債權讓與

把錢直接還丙

債權人甲 ← 債務人乙

第三人丙
債權受讓人

讓與人或受讓人<u>通知</u>債務人，對於債務人始發生效力。
如果債務人對第三人清償後，事後始發現債權根本沒有移轉，還是可以對抗讓與人。

債務承擔

好，接受。

可以請第三人丁幫我還錢嗎？

債權人甲 ← 債務人乙
〔連帶債權〕

第三人丁
債務承擔人

債務之承擔著眼於承擔人的資歷，因此債務承擔並不能恣意為之，還是必須先經過債權人的承認，或者是由債權人與第三人訂立契約承擔債務。

㈡債權讓與之方法

1. 交付文件與告知相關事項：讓與人應將證明債權之文件，交付受讓人，並應告以關於主張該債權所必要之一切情形。（民§296）

2. 債權讓與之通知：債權之讓與，非經讓與人或受讓人通知債務人，對於債務人不生效力。但法律另有規定者，不在此限。受讓人將讓與人所立之讓與字據提示於債務人者，與通知有同一之效力。（民§297）

㈢債權移轉之效力

1. 債權之擔保與從權利：債權讓與後，債權之擔保及其他從屬之權利，隨同移轉於受讓人。（民§295 I 本文）

2. 債權之利息：如果利息還沒有付呢？推定隨同原本移轉於受讓人。（民§295 II）

3. 債務人對抗事由：讓與人已將債權之讓與通知債務人者，縱未為讓與或讓與無效，債務人仍得以其對抗受讓人之事由，對抗讓與人。前項通知，非經受讓人之同意，不得撤銷。（民§298）債務人於受通知時，所得對抗讓與人之事由，皆得以之對抗受讓人。債務人於受通知時，對於讓與人有債權者，如其債權之清償期，先於所讓與之債權或同時屆至者，債務人得對於受讓人主張抵銷。（民§299）

三 債務承擔

(一)債務承擔之方式

第三人與債務人訂立契約承擔其債務者，非經債權人承認，對於債權人不生效力。（民 § 301）蓋因債務承擔，也要看承擔人有沒有資力或履行能力。如果是郭台銘欠錢，然後將債務移轉給遊民甲承擔，債權人想必也不會答應。因此，法律規定，如果是債務人與第三人訂定債務移轉契約，必須要經過債權人承認，否則對於債權人不生效力。如果債權人不承認他們之間的債務承擔契約，債務人或承擔人得撤銷其承擔之契約。（民 § 302 II）但是，如果是第三人與債權人訂立契約承擔債務人之債務者，就沒有前述的擔憂事由存在，其債務於契約成立時，移轉於該第三人。（民 § 300）

(二)債務承擔之效力

債務人因其法律關係所得對抗債權人之事由，承擔人亦得以之對抗債權人。但不得以屬於債務人之債權為抵銷。承擔人因其承擔債務之法律關係所得對抗債權人之事由，不得以之對抗債權人。（民 § 303）從屬於債權之權利，不因債務之承擔而妨礙其存在。但與債務人有不可分離之關係者，不在此限。由第三人就債權所為之擔保，除該第三人對於債務之承擔已為承認外，因債務之承擔而消滅。（民 § 304）

四 財產或營業概括承受

就他人之財產或營業，概括承受其資產及負債者，因對於債權人為承受之通知或公告，而生承擔債務之效力。（民§305 I）前項情形，債務人關於到期之債權，自通知或公告時起，未到期之債權，自到期時起，2年以內，與承擔人連帶負其責任。（民§305 II）

假設某甲擁有A保險公司，A保險公司在金融海嘯中欠了一屁股債，郭台銘以1元的代價，買下風雨飄搖中的A保險公司，並且通知所有的債權人，這就代表要負擔所有欠的債務。

但是換個例子，因為1元很容易拿出來，所以丐幫幫主買下了B人壽，相信所有的債權人都傻眼了，這時候B人壽的原出賣人某甲，2年以後與犀利哥負擔連帶責任。

相關考題　債權讓與

甲欠乙新臺幣100萬元之借款，到期後甲無法清償債務，乙逐擅自將該債權讓與丙，甲不知悉，該債權讓與之效力如何？　(A)有效　(B)無效　(C)效力未定　(D)須通知甲始生效力 　　　　　　　　　　　　　　　　【97初等人事經建政風-法學大意】	(A)
甲對乙有新臺幣100萬元之債權，雙方有不得讓與之特約，甲仍擅自將該債權讓與不知情之丙，其讓與之效力如何？　(A)有效　(B)無效　(C)效力未定　(D)須經乙之承認始生效力 　　　　　　　　　　　　　　　　　　【96五等錄事-法學大意】	(A)

解析：
參考民法第294條規定。

違反債權不得讓與之特約者，其法律效果為何？　(A)絕對無效　(B)絕對有效　(C)效力未定　(D)不得對抗善意第三人 　　　　　　　　　　　　　　　【97五等二次錄事特考-法學大意】	(D)
下列債權中，何者可以讓與第三人？　(A)乙向甲購買房屋，甲可請求之價金債權　(B)乙與甲約定，乙可請求甲為乙畫像之債權　(C)父母對於其子女之扶養費債權　(D)乙在甲家幫傭，甲依約可請求乙每天打掃3小時之債權　　　　　　【100四等行政警察-法學緒論】	(A)

解析：
參考民法第294條規定。

甲對乙有新臺幣100萬元之債權，甲擅自將該債權讓與丙，乙不知悉，甲、丙間之債權讓與效力如何？　(A)有效　(B)無效　(C)效力未定　(D)須通知乙始生效力　　　　【99地方特考三等-法學知識與英文】	(A)
下列關於民法上債權讓與的敘述，何者錯誤？　(A)屬於處分行為　(B)債權讓與，非經債務人同意，對於債務人不生效力　(C)當事人得為禁止債權讓與的約定　(D)已起訴的非財產上損害賠償請求權，得為讓與　　　　　　　　【110高考-法學知識與英文】	(B)

16 債之消滅

一 債之消滅的基本概念

債之消滅，是指因為某種原因，而使債之關係歸於消滅。民法債篇總論中，提到清償、提存、抵銷、免除及混同五種情況，但並不是僅限於這五種。債之關係消滅者，其債權之擔保及其他從屬之權利亦同時消滅。（民§307）

二 清償

以欠錢為例，欠債還錢，還錢之後，債自然就消滅了。因此，民法第309條第1項規定：「依債務本旨，向債權人或其他有受領權人為清償，經其受領者，債之關係消滅。」有時候，債權人也欠別人錢，所以要求債務人直接向第三人清償。例如甲承諾要捐錢給乙公益團體，丙欠甲錢，甲向丙表示：「你直接將錢給乙公益團體即可。」

債之清償，得由第三人為之。例如媒體報導拾荒老婦欠200萬元，還要扶養幼孫5人，某善心人士看到該媒體報導，就替祖母還了200萬元。但當事人另有訂定或依債之性質不得由第三人清償者，不在此限。第三人之清償，債務人有異議時，債權人得拒絕其清償。但第三人就債之履行有利害關係者，債權人不得拒絕。（民§311）

所謂債之性質不得由第三人清償，例如美國卸任總統布希來臺專題演講，來聽講者都是慕布希之名而來，就不能由馬英九來履行。所謂第三人就債之履行有利害關係者，例如保證人及被保證債務，該保證人清償，就是與債之履行有利害關係之人。

債篇通則所舉左列五種，並非代表債之消滅原因僅此五種，其他尚有於存在於各種之債或其他民法章節之特別規定。例如不可歸責於債務人之事由致給付不能，在債權人欠缺代償請求權或有代償請求權但未加以行使的情況，債之關係則消滅。

㈠未指定清償

對於一人負擔數宗債務而其給付之種類相同者，如清償人所提出之給付，不足清償全部債額時，由清償人於清償時，指定其應抵充之債務。（民§321）清償人不為指定者，依下列之規定，定其應抵充之債務：（民§322）

1. 債務已屆清償期者，儘先抵充。
2. 債務均已屆清償期或均未屆清償期者，以債務之擔保最少者，儘先抵充；擔保相等者，以債務人因清償而獲益最多者，儘先抵充；獲益相等者，以先到期之債務，儘先抵充。
3. 獲益及清償期均相等者，各按比例，抵充其一部。

相關考題 未指定清償

甲對乙積欠數筆貨款，若這些債務均未到清償期，年關將屆，甲先對乙為一部分之給付，但並未指定應先清償何筆債務時，應以何筆債務最優先抵充？ (A)以債務擔保最少者優先 (B)以債務人因清償而獲益最多者優先 (C)以先到期之債務優先 (D)以利息最多者優先【99三等身障特考-法學知識】	(A)

(二)向第三人清償

向第三人為清償，經其受領者，其效力依左列各款之規定：
（民§310）

1. 經債權人承認或受領人於受領後取得其債權者，有清償之效力。
2. 受領人係債權之準占有人者，以債務人不知其非債權人者為限，有清償之效力。
3. 除前二款情形外，於債權人因而受利益之限度內，有清償之效力。

(三)代物清償

債權人受領他種給付以代原定之給付者，其債之關係消滅。（民§319）

相關考題

關於違約金，下列敘述，何者正確？　(A)違約金契約是從契約　(B)違約金契約是要物契約　(C)約定之違約金雖有過高情事，法院仍不得減至相當之金額　(D)懲罰性之違約金雖有過高情事，法院仍不得核減　　　　　　　　　　　【106司特四等-法學知識與英文】	(A)

三 提存

(一)提存的概念

所謂提存，是指清償人為消滅債務，為債權人而將其給付物寄託於提存所。債權人受領遲延，或不能確知孰為債權人而難為給付者，清償人得將其給付物，為債權人提存之。（民§326）宋楚瑜於民國88年參選總統時興票案纏身，為表清白，他委託律師提存2億4700餘萬元給當時國民黨主席李登輝。

▼向第三人清償的效力（民§310）

類型	效力
經債權人承認或受領人於受領後取得其債權者	有清償之效力
受領人係債權之準占有人者	債務人不知其非債權人者為限（善意），有清償之效力
除前二款情形外，於債權人因而受利益之限度內	有清償之效力

我要還你
5千萬的欠款

哼！不想收
你的臭錢！

提存所

提存人

債權人

提存應於清償地之
法院提存所為之。
（民§327）

㈡債權人與債務人之關係

提存，債之關係消滅。<u>給付物危險移轉</u>：提存後，給付物毀損、滅失之危險，由債權人負擔，債務人亦無須支付利息，或賠償其孳息未收取之損害。（民§328）提存拍賣及出賣之費用，由債權人負擔。（民§333）給付物不適於提存，或有毀損滅失之虞，或提存需費過鉅者，清償人得聲請清償地之法院拍賣，而提存其價金。（民§331）<u>債權人享有提存物受取權</u>：債權人得隨時受取提存物，如債務人之清償，係對債權人之給付而為之者，在債權人未為對待給付或提出相當擔保前，得阻止其受取提存物。（民§329）

㈢10年後，歸屬於國庫

權利睡眠者，並不值得保護。提存物之權利，債權人應於提存後10年內行使之，逾期其提存物歸屬國庫。（民§330）釋字第335號解釋，針對提存物之權利不行使之效果，表示此規定在於使提存物之權利狀態早日確定，以維持社會秩序之安定，與憲法並無牴觸。

四 抵銷

抵銷，是指二人互負債務，而其給付種類相同，並均屆清償期者，各得以其債務，與他方之債務，互為抵銷之意思表示。（民§334）抵銷是形成權，屬於有相對人之單獨行為。民法第334條但書中有關「依債務之性質不能抵銷者」，是指互相抵銷及反於成立債務之本旨，或不符合給付之目的，或依當事人訂約之意旨，如主張抵銷，顯屬不公平而言。一般金錢債務或種類債務，倘無不適於抵銷之特別情形者，依其債務之性質，即不得遽認其為不具「<u>抵銷許容性</u>」之債務。實務上曾發生某甲主張之本票債務，與他造當事人取得執行名義之借款債務，均屬金錢債務，依各該當事人訂約之意旨，似無不適於抵銷之特別情形。（96台上2110）

二人互負債務，而其給付種類相同，並均屆清償期者，各得以其債務，與他方之債務，互為抵銷。但依債之性質不能抵銷或依當事人之特約不得抵銷者，不在此限。特約不得對抗善意第三人。（民§334）

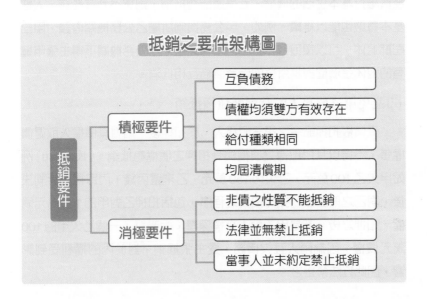

(一)消滅時效之債權仍得主張抵銷

債之請求權雖經時效而消滅，如在時效未完成前，其債權已適於抵銷者，亦得為抵銷。（民§337）所謂時效消滅，並不是指權利已經消滅，只是權利有所減損，前文時效消滅之章節已有論述。但是，適於抵銷的狀態，如果是在時效完成之後，債權人就不能主張抵銷。

(二)不得抵銷之債

| 禁止扣押之債 | → 債務人不得主張抵銷（民§338） |

| 因故意侵權行為而負擔之債 | → 債務人不得主張抵銷（民§339） |

什麼是禁止扣押之債？

主要是為了保障債務人及其家屬的生活，例如退休金債權（公務人員退休資遣撫卹法第69條第1項規定：「公務人員或其遺族請領退撫給與之權利，不得作為扣押、讓與或供擔保之標的。」）這些讓公務員維持基本生活的債權，若是還能夠抵銷，則拿不到這些錢，人性基本尊嚴也能以維續。例如，甲公務員向所屬乙公務機關借錢，甲已屆齡退休，可以領取退休金，但沒有錢還。乙公務機關不得主張甲擁有的退休金債權與其所負的借貸債務互相抵消。

(三)避免第三債務人隨時創新債權抵銷

受債權扣押命令之第三債務人，於扣押後，始對其債權人取得債權者，不得以其所取得之債權與受扣押之債權為抵銷。（民§340）例如甲欠乙100萬元，乙欠丙150萬元，乙未還丙錢，丙取得勝訴判決後，對乙之財產進行扣押拍賣之程序，包括扣押乙對甲的100萬元債權。扣押之後，若是甲乙兩人交情深厚，而簽訂了一個乙欠甲的100萬元債權，因為兩人互欠債務，遂主張抵銷，對於丙的權利受到影響，因此立法禁止之。

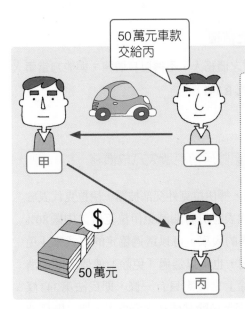

50萬元車款交給丙

甲向乙買汽車，乙要求甲將車價50萬元交給丙。（因為交給丙，所以乙幾乎算是沒有債權了）
假設，乙又向甲借款50萬元，甲不得主張以其應交給丙的車款50萬元，與乙欠甲的50萬元互相抵銷。

你是好人，一定會有好報。

你不必還錢了！

免除

債權人向債務人表示免除其債務之意思者，債之關係消滅。
（民§343）

債權　債務

混同

債權與其債務同歸一人時，債之關係消滅。但其債權為他人權利之標的或法律另有規定者，不在此限。（民§344）

㈣約定應向第三人給付之債權

約定應向第三人為給付之債務人，不得以其債務，與他方當事人對於自己之債務為抵銷。（民§341）

國際時事之聯想 中國免除伊拉克所欠八成債務

中國商務部網站消息，據伊拉克外交部披露，伊拉克代表於2010年間在北京與中國代表簽訂有關減免伊拉克所欠中國80%債務的協定。有邦交關係的國家，可以透過協定的方式來「免除」債務。一般民眾之間，也可以透過「免除」使債之關係消滅。我國民法有關「免除」之規定只有一條，即民法第343條規定：「債權人向債務人表示免除其債務之意思者，債之關係消滅。」本新聞中，將中國與伊拉克當作兩位當事人，中國僅免除80%的債務，屬於一部免除，僅免除的部分發生債務消滅之效果。

性質：

一、單獨行為→債權人向債務人表示，債務人不需要說：「YES, I DO.」但是，債權人與債務人還是可以透過契約（雙方表意）的方式免除債務。

二、準物權行為→免除的標的是「債權」。

相關考題　提存

甲欲清償對乙積欠之貨款，乙卻藉故受領遲延，甲應如何處置其給付之貨款以消滅該債務？　(A)拋棄該貨款　(B)提存該貨款　(C)逕自投入乙之住宅　(D)公示催告　　【97初等人事經建政風-法學大意】	(B)
下列有關提存之敘述，何者錯誤？　(A)債權人受領遲延時，債務人可將給付物提存　(B)債務人不能確知孰為債權人而難為給付者，債務人可將給付物提存　(C)提存後債權人受領前，給付物毀損滅失之危險，仍應由債務人負擔　(D)提存拍賣及出賣之費用，應由債權人負擔　　【97不動產經紀人-民法概要】	(C)

相關考題　債之消滅原因

下列何者非債之消滅原因？　(A)清償　(B)提存　(C)免除　(D)互易　　【97消防不動產-民法概要】	(D)

相關考題　抵銷

下列敘述何者錯誤？　(A)因故意侵權行為而負擔之債，債權人得主張抵銷　(B)因故意侵權行為而負擔之債，債務人得主張抵銷　(C)因故意侵權行為而負擔之債，債務人不得主張抵銷　(D)禁止扣押之債，其債務人不得主張抵銷　　【96四等關務-法學知識】	(B)
依民法規定，下列有關抵銷之敘述，何者錯誤？　(A)禁止扣押之債，其債務人不得主張抵銷　(B)因故意侵權行為而負擔之債，其債權人不得主張抵銷　(C)清償地不同之債務，亦得為抵銷　(D)約定應向第三人為給付之債務人，不得以其債務，與他方當事人對於自己之債務為抵銷　　【103四等地特-法學知識與英文】	(B)
下列債務，何者可得互相抵銷？　(A)相互不得競業之不作為債務　(B)相互提供勞務之單純作為債務　(C)互負清償地不同之金錢債務　(D)因故意侵權行為而負擔之債務　【105司特三等-法學知識與英文】	(C)

債務免除乃是：　(A)有相對人之單獨行為　(B)無相對人之單獨行為 (C)請求權之行使　(D)物權之拋棄　　【99普考財稅行政-民法概要】	(A)
甲對乙表示免除乙積欠之貨款債務，甲所為之免除行為，性質上屬 於：　(A)債權行為　(B)物權行為　(C)準物權行為　(D)準法律行為 【99高考三級法制-民法】	(C)

債權與其債務同歸一人時，債之關係消滅，通稱為：　(A)混同　(B) 抵銷　(C)提存　(D)免除　　【97鐵公路佐級公路監理-法學大意】	(A)
下列債之消滅原因中，何者不須任何意思表示？　(A)提存　(B)抵銷 (C)免除　(D)混同　　【99鐵路四等員級-法學知識與英文】	(D)

向第三人為清償，經其受領者，其效力為何？　(A)經債務人承認 者，有清償效力　(B)經債權人承認者，有清償效力　(C)經債務人拒 絕者，仍生清償效力　(D)經債權人拒絕者，仍生清償效力 【100高考法制-民法】	(B)

下列債務中，何者可由第三人清償？　(A)乙與甲約定，由甲為乙 畫像之債務　(B)乙在甲家幫傭，乙負有每日為甲打掃3小時之債務 (C)乙向甲借錢，約定甲不得接受第三人清償　(D)乙在甲餐廳用餐， 第三人向甲表示代乙付帳　　【100關稅三等-法學知識】	(D)

相關考題 第三人清償

甲對於乙之債務，由丙負保證責任，詎清償期屆至，甲無力清償，丙恐乙強制執行其所有房屋，乃向乙表示願代甲清償，此時：(A)甲得異議 (B)乙得拒絕 (C)甲不得異議，但乙得拒絕 (D)甲得異議，但乙不得拒絕 　　　　　　【99三等身障特考財稅行政-民法】	(D)

相關考題 代物清償

債務人欠債權人10萬元借款債務，債權人接受鋼琴一架，以為清償。此稱為： (A)新債清償 (B)更新 (C)混同 (D)代物清償 　　　　　　　　　　　　【105司特四等-法學知識與英文】	(D)

第四篇 債篇各論

民法的架構

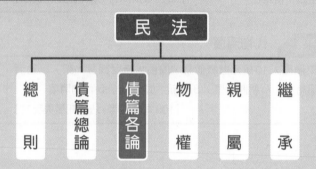

民　法

| 總則 | 債篇總論 | 債篇各論 | 物權 | 親屬 | 繼承 |

債篇各論的架構

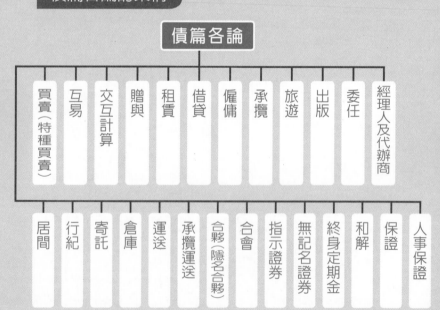

債篇各論

買賣（特種買賣）、互易、交互計算、贈與、租賃、借貸、僱傭、承攬、旅遊、出版、委任、經理人及代辦商

居間、行紀、寄託、倉庫、運送、承攬運送、合夥（隱名合夥）、合會、指示證券、無記名證券、終身定期金、和解、保證、人事保證

本篇目錄

1

買賣

一 買賣之定義

買賣,指當事人約定一方(出賣人)移轉財產於他方(買受人),而他方支付價金之契約。(民§345 I)當事人間就財產權標的及其價金互相同意時,買賣契約即告成立。(民§345 II)

二 效力

㈠出賣人效力

出賣人之效力,包括下列內容:

1. 移轉財產權:買賣契約,以移轉財產權為目的,物之出賣人,負有物交付於買受人,並使其取得該物所有權之義務;權利之出賣人,負有使買受人取得其權利之義務。(民§348)

2. 瑕疵擔保:指出賣人應擔保買賣標的完整無缺,包括權利瑕疵擔保及物的瑕疵擔保。所謂權利瑕疵擔保,是指出賣人應擔保第三人就買賣之標的物,對於買受人不得主張任何權利。(民§349)債權或其他權利之出賣人,應擔保其權利確係存在。(民§350)什麼是物之瑕疵擔保責任?如果你買輛新車,結果引擎一直有雜音,業者就必須對此車的物之瑕疵負擔保責任。當事人可以主張解除契約、減少價金、損害賠償、另行交付等選項。

以買到瑕疵車為例,如果這台車怎麼修都修不好,要求另外給付一台新車(另行交付),但是經銷商通常都不願意換一台新車,畢竟車子的成本太高了,不像是飲料、零嘴,換一包就好,所以一般都是擔保修到好。此外,可否解除契約(退車還錢),或者是減少價

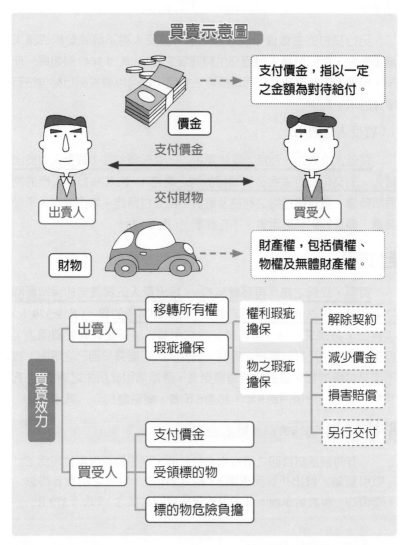

買賣示意圖

支付價金，指以一定之金額為對待給付。

價金

支付價金

交付財物

出賣人

買受人

財物

財產權，包括債權、物權及無體財產權。

買賣效力
- 出賣人
  - 移轉所有權
  - 瑕疵擔保
    - 權利瑕疵擔保
    - 物之瑕疵擔保
      - 解除契約
      - 減少價金
      - 損害賠償
      - 另行交付
- 買受人
  - 支付價金
  - 受領標的物
  - 標的物危險負擔

金呢？解除契約比較困難，必須要符合「非顯失公平」之要件（民§359），若車子的瑕疵已經嚴重影響到當事人的安全或其他重大情況，當事人還是可以主張解除契約，以及減少價金，若有損害，亦可請求賠償。

　　另行交付的主張僅限於種類之債，買受人得不解除契約或請求減少價金，而即時請求另行交付無瑕疵之物。(民§364)例如買一斤米，結果米因為存放過久而壞掉無法食用，則可以要求另行給付沒有壞掉的米一斤。

㈡買受人之效力

　　買受人之效力，包括⑴支付價金；⑵受領標的物：買受人對於出賣人，有交付約定價金及受領標的物之義務。(民§367)；3.標的物危險負擔：買賣標的物之利益及危險，自交付時起，均由買受人承受負擔。但契約另有訂定者，不在此限。(民§373)

三 買回

　　買回，又稱之為「再買賣契約」，指出賣人於買賣契約保留買回之權利者，得返還其所受領之價金，而買回其標的物。(民§379Ⅰ)本質上，買回是一種「再買賣」的法律關係，買受人對於買回人，負交付標的物及其附屬物之義務。買受人因可歸責於自己之事由，致不能交付標的物或標的物顯有變更者，應賠償因此所生之損害。(民§383)買回期限原則為5年，超過5年者，縮短為5年。(民§380)

實務案例 福特汽車「買回專案」

　　有時候承諾買回之價格未必是原價，例如福特汽車曾經為了吸引買氣，推出「買回專案」，約定2年後，買車之消費者得以車價的一半賣給車商，即類似於民法買回之概念。(民§379Ⅱ)

相關考題 瑕疵擔保責任

下列何者不是買賣契約中，物之瑕疵擔保責任的效力？ (A)請求精神上損害賠償 (B)種類買賣得請求另行交付無瑕疵之物 (C)解約 (D)減少價金 　　　　　　　　　　　　【100四等行政警察-法學緒論】	(A)

物之瑕疵擔保責任之效力

解除契約	非顯失公平	民§359
減少價金		民§359
損害賠償	買賣之物，缺少出賣人所保證之品質者；或出賣人故意不告知物之瑕疵者	民§360
另行交付	買賣之物，僅指定種類者	民§364

相關考題　瑕疵擔保責任

買賣因物有瑕疵，而出賣人依法應負擔保之責者，下列何者為買受人不得向出賣人提出之主張？ (A)解除契約 (B)減少價金 (C)債務不履行之損害賠償 (D)契約無效 【97不動產經紀人-民法概要】	(D)
依民法規定，下列有關出賣人責任之敘述，何者錯誤？ (A)出賣人應擔保第三人就買賣之標的物，對於買受人不得主張任何權利 (B)買受人於契約成立時，知有權利之瑕疵者，出賣人不負擔保之責 (C)特定物買賣之出賣人，如買賣標的物有瑕疵，應即另行交付無瑕疵之物 (D)債權或其他權利之出賣人，應擔保其權利確係存在 【111高考-法學知識與英文】	(C)

相關考題　買賣之效力

甲向乙購買房屋一間，雙方約定房屋過戶後次日甲應給付剩餘款項，但甲並未依約付款，乙得如何主張其權利？ (A)立刻解除契約 (B)終止契約 (C)定期催告 (D)撤銷契約 【97公務初等-法學大意】	(C)
甲向乙買一輛汽車，雙方簽妥買賣契約，請問甲何時取得汽車之所有權？ (A)甲乙簽訂書面契約時 (B)甲交付價金與乙時 (C)乙交付汽車與甲時 (D)雙方至監理站辦理過戶登記時 【97鐵公路-民法大意】	(C)

相關考題　買回

出賣人於買賣契約保留買回之權利者，買回之期限，最長不得超過幾年？ (A)3年 (B)5年 (C)10年 (D)15年 【99普考財稅行政-民法概要】	(B)

2 特種買賣

一 基本概念

民法及消費者保護法都有規範特種買賣。民法的特種買賣有四種，包括試驗買賣、貨樣買賣、分期付價買賣、拍賣；消費者保護法之特種買賣，則包括訪問買賣及通訊買賣。

二 試驗買賣

以買受人之承認標的物為停止條件而訂立之契約。（民§384）所謂停止條件，於條件成就時，買賣始生效力。什麼是承認標的物？例如購買中古車，賣主讓購買者試車3天，若買主試車後決定購買，即所謂的承認標的物，買賣契約始生效力。買受人於標的物試驗後未予承認，買賣契約既因停止條件不成就而未生效，則該試驗標的物所生之費用當然由出賣人負擔。（高等法院88上易304）

三 貨樣買賣

按照貨樣約定買賣者，視為出賣人擔保其交付之標的物與貨樣有同一之品質。（民§388）例如賣牛仔褲，先拿一件給買主當樣品。

四 分期付價買賣

分期付價之買賣，指買賣雙方當事人約定分成若干期給付，如3期、6期或12期，通常企業經營者於收受頭期款時，交付標的物予消費者，接著再由消費者定期支付分期付款的金額。如果分期沒付款怎麼辦？約定買受人如有遲延時，出賣人得即請求支付全部價金者，但

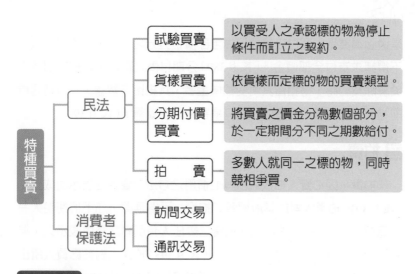

試驗買賣

車行老闆A讓顧客B試車，對B表示讓他試車3天，滿意再買。

B試了3天後，果然是一輛好車，遂對A表示很滿意決定要買了。當然也可能B沒有任何要買與否的表示，如果過了3天還沒有表示，就視為拒絕。（民§386）

如果過了3天，B既沒交還車子，也沒有表示不要那台車，則視為承認。（民§387）

是還必須買受人遲付之價額已達全部價金五分之一外，否則出賣人仍不得請求支付全部價金。（民§389）分期付價之買賣，如約定出賣人於解除契約時，得扣留其所受領價金者，其扣留之數額，不得超過標的物使用之代價，及標的物受有損害時之賠償額。（民§390）

五 拍賣

　　拍賣，因拍賣人拍板或依其他慣用之方法為賣定之表示而成立。（民§391）拍賣人對於其所經管之拍賣，不得應買，亦不得使他人為其應買。（民§392）拍賣人除拍賣之委任人有反對之意思表示外，得將拍賣物拍歸<u>出價最高之應買人</u>。（民§393）拍賣人對於應買人所出最高之價，認為不足者，得不為賣定之表示而撤回其物。（民§394）應買人所為應買之表示，自有出價較高之應買或拍賣物經撤回時，失其拘束力。（民§395）拍賣之買受人，應於拍賣成立時或拍賣公告內所定之時，以現金支付買價。（民§396）拍賣之買受人如不按時支付價金者，拍賣人得解除契約，將其物再為拍賣。再行拍賣所得之價金，如少於原拍賣之價金及再行拍賣之費用者，原買受人應負<u>賠償其差額</u>之責任。（民§397）

拍賣示意圖

這位先生出價最高,得標。

拍賣之表示為要約之引誘,而非要約,民法第391條以下定有明文,而標賣之表示,究為要約之引誘抑為要約,法律既無明文規定,自應解釋標賣人之意思定之。

(32年永上字第378號)

相關考題　　特種買賣

甲有一棟房屋,出賣於乙,雙方約定:乙得分 10 期支付價金,但一旦乙支付價金遲延時,甲得請求全部價金。乙遲付的價額達全部價金多少比例時,甲始得請求乙支付全部價金?　(A)二分之一　(B)三分之一　(C)四分之一　(D)五分之一　【102四等地方特考-民法概要】	(D)
關於拍賣之規定,下列敘述何者錯誤?　(A)拍賣人為拍賣之表示,為一種要約之引誘,拍賣人不受拘束　(B)應買之表示為要約　(C)拍定之表示為承諾　(D)拍賣物一定歸出價最高之應買者　【100四等行政警察-法學緒論】	(D)
下列何者為以買受人之承認標的物為停止條件而訂立之契約?(A)貨樣買賣　(B)試驗買賣　(C)買回　(D)拍賣【101初等一般行政-法學大意】	(B)

3 互易

一 互易之概念

互易，是指當事人雙方約定互相移轉金錢以外之財產權者，準用關於買賣之規定。（民§398）互易，是古代生活型態的方式之一，例如以白米換青菜，現代社會因為貨幣制度發達的緣故，互易制度已經較為少見。然網路時代也發展出互易的網站，例如「以物易物交換網」（http://www.e1515.com.tw）。曾有國外的互易網站，互易人希望以別針透過不斷互易，最後能換到一棟別墅。

互易只有兩條規定，除了前述的定義之外，只剩下另外一條規定，有關「當事人之一方，約定移轉前條所定之財產權，並應交付金錢者，其金錢部分，準用關於買賣價金之規定。」（民§399）

二 移轉金錢以外財產之契約

互易，是移轉金錢以外之財產權，所以物權、準物權、無體財產權，及債權等，均可作為互易契約之標的。但是，金錢除外，所謂金錢，是指通用貨幣而言，如果是非通用貨幣，還是與一般商品沒有差別，仍得作為互易之標的。至於所謂的勞務互換，應該是屬於僱傭關係之成立，仍非與互易有關。

三 附補足金之互易類型

民法第399條所謂之「約定移轉前條所定之財產權，並應交付金錢者」，即屬附補足金之互易，常見者如購買二手汽車，當事人一

可轉換公司債的性質

所謂可轉換公司債,是指公司為了募集資金,發行可以轉換公司股票之公司債。債權人於一定條件成立時,可以請求發行之公司給付股票,債權人成為公司的股東。

學理上對此有爭議,有認為是買受人有轉換權之買賣關係,亦有認為是債權人得行使轉換權為停止條件之互易契約。

(參照邱聰智,《債法各論》上冊)

方希望以價值50萬元的NISSAN汽車,與另一方交換價值60萬元的BMW汽車乙輛,並補足其間的差額10萬元,即屬之。

相關考題

下列對於民法「互易」之敘述何者正確? (A)準用交互計算之規定 (B)雙方互相移轉金錢之財產權 (C)雙方互相移轉金錢以外之財產權 (D)準用借貸之規定 【97消防不動產 - 民法概要】	(C)

4 贈與

一 贈與之概念

　　贈與，指當事人約定，一方以自己之財產無償給與他方，他方允受之契約。（民§406）贈與是一種無償給付，贈與人並未獲得利益，所以民法對於贈與人之責任要求較低。

　　首先，贈與人之給付義務，只要權利未移轉之前、未經公證之贈與，或非為履行道德上義務而為贈與者，得撤銷其贈與；（民§408）其次，給付不能之損害賠償範圍，贈與人給付不能而必須負擔損害賠償，必須限於「可歸責於自己之事由」、「故意或重大過失」，損害賠償的範圍僅限於「贈與物之價額」，而不包括遲延利息或其他不履行之損害賠償。（民§409、410）

二 附負擔之贈與

　　贈與附有負擔者，如贈與人已為給付而受贈人不履行其負擔時，贈與人得請求受贈人履行其負擔，或撤銷贈與，參考右頁案例。負擔以公益為目的者，於贈與人死亡後，主管機關或檢察官得請求受贈人履行其負擔。（民§412）

　　附有負擔之贈與，其贈與不足償其負擔者，受贈人僅於贈與之價值限度內，有履行其負擔之責任。（民§413）附有負擔之贈與，其贈與之物或權利如有瑕疵，贈與人於受贈人負擔之限度內，負與出賣人同一之擔保責任。（民§414）

趕人惡媳無家歸

老翁出地蓋房子給兒女住，因蓋房子的錢是二兒子所出，所以贈與給二兒子，但表明讓其他子女住到有能力買房子為止。沒想到二兒子離開人間，二子媳馬上要求夫家搬走，老翁拿出當初的協議，才讓媳婦無法得逞。老翁一氣之下，也起訴表示二子媳違不履行負擔，逐撤銷贈與，法院判決勝訴。二子媳無臉住家中，只好搬離。

三 贈與撤銷之類型

一	對於贈與人、其配偶、直系血親、三親等內旁系血親或二親等內姻親，有故意侵害之行為，依刑法有處罰之明文者。
二	對於贈與人有扶養義務而不履行者。
三	受贈人因故意不法之行為，致贈與人死亡或妨礙其為贈與之撤銷者。

　　贈與人之撤銷權，自贈與人知有撤銷原因之時起，1年內不行使而消滅。贈與人對於受贈人已為宥恕之表示者，亦同。（民§416Ⅱ）上表第三種情況，贈與人之繼承人，得撤銷其贈與。但其撤銷權自知有撤銷原因之時起，6個月間不行使而消滅。

四 贈與撤銷後之效力

　　贈與人撤銷贈與後之效力，得依關於不當得利之規定，請求返還贈與物。（民§419Ⅱ）贈與之撤銷，應向受贈人以意思表示為之。（民§419Ⅰ）贈與之撤銷權，因受贈人之死亡而消滅。（民§420）

五 經濟狀況變更

　　贈與人於贈與約定後，其經濟狀況顯有變更，如因贈與致其生計有重大之影響，或妨礙其扶養義務之履行者，得拒絕贈與之履行。（民§418）民國98年金融危機時，有許多人身陷失業危機，原本認養貧童的認養人，因為繳不出每個月的認養費用，只好含淚向被認養的孩童說聲抱歉。甚至家扶中心還碰到25年來，第一次有捐款者要求退錢。可以退嗎？

　　如果只是贈與契約成立，但還沒有捐贈金錢或物品前，經濟狀況顯有變更，如因贈與致其生計有重大之影響者，依據民法第418條之規定，可以拒絕履行。另外，依據民法第408條第1項規定：「贈與物之權利未移轉前，贈與人得撤銷其贈與。其一部已移轉者，得就其未移轉之部分撤銷之。」例如：表示要送兩間房子，一間已經移轉了，就不能撤銷其贈與，但尚未移轉的另一間，則可以撤銷之。所以，如果已經捐錢給家扶中心或其他團體，除非有符合特別規定（例如民法第416條之故意侵害行為或扶養義務不履行），否則並沒有法律的依據可以要求返還。

相關考題

甲將其屋贈與乙，並完成不動產移轉登記，但因雙方疏忽未經公證人做成公證書，該贈與行為： (A)有效 (B)無效 (C)效力未定 (D)經補正公證行為即有效 【97消防不動產-民法概要】	(A)
贈與撤銷後，贈與人請求返還贈與物之法律依據為： (A)所有物返還請求 (B)不當得利 (C)準用解除契約之規定 (D)依債務不履行之規定 【96公務初等一般行政-法學大意】	(B)
下列有關贈與之敘述何者正確？ (A)贈與之撤銷權不因受贈人死亡而消滅 (B)贈與為無償契約 (C)贈與物未移轉前，贈與人得撤銷其贈與，縱經公證者亦同 (D)贈與人不論何種情況均不負物或權利瑕疵擔保責任 【97不動產經紀人-民法概要】	(B)
設甲贈與乙某一棟房子，乙亦允受之，在移轉登記前，因地震倒塌。下列敘述何者正確？ (A)乙運氣欠佳，只能望倒塌房子興嘆，別無它法 (B)乙可請求甲交付房子之價額 (C)乙不可請求甲交付房子亦不得請求房子之價金，但可請求贈與未履行之損害賠償 (D)乙可請求甲另行交付房子 【97三等關務警特-法學知識】	(A)

甲公司辦理公司週年慶酒會，邀請函載明「敬備薄酒點心」，乙欣然應邀出席，乙雖準時出席，但雞尾酒及點心已被一掃而空。乙可否請求賠償？ (A)得請求賠償 (B)不得請求賠償 (C)請求改發下場的請帖 (D)得請求改發現金 【99高考三等財稅行政 - 民法】	(B)
甲將其受贈之腳踏車，轉贈給乙作為生日禮物，乙立即騎出去兜風，因無法煞車而跌倒受傷，但甲贈與時不知該車無法煞車。下列敘述何者正確？ (A)乙得向甲主張權利瑕疵擔保責任 (B)乙得向甲請求不完全給付之損害賠償 (C)乙為無償取得，故不得請求甲負物之瑕疵擔保責任 (D)乙得向甲請求侵權行為之損害賠償 【104高考 - 法學知識與英文】	(C)

5 租賃

一 租賃之概念

　　租賃，是指當事人約定，一方以物租與他方使用收益，他方支付租金之契約。租金得以金錢或租賃物之孳息充之。（民§421）不動產之租賃契約，其期限逾1年者，應以字據訂立之，未以字據訂立者，視為不定期限之租賃。（民§422）租賃契約之期限，不得逾20年。逾20年者，縮短為20年。（民§449Ⅰ）租用基地建築房屋者，不適用第1項之規定。（民§449Ⅲ）

二 買賣不破租賃

　　買賣不破租賃之原則，規定在民法第425條規定，出租人於租賃物交付後，承租人占有中，縱將其所有權讓與第三人，其租賃契約對於受讓人仍繼續存在。原本租賃契約屬於債權契約，僅在契約當事人間發生效力，但本條規定讓租賃契約可以對於當事人以外之第三人發生對世效力，故又稱「租賃權之物權化」。本條曾修正過，其修正重點在於新增「承租人占有中」，讓第三人可以明確知悉承租人占有之情況，而不會受到不測之損害。除了租賃契約外，出租者通常還會收「押租金」，實務上認為因擔保承租人之債務而接受押租金，則為另外一個契約，並不包括在民法第425條所稱之「租賃契約」中。（65台上156）

三 承租人之保管義務

　　承租人應以善良管理人之注意，保管租賃物。（民§432Ⅰ）違反保管義務，導致租賃物毀損、滅失者，原則上應負損害賠償責任。（民§432Ⅱ）

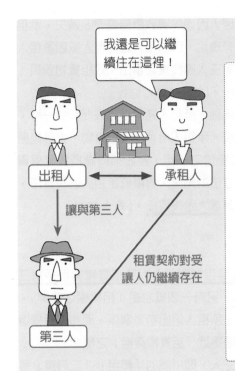

買賣不破租賃原則

我還是可以繼續住在這裡！

出租人 ⟷ 承租人

讓與第三人

租賃契約對受讓人仍繼續存在

第三人

買賣不破租賃原則

買賣不破租賃原則，是指出租人與承租人間的租賃契約，對於第三人仍繼續存在。

由於此原則之效力過於強大，為避免實務上常見債務人於受強制執行時，與第三人訂定長期或不定期之租賃契約，對於這種沒有經過公證的不動產租賃契約，其期限逾5年或未定期限者，不適用買賣不破租賃之規定。（民§425Ⅱ）

房客臨走破壞房子

租房子，最怕碰到惡房客。平常就把房子搞得骯髒不堪，租約結束後，還來個大肆掠奪。這些行為都違反了承租人的保管義務。若造成房子的毀損，原則上都必須要負擔損害賠償責任。

　　常見的問題是承租人的同居人因過失導致房屋燒毀、滅失，承租人是否也要負責？民法對此亦有規定，因承租人之同居人或因承租人允許為租賃物之使用、收益之第三人應負責之事由，致租賃物毀損、滅失者，承租人負損害賠償責任。（民§433）

　　天有不測風雲，人有旦夕禍福。承租人通常是比較弱勢的一群，而失火有時則是較難避免之災禍。承租人所承租之租賃物，尤其是房子，若遭遇大火，導致身家財產付之一炬，若尚須負擔損害賠償責任，顯然失之過苛。因此，從立法的角度，會降低承租人過失責任，從善良管理人之注意義務，降為<u>重大過失責任</u>。（民§434）

四 轉租

　　<u>轉租，是指承租人並未脫離租賃關係，而將租賃物轉租予第三人，成立租賃契約與轉租契約</u>。另有一個概念是「租賃權之讓與」，並不是成立新的租賃關係，而是承租人退出租賃關係，而將租賃權讓與第三人，常見的「頂讓」即屬接近「租賃權讓與」之概念。

　　承租人可不可以轉租給第三人，即所謂的「轉租」、「二房東」等概念。此可以分兩種情形：（民§443 I）

	租賃標的	原則	例外
一	房屋以外之租賃物	不得轉租	須經出租人之承諾
二	房屋	得將一部分轉租於他人	若有反對之約定，則不得轉租

　　從承租人的角度，如果想要當二房東，在簽契約的時候，一定要看看契約中有沒有限制轉租的規定，如果沒有，就可以當個二房東了。如果原房東是看對象才決定租房子，不喜歡租給不想租的人，通常都會限制轉租。此時，若承租人違反限制轉租的規定，將租賃物轉租於他人者，出租人得終止契約。（民§443 II）

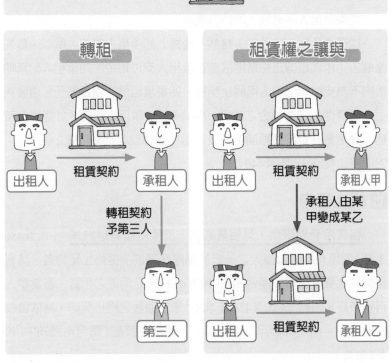

五 修繕費用之負擔

　　基本上，立法是從保護承租人的角度出發，所以修繕費用之負擔，原則上就由<u>出租人負擔</u>。但是，契約可以要求，或者是有習慣的情況，則例外由承租人負擔。（民§429 I）

六 房客不繳房租怎麼辦？

　　<u>承租人應依約定日期，支付租金；無約定者，依習慣；無約定亦無習慣者，應於租賃期滿時支付之</u>。如租金分期支付者，於每期屆滿時支付之。如租賃物之收益有季節者，於收益季節終了時支付之。（民§439）

　　如果承租人不繳錢，那該怎麼辦？

　　從保護承租人的角度，當然不能馬上把承租人趕走。所以，首先應催告，也就是得定相當期限催告承租人支付租金。如承租人於其期限內不為支付，出租人得終止契約。如果承租標的物是房子，還要加上一個條件，遲付租金之總額，必須要達2個月之租額，才能終止契約。其租金約定於每期開始時支付者，並應於遲延給付逾2個月時，始得終止契約。（民§440）

七 終止租約

　　<u>租賃定有期限者，其租賃關係，於期限屆滿時消滅</u>。（民§450 I II）如果有約定當事人之一方於期限屆滿前，得終止契約者，其終止契約也要依習慣先期通知。（民§453）未定期限之租賃，各當事人得隨時終止租約。（民§450 II 本文）未定期限之終止契約，應依習慣先期通知。例如每個月支付房租者，通常應該在1個月前通知。（民§450 III）

修繕費用之負擔

廁所的燈壞了，可以請房東來修理，房東不修理，可以定相當期限，催告房東修繕。（契約有規定，則依契約）
如果房東還是不修理，承租人就享有終止契約之權利；或者是自行購買燈泡更換，或者是請水電行來換，相關費用則可以向承租人請求，或者是自租金中扣除。

計算
租金5000元，浴缸修理1000元，下一個月只要繳交租金
5000 － 1000 ＝ 4000（元）

下列對於租賃契約之敘述何者錯誤？　(A)有償契約　(B)要式契約　(C)雙務契約　(D)諾成契約　【97消防不動產-民法概要】	(B)
甲將其結婚戒指，放在大華銀行的保管箱中，甲與大華銀行成立何種契約？　(A)委任契約　(B)倉庫契約　(C)租賃契約　(D)混藏寄託　【99三等第一次司法人員-法學知識與英文】	(C)
解析：民法第421條第1項規定：「稱租賃者，謂當事人約定，一方以物租與他方使用收益，他方支付租金之契約。」	
關於租賃性質之敘述，下列何者不正確？　(A)雙務契約　(B)要物契約　(C)繼續性契約　(D)有償契約　【99普考財稅行政-民法概要】	(B)

關於租賃之規定，下列敘述何者為錯誤？　(A)不動產租賃契約，期限逾1年者應訂立書面，否則租賃契約無效　(B)租賃物為房屋者，原則上承租人得為一部轉租　(C)租用基地建築房屋時，承租人要將房屋出賣時，基地所有人有優先承買權　(D)租賃物為動物時，其飼養費由承租人負擔　【100關稅三等-法學知識】	(A)
關於契約期間之規定，下列敘述何者錯誤？　(A)人事保證契約訂有期限者，最長不得逾3年，逾3年者縮短為3年　(B)人事保證契約未訂有期限者，自成立之日起有效期間為3年　(C)房屋租賃契約之期限，不得逾20年，逾20年者縮短為20年　(D)租用基地建築房屋，該租約不得逾20年，逾20年者縮短為20年　【99調查局-法學知識與英文】	(D)
不動產之租賃，其期限逾1年者，應以字據訂立。未以字據訂立者，其法律效果為何？　(A)無效　(B)效力未定　(C)視為不定期限租賃　(D)視為1年期之租賃　【96公務初等人事經建-法學大意】	(C)

相關考題　買賣不破租賃

甲出租其房屋於乙，契約並經公證，租賃物交付後，甲將房屋所有權移轉於丙，則下列敘述何者正確？　(A)因甲已出租於乙，故所有權之移轉無效　(B)因乙丙間無契約關係，故乙對丙而言為無權占有　(C)此時發生法定契約承擔，丙成為出租人　(D)甲乙間之租賃契約若為不定期，無買賣不破租賃之適用　【99高考三等財稅行政-民法】　(C)

解析：依據民法第425條第2項所規定，不適用於⑴未經公證且期限逾5年，或者⑵是未經公證且未定期限之租賃契約。本題題旨，租賃契約有經過公證，故無論其期限為何，均有「買賣不破租賃之適用」。

理由是，買賣不破租賃是為了保護弱勢的承租人，既然已經公證，就更應該要保護。實務上有很多是假契約，對於所有權人之保障會不周到，所以透過公證，租賃契約的可信度增加，而不是事後通謀訂定，只是為了傷害新的所有權人。

未經公證之不動產租賃契約，其期限超過幾年者，不得主張買賣不破租賃原則之適用？　(A)1年　(B)2年　(C)3年　(D)5年　【96公務初等一般行政-法學大意】　(D)

甲將其房屋出租交付於乙，乙未徵得甲之同意擅自轉租並交付於丙。其後甲將其房屋出售於丁，惟尚未完成移轉過戶登記。問：甲乙之租賃契約是否存續？本件有無買賣不破租賃之適用？　【97消防不動產-民法概要】

解析：本題是考買賣不破租賃之概念(順帶考不動產之移轉)，另外還有轉租對於租賃關係之影響。

何謂「買賣不破租賃」原則？在何種情形下，承租人始可以主張「買賣不破租賃」原則？　【94地政士-民法概要】

解析：本題是在考買賣不破租賃之要件，對於民法第425條之熟悉度。

租用基地建築房屋，承租人房屋所有權移轉時，其基地租賃契約對房屋受讓人之效力為何？　(A)仍繼續存在　(B)無效　(C)效力未定　(D)須得基地出租人同意，始生效力　【97不動產經紀人-民法概要】　(A)

甲、乙、丙三人共同向丁租用房屋一棟，現打算終止租約，應如何向丁為終止之意思表示？　(A)須由甲、乙、丙全體向丁表示才可　(B)甲、乙、丙任何二人表示即可　(C)甲、乙、丙任何一人表示即可　(D)必須以書面為終止之表示才可　　　　【100關稅三等-法學知識】

(A)

下列有關租賃的敘述，何者錯誤？　(A)租賃物有修繕之必要時，應由出租人負擔　(B)租賃物之修繕得約定由承租人負擔　(C)若租金便宜有修繕之必要時，雖未約定，亦應由承租人負修繕之責　(D)未約定租賃物之修繕由何人負責，即使租金便宜亦應由出租人負擔　　　　　　　　　　　　　　　　　　　　　　　　　　【97基層警察-法學緒論】

(C)

下列關於民法上「租賃契約」相關規定的敘述，何者正確？　(A)承租人未經出租人之承諾，原則上得將租賃物之一部分轉租他人　(B)房屋之租賃契約期限超過1年者，若未以書面字據訂立，其契約無效　(C)房屋漏水，經房客催告房東限期修繕，房東卻不為修繕時，房客得自行修繕，然後從租金中將費用扣除之　(D)房客與房東簽約租屋1年，但租期未屆滿之前房東便將房屋轉售他人，新的屋主有權要求房客在租約屆滿前搬遷　　　　【98四等基層警察-法學緒論】

(C)

下列有關押租金之敘述，何者錯誤？　(A)押租金之金額得由當事人自由約定，因為民法未有規定　(B)押租金係從屬於租賃契約，不得單獨存在　(C)押租金必須現實交付，未交付者不生效力　(D)押租金必須以現金為之，不得為其他代替物　　　【97四等關務-法學知識】

(D)

相關考題 **失火責任**

甲向乙承租之房屋，如因甲之過失致失火損毀者，甲應否對乙負損害賠償責任？又甲、乙二人於租賃契約特別約定甲如未盡善良管理人注意之義務致失火毀損該房屋亦須負責者，甲所負之責任是否因而不同？試說明其理由。 【91書記官】

解析：

本題第一個子題，除了探討民法第434條重大過失責任外，尚須探究出租人對於承租人，除了可以依據民法第434條規定請求損害賠償之責任外，還可以主張民法第184條侵權行為損害賠償，而有請求權競合之理論適用。

本題沒有描述甲之過失程度，如果非重大過失時，出租人不得主張民法第434條規定加以請求，則是否尚可主張民法第184條侵權行為損害賠償，不無可議。

蓋以民法第434條為債務不履行之規定，其體系中之一般規定為民法第220條，而非民法第184條之侵權行為，學說迭有爭論。通說認為，民法第184條亦在同法第434條排除適用之效力範圍內，亦即出租人主張侵權行為請求損害賠償，亦須承租人有重大過失者為限。

甲向乙承租公寓，因甲之子丙之過失，房屋失火燒毀。試分別依丙失火之過失程度，說明乙對甲之權利。 【96地政士-民法概要】

相關考題 **優先承買權**

甲向乙租用基地建築房屋，甲蓋了A屋後，下列敘述何者錯誤？
(A)甲要將該A屋出賣時，乙有優先購買權 (B)乙要賣基地時，甲有優先購買之權 (C)甲將A屋出賣而未通知乙時，其買賣契約無效 (D)甲乙間之租約得以逾20年 【101初等一般行政-法學大意】

(C)

6 借貸

一 使用借貸

　　當事人一方以物交付他方，而約定他方於無償使用後返還其物之契約。（民§464）例如考試忘記帶立可白，向隔壁同學借來使用一下。使用借貸為無償、單務、要物及不要式之契約。「要物契約」方面，雙方只約定借用而未將物交付時，則屬於使用借貸預約而已。國家考試很喜歡考使用借貸，尤其是使用借貸契約之性質屬於「單務」、「要物」契約，必須特別注意。

　　由於使用借貸是無償的行為，和贈與相似，所以立法上對於貸與人的責任要求降低。例如只有在貸與人故意不告知借用物之瑕疵，致借用人受損害者，負賠償責任。（民§466）

　　借用人，則應依善良管理人之注意義務，保管借用物。違反善良管理人之注意義務，致借用物毀損、滅失者，負損害賠償責任。（民§468）蓋因借用人既然不必給付費用，就可以享有無償使用物之權利，當然必須要好好地保管該物，所以責任是比較高的善良管理人之注意義務。

　　借用人應於契約所定期限屆滿時，返還借用物；未定期限者，應於依借貸之目的使用完畢時返還之。但經過相當時期，可推定借用人已使用完畢者，貸與人亦得為返還之請求。（民§470Ⅰ）如同前面提到的跟同學借立可白，通常沒有定期限，借用同學使用完畢就該歸還。

　　借貸未定期限，亦不能依借貸之目的而定其期限者，貸與人得隨時請求返還借用物。（民§470Ⅱ）

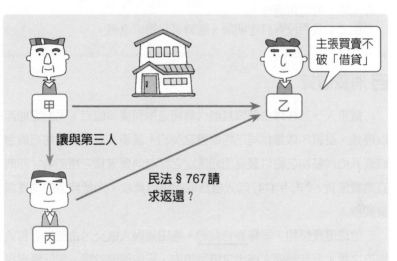

甲將A屋借貸予乙使用，在存續期間將A屋出售予丙，並辦理所有權移轉登記完畢。丙得否依民法第767條請求乙返還標的物A屋，乙是否得類推適用民法第425條買賣不破租賃？

民法第464條使用借貸，性質屬於無償借貸，租賃性質屬於有償借貸。兩者性質並不相當，故不得類推適用。

依債權相對性原則，乙僅得向甲主張有權占有，自不得向第三人（丙）主張之。就丙而言，乙無權占有該A屋，依民法第767條規定，就無權占有人得請求返還標的物A屋予丙，依法有理。

考生甲：借我橡皮擦，忘了帶……
考生乙：我們要先訂還橡皮擦的期限。
監考老師：考試期間不要講話。
（不能訂期限，只有先借甲）
（經過一段時間，換乙寫錯）
考生乙：還我橡皮擦。
考生甲：考完再還你。
考生乙：我們沒有訂定期限，隨時可以請求返還。

二 消費借貸

當事人一方移轉金錢或其他代替物之所有權於他方，而約定他方以種類、品質、數量相同之物返還之契約。當事人之一方對他方負金錢或其他代替物之給付義務而約定以之作為消費借貸之標的者，亦成立消費借貸。（民§474）向人借錢或向銀行貸款，均是典型的消費借貸關係。

金錢借貸契約，固屬要物契約，應由貸與人就交付金錢之事實負舉證之責，但若貸與人提出之借用證內，經載明借款額，當日親收足訖無訛者，要應解為貸與人就要物性之具備，已盡舉證責任（69台上3546）

利息或其他報償，應於契約所定期限支付之；未定期限者，應於借貸關係終止時支付之。但其借貸期限逾1年者，應於每年終支付之。（民§477）

借用人應於約定期限內，返還與借用物種類、品質、數量相同之物，未定返還期限者，借用人得隨時返還，貸與人亦得定1個月以上之相當期限，催告返還。（民§478）

相關考題　使用（消費）借貸之性質

依民法之規定，下列有關使用借貸契約之敘述，何者正確？ (A)使用借貸契約為要物契約，貸與人須交付和移轉借用物之所有權予借用人 (B)貸與未定期限，又不能依借貸之目的而定期限者，貸與人得隨時請求返還借用物 (C)借用物為動物者，其飼養費由貸與人負擔 (D)貸與人故意或重大過失不告知借用物之瑕疵，致借用人受損害者，負賠償責任 【108高考-法學知識與英文】	(B)
下列何者非使用借貸契約之性質？ (A)無償契約 (B)要物契約 (C)雙務契約 (D)債權契約 【97消防不動產-民法概要】	(C)
下列何者是要物契約？ (A)買賣 (B)租賃 (C)消費借貸 (D)運送 【97鐵公路佐級公路監理-法學大意】	(C)
依民法規定，使用借貸為： (A)有償契約 (B)要物契約 (C)要式契約 (D)諾成契約 【99地方特考三等法制-民法】	(B)
依民法規定，下列何種契約為要物契約？ (A)租賃 (B)違約金 (C)互易 (D)消費借貸 【100地方特考三等-民法】	(D)
關於消費借貸契約之敘述，下列何者正確？ (A)為物權契約 (B)為諾成契約 (C)為要式契約 (D)為要物契約【103普考-法學知識與英文】	(D)
關於使用借貸契約之敘述，下列何者錯誤？ (A)使用借貸契約預約成立後，無論如何預約貸與人均不得撤銷該約定 (B)使用借貸為無償契約 (C)使用借貸為要物契約 (D)原則上借用人不得將借用物允許他人使用 【107高考-法學知識與英文】	(A)

相關考題　物之瑕疵擔保責任

下列何種契約，原則上債務人不負物之瑕疵擔保責任？ (A)買賣 (B)互易 (C)租賃 (D)使用借貸【99鐵路高員三級-法學知識與英文】	(D)
下列何種契約為無償契約？ (A)承攬契約 (B)僱傭契約 (C)行紀契約 (D)使用借貸契約 【106普考-法學知識與英文】	(D)

7 僱傭

一 僱傭之概念

僱傭，是指當事人約定，一方於一定或不定之期限內為他方服勞務，他方給付報酬之契約。（民§482）民法為基礎規定，有關於廣大勞工的規定，則另有勞動基準法加以詳細規範。

二 勞務專屬性與特種技能保證

如右頁圖示，僱用人非經受僱人同意，不得將其勞務請求權讓與第三人，受僱人非經僱用人同意，不得使第三人代服勞務。當事人之一方違反時，他方得終止契約。（民§484）

受僱人明示或默示保證其有特種技能時，如無此種技能時，僱用人得終止契約。（民§485）金融海嘯之後求職不易，許多人為了找工作，自誇十八般武藝樣樣都行，但正式上班工作時，卻樣樣不行，僱用人就可以終止契約。

三 受領勞務遲延之效果

僱用人受領勞務遲延者，受僱人無補服勞務之義務，仍得請求報酬。但受僱人因不服勞務所減省之費用，或轉向他處服勞務所取得，或故意怠於取得之利益，僱用人得由報酬額內扣除之。（民§487）例如甲公司僱用乙隔日擔任工地臨時工，報酬1,000元，某乙依約前往，但甲公司卻忘了此事，導致某乙並未替甲公司工作，某乙仍可向甲公司請求報酬。但是某乙當日另行前往丙公司擔任臨時工，獲得報酬800元，甲公司可以主張扣除之，只須給付200元。

承攬與僱傭

按承攬與僱傭同屬於供給勞務之契約,惟前者仍以發生結果(工作之完成)為目的之契約,供給勞務不過為其手段而已;後者則以供給勞務本身為目的之契約,亦即除供給勞務外,並無其他目的。此為二者區別之所在。(81 台上 2686)

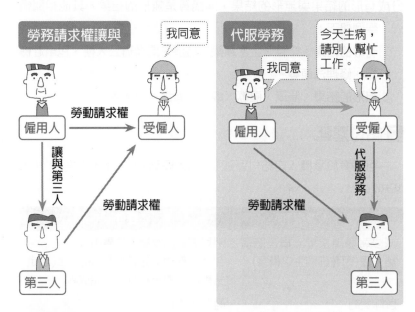

相關考題

下列敘述,何者為錯誤? (A)僱用人非經受僱人同意,不得將其勞務請求權讓與第三人 (B)受僱人非經僱用人同意,不得使第三人代服勞務 (C)僱用人受領勞務遲延者,受僱人應補服勞務 (D)受僱人默示保證其有特種技能,如無此技能時,僱用人得終止契約 | (C)

【97 初等人事經建政風 - 法學大意】

8 承攬

一 承攬之概念

　　承攬者，謂當事人約定，一方為他方完成一定之工作，他方俟工作完成，給付報酬之契約。(民§490)演講算是承攬嗎？是的。承攬分成有形的結果與無形的結果，演講算是無形的結果。其他相關情況，舉例如下：

　　(一)有形的結果：修鞋、土木建築、裝潢、清潔辦公大樓、包車赴機場、修理汽車等。

　　(二)無形的結果：演講、唱歌、導遊、看護、算命等。

二 給付遲延

　　可歸責於承攬人之給付遲延(演講人晚到)，定作人之權利：(民§502)

定作人之權利	要件
減少報酬請求權、損害賠償請求權(因遲延而生之損害)	(1)可歸責於承攬人之事由 (2)致工作逾約定期限始完成，或未定期限而逾相當時期始完成者
解除契約 損害賠償請求權(因不履行而生之損害)	同上(1)(2) (3)以工作於特定期限完成或交付為契約之要素者

三 遲延之預防

　　因可歸責於承攬人之事由，遲延工作，顯可預見其不能於限期內完成而其遲延可為工作完成後解除契約之原因者，定作人得解除契約，並請求損害賠償。(民§503)

四 工作物瑕疵擔保

定作人權利，分別規範在民法第493、494、495條之規定，如下：

權利之種類	要件	權利主張期間	故意不告知之權利主張期間
瑕疵修補請求權、修補費用償還請求權		1年[註①] 5年[註②]	5年[註③] 10年
減少報酬請求權	不於相當之期限修補、拒絕修補、修補費用過鉅。	1年[註①] 5年[註②]	5年[註③] 10年
契約解除權	不於相當之期限修補、拒絕修補、修補費用過鉅，且瑕疵重要，或所承攬之工作非為建築物或其他土地上之工作物者。	1年[註①] 5年[註②]	5年[註③] 10年
損害賠償請求權	可歸責於承攬人之事由，致工作發生瑕疵者。	1年[註①] 5年[註②]	5年[註③] 10年

註①：上述定作人之權利，如其瑕疵自工作交付後經過1年始發見者，不得主張。（民§498 I）

註②：工作為建築物或其他土地上之工作物或為此等工作物之重大之修繕者，則延長為5年。（民§499）

註③：承攬人故意不告知其工作之瑕疵者，則分別延長為5年與10年。（民§500）

特約免除或限制瑕疵擔保義務者，如承攬人故意不告知其瑕疵，其特約為無效。

五 受領遲延

工作毀損、滅失之危險，於定作人受領前，由承攬人負擔，如定作人受領遲延者，其危險由定作人負擔。定作人所供給之材料，因不可抗力而毀損、滅失者，承攬人不負其責。（民§508）

六 定作人之終止契約權

工作未完成前，定作人得隨時終止契約。但應賠償承攬人因契約終止而生之損害。（民§511）承攬之工作，以承攬人個人之技能為契約之要素者，如承攬人死亡或非因其過失致不能完成其約定之工作時，其契約為終止。（民§512 I）

模擬案例 太極石雕事件

雕刻大師替某社區大樓建造太極石雕，結果才雕刻到一半，就突然撒手人寰，則承攬契約關係即告終止。雖然太極石雕才雕刻到一半，但是社區成員認為這是遺作，對於該社區相當有價值。則依據民法之規定，工作已完成之部分，於定作人為有用者，定作人有受領及給付相當報酬之義務。（民§512 II）

七 定作人請求減少報酬權

如果建商與營建廠商之間僅約定報酬的概數，而建材價格暴漲，導致報酬超過概數甚鉅，非可歸責於定作人（建商）之事由，定作人（建商）得請求相當減少報酬。如果房子還沒有蓋好，則可以通知營建廠商解除契約，但應賠償相當之損害。（民§506 II III）

如果不是建築物或其他土地上之工作物或為此等工作物之重大修繕，則除了可以在工作進行中解除契約外，即便是工作已經完成，還是可以解除契約。（民§506 I）

雕刻大師替社區大樓建造石雕

COOL

工作到一半大師往生

社區民眾認為是遺作，很有價值，給付相當報酬

建材暴漲

2008年底，金融海嘯風起雲湧之前，鋼筋建材價格暴漲，導致賣屋的建商成本大幅度增加。

八 承攬人之法定抵押權

　　承攬之工作為建築物或其他土地上之工作物，或為此等工作物之重大修繕者，承攬人得就承攬關係報酬額，對於其工作所附之定作人之不動產，請求定作人為抵押權之登記；或對於將來完成之定作人之不動產，請求預為抵押權之登記。（民§513 I）前項請求，承攬人於開始工作前亦得為之。（民§513 II）前二項之抵押權登記，如承攬契約已經公證者，承攬人得單獨申請之。（民§513 III）第1項及第2項就修繕報酬所登記之抵押權，於工作物因修繕所增加之價值限度內，優先於成立在先之抵押權。（民§513 IV）

基本題型

發包工人粉刷油漆的法律關係是： (A)買賣 (B)租賃 (C)委任 (D)承攬 【96公務初等人事經建-法學大意】	(D)

相關考題 **瑕疵擔保責任**

民法關於承攬之規定，下列敘述何者錯誤？ (A)工作遲延後，定作人受領工作時，不為保留者，承攬人對於遲延之結果，不負責任 (B)工作未完成前，定作人得隨時終止契約 (C)定作人所供給之材料，因不可抗力而毀損、滅失者，承攬人不負其責 (D)不論何種情形，定作人均無瑕疵擔保請求權 【99三等身障特考財稅行政-民法】	(D)
甲因故意或過失不法侵害他人之權利，於下列何種情形，乙與甲依法無須連帶負損害賠償責任？ (A)甲為承攬人，乙為定作人，甲執行承攬事項，乙於定作及指示均無過失 (B)甲為受僱人，乙為僱用人，甲執行職務，乙於選任有過失 (C)甲為有識別能力之無行為能力人，乙為其法定代理人 (D)甲為乙法人之董事，甲執行職務加損害於他人 【104高考-法學知識與英文】	(A)
關於承攬之瑕疵擔保，下列敘述何者錯誤？ (A)承攬工作物有瑕疵時，承攬人絕對不能拒絕修補 (B)修補費過鉅時，承攬人得拒絕修補 (C)定作人定期限要求承攬人修補，而承攬人不於期限內修補，且修補費用並非過鉅時，定作人得自行修補 (D)工作之瑕疵，如係因定作人指示不當而引起時，原則上定作人無瑕疵擔保請求權 【104普考-法學知識與英文】	(A)
關於承攬之瑕疵擔保，下列敘述何者錯誤？ (A)定作人在承攬工作進行中發現有瑕疵時，不得主張瑕疵擔保請求權，須至工作完成時才能主張 (B)承攬人的瑕疵擔保責任為一種無過失責任 (C)定作人主張瑕疵擔保請求權，應遵守瑕疵發現期間 (D)承攬人之瑕疵擔保責任得以特約減輕或免除，但承攬人故意不告知瑕疵者，該特約無效 【105高考-法學知識與英文】	(A)

相關考題　承攬人之法定抵押權

關於承攬人之法定抵押權，下列敘述何者錯誤？　(A)限承攬之工作物為建築物或其他土地上之工作物，或為此等工作物之修繕　(B)因為此抵押權在於保障承攬人之報酬請求權，所以限於工作完成時方可請求為抵押權之登記　(C)法定抵押權之登記，如承攬契約已經公證者，承攬人得單獨申請　(D)就重大修繕所登記之抵押權，於工作物所增加之價值限度內，優先於成立在先之抵押權 | (B)
【99三等第一次司法人員－法學知識與英文】

相關考題　其他考題

承攬運送，除民法債編第二章各種之債第十七節有規定外，準用下列何者之規定？　(A)關於物品運送之規定　(B)關於旅客運送之規定　(C)關於行紀之規定　(D)關於居間之規定　【97鐵公路－民法大意】 | (C)

解析：
民法第660條第2項：「承攬運送，除本節有規定外，準用關於行紀之規定。」

關於承攬契約與買賣契約之比較，下列何者錯誤？　(A)均為有償契約　(B)均為繼續性契約　(C)均有物之瑕疵擔保責任之規定　(D)均為不要式契約　【103四等司特－法學知識與英文】 | (B)

9 旅遊

一 旅遊之概念

旅遊服務，係指安排旅程及提供交通、膳宿、導遊或其他有關之服務。旅遊營業人者，謂以提供旅客旅遊服務為營業而收取旅遊費用之人。(民§514-1)

二 變更旅行內容

原則：不得變更旅行的內容。例外：有不得已之事由，可以變更。減少之費用，退還於旅客；增加之費用，不得向旅客收取。旅客若不同意變更旅遊內容，得終止契約。得請求旅遊營業人墊付費用將其送回原出發地。於到達後，由旅客附加利息償還之。(民§514-5)

三 通常價值及約定品質

旅遊營業人提供旅遊服務，應使其具備通常之價值及約定之品質。(民§514-6)若不具備通常價值及約定品質，旅客得請求改善，不能改善時，得請求減少費用。若有難於達預期之目的，還可以主張終止契約。(民§514-7 I)如果是因可歸責於旅遊營業人之事由，導致旅遊服務不具備前條之價值或品質者，旅客除了可以主張減少費用或並終止契約外，還可以主張損害賠償。(民§514-7 II)

四 旅客之隨時終止契約權

旅遊未完成前，旅客得隨時終止契約。但應賠償旅遊營業人因契約終止而生之損害。(民§514-9)旅客得請求旅遊營業人墊付費用將其送回原出發地。於到達後，由旅客附加利息償還之。(民§514-3)

海嘯摧毀旅店事件

東南亞海嘯將五星級飯店都摧毀，只剩下便宜的三星級飯店。此時，屬於不得已的事由，只能住在三星級飯店，其中減少的飯店住宿差額，就必須退還給旅客。

如果是因可歸責於旅遊營業人之事由，致旅遊未依約定之旅程進行者，旅客就其時間之浪費，得按日請求賠償相當之金額。但其每日賠償金額，不得超過旅遊營業人所收旅遊費用總額每日平均之數額。（民§514-8）例如大陸旅行團來臺，遊覽車供給不夠，無車可用，結果讓大陸旅客在旅館空等1天，就必須賠償平均1天的旅遊費用。

相關考題

甲旅行社招攬東京5日遊，出團後因遇有不得已之事由，必須變更旅遊內容，因此所增加之費用，依民法規定應如何處理？　(A)不得向旅客收取　(B)得向旅客收取全額　(C)依法得向旅客收取一半　(D)依法得向旅客收取四分之三　　　　　　　　　【97鐵公路-民法大意】	(A)
旅遊契約中，下列何者並非旅遊營業人對旅客應負之義務？　(A)旅客在旅遊途中購物所生之一切糾紛　(B)旅遊途中意外事故之處理　(C)旅遊品質之確保　(D)依約定程進行之義務　　　　　　　　　　　　　　　【100地方特考五等-法學大意】	(A)

10 委任

一 委任之基本概念

委任者，謂當事人約定，一方委託他方處理事務，他方允為處理之契約。（民§528）關於勞務給付之契約，不屬於法律所定其他契約之種類者，適用關於委任之規定。（民§529）例如律師接受當事人的委任，因為與當事人間非屬僱傭關係，所以屬於委任關係。

二 以文字授與處理權、代理權

為委任事務之處理，須為法律行為，而該法律行為，依法應以文字為之者，其處理權之授與，亦應以文字為之。其授與代理權者，代理權之授與亦同。(民§531)

三 注意義務與遵守指示之義務

若受任人沒有報酬，其注意義務為與處理自己事務為同一之注意；若有報酬，則應以善良管理人之注意為之。（民§535）此即抽象輕過失責任。受任人處理委任事務，應依委任人之指示。受任人非有急迫之情事，並可推定委任人若知有此情事亦允許變更其指示者，不得變更委任人之指示。（民§536）

四 親自處理之義務

受任人應自己處理委任事務。但經委任人之同意或另有習慣或有不得已之事由者，得使第三人代為處理。（民§537）受任人違反前條之規定，使第三人代為處理委任事務者，就該第三人之行為，與就自己之行為，負同一責任。受任人依前條之規定，使第三人代為處理委任事務者，僅就第三人之選任及其對於第三人所為之指示，負其責任。（民§538）受任人使第三人代為處理委任事務者，委任人對於該第三人關於委任事務之履行，有直接請求權。（民§539）

五 委任之特別授權

受任人受概括委任者，得為委任人為一切行為。但為下圖表的行為，須有特別之授權。（民§534）

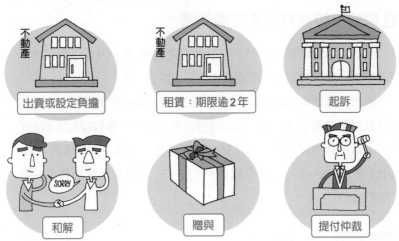

六 利息支付與損害賠償義務

受任人須負擔「轉付義務」，是指受任人因處理委任事務，所收取之金錢、物品及孳息，應交付於委任人。受任人以自己之名義，為委任人取得之權利，應移轉於委任人。（民§541）

如果將收到的金錢私自挪用，在法律上是不被允許。因此，受任人為自己之利益，使用應交付於委任人之金錢或使用應為委任人利益而使用之金錢者，應自使用之日起，支付利息。如有損害，並應賠償。（民§542）

七 終止委任關係

當事人之任何一方，得隨時終止委任契約。當事人之一方，於不利於他方之時期終止契約者，應負損害賠償責任。但因非可歸責於該

當事人之事由，致不得不終止契約者，不在此限。（民§549）例如前總統陳水扁涉及的相關弊案，為突顯其所司法不公的主張，甚至終止與律師之間的委任關係，放棄所有刑事訴訟法所賦予之權利。

八 校隊友誼賽算是委任關係嗎？

　　民法第546條第3項：「受任人處理委任事務，因非可歸責於自己之事由，致受損害者，得向委任人請求賠償。」

　　輔大橄欖球隊3年前與業餘球隊友誼賽，該校球員劉姓學生遭對方球員壓傷導致全身癱瘓，自認為校出賽的劉生向學校提告求償6千萬。但法院認為當時非正式比賽，雙方無委任關係，判其敗訴。（高院101重上528）由於主張金額6千多萬，一二審裁判費加起來共計1,364,300元。

相關考題　基本題型

當事人約定，一方委託他方處理事務，他方允為處理之契約，是為：(A)僱傭　(B)承攬　(C)委任　(D)居間　【97消防不動產-民法概要】	(C)

相關考題　特別授權

受任人受概括委任者，得為委任人為一切行為。但為下列何種行為時，須有特別之授權？　(A)動產之出賣　(B)動產之租賃　(C)房屋之裝潢　(D)不動產之出賣或設定負擔　【97不動產經紀人-民法概要】	(D)

相關考題　私自挪用

甲受乙委任代為收取貨款，甲因投資需要，將所收貨款挪為自用，則：(A)甲應支付利息，但乙如有損害，甲無須賠償　(B)甲不須支付利息，但乙如有損害，甲必須賠償　(C)甲僅於乙因此受到損害時，始應支付利息及賠償　(D)甲應支付利息，乙如有損害，甲並應賠償　【97鐵公路-民法大意】	(D)

相關考題

下列何種勞務契約，較不注重當事人間之專屬性，可隨意由他人代替服勞務？ (A)承攬契約 (B)委任契約 (C)僱傭契約 (D)寄託契約 　(A)

【99四等身障特考一般行政-法學知識】

解析：
(B)受任人應自己處理委任事務。（民§537本文）
(C)僱用人非經受僱人同意，不得將其勞務請求權讓與第三人，受僱人非經僱用人同意，不得使第三人代服勞務。（民§484Ⅰ）
(D)受寄人應自己保管寄託物。（民§592本文）

相關考題　　抽象輕過失責任

有償委任契約之受任人責任，係屬何種責任？ (A)故意責任 (B)故意或重大過失責任 (C)具體輕過失責任 (D)抽象輕過失責任 　(D)

【100高考法制-民法】

相關考題

甲基於委任契約而授與乙代理權，擬由乙代理甲向丙購買並移轉登記位於臺北市之公寓A戶，下列敘述何者正確？ (A)為求省事，乙可以同時為丙之代理人，直接辦理A戶買賣與所有權移轉登記等事宜 (B)甲得以口頭，亦得以書面方式授與乙代理權辦理移轉登記 (C)甲與乙之委任契約，須以書面為之 (D)甲必須以書面方式授與乙代理權辦理移轉登記 　(D)

【107四等警察-法學知識】

11 居間

一 居間之概念

居間者，謂當事人約定，一方為他方報告訂約之機會或為訂約之媒介，他方給付報酬之契約。（民§565）仲介，是最常見的居間契約，如房屋仲介。報告居間，是指僅為他方當事人報告訂約機會之居間，亦稱指示居間。簡單來說，就是替他方當事人尋找可以締約的相對人，達到締約提供之目的，其角色並未論及契約內容之洽談。另外，有所謂的媒介居間，則是受雙方當事人之委託，非僅報告締約之機會，尚須在當事人之間進行斡旋而達到訂立契約之目的。

二 居間之報酬

居間人，以契約因其報告或媒介而成立者為限，得請求報酬。契約附有停止條件者，於該條件成就前，居間人不得請求報酬。（民§568）例如買賣雙方透過居間人簽訂大型機具買賣契約，並約定以賣方保養機器作為停止條件，當停止條件成就時，契約始告成立，居間人方得請求報酬。

居間人因媒介應得之報酬，除契約另有訂定或另有習慣外，由契約當事人雙方平均負擔。（民§570）以房屋仲介而言，仲介公司通常會向雙方收取仲介費用，一般是向賣方收取不動產標的之5%。以不動產價格1,000萬元來看，就可以向賣方收取50萬元。因婚姻居間而約定報酬者，就其報酬無請求權。（民§573）例如媒人婆的介紹費，如果新人不給，媒人婆也不能到法院提出告訴，因為就算有約定紅包的報酬，也是沒有請求權。其他像是外籍新娘仲介的情況，也是相同。

斡旋金

房屋仲介公司代買賣雙方洽談購屋之價格與其他契約內容，已經成為購屋的主要模式。比較常見的模式者，由房屋仲介者乙收取買方甲的斡旋金後，代為與丙洽談，若丙同意後，該斡旋金即成為契約價金的一部分，類似定金的概念。

但是實務上卻屢生爭議，例如單方能否撤銷斡旋金契約？斡旋交易完成後反悔不買，仲介公司可否沒收之？有鑑於爭議過多，內政部制定「要約書」範本，藉以取代斡旋金制度。

所謂「要約書」是載明買受人購買房屋意思表示之文書，一旦賣方同意買方之價格與其他要約內容之際，該交易即告完成，買方即負有與賣方簽訂買賣契約之義務。

相關考題

當事人約定，一方為他方報告訂約之機會，或為訂約之媒介，他方給付報酬之契約，是為：　(A)居間　(B)行紀　(C)委任　(D)代辦商　【97 消防不動產-民法概要】	(A)
關於居間契約之敘述，下列何者正確？　(A)居間人所支出之費用，均得向當事人請求　(B)居間人因媒介所得之報酬，原則上由契約當事人平均負擔　(C)居間人得為當事人受領給付　(D)婚姻居間約定報酬者，居間契約無效　【103 高考-法學知識與英文】	(B)

12 寄託

一 寄託之概念

寄託者，當事人一方（寄託人）以物交付他方（受寄人），他方允為保管之契約。（民§589Ⅰ）因其以交付為契約成立要件，性質上為要物契約之典型。

二 返還之期限

寄託物返還之期限，雖經約定，寄託人仍得隨時請求返還。（民§597）未定返還期限者，受寄人得隨時返還寄託物。俗諺有云「受人之託，忠人之事」，因此若定有返還期限者，受寄人非有不得已之事由，不得於期限屆滿前返還寄託物。（民§598）消費寄託，如寄託物之返還，定有期限者，寄託人非有不得已之事由，不得於期限屆滿前請求返還。（民§602Ⅱ）但商業上另有習慣者，不適用之。（民§602Ⅲ）

三 受寄人之注意義務

受寄人保管寄託物，應與處理自己事務為同一之注意，其受有報酬者，應以善良管理人之注意為之。（民§590）一般大賣場的寄物櫃，投幣後始可將物品寄放在櫃中，等到購物完畢後，又可將錢幣取回，此種仍非屬於受有報酬。

四 場所主人之法定留置權

　　某位情侶假冒某縣市首長的機要，向某旅店謊稱縣市首長將於下週入住，希望該旅店能打折讓他們先試住，旅店同意以6折價格讓他們兩人入住，但最後結帳時卻不願意付錢，旅店主人才發現這是一場騙局，逐將寄放之行李留置，聲明沒有付清客房費用前，就拒絕返還行李。民法第612條第1項有規定：「如果主人就住宿、飲食、沐浴或其他服務及墊款所生之債權，於未受清償前，對於客人所攜帶之行李及其他物品，有留置權。」

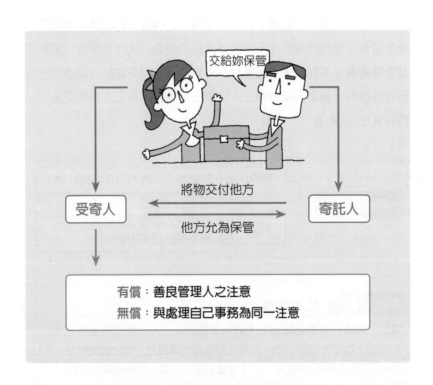

交給妳保管

將物交付他方

他方允為保管

受寄人

寄託人

有償：善良管理人之注意

無償：與處理自己事務為同一注意

五 受寄人使用寄託物之禁止

受寄人須親自保管，且不得使用寄託物，苟有違反，須負不可抗力責任，除能證明縱不親自保管或不使用寄託物，仍不能避免損害發生者外，均不免責。寄託關係消滅，受寄人應返還寄託物。（民§591）例如阿珍的裸鑽寄放在阿彥家中，而阿彥私自帶出外面炫耀，若突然因為地震導致遺失該顆裸鑽，則阿彥須負不可抗力之責任。

六 第三人保管

違反自己保管之義務，且非上述例外之情況，對於寄託物因此所受之損害，應負賠償負任。但能證明縱不使第三人代為保管，仍不免發生損害者，不在此限。如果是例外的情況，例如寄託人同意第三人保管的情形，受寄人僅就第三人之選任及其對於第三人所為之指示，負其責任。（民§592、593）

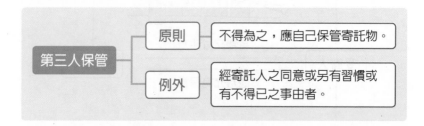

| 第三人保管 | 原則 | 不得為之，應自己保管寄託物。 |
| | 例外 | 經寄託人之同意或另有習慣或有不得已之事由者。 |

相關考題　基本題型

關於一般寄託契約之敘述，下列何者錯誤？　(A)一定是有償契約 (B)性質上為要物契約　(C)一般寄託契約具有專屬性　(D)一般寄託物之所有權未移轉給受寄人　【99鐵路四等員級-法學知識與英文】	(A)

七 特殊寄託關係

(一)消費寄託

寄託物如為代替物，如約定寄託物之所有權移轉於受寄人，並由受寄人以種類、品質、數量相同之物返還者，為消費寄託。自受寄人受領該物時起，準用關於消費借貸之規定。（民§602 I）

金錢寄託推定為消費寄託。（民§603）

(二)混藏寄託

寄託物為代替物，如未約定其所有權移轉於受寄人者，受寄人得經寄託人同意，就其所受寄託之物與其自己或他寄託人同一種類、品質之寄託物混合保管，各寄託人依其所寄託之數量與混合保管數量之比例，共有混合保管物。受寄人得以同一種類、品質、數量之混合保管物返還於寄託人（民§603-1），最典型者，當屬證券集中保管。

(三)法定寄託——場所主人責任

旅店（或其他供客人住宿為目的之場所主人）、飲食店、浴堂（或其他相類場所之主人），對於客人所攜帶物品之毀損、喪失，應負責任。但因不可抗力或因物之性質或因客人自己或其伴侶、隨從或來賓之故意或過失所致者，不在此限。（民§606、607）上述責任，當事人間並無約定寄託關係，對其毀損、喪失亦應負責，是為法定寄託，且須負無過失（事變）責任。健身房呢？似乎非在前述場合之內。

貴重物品之部分：

客人之金錢、有價證券、珠寶或其他貴重物品，非經報明其物之性質及數量交付保管者，主人不負（事變）責任。主人無正當理由拒絕為客人保管前項物品者，對於其毀損、喪失，應負責任。其物品因

主人或其使用人之故意或過失而致毀損、喪失者，亦同。（民§608）以揭示限制或免除前述場所主人之責任者，其揭示無效。（民§609）

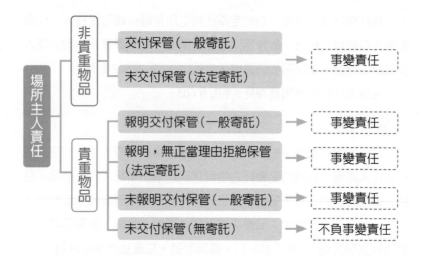

八 停車場，僅提供停車空間，不負保管責任？

公寓大廈管理委員會與住戶簽定停車場之租賃契約，依兩造間租賃契約，被告既未對原告等所有車輛負保管責任，則原告等所有車輛雖於被告出租之停車場失竊，被告亦不須對原告等負債務不履行之責任。（臺北地方法院94訴6264）

公寓大廈管理委員會與住戶簽定停車場使用之契約，約定「僅提供停車空間，不負保管責任」，保全公司則非契約當事人，並未免除一般安全的管理責任。若有警報響起，保全人員仍應加以巡查。（高等法院95上易1095）

相關考題	法定留置權	
下列何種人具有法定留置權? (A)出賣人 (B)承攬人 (C)動產出租人 (D)飯店等場所主人 【99四等身障特考一般行政-法學知識】		(D)

相關考題	事變責任	
下列何者為旅店主人對於客人所攜帶物品之毀損、喪失,應負責任之範疇? (A)因颱風來襲造成客人行李泡水 (B)因旅店服務人員疏失造成客人行李遺失 (C)因客人自己之疏失造成行李毀損 (D)因客人攜帶物品本身之性質而造成腐爛 【100高考法制-民法】		(B)
旅店對於客人所攜帶物品之毀損,應負何種責任? (A)過失責任 (B)重大過失責任 (C)不可抗力責任 (D)事變責任 【96公務初等一般行政-法學大意】		(D)

13 運送

一 運送之概念

運送人者，謂以運送物品或旅客為營業而受運費之人。（民§622）可分成物品運送及旅客運送兩種。

二 賠償請求權之消滅時效

關於物品之運送，因喪失、毀損或遲到而生之賠償請求權，自運送終了，或應終了之時起，<u>1年</u>間不行使而消滅。（民§623 I）

關於旅客之運送，因傷害或遲到而生之賠償請求權，自運送終了，或應終了之時起，<u>2年</u>間不行使而消滅。（民§623 II）

三 物品運送

㈠託運單及提單

託運人因運送人之請求，應填給託運單。（民§624 I）

運送人於收受運送物後，因託運人之請求，應填發提單。（民§625 I）交付提單於有受領物品權利之人時，其交付就物品所有權移轉之關係，與物品之交付有同一之效力。（民§629）

㈡運送物有致損害之虞

運送物依其性質，對於人或財產有致損害之虞者，託運人於訂立契約前，應將其性質告知運送人，怠於告知者，對於因此所致之損害，應負賠償之責。（民§631 I）例如「易碎品、可燃性液體」。

運送之種類

物品運送

託運人　　　　　　　　　受貨人

旅客運送

甲地　　　　　乙地

㈢變更託運人之指示

原則上不得變更託運人之指示。例外的情況，有急迫之情事，並可推定託運人若知有此情事亦允許變更其指示者，則可以變更託運人之指示。(民§633)

㈣運送人之責任

運送人對於運送物之喪失、毀損或遲到，應負責任。但運送人能證明其喪失、毀損或遲到，係因不可抗力或因運送物之性質或因託運人或受貨人之過失而致者，不在此限。(民§634)

㈤包皮易見之瑕疵

運送物因包皮有易見之瑕疵而喪失或毀損時，運送人如於接收該物時，不為保留者，應負責任。(民§635)例如保溫箱破洞，導致保溫箱中的物品腐敗，運送人收到該託運物的時候，就要註明有此瑕疵，否則就要對因此一瑕疵導致物品的腐敗負責任；但是，或許是運送人太有自信了，誇言未等物品退冰，就會送到。結果，經過一番折騰才將物品送到，物品早就已經因退冰而腐爛，運送人就必須要對物品腐爛的結果負責。

四 旅客運送

㈠遲延責任

旅客運送人對於旅客因運送所受之傷害及運送之遲到應負責任。但因旅客之過失，或其傷害係因不可抗力所致者，不在此限。(民§654 I)例如高鐵遇到4.0以上地震就要停駛。

運送之遲到係因不可抗力所致者，旅客運送人之責任，除另有交易習慣者外，以旅客因遲到而增加支出之必要費用為限。（民§654Ⅱ）

(二)旅客不取回行李之程序

旅客於行李到達後1個月內不取回行李時，運送人得定相當期間催告旅客取回，逾期不取回者，運送人得拍賣之。旅客所在不明者，得不經催告逕予拍賣。（民§656Ⅰ）行李有易於腐壞之性質者，運送人得於到達後，經過24小時，拍賣之。（民§656Ⅱ）

相關考題

旅客於行李到達後多少時間內不取回行李時，運送人得定相當期間催告旅客取回，逾期不取回者，運送人得拍賣之？ (A)24小時內 (B)7天內 (C)半個月內 (D)1個月內　　　【97鐵公路-民法大意】	(D)
有關運送之規定，下列敘述何者正確？ (A)運送物依其性質，對於人或財產有致損害之虞者，託運人於訂立契約前，應將其性質告知運送人，怠於告知者，對於因此所致之損害，不負賠償之責 (B)運送人有急迫之情事，並可推定託運人若知有此情事亦允許變更其指示者，仍不得變更託運人之指示 (C)運送人對於運送物之喪失、毀損或遲到，應負責任。但運送人能證明其喪失、毀損或遲到，係因不可抗力或因運送物之性質或因託運人或受貨人之過失而致者，仍必須負責任 (D)運送物因包皮有易見之瑕疵而喪失或毀損時，運送人如於接收該物時，不為保留者，應負責任　　　【97鐵公路-民法大意】	(D)

14 合夥

一 合夥之概念

合夥之種類就現行民法之規定可分為顯名合夥（外部合夥），即民法第667至699條所規定之合夥關係，以及民法第700至709條所規定之隱名合夥（內部合夥）。

一般而言，合夥的出資是以金錢的方式，但是仍然得以其他財產權、勞務、信用或其他利益代之。例如明星用其「光環」、專業人士以其「技術」出資，均無不可。（民§667Ⅱ）隱名合夥，例如「插暗股」就是常見的社會現象之一，有時候合夥人是公眾人物不方便出面，也不方便投資一些情趣用品等產業，就以插暗股的方式投資，分享合夥的利益。

二 合夥之對外關係

顯名合夥之事務，除契約另有訂定或另有決議外，由合夥人全體共同執行之。如約定或決議由合夥人中數人執行者，由該數人共同執行之。通常事務，得由有執行權之各合夥人單獨執行之。但其他有執行權之合夥人中任何一人，對於該合夥人之行為有異議時，應停止該事務之執行。（民§671）

隱名合夥的投資者，並不執行合夥的事務，而是由出名營業人為之。隱名合夥人就出名營業人所為之行為，對於第三人不生權利義務之關係。（民§704）隱名合夥人如參與合夥事務之執行，或為參與執行之表示，或知他人表示其參與執行而不否認者，縱有反對之約定，對於第三人，仍應負出名營業人之責任。（民§705）

顯名合夥，是指二人以上互約出資以經營共同事業之契約（民§667 I），例如合開法律事務所。

隱名合夥者，謂當事人約定，一方對於他方所經營之事業出資，而分其營業所生之利益，及分擔其所生損失之契約。（民§700）隱名合夥人之出資，其財產權移屬於出名營業人。（民§702）

三 合夥之債務

合夥財產不足清償合夥之債務時，各合夥人對於不足之額，連帶負其責任。（民§681）合夥人之債權人，該就合夥人之股份，聲請扣押。前項扣押實施後2個月內，如該合夥人未對債權人清償或提供相當之擔保者，自扣押時起，對該合夥人發生退夥之效力。（民§685）

※民法第687、708條「禁治產之宣告」，修正為「監護之宣告」。

合夥財產不足清償合夥之債務時，各合夥人對於不足之額，應如何對合夥之債權人負責？ (A)依出資比例負責 (B)連帶負其責任 (C)平均負責 (D)不用負責　　　　　　　　【97鐵公路-民法大意】	(B)
下列對於合夥何者敘述最不正確？ (A)合夥人之出資，為合夥人之共同財產 (B)合夥具有團體性，其關係終了即為解散 (C)合夥人原則上全體共同執行合夥事業，並有檢查權及查閱權 (D)合夥人對外非為權利義務主體，且對外無須負連帶損害賠償責任　　　　　　　　　　　　　　【97消防不動產-民法概要】	(D)
合夥財產不足清償合夥債務時，各合夥人對不足部分應如何負責？ (A)不用負責 (B)平均負責 (C)依出資比例負責 (D)連帶負其責任　　　　　　　　　　【97不動產經紀人-民法概要】	(D)
甲乙丙3人共同出資經營咖啡廳，關於甲乙丙3人間所成立之合夥關係，下列敘述何者錯誤？ (A)合夥為有償契約 (B)合夥為一非法人團體 (C)合夥財產為合夥人公同共有 (D)合夥人對於合夥債務平均分擔　　　　　　　　　【101初等人事行政-法學大意】	(D)
下列何者不具團體性契約之性質？ (A)合夥 (B)隱名合夥 (C)合會 (D)和解　　　　　　　　　　　　　【101初等人事行政-法學大意】	(D)

15 指示證券與無記名證券

一 指示證券

稱指示證券者，謂指示他人將金錢、有價證券或其他代替物給付第三人之證券。（民§710 I）前項為指示之人，稱為指示人。被指示之他人，稱為被指示人。受給付之第三人，稱為領取人。（民§710 II）

目前社會上較為常見的指示證券，如「支票」即屬之，開票人即為指示之人，被指示之他人，就是銀行。假設銀行客戶開立一個支票帳戶後，對第三人以支票給付貨款時，此一支票就是指示證券，指銀行客戶要求銀行在第三人將支票兌現的時候，要將支票所載金額兌現之意思。

二 無記名證券

稱無記名證券者，謂持有人對於發行人，得請求其依所記載之內容為給付之證券。（民§719）例如有時候過年或生日，收到別人送來的郵局匯票，匯票上通常不會寫上當事人的名字，所以任何人持有這張匯票，就可以馬上向郵局兌換票面上的金額。

三 票據法為特別法

指示證券與無記名證券之規定也不少，但是因為實務上大多以票據法中之支票、本票及匯票作為主要流通的金融交易工具，所以較少成為民法學習或國家考試之重點，但偶爾也會出現一些相關考題，仍有必要閱讀一下。

相關考題

關於指示證券之性質,下列何者錯誤? (A)債權證券 (B)記名證券 (C)有價證券 (D)自付證券 【101 初等一般行政-法學大意】	(D)

16 合會

■ 合會之概念

早期的「合會」並沒有法律規範內容，經民法修正後，於民法第709-1條有所規定。稱合會者，謂由會首邀集二人以上為會員，互約交付會款及標取合會金之契約。其僅由會首與會員為約定者，亦成立合會。前項合會金，係指會首及會員應交付之全部會款。會款得為金錢或其他代替物。（民§709-1）

■ 標會程序誰主持？

標會由會首主持，依約定之期日及方法為之。其場所由會首決定並應先期通知會員。會首如果因生病等因素無法到場主持標會時，由會首指定或到場會員推選之會員主持之。（民§709-4）

■ 會首有什麼好處？

首期合會金不經投標，由會首取得，其餘各期由得標會員取得。所以，會首拿了一筆錢可以應急用，也可以賺取利息。（民§709-5）

■ 誰可以得標？

合會，撐得愈久者，就可以賺別人的利息。如果有急用者，就可以出標，以願意支付最高利息者得標。每期標會，每一會員僅得出標一次，以出標金額最高者為得標。最高金額相同者，以抽籤定之。但另有約定者，依其約定。沒有人出標怎麼辦？無人出標時，除另有約定外，以抽籤定其得標人。每一會份限得標一次。（民§709-6）

合會會單

原則上會員應該會拿到會單。但是，如果沒拿到會單，卻有交付首期會款，契約還是「視為」已成立。（民§709-3）

一、會首之姓名、住址及電話號碼。
二、全體會員之姓名、住址及電話號碼。
三、每一會份會款之種類及基本數額。
四、起會日期。
五、標會期日。
六、標會方法。
七、出標金額有約定其最高額或最低額之限制者，其約定。

五 會首及會員之資格

Q1: 法人可不可以參加合會？

A1: 不行，會首及會員，以自然人為限。（民§709-2 Ⅰ）

Q2: 會首，可不可以兼任會員？

A2: 會首不得兼為同一合會之會員。（民§709-2 Ⅱ）

Q3: 15歲的小孩子，可不可以參加合會？

A3: 可以，但如果其法定代理人（如父母）為會首之合會，就不能參加會員。

Q4: 那15歲的小孩子可以擔任會首嗎？

A4: 無行為能力人及限制行為能力人不得為會首。（民§709-2 Ⅲ）

相關考題	會首及會員之資格

關於合會，下列敘述，何者錯誤？　(A)會首及會員以自然人為限　(B)會首不得身兼同一合會之會員　(C)無行為能力者不得為合會之會員　(D)首期合會金由會首取得	(C)
【100地方特考五等經建行政-法學大意】	

六 會款怎麼支付？

　　會員應於每期標會後3日內交付會款。會首應於前項期限內，代得標會員收取會款，連同自己之會款，於期滿之翌日前交付得標會員。逾期未收取之會款，會首應代為給付。

　　所以，當會首也不是那麼的好，還是要幫忙服務會員。有時候，會員一時沒錢，可能還要幫忙先墊。不過，會首代為給付後，得請求未給付之會員附加利息償還之。會首收取會款，在未交付得標會員前，對其喪失、毀損，應負責任。但因可歸責於得標會員之事由致喪失、毀損者，不在此限。（民§709-7）

七 會首可不可以換人？

　　會首非經會員全體之同意，不得將其權利及義務移轉於他人。會員非經會首及會員全體之同意，不得退會，亦不得將自己之會份轉讓於他人。（民§709-8）

八 倒會了怎麼辦？

　　因會首破產、逃匿或有其他事由致合會不能繼續進行時，會首及已得標會員應給付之各期會款，應於每屆標會期日平均交付於未得標之會員。但另有約定者，依其約定。得由未得標之會員共同推選一人或數人處理相關事宜。會首就已得標會員應給付之各期會款，負連帶責任。（民§709-9ⅠⅡ）

　　遲延給付，其遲付之數額已達兩期之總額時，該未得標會員得請求其給付全部會款。換言之，如果遲延給付的總額達到兩期，未得標的會員不必一期一期的請求，一次就可以請求全部。（民§709-9Ⅲ）

案例追緝

高雄縣某國小蔡姓主任涉嫌倒會1460萬元，與丈夫共同面對其他被倒會的老師，並進行協調。同意由受害人處分兩人所屬兩棟公寓，且兩人每月薪資約計15萬元，只留下3萬元生活，其餘皆償還被害人，預計9年清償全部會款。

相關考題

有關合會之規定，下列何者正確？ (A)會首及會員，不以自然人為限 (B)會首得兼為同一合會之會員 (C)無行為能力人及限制行為能力人得為會首 (D)無行為能力人及限制行為能力人不得參加其法定代理人為會首之合會 【97鐵公路-民法大意】	(D)
限制行為能力人縱已得法定代理人之同意，仍不得： (A)成為合會契約之會首 (B)成為承攬契約之定作人 (C)成為買賣契約之買受人 (D)成為合夥契約之合夥人 【99地方特考三等法制-民法】	(A)
下列何種契約規定，當事人以自然人為限？ (A)合夥 (B)旅遊 (C)合會 (D)保證 【100五等國安特考-法學大意】	(C)

17

和解

一 和解之概念

和解者謂當事人約定互相讓步，以終止爭執或防止爭執發生之契約。（民§736）和解一如買賣、贈與、租賃等，也是契約的一種類型，其特色在於兩造彼此相互讓步，以定紛息爭。

二 和解之效力

另依民法第737條之規定：「和解有使當事人所拋棄之權利消滅及使當事人取得和解契約所訂明權利之效力。」是指當事人因和解讓步，拋棄之權利皆歸於消滅，原則上不得再行主張，當事人間之權利義務關係，則由和解契約之內容所取代。

三 和解錯誤得否撤銷？

原則上，和解不得以意思表示錯誤為理由撤銷之。（民§738）例外：有下列其一者，得撤銷和解契約：

- ㈠和解所依據之文件，事後發見為偽造或變造，而和解當事人若知其為偽造或變造，即不為和解者。
- ㈡和解事件，經法院確定判決，而為當事人雙方或一方於和解當時所不知者。
- ㈢當事人之一方，對於他方當事人之資格或對於重要之爭點有錯誤，而為和解者。

和 解

訴訟和解

恭喜兩位和解了！

沒關係啦！

不好意思啦！

一般和解

和解契約與法庭上之訴訟和解不同

訴訟和解，是透過法院的介入，法院不問訴訟程度如何，得隨時試行和解。受命法官或受託法官亦得為之。（民訴§377 I）依據民事訴訟法第380條第1項規定：「和解成立者，與確定判決有同一之效力。」因此，可以作為執行名義。

一般的和解契約，並無與確定判決有同一之效力，也就是無法直接聲請法院強制執行。因此，為了確保和解契約之實現，最好能於訂定和解契約，內容增訂同時履行之條件。

相關考題

下列何種契約不含勞務契約性質？ (A)寄託 (B)和解 (C)倉庫 (D)旅遊 　　　　　　　　　　　　　　　　　【100四等行政警察-法學緒論】	(B)

18 保證

一 保證之概念

　　稱保證者，謂當事人間約定，一方（保證人）於他方（債權人）之債務人不履行債務，由其代負履行責任之契約（民§739）。保證債務，除契約另有訂定外，包含主債務之利息、違約金、損害賠償及其他從屬於主債務之負擔。（民§740）保證契約因保證人與債權人間意思表示合致而成立，屬諾成、不要式契約，履行契約過程僅保證人對債權人負給付義務。

二 保證屬於從契約

　　保證契約係附隨於主債務契約而發生，以主債務之存在為前提，不能獨立存在，是為從契約。保證人於主債務人不履行時，始負代償之責任，乃為補充性之契約。

三 清償代位權

　　保證人向債權人為清償後，債權人對於主債務人之債權於其清償之限度內，移轉與保證人（民§749），此為實務及學說上之「清償代位權」，故依此項代位權，保證人得於其清償之限度內向主債務人求償。換言之，保證人代債務人還了多少錢，債權人之債權就移轉多少給保證人，使保證人得依此向債務人求償，讓債務人仍應承擔最後的責任。

保人，呆人！

保＝呆人

　　有人將保字拆開，戲稱保證人就是呆人。許多人因為人情壓力或親情關係，當上了保證人。往往事後因為客觀環境的變化，導致主債務人無法償還債務，甚至於跑路不見了。而保證人通常財務狀況尚稱正常，就成為債權人追討的對象。因此，當保證人之前，實在應該三思。

保證人，可以換人嗎？

　　怎麼辦，債權人找我要錢，我不想當保證人了，可以換保證人嗎？恐怕事後再來想這些，也來不及了。換保證人，就如同債務承擔一樣，須要取得債權人之同意。但是，債權人通常不會同意更換保證人，除非換成郭台銘這麼財力雄厚者。

相關考題　　清償代位權

依民法第749條之規定，保證人向債權人為清償後，於其清償限度內，承受主債務人之債權，係指下列何者？　(A)債權人對於主債務人之債權當然移轉給保證人　(B)保證人得代位行使債權人對於主債務人之債權　(C)債權人對主債務人之債權被撤銷　(D)主債務人之債務由保證人承擔　　　　　　　　　【99高考三等財稅行政-民法】	(A)

四 先訴抗辯權

　　保證人於債權人未就主債務人之財產強制執行而無效果前，對於債權人得拒絕清償。(民§745)註故保證人僅於債權人就主債務人之財產強制執行而無效果後，方須負起代主債務人清償債務之責任。惟

於保證人於契約中明示負連帶保證之責（民§272、273）或放棄先訴抗辯權者（民§746①），則保證人可能同時或先被債權人請求清償債務。有下列各款情形之一者，保證人不得主張前條之權利（先訴抗辯權）：（民§746）

㈠保證人拋棄前條之權利。

㈡主債務人受破產宣告。

㈢主債務人之財產不足清償其債務。

　　刪除原條文第2款「保證契約成立後，主債務人之住所、營業所或居所有變更，致向其請求清償發生困難者。」之規定，但保證人拋棄先訴抗辯權者，不在此限；促使債權人之求償仍應以主債務人為第一順位，以提升保證人權益。

五 為法人擔任保證人

　　因擔任法人董事、監察人或其他有代表權之人而為該法人擔任保證人者，僅就任職期間法人所生之債務負保證責任。（民§753-1）本條規定明訂擔任法人保證人之董事、監察人或其他有代表權之人，如已卸任，則其保證人之身分與義務自應隨之終止。

相關考題　**連帶保證**

甲向乙借款100萬元，丙為甲之連帶保證人，屆期甲不履行債務，乙之下列求償，何者正確？　(A)乙應先向甲請求清償，對甲之財產強制執行而無效時，再向丙請求　(B)須先對甲起訴請求履行債務後，乙始得直接向丙請求　(C)丙非債務人，乙不得向其請求　(D)乙得直接向丙請求清償，丙不得拒絕　　　　【96四等關務-法學知識】	(D)
在特殊保證類型中，主債務人與保證人責任無先後之分，債權人得逕向保證人請求代負履行責任者，稱為？　(A)人事保證　(B)信用委任　(C)共同保證　(D)連帶保證　　　　【99普考財稅行政-民法概要】	(D)

相關考題 基本題型

甲向乙借錢，丙擔任甲之保證人，下列關於其「保證契約」的敘述，何者錯誤？ (A)保證契約存在於甲、丙兩人之間 (B)甲向乙還清債務時，丙的保證債務也隨之消滅 (C)清償期限屆滿時，乙必須先向甲請求還款，若是乙直接向丙請求還款，丙原則上得予拒絕 (D)若是丙、丁共同為甲之保證人，則丙、丁兩人負連帶之保證責任 【98高考三級-法學知識與英文】	(A)
關於保證契約，下列敘述何者為錯誤？ (A)保證契約應以書面為之 (B)保證人之負擔不能較主債務為重 (C)主債務消滅，保證債務亦隨之消滅 (D)保證人之先訴抗辯權可以拋棄 【99四等基警行政警察-法學緒論】	(A)

解析：民法第739條規定：「稱保證者，謂當事人約定，一方於他方之債務人不履行債務時，由其代負履行責任之契約。」

下列何種契約具有從契約之性質？ (A)和解 (B)保證 (C)合會 (D)運送 【100四等行政警察-法學緒論】	(B)
下列何種契約，係以他種法律關係存在為前提而成立之契約？ (A)租賃 (B)委任 (C)保證 (D)終身定期金 【99地方特考五等-法學大意】	(C)
下列何種事由的發生，普通保證人的責任不全部消滅？ (A)保證契約所擔保的主債務已因時效消滅 (B)債權人拋棄擔保物權時，保證人就債權人所拋棄之權利限度內免其責任 (C)定期保證者，債權人於該期間內對於保證人未為審判外之請求 (D)當主債務人死亡時 【105普考-法學知識與英文】	(D)

註：民§745之記憶法

　(1)諧音法：745、氣死我，應先找主債務人。

　(2)理解法：先有4再有5，先找主債務人，次找保證人。

19 人事保證

一 人事保證之概念

當事人約定，一方於他方之受僱人將來因職務上之行為而應對他方為損害賠償時，由其代負賠償責任之契約。人事保證之契約，應以書面為之。(民§756-1)

二 保證責任之前提要件與限制

人事保證之保證人，其保證責任之前提要件，以僱用人不能依他項方法受賠償者為限，負其責任。賠償金額之限制，除法律另有規定或契約另有訂定外，以受僱人當年可得報酬之總額為限。(民§756-2)

三 人事保證之期間

人事保證約定之期間，不得逾3年。逾3年者，縮短為3年。期間可以更新。未定期間者，自成立之日起有效期間為3年。(民§756-3)

四 保證人之終止契約權

人事保證未定期間者，保證人得隨時終止契約。終止契約，應於3個月前通知僱用人。但當事人約定較短之期間者，從其約定。(民§756-4)

五 人事保證關係之消滅

人事保證關係因下列事由而消滅：包括㈠保證之期間屆滿。㈡保證人死亡、破產或喪失行為能力。㈢受僱人死亡、破產或喪失行為能力。㈣受僱人之僱傭關係消滅。(民§756-7)

人事保證之保險機制

為避免應負責任之員工無法償付賠償金額，透過保險的機制，讓本來是員工要負擔的賠償責任，由保險公司代為賠償。

員工背信，偷偷地將公司資產賤賣給第三人，造成公司之損害。

相關考題

人事保證之期間，依法最長應為多少年？ (A)1年 (B)2年 (C)3年 (D)5年 【96公務初等一般行政-法學大意】	(C)
人事保證未定期間者，自成立之日起有效期間為多久？ (A)1年 (B)2年 (C)3年 (D)5年 【97鐵公路-民法大意】	(C)
下列有關人事保證之敘述，何者正確？ (A)人事保證得以書面或口頭為之 (B)人事保證未定期間者，自成立之日起有效期間為4年 (C)人事保證未定期間者，保證人得隨時終止契約 (D)人事保證未定期間者，保證人不得隨時終止契約 【98四等基層警察-法學緒論】	(C)

第五篇 物權

民法的架構

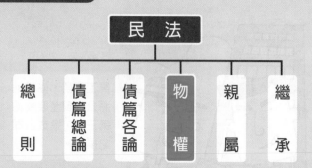

民法

- 總則
- 債篇總論
- 債篇各論
- 物權
- 親屬
- 繼承

物權的架構

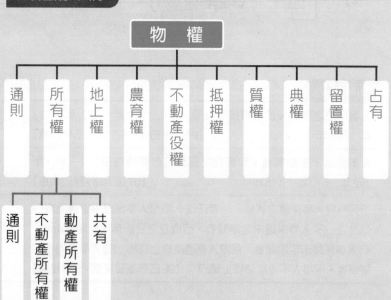

物權

- 通則
- 所有權
- 地上權
- 農育權
- 不動產役權
- 抵押權
- 質權
- 典權
- 留置權
- 占有

所有權
- 通則
- 不動產所有權
- 動產所有權
- 共有

本篇目錄

1 物權行為無因性

一 物權行為無因性

物權行為並非是債權行為的當然結果，其作成是依據獨立於債權行為以外之法律行為，此即物權行為獨立性原則。例如甲以2千元之代價，向乙買腳踏車，就成立一個債權行為（買賣契約）、二個物權行為（給付2千元及交付腳踏車），請參考右頁圖。對於客觀上一個單純的買賣關係，法律人可以將之細分為三個法律行為，固然是法律學精細化的具體表現，但是一般人實難接受之。

誠如王澤鑑老師在《民法物權》中提到「物權行為之獨立性及無因性，使法律關係明確，易於判斷，有助於保障交易安全，為其優點，但由於過分技術性，一般國民難以瞭解……」

物權行為無因性是以物權行為獨立性原則為前提，而發展出來的概念。物權行為無因性，指物權行為不因債權行為不成立、無效或被撤銷而受影響而言。（95台上1859號）

二 物權行為無因性之相對化

物權行為無因性過於技術性，一般國民難以瞭解，且導致當事人之地位，由物權請求權人（債權行為、物權行為同時不成立，可以主張所有物返還請求權人），變成僅是債權請求權人（不當得利請求權人），較為不利，而提出相對化之概念。包括：

　（一）共同瑕疵，是指債權行為與物權行為具有共同的瑕疵，例如通謀虛偽意思表示，而同時無效或一起撤銷之。

債權行為及物權行為

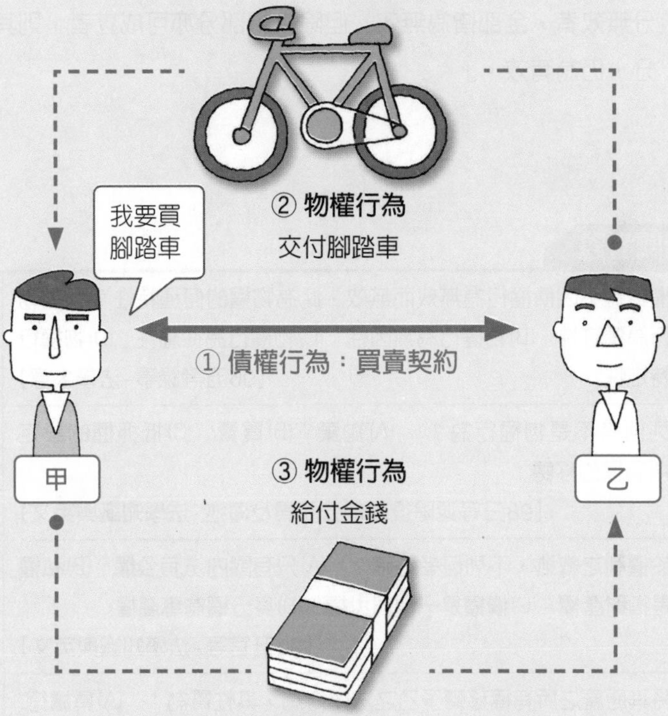

② **物權行為**
交付腳踏車

我要買
腳踏車

① 債權行為：買賣契約

甲

③ **物權行為**
給付金錢

乙

甲以2千元之代價向乙買腳踏車的例子，外觀上單純的腳踏車買賣，可以分成三個法律行為。接著，繼續解釋物權無因性的四種可能，如第325頁。

（參照王澤鑑，《民法物權》）

（二）條件關聯：是指物權行為效力之發生，繫於債權行為之有效成立。

（三）法律行為一體性：主要依據是民法第111條：「法律行為之一部分無效者，全部皆為無效。但除去該部分亦可成立者，則其他部分，仍為有效。」

相關考題

物權行為不因債權行為無效而無效，此為物權的何種特性？　(A)物權行為獨立性　(B)物權行為無因性　(C)物權行為從屬性　(D)物權行為特定性　　　　　　　　　　　　【96五等錄事-法學大意】	(B)
下列何者不是物權行為？　　(A)拋棄　(B)買賣　(C)抵押權的設定　(D)所有權的移轉　　　【98三等退除役轉任公務員及海巡-法學知識與英文】	(B)
關於權利之敘述，下列何者正確？　(A)只有國內法有公權　(B)私權僅是指財產權　(C)債權是一種對世權　(D)身分權為專屬權　　　　　　　　　　　　　　【96升官等-法學知識與英文】	(D)
甲將其房屋之所有權移轉予乙之法律行為，其性質為：　(A)負擔行為　(B)債權行為　(C)準物權行為　(D)物權行為　　　　　　　　　　　　　　　　　【99初等一般行政-法學大意】	(D)
甲在受監護宣告期間，與乙訂立A車的買賣契約。在甲之監護宣告被撤銷後，甲將該車交付於乙。試問：關於雙方的法律行為，下列敘述何者正確？　(A)買賣契約有效，物權行為無效　(B)買賣契約無效，物權行為有效　(C)買賣契約與物權行為皆有效　(D)買賣契約與物權行為皆無效　　　　　　　【100高考法制-民法】	(B)

三 物權無因性的四種可能

（同第323頁圖例）

		債權行為	
		有效成立	未有效成立
物權行為	有效成立	甲具有法律上的原因(買賣契約)，並依物權行為取得腳踏車所有權。 乙具有法律上的原因(買賣契約)，並依物權行為取得2千元的貨幣所有權。	甲因錯誤撤銷買賣契約，得依民法第179條請求不當得利返還請求權。(註①) 接著衍生的問題，若甲又賣給丙？(註②)
	未有效成立	乙與甲訂定買賣契約時，有完全行為能力。 乙交付腳踏車時，受監護宣告，移轉該車之物權行為無效。 甲僅得依據有效買賣契約占有腳踏車，並得向乙之法定代理人請求為讓與合意之。(註③)	乙主張被脅迫，撤銷其債權及物權之意思表示，得依民法第767條，請求甲請求返還腳踏車。 甲得依民法第767條，請求乙返還2千元，若錢業已混合，則僅得行使不當得利返還請求權。

註①：不當得利制度具有調節物權行為無因性理論而生之財產變動之特殊規範功能，只要依社會一般觀念，認為財產之移動係屬不當，基於公平原則，有必要調節，即應依不當得利命受益人返還，非必限定出於同一原因事實始足當之。(94台上1555)

註②：若甲將腳踏車以3千元的代價賣給丙，甲已經取得該車之所有權，所以其移轉腳踏車給丙的物權行為，屬於有權處分，丙當然取得該車的所有權，不問丙是否知悉甲乙間買賣契約是否有效而受影響。

註③：民法第76條：「無行為能力人由法定代理人代為意思表示，並代受意思表示。」

2 擔保物權及用益物權

一 各種物權之屬性

所有權	
用益物權	地上權、農育權、不動產役權、典權
擔保物權	抵押權、質權、留置權
占有	

二 物權法定主義之修正

債之關係，依據契約自由原則，本得依自由意識加以創設，原則上不受到任何的限制。但是在物權上，過去我國均採物權法定主義，原規定之「本法」是指民法典，「其他法律」則是指經立法院通過、總統公布之法律，也不包括習慣。由於使用「不得創設」之法律效果文字，導致違反時，依據民法第71條規定，其法律行為無效。但是，該法業已無法解決社會上之實際需求，為緩和物權法定主義之僵硬，新法增訂「習慣」作為物權創設之類型之一。

條號	原條文	修正條文
757	物權，除本法或其他法律有規定外，不得創設。	物權除依法律或習慣外，不得創設。

☰ 各種物權之基本定義

物 權	條 號	定 義
所有權	765	所有人,於法令限制之範圍內,得自由使用、收益、處分其所有物,並排除他人之干涉。
地上權	832	稱普通地上權者,以在他人土地上下有建築物,或其他工作物,或竹木為目的而使用其土地之權。
	841-1	稱區分地上權者,謂以在他人土地上下之一定空間範圍內設定之地上權。
農育權	850-1	稱農育權者,謂在他人土地為農作、森林、養殖、畜牧、種植竹木或保育之權。
不動產役權	851	以他人不動產供自己不動產通行、汲水、採光、眺望、電信或其他以特定便宜之用為目的之權。
抵押權	860	稱普通抵押權者,謂債權人對於債務人或第三人不移轉占有而供其債權擔保之不動產,得就該不動產賣得價金優先受償之權。
	881-1	稱最高限額抵押權者,謂債務人或第三人提供其不動產為擔保,就債權人對債務人一定範圍內之不特定債權,在最高限額內設定之抵押權。
質權	884	債權人對於債務人或第三人移轉占有而供其債權擔保之動產,得就該動產賣得價金優先受償之權。
典權	911	稱典權者,謂支付典價在他人之不動產為使用、收益,於他人不回贖時,取得該不動產所有權之權。
留置權	928	債權人占有他人之動產,而其債權之發生與該動產有牽連關係,於債權已屆清償期未受清償時,得留置該動產之權。
占有	940	對於物有事實上管領之力者,為占有人。

地上權之法律性質為：　(A)準物權　(B)擔保物權　(C)用益物權　(D)債權　　　　　　　　　　　　　　　　　【96五等地方公務-法學大意】	(C)
關於物權之區分，若以其法律性質與作用來區別，可分作「擔保物權」及「用益物權」二大類，下列何者係屬於「用益物權」之種類？　(A)抵押權　(B)質權　(C)地上權　(D)留置權　　　　　　　　　　　　　　　　【96公務初等人事經建-法學大意】	(C)
地上權其法律性質為：　(A)準物權　(B)擔保物權　(C)不動產物權　(D)債權　　　　　　　　　　　　　　　　【96公務初等一般行政-法學大意】	(C)

下列何者非擔保物權？　(A)地役權　(B)抵押權　(C)質權　(D)留置權　　　　　　　　　　　　　　　　　　　【99初等人事行政-法學大意】	(A)
解析：地役權，現改為「不動產役權」。	
下列何者非擔保物權？　(A)最高限額抵押權　(B)權利質權　(C)地役權　(D)留置權　　　　　　　　　　　【99三等關務-法學知識】	(C)
解析：地役權，現改為「不動產役權」。	
下列何者非擔保物權？　(A)連帶保證　(B)抵押權　(C)質權　(D)留置權　　　　　　　　　　　　　　【97鐵公路佐級公路監理-法學大意】	(A)

下列何者違反物權法定主義？　(A)甲設定不移轉質物占有的質權於乙　(B)甲設定不移轉抵押物占有的抵押權於乙　(C)甲為擔保將來發生的債權，設定最高限額抵押權於乙　(D)甲在自己土地上方空間，設定地上權於乙　　　　　　　　　　【104普考-法學知識與英文】	(A)

3 不動產之登記

一 不動產之登記與書面

民法第758條規定：「不動產物權，依<u>法律行為</u>而取得、設定、喪失及變更者，<u>非經登記，不生效力</u>。前項行為，應以書面為之。」本條之重點包括㈠該法律行為是指物權行為。㈡登記為生效要件，至於不動產是否交付，並無關係。㈢書面，<u>採取物權行為書面說</u>。

二 不動產物權之特定原因取得與處分

原舊法第759條規定，限於繼承、強制執行、公用徵收或法院之判決四種，於登記前已取得不動產物權者，非經登記，不得處分其物權。新修正條文，增加「其他非因法律行為」，例如典權人因除斥期間之屆滿而取得典物所有權（民§923 I）。

條號	原條文	修正條文
758	不動產物權，依法律行為而取得設定、喪失、及變更者，非經登記，不生效力。	不動產物權，依法律行為而取得、設定、喪失及變更者，非經登記，不生效力。 前項行為，應以<u>書面</u>為之。
759	因繼承、強制執行、公用徵收或法院之判決，於登記前已取得不動產物權者，非經登記，不得處分其物權。	因繼承、強制執行、<u>徵收</u>、法院之判決或<u>其他非因法律行為</u>，於登記前已取得不動產物權者，應經登記，始得處分其物權。

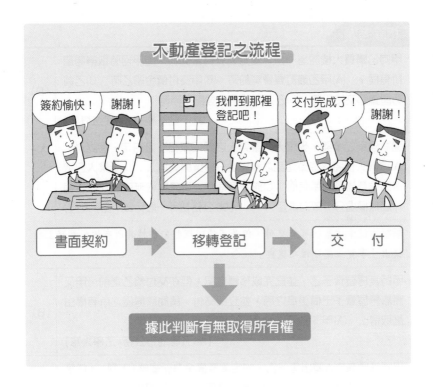

三 不動產物權登記之推定效力

不動產物權經登記者，推定登記權利人適法有此權利。因信賴不動產登記之善意第三人，已依法律行為為物權變動之登記者，其變動之效力，不因原登記物權之不實而受影響。（民§759-1）上述規定之要點包括：㈠登記與占有同為公示方法之一。參酌占有之民法第943條有關推定效力規定：「占有人於占有物上行使之權利，推定其適法有此權利。」特制定民法第759-1條規定。㈡本條之推定力，應依法定程序塗銷登記，始得推翻。

甲向乙購買大樓房屋一戶,雙方簽妥買賣契約,問甲何時取得房屋所有權? (A)甲乙簽訂買賣契約時 (B)甲交付價金給乙時 (C)乙將房屋鑰匙交給甲時 (D)乙將房屋過戶登記給甲時 【97不動產經紀人-民法概要】	(D)
違章建築之讓與,受讓人與讓與人之間如無相反之約定,應認為:(A)讓與人已將該違章建築之事實處分權讓與受讓人 (B)受讓人已取得該違章建築之所有權 (C)該違章建築之買賣契約無效 (D)該讓與係屬無權處分,效力未定 【96公務初等一般行政-法學大意】	(A)
解析:違章建築物可以交付,但是不能辦理登記移轉其所有權,實務上並提出「事實上處分權之讓與」概念。	
甲將其房屋賣予乙,並已完成移轉登記,但在交付給乙之前,甲又將該房屋賣予出價更高之丙,並立即交付,請問該房屋之所有權由誰取得? (A)甲 (B)乙 (C)丙 (D)乙和丙 【96五等地方公務-法學大意】	(B)
甲將其所有之A屋出售予乙,約定買賣價金為新臺幣(下同)1仟萬元。隔日丙表示願出1仟2佰萬元購買,甲欣然同意,並將A屋之所有權移轉登記予丙。試問:A屋之所有權屬於何人?理由為何?(A)乙,因為乙先向甲購買了A屋 (B)丙,因為甲丙間已完成A屋之移轉登記 (C)甲,因為甲丙間之意思表示係屬通謀虛偽意思表示,無效 (D)丙,因為丙價高者得 【100三等海巡-法學知識與英文】	(B)
不動產物權,依法律行為而取得、設定、喪失及變更者,非經登記: (A)不得對抗善意第三人 (B)仍有善意受讓之適用 (C)效力未定 (D)不生效力 【99地方特考三等法制-民法】	(D)
不動產物權,因買賣而取得者,必須完成下列何種程序,才能生效? (A)訂立書面 (B)訂立書面,並且辦妥登記 (C)交付全部價金 (D)完成不動產交付 【99地方特考三等法制-民法】	(B)

相關考題

因下列原因而取得不動產物權，何者非經登記，不生效力？ (A)法院之給付判決　(B)公用徵收　(C)強制執行　(D)繼承 【96五等錄事 - 法學大意】	(A)
下列何種情形取得不動產物權須登記，否則不生效力？　(A)因繼承而取得　(B)因強制執行而取得　(C)因法律行為而取得　(D)因公用徵收而取得　【97海巡 - 法學知識與英文】	(C)
解析：公用徵收已經於98年修法時，修正為徵收。	
甲乙共有A屋，因地政機關作業疏失，登記在丙名下，後來A屋被丁無權占用。在未依法塗銷登記前，誰可對丁請求返還A屋？ (A)甲　(B)乙　(C)甲乙　(D)丙　【97四等關務 - 法學知識】	(D)
因下列何種原因而取得A地所有權時，非經登記，不生效力？ (A)繼承　(B)徵收　(C)法院之給付判決　(D)強制執行 【100地方特考三等 - 民法】	(C)
甲將其所建之A違章建築賣給乙，並交付完畢。嗣後甲又主張乙非A違章建築之所有權人，請求返還A違章建築。問甲之主張是否有理由？　(A)有理由。因違章建築無法辦理移轉登記，乙未取得所有權，係無權占有　(B)無理由。因甲之主張違反誠信原則　(C)有理由。因甲乙間之買賣契約因標的A為違建而無效，乙為無權占有　(D)無理由。因乙為A之所有權人，其權利受法律保護 【107三等警察 - 法學知識與英文】	(B)

4 動產物權之讓與

一 動產物權讓與之要件

　　動產物權讓與之要件，必須具備讓與合意與交付兩要件。所謂讓與合意，是指以雙方當事人合意，以動產物權之讓與為物權行為內容。而所謂交付，則有四種型態，包括現實交付、簡易交付、占有改定，以及指示交付。

二 動產物權交付之類型

(一)現實交付

　　動產物權之讓與，非將動產交付，不生效力。（民§761 I 本文）

(二)簡易交付

　　受讓人已占有動產者，於讓與合意時，即生效力。（民§761 I 但）

(三)占有改定

　　讓與動產物權，而讓與人仍繼續占有動產者，讓與人與受讓人間，得訂立契約，使受讓人因此取得間接占有，以代交付。（民§761 II）例如甲賣汽車給乙，乙暫時用不到車，甲於是與乙另行約定租賃契約關係，由甲繼續開著車子上下班，實際上並沒有交付車輛給乙。

(四)指示交付

　　讓與動產物權，如其動產由第三人占有時，讓與人得以對於第三人之返還請求權，讓與於受讓人，以代交付。（民§761 III）

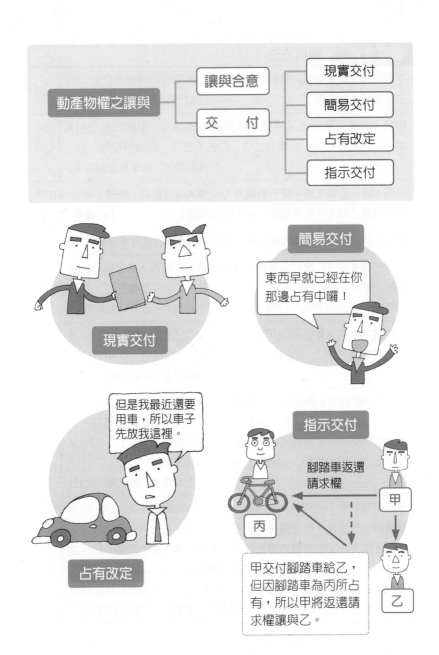

下列何者非動產物權之讓與方法？　(A)指示交付　(B)簡易交付　(C)占有改定　(D)登記　　【97消防不動產-民法概要】	(D)
甲將A車借乙使用後又將該車所有權移轉給乙，甲應如何交付A車？　(A)現實交付　(B)簡易交付　(C)占有改定　(D)指示交付　【98普考-法學知識與英文】	(B)

甲有A屋，乙有B車，雙方協議互相交換A屋及B車。請問：甲取得B車所有權及乙取得A屋所有權之要件分別為何？　　　【97普考-地政】

解析：以互易之債權契約為基礎，探討不動產及動產所有權取得要件。

甲、乙就A車成立讓與合意後，讓與人甲又以借用人身分與乙訂立A車之使用借貸契約。本題之交付方式為何？　(A)現實交付　(B)簡易交付　(C)占有改定　(D)指示交付　【100高考-法學知識與英文】	(C)
甲將其擁有之A車借乙使用後，再就A車與乙成立讓與合意，A車之所有權人為何？　(A)甲　(B)乙　(C)甲乙分別共有　(D)甲乙公同共有　　　　　　　　【100三等行政警察-法學知識與英文】	(B)
民法第761條第2項規定：「讓與動產物權，而讓與人仍繼續占有動產者，讓與人與受讓人間，得訂立契約，使受讓人因此取得間接占有，以代交付。」下列何者不可能是本條所稱之「契約」？　(A)保證契約　(B)租賃契約　(C)借貸契約　(D)寄託契約　　　　　　　　　　　　　　　　　　【99高考三級法制-民法】	(A)
甲出租其汽車予乙使用，租期屆滿後，甲出售該車於丙，甲、丙合意讓與所有權後，甲並讓與其對乙之返還請求權於丙。下列敘述，何者正確？　(A)乙交付汽車於丙時，丙才取得汽車所有權　(B)甲讓與其對乙之返還請求權於丙，謂之「簡易交付」　(C)甲讓與其對乙之返還請求權於丙時，丙即取得汽車所有權　(D)丙須至監理站辦理過戶，才能取得汽車所有權　【103三等地特-法學知識與英文】	(C)

相關考題　　**繼受取得**

下列何者屬於所有權之繼受取得？　(A)因拾得遺失物而取得　(B)因發現埋藏物而取得　(C)因贈與而取得　(D)因無主物先占而取得 【99高考三等財稅行政-民法】	（C）

5 物權之變動

一 非因物權行為

㈠所有權與定限物權混同

混同，同一物之所有權及其他物權，歸屬於一人者，其他物權因混同而消滅。（民§762本文）例如甲將其汽車設定動產抵押於乙，乙事後取得該車之所有權，動產抵押權因而消滅。

但其他物權之存續，於所有人或第三人有法律上之利益者，不在此限。（民§762但）

㈡定限物權與以該定限物權為標的物之權利混同

例如甲將在乙汽車上之動產抵押權，連同本債權，設定權利質權給丙，後來甲將相關權利均贈與丙，丙取得該動產抵押權，則權利質權消滅。此規定在民法第763條：「所有權以外之物權，及以該物權為標的物之權利，歸屬於一人者，其權利因混同而消滅。」其也準用民法第762條但書之規定：「但其他物權之存續，於所有人或第三人有法律上之利益者，不在此限。」

二 物權之拋棄

物權，可以拋棄之。民法第764條之修法，增訂第2、3項。首先，第2項規定，規定物權之拋棄，第三人有以該物權為標的物之其他物權或於該物權有其他法律上之利益者，非經該第三人同意，不得為之。例如：依據民法第882條規定，以地上權、農育權及典權，均得為抵押權之標的物時，若地上權、農育權及典權人拋棄其權利，則應經該抵押權人的同意，始得為之。

三 新舊條文對照

條號	原條文	修正條文
764	物權，除法律另有規定外，因拋棄而消滅。	物權除法律另有規定外，因拋棄而消滅。 前項拋棄，第三人有以該物權為標的物之其他物權或於該物權有其他法律上之利益者，非經該第三人同意，不得為之。 拋棄動產物權者，並應拋棄動產之占有。

相關考題　混同

乙於甲之 A 地上有地上權，並將該地上權抵押於丙，其後甲將 A 地所有權移轉登記於乙。下列敘述何者正確？　(A)乙之地上權因混合而消滅　(B)乙之地上權因混同而消滅　(C)乙之地上權因抵銷而消滅　(D)乙之地上權不受影響　【103三等司特 - 法學知識與英文】	(D)
甲將其對 A 地的地上權設定抵押權給乙後，乙又繼承取得甲的地上權。下列敘述何者正確？　(A)甲乙權利抵押的設定無效　(B)乙一直未取得抵押權　(C)抵押權消滅　(D)地上權消滅　【97基層警察 - 法學緒論】	(C)
甲將A地設定地上權給乙後，乙再購買該地取得土地所有權。針對本題，下列何項敘述正確？　(A)甲乙土地買賣契約無效　(B)甲乙土地所有權移轉無效　(C)乙的地上權消滅　(D)甲乙地上權設定無效　【96四等關務 - 法學知識】	(C)
甲將土地為乙設定普通抵押權以擔保對乙之負債，其後乙又將該對甲之債權為丙設定權利質權，擔保對丙之負債，甲死亡時，乙為甲之唯一繼承人而繼承甲之財產，甲、乙、丙間之權利發生何種法律效果？　(A)債權消滅　(B)抵押權消滅　(C)權利質權消滅　(D)權利並未發生變化　【99三等身障特考財稅行政 - 民法】	(D)

解析：參照民法第762條。

6 所有權通則

一 物上請求權

　　所有人對於無權占有或侵奪其所有物者，得請求返還之。對於妨害其所有權者，得請求除去之。有妨害其所有權之虞者，得請求防止之。(民§767 I)通說認為排除他人侵害之權利，不僅所有權有之，即便是所有權以外之其他物權，亦常具有排他之作用，故將原條文補充之，於所有權以外之物權，也準用排除他人侵害之規定。(民§767 II)

二 物上請求權之態樣

　　物上請求權共有三種態樣，包括所有物返還請求權、除去妨害請求權，以及妨礙預防請求權。

　　所謂所有物返還請求權，是指所有人對於無權占有或侵奪其所有物者，得請求返還其物之權利。雖非所有人，但因法律之規定，亦得行使所有人之權利，諸如遺產管理人、破產管理人。所謂除去妨害請求權，是指對於妨害其所有權者，得請求妨害人除去其妨害行為之權利。例如鄰居將房子蓋到自家庭院上，可以要求其拆除。所謂妨礙預防請求權，是指有妨害其所有權之疑慮者，得請求防止妨害之發生。

三 二重買賣

　　買賣契約僅有債之效力，不得以之對抗契約以外之第三人。因此在二重買賣之場合，出賣人如已將不動產之所有權移轉登記與後買受人，前買受人縱已占有不動產，後買受人仍得基於所有權請求前買受人返還所有物。(83台上3243)

所有人物上請求權

- 所有物返還請求權
- 除去妨害請求權
- 妨礙預防請求權

請將蓋到我家庭院上的房子拆除。

物上請求權，是否會因一定時效之完成而消滅 【91普考-地政】
原則上適用，例外情況如下：

1. 大法官會議釋字第107號解釋：「已登記不動產所有人之回復請求權，無民法第125條消滅時效規定之適用。」

2. 大法官會議釋字第164號解釋：「已登記不動產所有人之除去妨害請求權，不在本院釋字第107號解釋範圍之內，但依其性質，亦無民法第125條消滅時效規定之適用。」

相關考題 物上請求權

甲擅自將向乙借用之自行車出賣給善意之丙，並交付之，則下列敘述，何者錯誤？ (A)乙可對甲主張侵權行為損害賠償請求權 (B)乙可依物上請求權之規定請求丙返還自行車 (C)乙可依不當得利規定請求甲返還所獲利益 (D)乙可主張享有甲不法管理所生之利益 【100三等行政警察-法學知識與英文】	(B)
甲將其房屋先出賣予乙，於未為交付及移轉所有權之前，即再將該屋出售予丙並交付之；其後，在未移轉所有權予丙之前，又再度將該屋出售予丁並辦理所有權移轉登記。下列敘述何者正確？ (A)甲、丙間之買賣契約無效 (B)由於甲已將該屋交付予丙，故丙已取得該屋之所有權 (C)甲因已將該屋先出賣乙、丙，故其將所有權移轉予丁之處分行為為無權處分，惟丁可依民法第759-1條第2項主張善意取得該屋所有權 (D)丁依法取得該屋之所有權，丙雖自甲受讓該屋之占有，但不得對抗丁，故丁可依所有物返還請求權請求丙返還該屋 【106司特三等-法學知識與英文】	(D)

四 時效取得

(一)要件

動產所有權取得時效,雖未明文規定「繼續」之要件,但是從取得時效之性質觀察,應該須具備此要件。參酌不動產取得時效有以「繼續」為要件,故98年修法新增之。

不動產取得時效,原規定並無「公然」之要件,然學者通說認為占有他人之不動產,不得以隱祕之方式為之,必須公然占有,始有對占有加以保護之必要。

已登記之不動產,有無因時效而取得所有權<u>以外</u>之其他財產權?立法理由依據實務見解,時效取得地上權,不以他人未登記之土地為限。(60台上4195)因此,本次修法亦於民法第772條後段,增訂「於已登記之不動產,亦同。」亦即對於已登記之不動產,得準用第768、768-1、769、770、771條規定,因時效而取得不動產<u>以外</u>之其他財產權。

(二)效果

動產取得時效經過後,取得其所有權。不動產取得時效經過後,得請求登記為所有人。

五 時效取得之中斷

時效取得進行之過程中,發生與時效要件相反之事實,應使取得時效之進行發生中斷之效果。時效中斷的情況,包括占有人「變為不以所有之意思而占有」、「變為非和平或非公然占有」、「自行中止占有」、「非基於自己之意思而喪失其占有」、「依第767條規定起訴請求占有人返還占有物者」。

六 新舊法體系比較表（黑色文字為舊法）

類型	期限	要件	效果
動產	5年	所有之意思 和平公然占有他人之動產	取得其所有權
（新法）	10年 民§768	所有之意思 和平、公然、繼續占有他人之動產	取得其所有權
（新法）	5年 民§768-1	所有之意思 和平、公然、繼續占有他人之動產 其占有之始為善意並無過失	取得其所有權
未登記之不動產	20年	所有之意思 和平繼續占有他人未登記之不動產	得請求登記為所有人
（新法）	20年 民§769	所有之意思 和平、公然、繼續占有他人未登記之不動產	得請求登記為所有人
未登記之不動產	10年	所有之意思 和平繼續占有他人未登記之不動產 占有之始為善意並無過失	得請求登記為所有人
（新法）	10年 民§770	所有之意思 和平、公然、繼續占有他人未登記之不動產 占有之始為善意並無過失	得請求登記為所有人

相關考題　時效取得

有關時效取得之敘述，下列何者錯誤？　(A)動產可因時效取得所有權　(B)已登記之不動產可因時效取得所有權　(C)地上權亦可為時效取得之客體　(D)典權亦可為時效取得之客體 【100四等行政警察-法學緒論】	(B)

七 時效中斷規定之新舊法對照

條號	舊法	新法
771	占有人自行中止占有，或變為不以所有之意思而占有，或其占有為他人侵奪者，其所有權之取得時效中斷。但依第949條或第962條之規定，回復其占有者，不在此限。	I 占有人有下列情形之一者，其所有權之取得時效中斷： ㈠變為不以所有之意思而占有。 ㈡變為非和平或非公然占有。 ㈢自行中止占有。 ㈣非基於自己之意思而喪失其占有。但依第949條或第962條規定，回復其占有者，不在此限。 II 依第767條規定起訴請求占有人返還占有物者，占有人之所有權取得時效亦因而中斷。

說明1： 占有人以非和平或非公然之方式占有（即強暴占有、隱秘占有），學者均認為可以作為取得時效中斷的事由。新增第1項第2款「變為非和平或非公然占有」。

說明2： 若所有人依據民法第767條規定請求占有人返還占有物，既然占有人之占有成為訟爭之對象，顯然已經失去其和平之性質，其取得時效自以中斷為宜。新增「依第767條規定起訴請求占有人返還占有物者，占有人之所有權取得時效亦因而中斷。」

相關考題　時效取得

不動產所有人對於無權占有其不動產者，得請求返還之，一般稱此種請求權為所有人之物上請求權。該物上請求權是否有消滅時效之適用？　(A)不論有無登記，均適用　(B)不論有無登記，均不適用　(C)須視該不動產是否已經辦妥登記而定，若已辦妥登記，則不適用消滅時效之規定　(D)須視無權占有人占有之初是否善意而定 【99高考三等財稅行政-民法】	(C)

相關考題　時效取得

下列何者非民法關於時效取得之必要條件？　(A)所有之意思　(B)和平占有　(C)公然占有　(D)善意占有 【100五等司法特考-法學大意】	(D)
以所有之意思，20年間和平繼續占有他人未登記之不動產者，得主張何權利？　(A)取得該不動產之所有權　(B)取得地上權　(C)請求登記為所有權人　(D)請求登記為地上權人 【97初等人事經建政風-法學大意】	(C)
下列何者非動產所有權取得時效之要件？　(A)以借貸之意思　(B)5年間不間斷　(C)和平公然占有　(D)他人之動產 【97不動產經紀人-民法概要】	(A)
關於所有權之時效取得，下列敘述何者錯誤？　(A)時效取得為原始取得　(B)不動產所有權之時效取得，限於他人未經登記之不動產　(C)占有人變為不以所有之意思而占有者，其所有權之取得時效中斷　(D)不論是動產或不動產之所有權之時效取得，當該占有人一完成時效取得之要件，立即取得動產或不動產之所有權 【97鐵公路-民法大意】	(D)

相關考題　時效取得地上權

甲以所有之意思公然、和平繼續占有乙之動產已達4年，其法律效果為：　(A)不得主張時效取得動產所有權　(B)得主張時效取得動產所有權　(C)須由警察召領後始可取得動產所有權　(D)須經由登記後始取得動產所有權　【100地方特考三等-民法】	(A)
甲乙共同繼承土地一筆。甲常年居住國外，乙乃在該土地上以行使地上權之意思建築房屋使用達20年。下列敘述何者為正確？　(A)甲喪失該土地之共有權　(B)甲得向乙行使繼承回復請求權　(C)乙得請求登記為地上權人　(D)乙不得請求登記為地上權人 【100地方特考三等-民法】	(C)

7 不動產所有權——相鄰關係

一 相鄰關係之規範目的

權利不能無限上綱，有時候必須自我抑制，才能在相鄰關係當事人間，找到一個衝突的平衡點。例如有時候會看到新聞報導，鄰里之間發生爭端，某住戶的冷氣機滴水孔，就架設在商家大門的正上方，讓許多消費者進入商家消費時，常常被滴得滿身是水，造成雙方的一些爭端。這時候，就必須要透過民法相鄰關係的規範，介入調和雙方的關係。以冷氣機滴水的問題而言，新修訂的民法第777條規定：「土地所有人不得設置屋簷、工作物或其他設備，使雨水或其他液體直注於相鄰之不動產。」即可讓冷氣水滴到他人家中的問題，獲得了解決。

本書將從防免鄰地損害之義務、關於水之相鄰關係、鄰地使用，及越界之相鄰關係等四個面向加以介紹。

二 相鄰關係是不動產役權嗎？

實務上曾針對此問題做出判決：「相鄰關係之內容，雖類似地役權（註：現爲不動產役權），但基於相鄰關係而受之限制，係所有權內容所受之法律上之限制，並非受限制者之相對人因此而取得一種獨立的限制物權。而地役權則為所有權以外之他物權（限制物權），二者不能混為一談，如果上訴人家庭用水及天然水非流經被上訴人之土地排出不可，亦只能依民法第779條規定行使權利，其依相鄰關係而請求確認其排水地役權存在，尚難謂合。」（63台上2117）

相鄰關係之種類

相鄰關係
- 防免鄰地損害之義務
- 關於水之相鄰關係
- 鄰地使用
- 越界之相鄰關係

日本民法甚至有規定居住距離在1公尺以內者，必須要設置隱蔽設備，避免侵害隱私權之義務。我國民法尚未針對此一事項加以規範，但是實際上還是會發生類似的問題，目前只能靠自己加裝隱蔽設備，防止鄰居窺視。

8 防免鄰地損害之義務

一 經營事業或行使其所有權之損害防免

土地所有人經營事業或行使其所有權，應注意防免鄰地之損害。相較於原條文，修正了一些文字。

▼修法內容

條號	舊法	新法
774	土地所有人經營工業及行使其他之權利，應注意防免鄰地之損害。	土地所有人經營事業或行使其所有權，應注意防免鄰地之損害。

▼修正重點

1. 工業改為事業，蓋因士農工商，工只是其中一環，條文上過於狹隘，故修正為事業。
2. 經營事業是行使所有權之例示規定，而非列舉規定。

二 開掘土地或為建築之危害避免

土地所有人開掘土地或為建築時，不得因此使鄰地之地基動搖或發生危險，或使鄰地之建築物或其他工作物受其損害。（民§794）例如高雄捷運在開挖地下工程的時候，導致附近住戶的牆壁產生嚴重的龜裂，即違反此項規定。

三 工作物傾倒危險之預防

建築物或其他工作物之全部，或一部有傾倒之危險，致鄰地有受損害之虞者，鄰地所有人，得請求為必要之預防。（民§795）

防免鄰地損害之義務

① 經營事業或行使其所有權之損害防免
② 開掘土地或為建築之危害避免
③ 工作物傾倒危險之預防

房子倒塌，壓到隔壁的房子。

對於相鄰關係中較為危險之建築類型的行為，應該賦予相鄰當事人較為完備之權利，以保障其不會遭到不測之損害。除了讓行為人有避免危害發生之義務，以讓相鄰的當事人有預防危害發生的請求權。

9 關於水之相鄰關係

一 鄰地自然流至之水

土地所有人不得妨阻由鄰地自然流至之水。

▼修法內容

條號	舊法	新法
775	由高地自然流至之水，低地所有人不得妨阻。 由高地自然流至之水，而為低地所必需者，高地所有人縱因其土地之必要，不得防堵其全部。	土地所有人不得妨阻由<u>鄰地</u>自然流至之水。 自然流至之水為鄰地所必需者，土地所有人縱因其土地利用之必要，不得妨阻其全部。

▼修正重點

1. 水未必皆從高地往低處流，有時也會逆流而上，或者是平地相流，只要是自然之水流，土地所有人就有承受之義務。因此，將高地、低地之用與改為鄰地。

2. 高地所有人、低地所有人，改為土地所有人。

八八水災的大水不是自然流至之水，快想辦法防阻。

◼ 直注相鄰不動產之液體

土地所有人不得設置屋簷、工作物或其他設備，使雨水或其他液體直注於相鄰之不動產。例如油煙、冷氣滴水或雨水。

▼修法內容

條號	舊 法	新 法
777	土地所有人，不得設置屋簷，或其他工作物，使雨水直注於相鄰之不動產。	土地所有人不得設置屋簷、工作物或其他設備，使雨水或其他液體直注於相鄰之不動產。

▼修正重點

1. 現在社會比鄰而居，會注入其他相鄰不動產之液體，不再僅限於雨水，可能還有油煙或冷氣滴水，所以新增加「其他液體」。

2. 其次，也不僅只有屋簷或其他工作物，如前所述，可能還有冷氣機、排油煙機等，故修法新增加「其他設備」。

你們家的冷氣水一直滴到我家屋頂，滴滴答答的，吵死人了啦！

三 必要疏通工事及費用負擔

　　水流如因事變在鄰地阻塞，土地所有人得以自己之費用，為必要疏通之工事。但鄰地所有人受有利益者，應按其受益之程度，負擔相當之費用。

▼修法内容

條號	舊　法	新　法
778	水流如因事變在低地阻塞，高地所有人得以自己之費用，為必要疏通之工事。但其費用之負擔，另有習慣者，從其習慣。	水流如因事變在鄰地阻塞，土地所有人得以自己之費用，為必要疏通之工事。但鄰地所有人受有利益者，應按其受益之程度，負擔相當之費用。前項費用之負擔，另有習慣者，從其習慣。

▼修正重點

　　土地所有人得以自己之費用，為必要疏通之工事，惟如鄰地所有人亦受有利益時，為公平起見，於其受益之程度内，令負擔相當之費用。

四 用水通行權

　　家中淹大水，為了讓水能夠順利排放至河流中，必須經過隔壁鄰居家的土地，法律上是允許這樣子的情況發生，只是必須符合損害最小原則，而且若鄰地有損害，還必須支付償金。

　　如果有使用鄰地以設置之工作物，應按其受益之程度，負擔該工作物設置及保存之費用。

▼修法內容

條號	舊法	新法
779	高地所有人，因使浸水之地乾涸，或排泄家用，農工業用之水以至河渠或溝道，得使其水通過低地。但應擇於低地損害最少之處所及方法為之。 前項情形，高地所有人，對於低地所受之損害，應支付償金。	土地所有人因使浸水之地乾涸，或排泄家用或其他用水，以至河渠或溝道，得使其水通過鄰地。但應擇於鄰地損害最少之處所及方法為之。 前項情形，有通過權之人對於鄰地所受之損害，應支付償金。 前二項情形，法令另有規定或另有習慣者，從其規定或習慣。 第一項但書之情形，鄰地所有人有異議時，有通過權之人或異議人得請求法院以判決定之。
780	土地所有人，因使其土地之水通過，得使用高地或低地所有人所設之工作物。但應按其受益之程度，負擔該工作物設置及保存之費用。	土地所有人因使其土地之水通過，得使用鄰地所有人所設置之工作物。但應按其受益之程度，負擔該工作物設置及保存之費用。

▼修正重點

1. 農工業用水是否適合排放至河渠或溝道，時值環境保護議題盛行，自有相關環保法令加以規範，故民法第779條特增訂第3項：「前二項情形，法令另有規定或另有習慣者，從其規定或習慣。」

2. 第779條第4項則規定有異議時之處理方式，是針對什麼是「損害最小之處所及方法」，由法院加以判定，此種訴訟性質屬於形成之訴，法院不受到當事人聲明之拘束，可以依職權認定什麼是「損害最小之處所及方法」。若主張有通過權之人或異議人請求對特定之處所及方法，確認其有無通過之權利時，則屬於確認之訴。

五 水之自由使用權

▼修法內容

條號	舊法	新法
781	水源地、井、溝渠及其他水流地之所有人，得自由使用其水。但有特別習慣者，不在此限。	水源地、井、溝渠及其他水流地之所有人得自由使用其水。但法令另有規定或另有習慣者，不在此限。

▼修正重點

　　水源地、井、溝渠及其他水流地之所有人，對水有自由使用權。但是，還是有例外情況，例如水利法第16條規定：「非中華民國國籍人民用水，除依本法第42條之規定外，不得取得水權。但經中央主管機關報請行政院核准者，不在此限。」

六 水之回復原狀請求權

　　水源地或井之所有人對於他人因工事杜絕、減少或污染其水者，得請求損害賠償。如其水為飲用或利用土地所必要者，並得請求回復原狀；其不能為全部回復者，仍應於可能範圍內回復之。

▼修法內容

條號	舊法	新法
782	水源地或井之所有人，對於他人因工事杜絕、減少或污穢其水者，得請求損害賠償。如其水為飲用，或利用土地所必要者，並得請求回復原狀。但不能回復原狀者，不在此限。	水源地或井之所有人對於他人因工事杜絕、減少或污染其水者，得請求損害賠償。如其水為飲用或利用土地所必要者，並得請求回復原狀；其不能為全部回復者，仍應於可能範圍內回復之。 前項情形，損害非因故意或過失所致，或被害人有過失者，法院得減輕賠償金額或免除之。

▼修正重點

1. 水源或井水，凡為飲用水或利用土地所必要者，「於可能範圍內」全部或一部回復，原條文易使人誤解為無法回復原狀時，僅能請求損害賠償，為避免疑義，逐修正如新法。

2. 本條規定採取無過失責任主義。

▼其他民法物權修正重點

條號	舊 法	新 法
784	水流地所有人，如對岸之土地，屬於他人時，不得變更其水流或寬度。 兩岸之土地，均屬於水流地所有人者，其所有人得變更其水流或寬度，但應留下游自然之水路。 前二項情形，如另有習慣者，從其習慣。	水流地對岸之土地屬於他人時，水流地所有人不得變更其水流或寬度。 兩岸之土地均屬於水流地所有人者，其所有人得變更其水流或寬度。但應留下游自然之水路。 前二項情形，法令另有規定或另有習慣者，從其規定或習慣。
785	水流地所有人，有設堰之必要者，得使其堰附著於對岸。但對於因此所生之損害，應支付償金。 對岸地所有人，如水流地之一部，屬於其所有者，得使用前項之堰。但應按其受益之程度，負擔該堰設置及保存之費用。 前二項情形，如另有習慣者，從其習慣。	水流地所有人有設堰之必要者，得使其堰附著於對岸。但對於因此所生之損害，應支付償金。 對岸地所有人於水流地之一部屬於其所有者，得使用前項之堰。但應按其受益之程度，負擔該堰設置及保存之費用。 前二項情形，法令另有規定或另有習慣者，從其規定或習慣。

相關考題

下列何者不屬於我國現行民法中所定之相鄰關係？　(A)袋地通行權 (B)採光權　(C)餘水給與請求權　(D)越界建築	(B)
【96公務初等人事經建 - 法學大意】	

鄰地使用

一 鄰地通行權

又稱之為「袋地通行權」。土地因與公路無適宜之聯絡，致不能為通常使用時，除因土地所有人之任意行為所生者外，土地所有人得通行周圍地以至公路。此一通行權制定之主要目的，是希望能充分發揮袋地之經濟效用，以促進物盡其用之社會整體利益，不容袋地所有人任意預為拋棄。(75台上947)

▼修法內容

條號	舊法	新法
787	土地因與公路無適宜之聯絡，致不能為通常使用者，土地所有人得通行周圍地以至公路。但對於通行地因此所受之損害，應支付償金。 前項情形，有通行權人，應於通行必要之範圍內，擇其周圍地損害最少之處所及方法為之。	土地因與公路無適宜之聯絡，致不能為通常使用時，除因土地所有人之任意行為所生者外，土地所有人得通行周圍地以至公路。 前項情形，有通行權人應於通行必要之範圍內，擇其周圍地損害最少之處所及方法為之；對於通行地因此所受之損害，並應支付償金。 第779條第4項規定，於前項情形準用之。

▼修正重點

1. 第779條第4項規定：「第1項但書之情形，鄰地所有人有異議時，有通過權之人或異議人得請求法院以判決定之。」
2. 若該土地本與公路有適宜之聯絡，可為通常使用，竟因土地所有人之任意行為而阻斷，應由土地所有人自行承受。

A地二面環海，
只有通過B地才
能到達馬路。

3. 任意行為，是指於土地通常使用之情形下，因土地所有人自行排除或阻斷土地對公路之適宜聯絡而言，例如自行拆除橋梁或建築圍牆致使土地不能對外為適宜聯絡。

▼修法內容

條號	舊　法	新　法
788	有通行權人，於必要時，得開設道路。但對於通行地因此所受之損害，應支付償金。	有通行權人於必要時，得開設道路。但對於通行地因此所受之損害，應支付償金。 前項情形，如致<u>通行地損害過鉅者</u>，通行地所有人得請求有通行權人以相當之價額<u>購買通行地</u>及因此形成之<u>畸零地</u>，其價額由當事人協議定之；不能協議者，得請求法院以判決定之。

▼修正重點

　　增訂得請求通行權人購買通行地之情況，以求公平並維持不動產相鄰關係之和諧。

二 因土地之一部讓與或分割而生之通行權

　　因土地一部之讓與或分割，而與公路無適宜之聯絡，致不能為通常使用者，土地所有人因至公路，僅得通行受讓人或讓與人或他分割人之所有地。

　　本條規定之主要目的，希望土地所有人在一部讓與或分割前，能預見會發生與公路無適宜聯絡之情形，不能因為自己的任意行為，導致其他土地所有人還要忍受其通行於自己的土地上，此乃事理之當然。(89台上756)換言之，土地所有人不能因為自己的行為，而增加他人的負擔。

▼修法內容

條號	舊法	新法
789	因土地一部之讓與或分割，致有不通公路之土地者，不通公路土地之所有人，因至公路，僅得通行受讓人或讓與人或他分割人之所有地。 前項情形，有通行權人，無須支付償金。	因土地一部之讓與或分割，而與公路無適宜之聯絡，致不能為通常使用者，土地所有人因至公路，僅得通行受讓人或讓與人或他分割人之所有地。數宗土地同屬於一人所有，讓與其一部或同時分別讓與數人，而與公路無適宜之聯絡，致不能為通常使用者，亦同。 前項情形，有通行權人，無須支付償金。

▼修正重點

　　「同屬於一人」非指狹義的一人，包括相同數人。

相關考題

土地因與公路無適宜之聯絡，致不能為通常使用者，土地所有人，得通行周圍地以至公路。但對於通行地因此所受之損害，應支付償金。此學說上稱為：　(A)地上權　(B)袋地通行權　(C)地役權　(D)特殊地役權　　　　　　　　　　【96公務初等一般行政-法學大意】	(B)

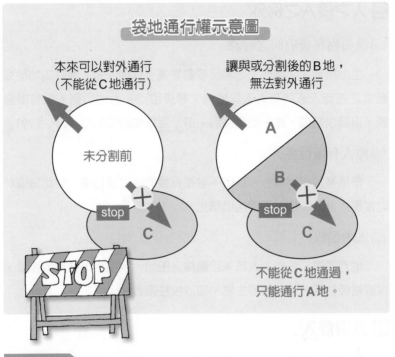

袋地通行權示意圖

本來可以對外通行
（不能從C地通行）

讓與或分割後的B地，
無法對外通行

未分割前

A

B

stop

stop

C

C

不能從C地通過，
只能通行A地。

相關考題

下列有關袋地所有人通行權之敘述，何者錯誤？　(A)土地因與公路無適宜之聯絡，致不能為通常使用者，土地所有人得通行周圍地以至公路　(B)袋地所有人對通行地因此所受之損害，無須支付償金　(C)有通行權人於必要時得開設道路　(D)因土地一部之讓與或分割，致有不通公路之土地者，不通公路土地之所有人，因至公路，僅得通行受讓人或讓與人或他分割人之所有地　　　　　　　　　　　　　　【97不動產經紀人-民法概要】	(B)

解析：民法第789條規定已修正，因此選項(D)之文字業已修正。

土地因與公路無適宜之聯絡，致不能為通常使用者，土地所有人得通行周圍地以至公路，此權利謂：　(A)鄰地使用權　(B)袋地通行權　(C)管線安設權　(D)開路通行權　　　【99地方特考三等法制-民法】	(B)

三 人之侵入之例外

(一)逸失物尋查取回之容許

土地所有人，遇他人之物品或動物偶至其地內者，應許該物品或動物之占有人或所有人入其地內，尋查取回。土地所有人受有損害者，得請求賠償。於未受賠償前，得<u>留置</u>其物品或動物。(民§791)

(二)他人有通行權者

是指基於相鄰關係，或因不動產役權而生之通行權，對此有權利之當事人進入，自然不得加以禁止。

(三)入內樵牧

地方習慣，任他人入其未設圍障之田地、牧場、山林刈取雜草，採取枯枝枯幹，或採集野生物，或放牧牲畜者。

四 氣響侵入

民法第793條：「土地所有人於他人之土地、建築物或其他工作物有瓦斯、蒸氣、臭氣、煙氣、熱氣、灰屑、喧囂、振動及其他與此相類者侵入時，得禁止之。但其侵入輕微，或按土地形狀、地方習慣，認為相當者，不在此限。」

舊法有關氣響侵入之來源，僅規範「他人之土地」，但是實際上常有來自於相鄰之建築物或其他工作物，因此特於修法時加入其中。

但是，也並不是所有的入侵都要禁止。如果入侵很輕微，例如隔壁鄰居在白天鑽牆壁打個小洞，DIY架設小壁架，產生一些灰屑到隔壁，則因為並未造成重大的損害，應屬輕微。

五 遺失物尋查取回之容許

我們家的羊跑到你的牧場去了，讓我進去找羊，可以嗎？

可以，但是不要把我的牧場弄壞，否則要賠錢的。

相關考題

甲之菜園，遭乙飼養的雞隻進入，種植的菜一部分毀損，乙進入菜園欲取回該雞隻，甲應如何處置？　(A)須先賠償損害，否則不允許進入　(B)不允許進入，且得請求損害賠償　(C)允許取回，但須先提供擔保　(D)允許取回，但未受賠償則留置雞隻 【97公務初等-法學大意】

(D)

11 越界之相鄰關係

一 越界建築

土地所有人建築房屋非因故意或重大過失逾越地界者，鄰地所有人如知其越界而不即提出異議，不得請求移去或變更其房屋。但土地所有人對於鄰地因此所受之損害，應支付償金。（民§796）

越界建築，衍生出「鄰地所有人之忍受義務」，為土地所有人所建房屋之整體，有一部分逾越疆界，若予拆除，勢將損及全部建築物之經濟價值而設。倘土地所有人所建房屋整體之外，越界加建房屋，則鄰地所有人請求拆除，原無礙於所建房屋之整體，即無該條規定之適用。（67台上800）

二 建築物之範圍

越界建築，其建築物必為房屋，苟屬非房屋構成部分之牆垣、豬欄、狗舍或屋外之簡陋廚廁，尚不能謂有該條之適用。（59台上1799）針對「牆垣」的部分，實務上認為非房屋構成部分，如有越界建築，不論鄰地所有人是否知情而不即提出異議，並沒有民法第796條之適用。（62台上1112）

至於如果是房屋全部建築於他人之土地時，是否仍有適用呢？實務上認為「民法第796條所謂土地所有人建築房屋逾越疆界，係指土地所有人在其自己土地建築房屋，僅其一部分逾越疆界者而言。若其房屋之全部建築於他人之土地，則無同條之適用。」

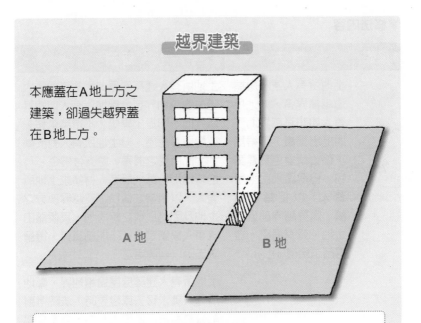

越界建築

本應蓋在A地上方之建築，卻過失越界蓋在B地上方。

A地

B地

越界建築之要件

「非因故意或重大過失」+「知其越界不即提出異議」

越界建築之效果

1. 不得請求移去或變更其房屋
2. 支付償金（土地所有人）
3. 相當價額購買越界部分之土地及因此形成之畸零地

▼修法內容

條號	舊法	新法
796	土地所有人建築房屋逾越疆界者，鄰地所有人如知其越界而不即提出異議，不得請求移去或變更其建築物。但得請求土地所有人，以相當之價額，購買越界部分之土地，如有損害，並得請求賠償。	土地所有人建築房屋非因故意或重大過失逾越地界者，鄰地所有人如知其越界而不即提出異議，不得請求移去或變更其房屋。但土地所有人對於鄰地因此所受之損害，應支付償金。前項情形，鄰地所有人得請求土地所有人，以相當之價額購買越界部分之土地及因此形成之畸零地，其價額由當事人協議定之；不能協議者，得請求法院以判決定之。
796-1		土地所有人建築房屋逾越地界，鄰地所有人請求移去或變更時，法院得斟酌公共利益及當事人利益，免為全部或一部之移去或變更。但土地所有人故意逾越地界者，不適用之。前條第1項但書及第2項規定，於前項情形準用之。
796-2		前二條規定，於具有與房屋價值相當之其他建築物準用之。

▼修正重點

1. 舊法對於越界建築，無分故意或重大過失一律加以保護，有欠公允，因此修正為「非因故意或重大過失」始加以保障。如果因為越界建築導致鄰地成為畸零地，也應該賦予鄰地所有人請求土地所有人購買權，以符合實際。民法第796-1條規定，主要是參酌最高法院67年台上字第800號判決，由法院斟酌公共利益及當事人利益，免為全部或一部之移去或變更。

2. 民法第796-2條規定，是指房屋以外之建築物種類繁多，如一律加以保障，將侵害鄰地所有人之權益，故限縮在與房屋價值相當的其他建築物，例如倉庫、立體停車場等等，才有準用民法第796、796-1條之規定。

相關考題

土地所有人建築房屋逾越疆界，鄰地所有人知其越界而不即提出異議者，應如何主張其權利？　(A)請求拆屋還地，並得請求損害賠償　(B)不得請求拆除，但得請求購買越界部分之土地　(C)請求損害賠償，並請求就越界部分支付租金　(D)請求承租越界部分，但不得請求拆除房屋　　　　　　　　　　【97初等人事經建政風-法學大意】	(B)
下列有關越界建築之敘述，何者錯誤？　(A)土地所有人建築房屋，因過失而逾越疆界者，鄰地所有人如知其越界而不及提出異議，不得請求移去或變更其建築物　(B)土地所有人建築房屋，因過失而逾越疆界者，鄰地所有人雖知其越界而不即提出異議，仍得請求移去或變更其建築物　(C)土地所有人建築房屋逾越疆界者，鄰地所有人得請求土地所有人，以相當之價額，購買越界部分之土地　(D)土地所有人建築房屋逾越疆界者，鄰地所有人如因此受有損害，得請求土地所有人賠償　　　　　　　　　　　　【97不動產經紀人-民法概要】	(B)
甲乙之地相鄰，甲在其土地上建築房屋，因疏忽逾越乙的土地，乙知悉後並無反對意見。針對本題，下列敘述何者正確？　(A)乙可請求甲拆屋還地　(B)乙依相鄰關係有容忍之義務　(C)乙得請求甲購買房屋越界之土地　(D)乙縱有損害，對甲亦無損害賠償請求權　　　　　　　　　　　　　　　　　　【97高考三級-法學知識與英文】	(C)
甲將A地設定地上權於乙，供乙在A地上興建B屋，乙興建B屋時不慎有部分B屋越界建在丙之C地上，試問B屋之所有權屬於何人？　(A)甲　(B)乙　(C)甲丙共有　(D)乙丙共有　　　　　　　　　　　　　　　　　　【96五等地方公務-法學大意】	(B)

三 果實自落於鄰地

民法第798條規定：「果實自落於鄰地者，視為屬於鄰地所有人。但鄰地為公用地者，不在此限。」如果掉在鄰地（公用地），果實仍歸果樹所有人所有。

條號	舊法	新法
798	果實自落於鄰地者，視為屬於鄰地。但鄰地為公用地者，不在此限。	果實自落於鄰地者，視為屬於鄰地所有人。但鄰地為公用地者，不在此限。

本法將「鄰地」二字修正為「鄰地所有人」，以符合原立法旨趣。本條文主要之重點在於什麼是「自落」，依據立法理由表示，凡非基於鄰地所有人之行為致果實掉落者，均屬之。例如風吹雨打、第三人動搖而落地等。如果是鄰地所有人自己或指使他人動搖而落地者，則非屬「自落」二字之範疇。

四 與民法總則不動產出產物之關係

民法總則中，則介紹不動產之出產物。不動產之出產物，尚未分離者，為該不動產之部分。（民§66 II）例如種植樹木、稻米等，並非定著物。所以，出產物屬於土地所有權人所有，如果是承租人種植的，也只有收取權，沒有所有權。若趁別人不在家，在他人土地上偷種農作物，因為既非所有權人，也沒有收取權，不能夠隨便採收，否則會構成侵權行為。果實，也是屬於不動產之出產物，如果已經分離的情況，則依據本條規定決定其所有。

掉到我家，所以是我的。

甲土地所有人種植的果樹，果實掉落在鄰地，則屬於誰所有呢？
若是自落於鄰地，則屬於鄰地所有人所有。

▲鄰地　　▲土地所有人種植的果樹

【自落】

大風吹落果實

【非自落】

鄰居拿竹子將果實打落至自己之土地

▼其他民法物權修正重點

條號	舊 法	新 法
786	土地所有人，非通過他人之土地，不能安設電線、水管、煤氣管、或其他筒管，或雖能安設而需費過鉅者，得通過他人土地之上下而安設之。但應擇其損害最少之處所及方法為之。並應支付償金。 依前項之規定，安設電線、水管、煤氣管或其他筒管後，如情事有變更時，他土地所有人得請求變更其安設。 前項變更安設之費用，由土地所有人負擔。但另有習慣者，從其習慣。	土地所有人非通過他人之土地，不能設置電線、水管、瓦斯管或其他管線，或雖能設置而需費過鉅者，得通過他人土地之上下而設置之。但應擇其損害最少之處所及方法為之，並應支付償金。 依前項之規定，設置電線、水管、瓦斯管或其他管線後，如情事有變更時，他土地所有人得請求變更其設置。 前項變更設置之費用，由土地所有人負擔。但法令另有規定或另有習慣者，從其規定或習慣。 第779條第4項規定，於第1項但書之情形準用之。
790	土地所有人得禁止他人侵入其地內。但有左列情形之一者，不在此限： 一、他人有通行權者。 二、依地方習慣，任他人入其未設圍障之田地、牧場、山林刈取雜草，採取枯枝枯幹，或採集野生物，或放牧牲畜者。	土地所有人得禁止他人侵入其地內。但有下列情形之一，不在此限： 一、他人有通行權者。 二、依地方習慣，任他人入其未設圍障之田地、牧場、山林刈取雜草，採取枯枝枯幹，或採集野生物，或放牧牲畜者。
792	土地所有人，因鄰地所有人在其疆界或近旁，營造或修繕建築物有使用其土地之必要，應許鄰地所有人使用其土地，但因而受損害者，得請求償金。	土地所有人因鄰地所有人在其地界或近旁，營造或修繕建築物或其他工作物有使用其土地之必要，應許鄰地所有人使用其土地。但因而受損害者，得請求償金。
793	土地所有人，於他人之土地有煤氣、蒸氣、臭氣、煙氣、熱氣、灰屑、喧囂、振動、及其他與此相類者侵入時，得禁止之。但其侵入輕微，或按土地形狀、地方習慣，認為相當者，不在此限。	土地所有人於他人之土地、建築物或其他工作物有瓦斯、蒸氣、臭氣、煙氣、熱氣、灰屑、喧囂、振動及其他與此相類者侵入時，得禁止之。但其侵入輕微，或按土地形狀、地方習慣，認為相當者，不在此限。

條號	舊　法	新　法
794	土地所有人開掘土地或為建築時，不得因此使鄰地之地基動搖或發生危險，或使鄰地之工作物受其損害。	土地所有人開掘土地或為建築時，不得因此使鄰地之地基動搖或發生危險，或使鄰地之建築物或其他工作物受其損害。
797	土地所有人，遇鄰地竹木之枝根，有逾越疆界者，得向竹木所有人，請求於相當期間內，刈除之。 竹木所有人，不於前項期間內刈除者，土地所有人，得刈除越界之枝根。 越界竹木之枝根，如於土地之利用無妨害者，不適用前二項之規定。	土地所有人遇鄰地植物之枝根有逾越地界者，得向植物所有人，請求於相當期間內刈除之。 植物所有人不於前項期間內刈除者，土地所有人得刈取越界之枝根，並得請求償還因此所生之費用。 越界植物之枝根，如於土地之利用無妨害者，不適用前二項之規定。

相關考題

甲擅自挖取乙地之果樹，種植於丙地，果樹上之果實，經颱風颳落於丁地，該掉落之果實應屬於何人所有？　(A)甲　(B)乙　(C)丙　(D)丁　　　　　　　　　　　　　【99三等身障特考財稅行政-民法】	(D)
甲地果樹上之果實，經風吹落於隔鄰供公眾通行之土地上，該果實屬於何人所有？　(A)甲　(B)公有　(C)拾得人　(D)發現人　　　　　　　　　　　　　【97鐵公路佐級公路監理-法學大意】	(A)
甲承租乙之土地種植果樹，樹上結實累累，該樹上果實屬於何人所有？　(A)甲　(B)乙　(C)甲乙分別共有　(D)甲乙公同共有　　　　　　　　　　　　　【97鐵公路佐級公路監理-法學大意】	(B)

解析：
如果是承租人種植的，也只有收取權，沒有所有權。

12 建築物之區分所有

一 專有部分與共有部分之概念

專有部分，指區分所有建築物在構造上及<u>使用上可獨立</u>，且得<u>單獨為所有權之標的者</u>。例如大廈各自住戶之內部。

共有部分，指區分所有建築物專有部分以外之其他部分及不屬於專有部分之附屬物。例如大廈之中庭、公共遊憩設施。

▼修法內容

條號	舊 法	新 法
799	數人區分一建築物，而各有其一部者，該建築物及其附屬物之共同部分，推定為各所有人之共有，其修繕費及其他負擔，由各所有人，按其所有部分之價值分擔之。	I 稱區分所有建築物者，謂數人區分一建築物而各專有其一部，就<u>專有部分有單獨所有權</u>，並就該建築物及其附屬物之<u>共同部分共有之建築物</u>。 II 前項<u>專有部分</u>，指區分所有建築物在構造上及使用上可獨立，且得單獨為所有權之標的者。<u>共有部分</u>，指區分所有建築物專有部分以外之其他部分及不屬於專有部分之附屬物。 III 專有部分得經其所有人之同意，依規約之約定供區分所有建築物之所有人共同使用；共有部分除法律另有規定外，得經規約之約定供區分所有建築物之特定所有人使用。 IV 區分所有人就區分所有建築物共有部分及基地之應有部分，依其專有部分面積與專有部分總面積之比例定之。但另有約定者，從其約定。 V 專有部分與其所屬之共有部分及其基地之權利，不得分離而為移轉或設定負擔。

▼修正重點

1. 民法與公寓大廈管理條例兩者規範範圍及功能有所不同，一為民法，一為行政法，兩者屬於私法及公法的協力關係，雙軌規範體系之建構，以達到有效規範合諧之社會生活，並滿足不同制定目的之需要。

2. 「各有其一部」改為「各專有其一部」。專有部分、共有部分，加以明確定義。專有部分，除須具有<u>使用之獨立性</u>外，並以具有<u>構造上之獨立性</u>為必要，此次修法予以明定，以符合<u>物權客體獨立性之原則</u>。

3. 為達到物盡其用之旨，就算是專有部分，也可以經「所有人同意→規約約定」程序，而共同使用。共有部分「規約約定－法律另有規定」，而共同使用。

4. 共有部分及基地之應有部分比例＝

　　　⑴約定 或 ⑵專有部分／專有部分總面積

修繕費用及其他負擔

立法例上有採下列兩種不同的制度：

(一)按其所有部分之價值

(二)依應有部分之比例：我國目前採取此一制度，因為我國並沒有法院鑑定專有部分價值的制度。目前公寓大廈收取管理費多是以權狀坪數計算，例如30坪的房子，每坪管理費60元，則須繳交1,800元。

繼受人是否應受規約之拘束？

分成規約與非規約而定：

(一)規約：區分所有建築物之各區分所有人因各專有該建築物之一部或共同居住其內，已形成一共同團體。而規約乃係由區分所有人團體運作所生，旨在規範區分所有人相互間關於區分所有建築物及其基地之管理、使用等事項，以增進共同利益，確保良好生活環境為目的，故區分所有人及其繼受人就規約所生之權利義務，依團體法法理，無論知悉或同意與否，均應受其拘束，方足以維持區分所有人間所形成團體秩序之安定。

(二)非規約：至區分所有人依其他約定所生之權利義務，其繼承人固應承受，但因非由團體運作所生，基於交易安全之保護，特定繼受人僅以明知或可得而知者為限，始受其拘束，爰增訂第799-1條第4項。(如右頁新舊條文比較表)

又所謂繼受人包括概括繼受與因法律行為而受讓標的之特定繼受人在內；區分所有人依法令所生之權利義務，繼受人應受拘束乃屬當然，無待明文，均併予指明。

▼修法內容

條號	舊法	新法
799-1	無	Ⅰ區分所有建築物共有部分之修繕費及其他負擔，由各所有人按其應有部分分擔之。但規約另有約定者，不在此限。 Ⅱ前項規定，於專有部分經依前條第3項之約定供區分所有建築物之所有人共同使用者，準用之。 Ⅲ規約之內容依區分所有建築物之專有部分、共有部分及其基地之位置、面積、使用目的、利用狀況、區分所有人已否支付對價及其他情事，按其情形顯失公平者，不同意之區分所有人得於規約成立後3個月內，請求法院撤銷之。 Ⅳ區分所有人間依規約所生之權利義務，繼受人應受拘束。其依其他約定所生之權利義務，特定繼受人對於約定之內容明知或可得而知者，亦同。
799-2	無	同一建築物屬於同一人所有，經區分為數專有部分登記所有權者，準用第799條規定。

相關考題

數人區分一建築物，而各專有其一部，就專有部分有單獨所有權，並就該建築物及其附屬物之共同部分共有之建築物，此種所有權享有之型態，稱為：　(A)區分共有　(B)區分合有　(C)區分公有　(D)區分所有　　　　　　　　　　　【99普考財稅行政-民法概要】	(D)

四 正中宅門之使用

區分所有建築物者，其專有部分之所有人，有使用他專有部分所有人正中宅門之必要者，得使用之。

▼修法內容

條號	舊法	新法
800	前條情形，其一部分之所有人，有使用他人正中宅門之必要者，得使用之。但另有特約或另有習慣者，從其特約或習慣。 因前項使用，致所有人受損害者，應支付償金。	第799條情形，其專有部分之所有人，有使用他專有部分所有人正中宅門之必要者，得使用之。但另有特約或另有習慣者，從其特約或習慣。 因前項使用，致他專有部分之所有人受損害者，應支付償金。

民法第800條之原條文是用「前條情形」語意不清，實務上認為係指第799條所謂「數人區分一建築物而各有其一部者」之情形而言，樓房之分層所有，即屬該條所揭情形之一種，其正中宅門雖非共同部分，仍有第800條之適用。（52台上1056）此次修法，特修正為「第799條情形」。

五 相鄰關係之準用

地上權人、農育權人、不動產役權人、典權人、承租人、其他土地、建築物或其他工作物利用人，也準用第774至800條之規定。（民§800-1）準用，僅指在性質不相牴觸之範圍內，始得準用。

▼修法內容

條號	舊法	新法
800-1	無	第774條至前條規定，於地上權人、農育權人、不動產役權人、典權人、承租人、其他土地、建築物或其他工作物利用人準用之。

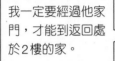
我一定要經過他家門，才能到返回處於2樓的家。

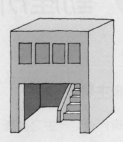

實務見解：52台上1056
至第800條所謂有使用他人正中宅門之必要者，係指依客觀事實有使用之必要者而言，如非使用他人之正中宅門，即無從通行出外者，自包含在內。

相關考題

有關建築物區分所有之敘述，下列何者錯誤？ (A)共有部分除法律另有規定外，得經規約之約定供區分所有建築物之特定所有人使用 (B)專有部分依規約之約定得供區分所有建築物之所有人共同使用 (C)專有部分與其所屬之共有部分及其基地之權利，不得分離而為移轉 (D)共有部分之修繕費，由各所有人按其應有部分分擔之 【103四等地特-法學知識與英文】	(B)
下列有關區分所有建築物之敘述，何者正確？ (A)共有部分修繕費及其他負擔，由各所有人依人數平均分擔之 (B)共有部分推定為各所有人之公同共有 (C)其一部分之所有人，有使用他人正中宅門之必要者，原則上非得他人之同意，不得使用之 (D)使用他人正中宅門，致所有人受損害者，應支付償金【100地方特考五等-法學大意】	(D)

13 動產所有權

━ 無主物之先占

現行規定無主之動產，如以所有之意思而占有者，取得其所有權。惟現行法令對於具備上開要件定有限制其取得所有權之規定者，例如野生動物保育法、文化資產保存法之規定等。為期周延並明確計，爰增列「法令另有規定」之除外規定。

規範條文	內容
文化資產保存法第85條	自然紀念物禁止採摘、砍伐、挖掘或以其他方式破壞，並應維護其生態環境。但原住民族為傳統祭典需要及研究機構為研究、陳列或國際交換等特殊需要，報經主管機關核准者，不在此限。

▼修法內容

條號	舊法	新法
802	以所有之意思，占有無主之動產者，取得其所有權。	以所有之意思，占有無主之動產者，除法令另有規定外，取得其所有權。

━ 漂流物、埋藏物

發見埋藏物而占有者，取得其所有權。但埋藏物係在他人所有之動產或不動產中發見者，該動產或不動產之所有人與發見人，各取得埋藏物之半。（民§808）發見之埋藏物足供學術、藝術、考古或歷史之資料者，其所有權之歸屬，依特別法之規定。（民§809）拾得漂流

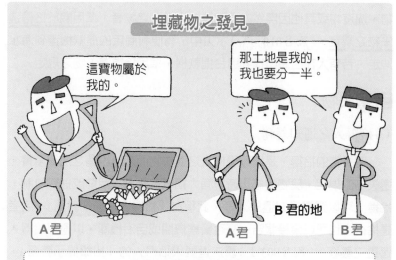

埋藏物之發見

這寶物屬於我的。

那土地是我的，我也要分一半。

B君的地

A君

A君

B君

文化資產保存法第47條

遺址發掘出土之古物，應由其發掘者列冊，送交主管機關指定古物保管機關（構）保管。

相關考題

甲欲將乙之土地占為己有種植蔬菜，甲在整地時，挖掘出一袋不知物主為何人的民國初年銀元，該銀元應屬於何人所有？　(A)甲　(B)乙　(C)國庫　(D)甲乙各得一半　　　　【97公務初等 - 法學大意】	(D)
下列何人不屬於依法律規定而得取得動產所有權？　(A)漂流物拾得人　(B)遺失物先發現人　(C)無主物先占人　(D)埋藏物先發現人　　　　　　　　　　　　　【97初等人事經建政風 - 法學大意】	(B)
發見之埋藏物足供學術、藝術、考古或歷史之資料者，其所有權之歸屬為何？　(A)發現人　(B)土地所有權人　(C)地方政府　(D)依特別法之規定　　　　　　　　　　　　【97鐵公路 - 民法大意】	(D)
依民法規定，拾得漂流物或沉沒品者，適用下列何者之規定？(A)遺失物拾得　(B)無主物先占　(C)埋藏物發見　(D)偶至物尋回　　　　　　　　　　　　【100五等司法特考 - 法學大意】	(A)

物、沈沒物或其他因自然力而脫離他人占有之物者，<u>準用關於拾得遺失物之規定</u>。（民§810）八八水災中，有便利商店的提款機遭到海水沖走，若有人在出海口找到這台提款機，準用拾得遺失物之規定。

🔳 遺失物

(一)拾得人之通知義務

遺失物的拾得，是指發現他人之遺失物而加以占有之法律事實。遺失物的規定，於物權修正時，有大幅度的變動。目前改採雙軌制，拾得人可以選擇通知遺失人等，此稱為「<u>拾得人之通知義務</u>」。或者是拾得人也可以直接報告、交存警察機關或自治機關，以避免拾得人過重之義務。（民§803Ⅰ）舊法還要求拾得人的「招領揭示義務」，但對於拾得人恐科以過重之義務，所以修法後改要求受報告人，應從速於遺失物拾得地或其他適當處所，以公告、廣播或其他適當方法招領之，更富有彈性。（民§803Ⅱ）

(二)認領之期限、費用及報酬請求、留置權

認領之期限，遺失物自通知或最後招領之日起<u>6個月內</u>，有受領權之人認領時，拾得人、招領人、警察或自治機關，於通知、招領及保管之費用受償後，<u>應將其物返還之</u>。（民§805Ⅰ）

有受領權之人認領遺失物時，拾得人<u>得請求報酬</u>。但不得超過其物財產上價值<u>十分之一</u>；其不具有財產上價值者，拾得人亦得請求相當之報酬。（民§805Ⅱ）有受領權人依前項規定給付報酬顯失公平者，得請求法院減少或免除其報酬。（民§805Ⅲ）第2項報酬請求權，因6個月間不行使而消滅。（民§805Ⅳ）

第1項費用之支出者或得請求報酬之拾得人，在其費用或報酬未受清償前，就該遺失物有<u>留置權</u>；其權利人有數人時，遺失物占有人視為為全體權利人占有。（民§805Ⅴ）

拾得物易於腐壞或其保管需費過鉅者,招領人、警察或自治機關得為拍賣或逕以市價變賣之,保管其價金。(民§806)

1000 1100 900

我得標了!

拾得人得請求報酬

先生!我撿到你的手機,請給我2,000元。

這是5年前沒價值了的手機,還要跟我拿2,000元!

有下列情形之一者，不得請求前條第2項之報酬：

1. 在公眾得出入之場所或供公眾往來之交通設備內，由其管理人或受僱人拾得遺失物。例如捷運站站長撿到。

2. 拾得人未於7日內通知、報告或交存拾得物，或經查詢仍隱匿其拾得遺失物之事實。

3. 有受領權之人為特殊境遇家庭、低收入戶、中低收入戶、依法接受急難救助、災害救助，或有其他急迫情事者。（民§805-1）

實務案例 大學生撿到皮包討報酬案

世風日下，人心不古。某大學法律系女學生在校內遺失裝有學費（現金）的皮包。該生撿到後，去電向失主要求報酬，不然就行使「留置權」，引發熱烈討論。其實現行制度不就是最低道德標準，透過十分之一報酬之規定，讓拾得人願意拾金不昧，而不會願意全部占為己有。算是人心不古的時代，勉強讓人接受的制度。只是太多的案例讓人心寒，像是本案例就是法律系學生熟悉法律規定，在自身根本沒有什麼費用的損失之下，居然還「依法」行使留置權，實在是讓人感到無奈。

此時就要討論一下拾得遺失物之留置權，以本案為例，到底拾得人可以留多少錢呢？有見解認為現金是可分割（不像物品不可分割），撿到10萬元的人，頂多只能主張1成（即1萬）報酬，則只能對此部分主張留置權。若拾得人不返還另外九成，也就是9萬元，就有可能成立刑法上的侵占罪。

相關考題　　拾得遺失物

對於遺失物拾得之敘述，下列何者錯誤？　(A)拾得人應盡通知及交付之義務　(B)拾得人取得遺失物之所有權　(C)拾得人享有費用償還請求權　(D)拾得人享有報酬請求權 【99四等基警行政警察-法學緒論】	(B)
有關路上拾得遺失物，依據現行相關民法、刑法之規定，以下敘述何者正確？　(A)拾金不昧良善美德，納為己有無法究責　(B)拾金不昧良善美德，歸還原主得求報酬　(C)天上掉下來的禮物，納為己有該當竊盜　(D)天上掉下來的禮物，招領無著充為公有 【100四等司法特考-法學知識與英文】	(B)
依據民法第807條規定，遺失物拾得後多久內所有人未認領者，警署或自治機關應將其物或其拍賣所得之價金，交與拾得人，歸其所有？　(A)3個月　(B)6個月　(C)1年　(D)2年 【97消防不動產-民法概要】	(B)

解析：
遺失物自通知或最後招領之日起逾6個月，未經有受領權之人認領者，由拾得人取得其所有權。警察或自治機關並應通知其領取遺失物或賣得之價金。(民§807Ⅰ)

甲拾得100萬元現金，經所有人認領者，甲得向所有人請求多少之報酬？　(A)30萬元　(B)50萬元　(C)100萬元　(D)不得請求 【97鐵公路-民法大意】	(A)

解析：
新法為1/10。

在路上撿到他人遺失的物品，依法應如何處理？　(A)在原處等一陣子，無人回來找，就取得所有權　(B)送警察機關招領，逾期沒人認領，由拾得人取得所有權　(C)拾得馬上取得所有權，因此若還給遺失人就是拾金不昧，應加以表揚　(D)要送警察機關招領，若逾期無人認領，就由政府取得所有權　【96三等退除役轉任】	(B)

四 添附

類型	分類	所有權歸屬
附合	動產與不動產 （動產為不動產之重要成分）	不動產所有人（民§811）
	動產與動產 （非毀損不能分離，或分離需費過鉅者）	各動產所有人，按其動產附合時之價值，共有合成物。（民§812 I） 有可視為主物者，該主物所有人，取得合成物之所有權。（民§812 II）
混合	動產與動產 （非毀損不能分離，或分離）	準用前動產與動產之附合。（民§813）
動產加工	動產與材料	加工物之所有權，屬於材料所有人。 但因加工所增之價值顯逾材料之價值者，其加工物之所有權屬於加工人。（民§814）

▼修法內容

	舊法	新法
816	因前五條之規定，喪失權利而受損害者，得依關於不當得利之規定，請求償金。	因前五條之規定而受損害者，得依關於不當得利之規定，請求償還價額。

▼修正重點

　　本條之核心在於不當得利，但是因為不當得利之規定，並不需要「喪失權利」之要件，故刪除此內容。由於本條規範意義，除民法第181條關於不當得利返還客體規定之適用外，其餘民法第179~183條均準用，另外第181條但書規定，僅使用「償還價額」，逐將「償金」改為「價額」。

相關考題　添附

| 甲有3萬元之名貴紫檀木，乙擅自取走並借丙觀賞，丙卻逕自雕刻成價值5萬元之藝術品，該藝術品應歸屬於何人所有？　(A)甲　(B)乙　(C)丙　(D)甲丙共有　　　【99三等身障特考財稅行政-民法】 | (A) |

相關考題　添附

甲擅自將乙機車上之後視鏡卸下，裝置在自己同型之機車上，則下列敘述何者正確？　(A)乙因添附而喪失後視鏡之所有權，但得向甲請求支付償金　(B)乙得請求甲返還該後視鏡　(C)甲乙因添附而分別共有該機車　(D)甲乙因添附而公同共有該機車 【100關稅四等-法學知識】	(B)
甲為名剪紙家，某日到郊外遊玩，一時興起欲為創作，乃取乙寫生練習之畫紙創作，該剪紙作品價值不凡，其所有權誰屬？　(A)屬於材料所有人乙　(B)屬於加工人甲　(C)由甲乙公同共有　(D)由甲乙依增加價值及紙張本來價值之比例分別共有 【99地方特考五等-法學大意】	(B)
下列何種情形屬於動產與動產之附合？　(A)將他人輪胎換裝於自己車上　(B)將他人的漆修補自己的車身　(C)將他人的汽車座椅裝置於自己車上　(D)將他人的引擎裝置於自己車上 【97公務初等-法學大意】	(B)
有關附合、混合、加工之規定，下列敘述何者正確？　(A)動產因附合而為不動產之重要成分者，動產所有人，取得動產所有權　(B)動產與他人之動產附合，非毀損不能分離，各動產所有人，按其動產附合時之價值，共有合成物　(C)加工於他人之動產者，其加工物之所有權，屬於加工人　(D)因加工所增之價值顯逾材料之價值者，其加工物之所有權屬於材料所有人　【97鐵公路-民法大意】	(B)
甲以乙之水泥修繕自己房屋之屋頂，構成民法上之：　(A)動產與不動產混合　(B)動產與不動產之附合　(C)動產與動產之混合　(D)動產與不動產之混同　【96公務初等人事經建-法學大意】	(B)
甲擅自將乙所有價值新臺幣（下同）1萬元之檀木雕刻成法相莊嚴市價50萬元之觀音佛像，該觀音佛像所有權應歸屬於何人所有？　(A)甲所有　(B)乙所有　(C)甲乙二人依價值比例共有　(D)甲、乙二人平均共有　【96公務初等人事經建-法學大意】	(A)
下列何者成立民法物權編上之加工？　(A)甲以乙的建材對自己之房屋作重大修繕　(B)甲將乙的油漆塗在自己的腳踏車輪框上　(C)甲將乙的石材雕塑出一太極人像　(D)甲將乙的咖啡粉加入自己的牛奶中 【106高考-法學知識與英文】	(C)

14 共有

▅ 共有人之使用收益權

　　各共有人，除契約另有約定外，按其應有部分，對於<u>共有物之全部，有使用收益之權</u>。(民§818)如果是對於特定部分的使用收益，還是必須經過其他共有人全體之同意。(62台上1803)應有部分，與共有物之特定部分，兩者概念並不相同，是指分別共有人得行使權利之比例。(57台上2387)

　　應有部分類似於股份之概念，例如應有部分是五分之一，收益的話，若契約沒有另為約定之情況，也應該是五分之一。實務上亦採此一見解，認為使用收益權應按其應有部分而行使，不得損及其他共有人之利益，若有侵害，則與侵害他人之所有權同。(51台上3495)

▼修法內容

	舊　法	新　法
818	各共有人，按其應有部分，對於共有物之全部，有使用收益之權。	各共有人，<u>除契約另有約定外</u>，按其應有部分，對於共有物之全部，有使用收益之權。

▼修正重點

　　如果當事人間有分管協議，依據契約自由原則，法律自應加以尊重。縱使各共有人依該協議實際可為使用或收益之範圍超過或小於應有部分，亦屬契約自由範圍。

共有人之使用收益

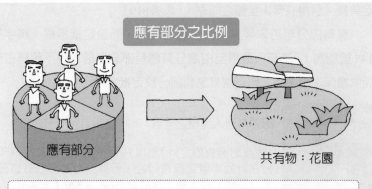

應有部分之比例

應有部分

共有物：花園

每位共有人可以依應有部分之比例，也就是1/4，享有花園之使用收益，例如每個月每人使用7天半。

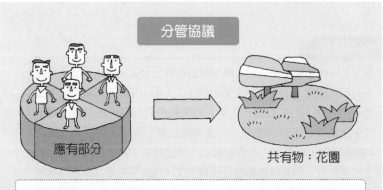

分管協議

應有部分

共有物：花園

每位共有人可訂定分管協議，決定使用收益之方式、比例。例如其中三人長年住國外，遂讓另一人獨立享有其他三人不在臺灣時之使用收益權。

二 共有物之處分與管理

　　各共有人，得自由處分其應有部分。共有物之處分、變更、及設定負擔，應得共有人全體之同意。（民§819）

　　應有部分可否未經共有人全體之同意，而設定抵押權？釋字第141號認為：「共有人既得自由處分其應有部分，則遇有不移轉占有而供擔保之必要時，自得就其應有部分設定抵押權。」

處分、變更、及設定負擔	應得共有人全體之同意
管　理	（除契約另有約定外）應以共有人過半數及其應有部分合計過半數之同意行之，但其應有部分合計逾三分之二者，其人數不予計算。（民§820 I）管理包含舊法之「改良」。
簡易修繕及其他保存行為	得由各共有人單獨為之。（民§820 V）

相關考題

甲、乙、丙共有土地一宗，應有部分各為三分之一，依民法規定，下列何者正確？　(A)甲將土地出賣予丁，甲、丁間之買賣契約應經乙、丙同意，始生效力　(B)甲、乙未經丙之同意，將土地出租予丁，租賃契約不得對抗丙　(C)土地經合意分管後，甲將其分管之A部分土地出租予丁，不須經過乙、丙之同意　(D)土地經合意分管並經登記後，甲將其應有部分移轉予戊，戊以不知悉該分管契約為由，主張不受分管契約之拘束　【106高考-法學知識與英文】　(C)

三 共有物之分割

各共有人,除法令另有規定外,得隨時請求分割共有物。但因物之使用目的不能分割或契約訂有不分割之期限者,不在此限。(民§823Ⅰ)

前項約定不分割之期限,不得逾5年;逾5年者,縮短為5年。但共有之不動產,其契約訂有管理之約定時,約定不分割之期限,不得逾30年;逾30年者,縮短為30年。(民§823Ⅱ)

前項情形,如有重大事由,共有人仍得隨時請求分割。(民§823Ⅲ)

我們來分割這塊共有道路吧!

共有道路原則上不得分割

共有道路,除請求分割之共有人,願就其分得部分土地為他共有人設定地役權外,原則上不得分割。(58台上2431)

因物之使用目的不能分割

民法第823條第1項所謂因物之使用目的不能分割,係指共有物繼續供他物之用,而為其物之利用所不可缺,或為一權利之行使所不可缺者而言,例如界標、界牆、區分所有建築物之共同部分、共有之契據是。(92台上564號)

甲將自己所有之土地之應有部分二分之一贈與給乙，並為登記，則甲、乙二人就該土地所有權之享有型態為：　(A)分別共有　(B)公同共有　(C)區分所有　(D)單獨共有　【99普考財稅行政-民法概要】　(A)

數人按其應有部分，對於一物有所有權者，為下列何種人？　(A)出租人　(B)共有人　(C)占有人　(D)持有人　【97不動產經紀人-民法概要】　(B)

共有人對共有物之簡易修繕：　(A)得由各共有人單獨為之　(B)應經共有人全體之同意　(C)應經共有人過半數之同意　(D)應經共有人過半數並其應有部分合計已過半數者之同意　【99高考三等財稅行政-民法】　(A)

甲、乙、丙共有房屋一間，每人有三分之一應有部分，若該屋窗戶玻璃因颱風而毀損，共有人欲加以修繕，其要件為何？　(A)共有人全體同意　(B)各共有人得自行為之　(C)過半數共有人之同意　(D)三分之二共有人之同意　【97初等人事經建政風-法學大意】　(B)

依民法規定，各共有人就共有物及其應有部分之行為，下列敘述何者正確？　(A)與他人訂定共有物之買賣契約，應得共有人全體之同意　(B)移轉共有物之所有權，應得共有人全體之同意　(C)得對共有物自由設定負擔　(D)處分其應有部分，應得共有人過半數之同意　【99高考三級法制-民法】　(B)

對於共有物之分割，契約所定不分割之期限，不得逾幾年？　(A)5年　(B)10年　(C)15年　(D)20年　【97鐵公路-民法大意】　(A)

相關考題	應有部分之處分	
共有人處分其應有部分，未得共有人全體同意者，其效力為何？ (A)無效　(B)效力未定　(C)相對有效　(D)有效 【97鐵公路佐級公路監理-法學大意】		(D)

解析：
(D)有效。民法第819條第1項：「各共有人，得自由處分其應有部分。」應有部分，就是那一小塊權利的分配，可以自由處分。

分別共有人，未經其他共有人之同意，將其共有土地之應有部分出賣並移轉登記予第三人，其效力為何？　(A)效力未定　(B)有效 (C)無效　(D)得撤銷　【99高考三級法制-民法】	(B)

共有物之處分、變更、及設定負擔，應得共有人全體之同意。下列何者無須得共有人全體之同意？　(A)共有物所有權之全部拋棄　(B)以共有之全部不動產設定抵押權　(C)將共有物由建地變為農地　(D)共有動產之應有部分移轉　【111普考-法學知識與英文】	(D)

相關考題	共有物之管理	
下列對於分別共有何者敘述錯誤？　(A)各共有人按其應有部分，對於共有物之全部，有使用收益之權　(B)共有物之處分、變更及設定負擔，應得共有人全體同意　(C)共有物由共有人各自管理　(D)分別共有物之管理費及其他負擔，除分別共有人另有特約，按其應有部分比例分擔　【97消防不動產-民法概要】		(C)

相關考題	共有物之使用收益	
甲、乙、丙三人共有一筆土地，甲之應有部分占十分之一，甲得如何就共有物為使用收益？　(A)就該土地之十分之一　(B)就該土地之全部　(C)就符合十分之一比例之特定部分土地　(D)甲自行選擇土地之十分之一　【97公務初等-法學大意】		(B)

解析：
民法第818條規定：「各共有人除契約另有約定外，按其應有部分，對於共有物之全部，有使用收益之權。」

四 共有物分割方式

共有物之分割，依共有人協議之方法行之。

(一)協議所生請求權已罹時效消滅

裁判分割之原因，除共有人不能協議決定外，實務上認為共有人訂立之協議分割契約，其履行請求權倘已罹於消滅時效，共有人並有為拒絕給付之抗辯者，共有人得請求法院判決分割（最高法院69度第8次民事庭會議決議參照）。簡單來說，就是曾經有協議，但協議之後，過了許久的時間，居然沒有請求其他人履行，導致時效消滅，實務上認為就必須要由法院判決分割。為使實務見解與法令相符，現行民法第824條第2項規定加以修正明訂。

(二)裁判上共有物之分割方法

原物分配為原則，金錢補償或價金分配為例外。

以原物分配如有事實或法律上之困難，以致不能依應有部分為分配者，得有下列分配方式，1.金錢補償：將原物分配於部分共有人，其餘共有人則受原物分配者之金錢補償；2.一部原物分配，一部變賣價金分配：將原物之一部分分配予各共有人，其餘部分則變賣後將其價金依共有部分之價值比例妥為分配；3.變價分配：變賣共有物，以價金分配於各共有人。（民§824 II III）

法院為上述分割之裁判時，自應斟酌共有人之利害關係、共有物之性質、價格及利用效益等，以謀分割方法之公平適當。

以原物分配於部分共有人，未受分配之共有人得以金錢補償之，始為平允。至於按其應有部分受分配者，如依原物之數量按其應有部分之比例分配，價值顯不相當者，自應依其價值按其應有部分比例分配。

協議所生請求權已罹時效消滅

法官大人，我們當初的協議太久沒有執行，已經超過時效，請幫我們判決分割吧！

好吧！就由我來幫你們公平分割吧！

分割方法

原物分配
一人一塊

金錢補償

你們各分一半，而我沒分到，要拿錢補償我！

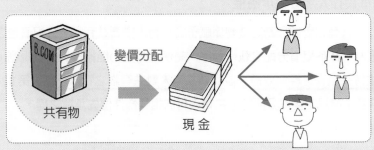

B.COM

變價分配

共有物

現金

(三)特定部分不予分割之裁量權

　　法院為裁判分割時，固應消滅其共有關係，然因共有人之利益或其他必要情形，就共有物之一部，有時仍有維持共有之必要。例如分割共有土地時，需保留部分土地供為通行道路之用是，第824條第4項，賦予法院就共有物之特定部分不予分割之裁量權，以符實際並得彈性運用。又此項共有，應包括由原共有人全體或部分共有人維持共有之二種情形。

(四)合併分割

　　共有人相同之數筆土地常因不能合併分割，致分割方法採酌上甚為困難，且因而產生土地細分，有礙社會經濟之發展，第824條第5項規定得請求合併分割，以資解決。但法令有不得合併分割之限制者，如土地使用分區不同，則不在此限。

　　為促進土地利用，避免土地過分細分，爰於第824條第6項增訂相鄰各不動產應有部分過半數共有人之同意，即得請求法院合併分割。共有物分割方法如何適當，法院本有斟酌之權，故法院為裁判時，得斟酌具體情形，認為合併分割不適當者，則不為合併分割而仍分別分割之。

(五)共有人之優先承購權

　　共有物變價分割之裁判係賦予各共有人變賣共有物，分配價金之權利，故於變價分配之執行程序，為使共有人仍能繼續其投資規劃，維持共有物之經濟效益，並兼顧共有人對共有物之特殊感情，第824條第7項規定變價分配時，共有人有依相同條件優先承買之權。

▼修法內容

條號	舊法	新法
824	共有物之分割，依共有人協議之方法行之。 分割之方法，不能協議決定者，法院得因任何共有人之聲請，命為左列之分配： 一、以原物分配於各共有人。 二、變賣共有物，以價金分配於各共有人。 以原物為分配時，如共有人中，有不能按其應有部分受分配者，得以金錢補償之。	I 共有物之分割，依共有人協議之方法行之。 II 分割之方法不能協議決定，或於協議決定後因消滅時效完成經共有人拒絕履行者，法院得因任何共有人之請求，命為下列之分配： 一、以原物分配於各共有人。但各共有人均受原物之分配顯有困難者，得將原物分配於部分共有人。 二、原物分配顯有困難時，得變賣共有物，以價金分配於各共有人；或以原物之一部分分配於各共有人，他部分變賣，以價金分配於各共有人。 III 以原物為分配時，如共有人中有未受分配，或不能按其應有部分受分配者，得以金錢補償之。 IV 以原物為分配時，因共有人之利益或其他必要情形，得就共有物之一部分仍維持共有。 V 共有人相同之數不動產，除法令另有規定外，共有人得請求合併分割。 VI 共有人部分相同之相鄰數不動產，各該不動產均具應有部分之共有人，經各不動產應有部分過半數共有人之同意，得適用前項規定，請求合併分割。但法院認合併分割為不適當者，仍分別分割之。 VII 變賣共有物時，除買受人為共有人外，共有人有依相同條件優先承買之權，有二人以上願優先承買者，以抽籤定之。

五 共有物分割之效力

(一)移轉主義

共有物分割之效力，究採認定主義或移轉主義，學者間每有爭論。所謂認定主義，指分割之部分，本即屬共有人各自所有，只是藉由分割加以宣示，分割之效力溯及共有關係之初；而移轉主義，是指共有人自分割後，始取得單獨之所有權，非溯及既往。基於第825條之立法精神，本法採移轉主義，即共有物分割後，共有人取得分得部分單獨所有權，其效力係向後發生而非溯及既往。（民§824-1 I）

又本條所謂「效力發生時」，在協議分割，如分割者為不動產，係指於辦畢分割登記時；如為動產，係指於交付時。至於裁判分割，則指在分割之形成判決確定時。（參見下表）

(二)分割共有物設定抵押權或質權之影響

分割共有物之效力，因採移轉主義，故應有部分原有抵押權或質權者，於分割時，其權利仍存在於原應有部分上，民法第824-1條第2項：「應有部分有抵押權或質權者，其權利不因共有物之分割而受影響。」

但為避免法律關係轉趨複雜，並保護其他共有人之權益，但書3款規定，明定有右頁所列情形時，其抵押權或質權僅移存於抵押人或出質人所得之部分。

六 共有物分割效力發生時點

共有物類型	共有物分割效力發生時點
不動產	辦畢分割登記
動產	交付
裁判分割	分割之形成判決確定時

七 應有部分有抵押權或質權者

有下列情形，權利因共有物之分割而其權利移存於抵押人或出質人所分得之部分：（民§824-1 II）

第1款	權利人同意分割。	所謂同意，係指同意其分割方法而言，但當事人仍得另行約定其權利移存方法，要屬當然，不待明文。
第2款	權利人已參加共有物分割訴訟。	裁判分割時，權利人已參加共有物分割訴訟或已受告知訴訟之情形。權利人於該訴訟中，有法律上之利害關係，故適用民事訴訟法有關訴訟參加之規定，權利人於訴訟參加後，就分割方法陳述之意見，法院於為裁判分割時，應予斟酌，乃屬當然。
第3款	權利人經共有人告知訴訟而未參加。	若權利人未自行參加者，於訴訟繫屬中，任何一共有人均可請求法院告知權利人參加訴訟。如其已參加訴訟，則應受該裁判之拘束。至若經訴訟告知而未參加者，亦不得主張本訴訟之裁判不當。

相關考題

甲、乙、丙共有 A 地，應有部分各為三分之一，甲以其應有部分設定抵押於庚後，甲、乙、丙三人協議分割 A 地。下列敘述，何者正確？ (A)分割契約一經成立，甲、乙、丙三人即取得所分得部分之所有權 (B)分割契約一經成立，甲、乙、丙三人絕不能再起訴請求分割共有物 (C)A地分割後，庚之抵押權當然僅存在於甲所分得之部分 (D)庚同意分割，其抵押權移存於甲所分得之部分	(D)

【103 三等地特 - 法學知識與英文】

甲、乙共有A土地，應有部分各二分之一。甲以其應有部分設定抵押權予丙，A土地分割為B、C二筆土地，甲分得B土地，乙分得C土地。下列何種情形，丙之抵押權移存於分割後B、C土地？　(A)丙知悉分割之事實　(B)甲、乙所為分割為協議分割，而丙同意該分割　(C)土地分割為裁判分割，丙已參加共有物之分割訴訟　(D)土地分割為裁判分割，丙經法院職權告知訴訟而未參加 【105司特四等-法學知識與英文】	(A)
有關共有物分割，下列敘述何者錯誤？　(A)區分所有建築物之共有部分不能分割　(B)約定共有物不分割之期限，不得逾5年，但共有不動產有管理之約定時，不得逾10年　(C)於分割協議決定後因消滅時效完成經共有人拒絕履行者，共有人仍得請求裁判分割　(D)不動產共有人間就共有物為分割之協議，於登記後，對於應有部分之受讓人，具有效力　　　　【105司特三等-法學知識與英文】	(B)

解析：5年、30年。(民§823Ⅱ)

八 對於受讓人之效力

㈠不動產

共有物之管理或協議分割契約，實務上認為對於應有部分之受讓人仍繼續存在(48台上1065)。使用、禁止分割之約定或依本法第820條第1項所為之共有物管理之決定，亦應做相同之解釋。

又上述契約、約定或決定之性質屬債權行為，基於債之相對性原則對第三人不生效力，惟為保持原約定或決定之安定性，特賦予物權效力，爰參照司法院釋字第349號解釋，並仿外國立法例，於不動產為上述約定或決定經登記後，即對應有部分之受讓人或取得物權之人，具有效力。

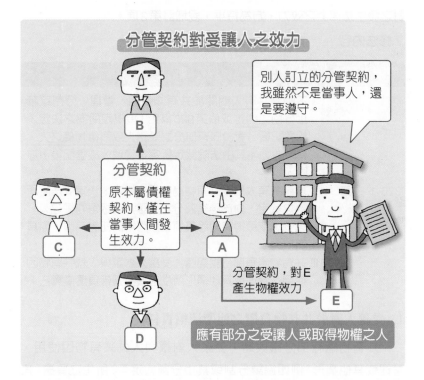

又經由法院依第820條第2項、第3項裁定所定之管理，屬非訟事件，其裁定效力是否及於受讓人，尚有爭議（67台上4046），且該非訟事件裁定之公示性與判決及登記不同，故宜明定該裁定所定之管理亦經登記後，對於應有部分之受讓人或取得物權之人始具有效力，爰增訂民法第826-1條第1項，以杜爭議，並期周延。

(二)動產

共有人間就共有物因為關於民法第826-1條第1項使用、管理等行為之約定、決定或法院之裁定，在不動產可以登記之公示方法，使受讓人等有知悉之機會，而動產無登記制度，法律上又保護善意受讓人，故以受讓人等於受讓或取得時知悉或可得而知其情事者為限，始

對之發生法律上之效力，方為持平，爰增訂第2項。

▼修法內容

條號	舊法	新　法
826-1	無	I 不動產共有人間關於共有物使用、管理、分割或禁止分割之約定或依第820條第1項規定所為之決定，於登記後，對於應有部分之受讓人或取得物權之人，具有效力。其由法院裁定所定之管理，經登記後，亦同。 II 動產共有人間就共有物為前項之約定、決定或法院所為之裁定，對於應有部分之受讓人或取得物權之人，以受讓或取得時知悉其情事或可得而知者為限，亦具有效力。 III 共有物應有部分讓與時，受讓人對讓與人就共有物因使用、管理或其他情形所生之負擔連帶負清償責任。

(三)受讓人對於共有物負擔之連帶清償責任

　　共有物應有部分讓與時，受讓人對讓與人就共有物因使用、管理或其他情形（例如協議分割或禁止分割約定等）所生之負擔（民§822），為保障該負擔之共有人，應使受讓人與讓與人連帶負清償責任，惟為免爭議，俾使之明確，民法第826-1條第3項規定：「共有物應有部分讓與時，受讓人對讓與人就共有物因使用、管理或其他情形所生之負擔連帶賠償責任。」。又所積欠之債務雖明定由讓與人與受讓人連帶負清償責任，則於受讓人清償後，自得依民法第280條規定定其求償額。

【民法第280條：連帶債務人相互間之分擔義務】

　　連帶債務人相互間，除法律另有規定或契約另有訂定外，應平均分擔義務。但因債務人中之一人應單獨負責之事由所致之損害及支付之費用，由該債務人負擔。

▼其他修法規定

條號	舊法	新法
822	共有物之管理費，及其他擔負，除契約另有訂定外，應由各共有人，按其應有部分分擔之。 共有人中之一人，就共有物之擔負為支付，而逾其所應分擔之部分者，對於其他共有人，得按其各應分擔之部分，請求償還。	共有物之管理費及其他負擔，除契約另有約定外，應由各共有人按其應有部分分擔之。 共有人中之一人，就共有物之負擔為支付，而逾其所應分擔之部分者，對於其他共有人得按其各應分擔之部分，請求償還。

相關考題 禁止分割約定之效力

甲、乙、丙三人共有一筆土地，民國98年9月間三方約定5年內禁止分割，其後丙將其三分之一應有部分讓與丁，下列敘述何者為錯誤？ (A)關於禁止分割之約定，未經登記不得對抗惡意之丁 (B)關於禁止分割之約定，經登記始得對抗善意之丁 (C)關於禁止分割之約定，經登記始生效力 (D)關於禁止分割之約定，登記後始得對抗第三人 【100高考法制-民法】	(C)

解析：

(C)，民法第826-1條第1項：「不動產共有人間關於共有物使用、管理、分割或禁止分割之約定或依第820條第1項規定所為之決定，於登記後，對於應有部分之受讓人或取得物權之人，具有效力。其由法院裁定所定之管理，經登記後，亦同。」

分別共有不動產的協議分割，何時發生效力？ (A)於協議分割的合意達成時 (B)於協議分割的登記完成時 (C)於協議分割的價金交付完成時 (D)於協議分割的契約書，送請地政事務所登記時 【99高考三等財稅行政-民法】	(B)

15 公同共有

一 公同共有之概念

　　所謂公同共有，是指依據法律規定、習慣、法律行為，成一公同關係之數人，基於此一公同關係而共有一物。各公同共有人之權利，及於公同共有物之全部。（民§827）

　　其中「法律規定」，例如民法第1151條遺產公同共有規定：「繼承人有數人時，在分割遺產前，各繼承人對於遺產全部為公同共有。」其次，「習慣」如右頁表，諸如祭田、祀產等均屬之。最後，有關「法律行為」之部分，舊法僅限於「契約」，為符合實際情況，但又為避免範圍過廣，且避免誤解為依法律行為得任意成立公同關係，民法第827條第2項，明定此種公同關係以有法律規定（例如民法第668條有關合夥財產之公同共有：「各合夥人之出資及其他合夥財產，為合夥人全體之公同共有。」）或習慣者為限。

二 公同共有之權利義務

　　公同共有人之權利義務，依其公同關係所由成立之法律、法律行為或習慣定之。（民§828Ⅰ）公同共有物之處分及其他之權利行使，除法律另有規定外，應得公同共有人全體之同意。（民§828Ⅲ）

　　關於共有物之管理、共有人對第三人之權利、共有物使用、管理、分割或禁止分割之約定對繼受人之效力等規定，不惟適用於分別共有之情形，其於公同共有亦十分重要，且關係密切，民法第828條第2項準用民法第820條、第821條及第826-1規定。

三 依習慣成立之公同共有關係類型

習慣之具體類型	實務見解字號
祭田	最高法院19年上字第1885號（無裁判全文，停止適用）
祀產	最高法院18年上字第1473號（無裁判全文，停止適用）
同鄉會	最高法院42年台上字第1196號
家產	最高法院93年度台上字第2214號

法律規定

遺產

繼承人對於遺產全部為公同共有人

繼承人 ←→ 遺產全部

法律行為

合夥財產

形成公同關係

合夥人 ←→ 合夥財產

▼修法內容

條號	舊法	新法
827	依法律規定或依契約，成一公同關係之數人，基於其公同關係，而共有一物者，為公同共有人。 各公同共有人之權利，及於公同共有物之全部。	依法律規定、習慣或法律行為，成一公同關係之數人，基於其公同關係，而共有一物者，為公同共有人。 前項依法律行為成立之公同關係，以有法律規定或習慣者為限。 各公同共有人之權利，及於公同共有物之全部。
828	公同共有人之權利義務，依其公同關係所由規定之法律或契約定之。 除前項之法律或契約另有規定外，公同共有物之處分，及其他之權利行使，應得公同共有人全體之同意。	公同共有人之權利義務，依其公同關係所由成立之法律、法律行為或習慣定之。 第820條、第821條及第826-1規定，於公同共有準用之。 公同共有物之處分及其他之權利行使，除法律另有規定外，應得公同共有人全體之同意。
830	公同共有之關係，自公同關係終止，或因公同共有物之讓與而消滅。 公同共有物分割之方法，除法律另有規定外，應依關於共有物分割之規定。	公同共有之關係，自公同關係終止，或因公同共有物之讓與而消滅。 公同共有物之分割，除法律另有規定外，準用關於共有物分割之規定。

相關考題

下列何者非屬公同共有？　(A)遺產　(B)合夥財產　(C)夫妻共同財產　(D)夫或妻職業上所必需之物　　　　　　【97不動產經紀人-民法概要】	(D)
下列何者非公同共有之發生事由？　(A)數繼承人對於未分割之遺產　(B)合夥人對合夥財產　(C)派下權人對祭祀公業之財產　(D)區分所有權人對區分所有建築物之共有部分　　　　　　【100高考法制-民法】	(D)

Note

16 地上權

一 地上權之概念與取得原因

普通地上權者，謂以在他人土地上下有建築物或其他工作物為目的而使用其土地之權。（民§832）地上權主要是「所有」與「使用」分開，例如「地上權房屋」，賣屋不賣地，購屋的價格相對比較低。針對大眾捷運之類，以公共建設為目的而成立之地上權，若未定有期限，則以該建設使用目的完畢時，視為地上權之存續期間。另增訂「區分地上權」，參照本書第408頁。

二 地上權之期間

地上權未定有期限者，存續期間逾20年或地上權成立之目的已不存在時，法院得因當事人之請求，斟酌地上權成立之目的、建築物或工作物之種類、性質及利用狀況等情形，定其存續期間或終止其地上權。（民§833-1）

以公共建設為目的而成立之地上權，未定有期限者，以該建設使用目的完畢時，視為地上權之存續期限。（民§833-2）

三 積欠地租

地上權人積欠地租達2年之總額者，除另有習慣外，土地所有人得定相當期限催告地上權人支付地租，如地上權人於期限內不為支付，土地所有人得終止地上權。（民§836Ⅰ）

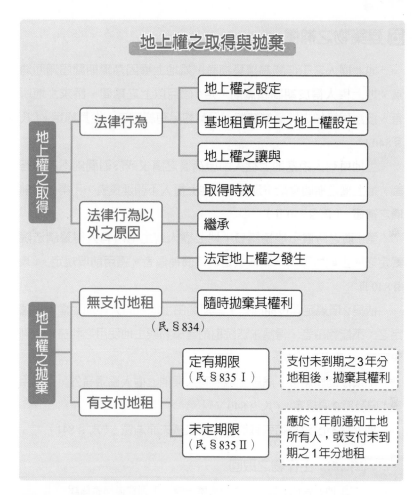

四 地上權之消滅

地上權消滅時，地上權人得取回其工作物。但應回復土地原狀。（民§839 I）地上權人不於地上權消滅後1個月內取回其工作物者，工作物歸屬於土地所有人。其有礙於土地之利用者，土地所有人得請求回復原狀。（民§839 II）土地所有人以時價購買其工作物者，地上權人非有正當理由不得拒絕。（民§839 III後段）

五 建築物之補償

地上權人之工作物為建築物者,如地上權因存續期間屆滿而消滅,地上權人得於期間屆滿前,定1個月以上之期間,請求土地所有人按該建築物之時價為補償。但契約另有約定者,從其約定。(民§840 I)

土地所有人拒絕地上權人前項補償之請求或於期間內不為確答者,地上權之期間應酌量延長之。地上權人不願延長者,不得請求前項之補償。(民§840 II)

第1項之時價不能協議者,地上權人或土地所有人得聲請法院裁定之。土地所有人不願依裁定之時價補償者,適用前項規定。(民§840 III)

依第2項規定延長期間者,其期間由土地所有人與地上權人協議定之;不能協議者,得請求法院斟酌建築物與土地使用之利益,以判決定之。(民§840 IV)

前項期間屆滿後,除經土地所有人與地上權人協議者外,不適用第1項及第2項規定。(民§840 V)

地上權不因建築物或其他工作物之滅失而消滅。(民§841)

相關考題　工作物之取回

甲在乙之土地上有地上權,並建有房屋一幢,下列敘述何者錯誤?(A)甲之地上權係依法律行為而取得者,不因房屋之滅失而消滅　(B)甲之地上權係依民法第876條之規定而取得者,因房屋之滅失而消滅　(C)地上權期間屆滿後,地上權人仍繼續為土地用益,而土地所有人不即表示反對之意思時,成為不定期之地上權　(D)租用基地建築房屋,經承租人請求出租人為地上權之登記者,地上權期間屆滿後,地上權人仍繼續為土地用益,而土地所有人不即表示反對之意思時,可主張不定期租賃　【106司特三等-法學知識與英文】	(C)

六 建築物補償與期間延長

　　上開條文還是不容易理解，以下舉個SOGO模擬對話的例子，讓讀者能夠瞭解本條條文之意義，也能夠觸類旁通其他類似的條文：

　　　　徐SIR（地上權人）問章SIR（土地所有權人）：我當初蓋這棟SOGO花了很多錢，現在地上權期滿，要還給你，你要不要補貼一下我這棟建築物（SOGO），總共30億元。

　　※民法第840條第1項規定：「地上權人之工作物為建築物者，如地上權因存續期間屆滿而消滅，地上權人得於期間屆滿前，定1個月以上之期間，請求土地所有人按該建築物之時價為補償。但契約另有約定者，從其約定。」

章SIR：門都沒有，就算你找法院裁定金額，我也不會給一毛錢。

　　※民法第840條第3項規定：「第1項之時價不能協議者，地上權人或土地所有人得聲請法院裁定之。土地所有人不願依裁定之時價補償者，適用前項規定。」

徐SIR：那我要延長使用期間，多個10年好了。

　　※民法第840條第2項規定：「土地所有人拒絕地上權人前項補償之請求或於期間內不為確答者，地上權之期間應酌量延長之。地上權人不願延長者，不得請求前項之補償。」

章SIR：太久了啦！

徐SIR：那我找法官裁決一下。

　　※民法第840條第4項規定：「依第2項規定延長期間者，其期間由土地所有人與地上權人協議定之；不能協議者，得請求法院斟酌建築物與土地使用之利益，以判決定之。」

章SIR：好吧！

（最後法官裁定3年……過了3年……）

徐SIR：時間又到了，可否補貼一下？

章SIR：門都沒有，你已經多享用了3年，依據法律規定，不能再主張補償，也不能請求延長期間。

※民法第840條第5項規定：「前項期間屆滿後，除經土地所有人與地上權人協議者外，不適用第1項及第2項規定。」

相關考題　工作物之取回

地上權人於地上權消滅後，至遲應於下列何項期間取回其工作物，否則該工作物即歸屬於土地所有人？　(A)1個月內　(B)2個月內　(C)3個月內　(D)4個月內　　　　　　　【102四等地方特考-民法概要】	(A)

七 區分地上權

　　稱區分地上權者，謂以在他人土地上下之一定空間範圍內設定之地上權。（民§841-1）這是土地立體化的一大發展，讓土地不再土地上的使用，還包括距離土地上空的一定距離或土地下一定空間的利用。貓空纜車就是顯著的例子，只設定使用高空60～73公尺的區域，其他空間仍可由民眾自行使用，不必加以徵收，如此一來，可以少許多徵地糾紛與成本。

相關考題　地上權之消滅

下列關於拋棄地上權之敘述，何者錯誤？　(A)非經登記，不生效力 (B)於放棄對土地之占有時，始生效力　(C)應向土地所有人以意思表示為之　(D)有支付地租之訂定者，應於1年前通知土地所有人或支付未到支付期之1年分地租　【96五等地方公務-法學大意】	(B)
關於地上權之消滅情形，下列敘述何者錯誤？　(A)地上權未定有期限且未約定地租者，地上權人原則上得隨時拋棄其權利　(B)地上權未定有期限，但有支付地租之約定者，地上權人應於1年前通知土地所有人或支付1年分地租始得拋棄　(C)地上權人積欠地租達2年總額，經土地所有人定期催告，逾期仍不支付者，土地所有人得撤銷（終止）地上權　(D)地上權因地上之工作物或竹木之滅失而消滅　【98不動產經紀人-民法概要】	(D)

相關考題　建築物滅失與地上權

甲在乙土地上設定30年地上權，並建築房屋一間，第15年該建築物因甲重大過失致因火災焚燬。下列敘述何者正確？　(A)甲可請求減免租金　(B)甲可在原地重建房屋　(C)甲之地上權消滅　(D)甲之地上權重新起算　【100地方特考四等-民法概要】	(B)

相關考題　建築物滅失與地上權

甲將A地設定地上權於乙，供乙在A地上興建B屋居住，下列何者非地上權消滅之事由？　(A)A地滅失　(B)A地經公用徵收　(C)地上權存續期間屆滿　(D)B屋倒塌　　　【100高考法制-民法】 ‖ (D)

相關考題　定　義

以在他人土地上有建築物，或其他工作物，或竹木為目的而使用其土地之權，是為：　(A)地役權　(B)永佃權　(C)所有權　(D)地上權　　　【97消防不動產-民法概要】 ‖ (D)

相關考題　基本題型

以在他人土地上享有建築物或其他工作物為目的，而使用該土地之權利為：　(A)地上權　(B)地役權　(C)典權　(D)永佃權　　　【99地方特考三等法制-民法】 ‖ (A)

稱普通地上權者，謂以在他人土地之上下有建築物或其他工作物為目的而使用其土地之權。關於地上權之敘述，下列何者錯誤？　(A)地上權未定有期限者，當事人得隨時終止之　(B)地上權人應依設定之目的及約定之使用方法，為土地之使用收益　(C)地上權無支付地租之約定者，地上權人得隨時拋棄其權利　(D)地上權不因建築物或其他工作物之滅失而消滅　　　【111高考-法學知識與英文】 ‖ (A)

相關考題　用益物權之衝突

甲將其土地設定地上權給乙後，甲不得再為下列何種法律行為？　(A)所有權的移轉　(B)抵押權的設定　(C)典權的設定　(D)所有權的買賣　　　【97鐵公路人員-法學知識與英文】 ‖ (C)

解析：

地上權與典權都是用益物權，所以設定地上權之後，就不能設定典權。

相關考題 地上權之拋棄

關於地上權人拋棄其權利，下列敘述何者正確？　(A)基於財產權可以自由拋棄的原則，地上權人得隨時拋棄其權利　(B)地上權拋棄應向法院提出聲請　(C)無支付地租且未定期限的地上權，地上權人得隨時拋棄其權利　(D)有支付地租且未定期限的地上權，地上權人得隨時拋棄其權利　【99三等身障特考財稅行政-民法】	(C)

解析：

參照地上權拋棄之圖表（第405頁）。

相關考題 地上權之期間

下列有關普通地上權之敘述，何者錯誤？　(A)地上權未定有期限者，存續期間逾20年，法院得因當事人之請求，定其存續期間　(B)地上權未定有期限者，存續期間逾20年，法院得因當事人之請求，終止其地上權　(C)地上權未定有期限，如其地上權成立之目的已不存在時，法院得因當事人之請求，終止其地上權　(D)以公共建設為目的而成立之地上權，未定有期限者，視為地上權之存續50年　【100地方特考三等-民法】	(D)

解析：

(D)民法第833-2條：「以公共建設為目的而成立之地上權，未定有期限者，以該建設使用目的完畢時，視為地上權之存續期間。」

17 農育權

一 永佃權之刪除

　　永佃權造成土地所有人與使用人之永久分離，影響農地之合理使用，且實務上甚少永佃權之登記，故予以刪除。另新增農育權之規定，以活化耕地、大規模農業之經營。

二 農育權之概念

　　稱農育權者，是指在他人土地為農作、森林、養殖、畜牧、種植竹木或保育之權。（民§850-1 I）

　　例如紐西蘭王家牧場是很有名的遊學場地，也有人想在臺灣效法一下，所以就在他人的土地上設定農育權，開始養一堆牛、羊、馬，希望打造一個牧場。

　　反過來從地主的角度來看，現在臺灣很多土地都荒廢不用，也許是地主年事已高，也許是沒有好的農業技術，如果能夠交給專業人士來經營，那不是真正達到「地盡其用」之目的，所以農育權的增訂，對於土地之運用確實有很大的幫助。

三 造林、保育優先

　　此次農育權的規定，有極為濃厚的環保意識。如農育權有20年期限之限制，但是只要是以造林、保育為目的或法令另有規定者，不受到20年期間之限制。（民§850-1 II）

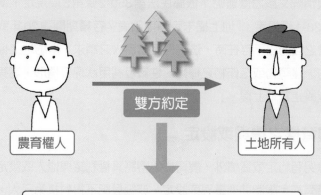

農育權之要件

雙方約定

農育權人　　　　土地所有人

農作、森林、養殖、畜牧、種植竹木或保育

農育權之消滅

農育權消滅時，農育權得取回其土地上之出產物及農育工作物。出產物若未及時收穫，而土地所有人又不願意以時價購買，農育權人得請求延長農育權期間至出產物可收穫時為止，土地所有人不得拒絕。但延長之期限，不得逾6個月。（民§850-7）

例如，農育權人種了香蕉，但因氣候變化，在農育權期限屆至時恐怕還沒有順利成長，必須再6個月才能收成，就可以要求土地所有人照價收買這批香蕉，若不願意，則農育權期間可以延後至香蕉可收穫的時候。

其次，如果農育權沒有定期限，當事人本來可以隨時終止之，但是如果是造林、保育為目的者，就不可以隨時終止。（民§850-2 I）那這種情況又該怎麼辦呢？依據民法第850-2條第3項規定，準用民法第833-1條規定：「地上權未定有期限者，存續期間逾20年或地上權成立之目的已不存在時，法院得因當事人之請求，斟酌地上權成立之目的、建築物或工作物之種類、性質及利用狀況等情形，定其存續期間或終止其地上權。」

四 農育權之讓與或設定

除另有約定或習慣外，農育權人得將其權利讓與他人或設定抵押權。若有約定限制前開讓與或設定，非經登記不得對抗第三人。農育權與其農育工作物不得分離而為讓與或設定其他權利。（民§850-3）

五 地租之減免

某一塊地剛好發生走山，該地本來種植了許多有價值的紅杉，但是在走山之後，所有的樹木都變成沒有利用價值的碎木，農育權人血本無歸，就可以請求減免地租。法律規定：農育權有支付地租之約定者，農育權人因不可抗力致收益減少或全無時，得請求減免其地租或變更原約定土地使用之目的。（民§850-4 I）

前項情形，農育權人不能依原約定目的使用者，當事人得終止之。（民§850-4 II）

六 土地或農育工作物之出租

農育權人不得將土地或農育工作物出租於他人。但農育工作物之出租另有習慣者，從其習慣。農育權人違反不得出租之規定，土地所有人得終止農育權。（民§850-5）

18 不動產役權

一 基本概念

　　稱不動產役權者，謂以他人不動產供自己不動產通行、汲水、採光、眺望、電信或其他以特定便宜之用為目的之權。（民§851）例如大樓住戶與前面準備興建大樓的地主約定，不要蓋太高而遮住原本可以眺望101大樓的視線。

二 表現不動產役權得以時效取得

　　不動產役權可以分成表見不動產役權以及非表見不動產役權：

　㈠表見不動產役權：如通行、地面排水之不動產役權，屬之；此種不動產役權，可以主張時效取得。我國民法第852條第1項規定：「不動產役權因時效取得者，以繼續並表見者為限。」

　㈡非表見不動產役權：如埋設涵管供排水之用的不動產役權，屬之。

三 眺望不動產役權

　　不動產役權，其中有所謂的眺望權，先來看一下條文，民法第851條：「稱不動產役權者，謂以他人不動產供自己不動產通行、汲水、採光、眺望、電信或其他以特定便宜之用為目的之權。」

　　在此來談談條文中的「眺望」二字，也就是所謂的「眺望不動產役權」。一般都是舉看101大樓為例子，為了讓自己的房子（需役不動產）能夠一直看到101大樓，所以和前面的土地（供役不動產）所有人約定，不能蓋太高以避免影響視線。

時效取得

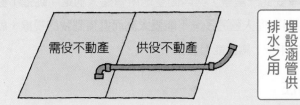

埋設涵管供排水之用

上述埋設涵管之情況，應屬非表見的不動產役權，不符合民法第852條規定，不動產役權得以時效取得，必須符合繼續並表見之要件，也就是所謂的表見不動產役權。所以，上圖不得主張時效取得。

通行之用

上述通行權之情況，自屬表見不動產役權，符合民法第852條規定。因此，得主張時效取得。

然而此一例子聽久了也會麻痺，讓我們換個例子來想，假設對面大樓住著一位超級辣妹，喜歡在家中裸身趴趴走，為了能夠在10年內都能享受此一美景，與中間空地所有權人約定「眺望不動產役權」，空地所有權人蓋房子，不能蓋太高而遮掩到我的視線，就算蓋太高，也要中空，讓我能看過去。

四 從屬性

不動產役權不得<u>由需役不動產分離而為讓與</u>，或為<u>其他權利之標的物</u>。（民§853）需役不動產所有人不得自己仍然保有需役不動產的所有權，卻將不動產役權讓與他人；也不能自己保有不動產役權，卻將需役不動產的所有權讓與給他人，或者是將需役不動產及不動產役權分別讓與給不同之二人。

另外，所謂不動產役權不得「為其他權利之標的物」，是指需役不動產所有人不能僅將不動產役權作為其他權利之標的物。換言之，當需役不動產設定其他權利時，不動產役權也隨之為該其他權利之標的物。地上權、農育權、典權等得為其他權利標的物，但是不動產役權則不行。

自己不動產役權

民法第859-4條規定：「不動產役權，亦得就自己之不動產設定之。」創設「自己不動產役權」，對於大範圍土地利用，預先設定之，有利整體土地規劃，維繫不動產利用關係穩定。例如為凸顯社區的維多利亞風格，規定住戶不可擅自更改外觀，以維繫社區整體美觀與房價。

相關考題

以他人土地供自己土地便宜之用之權利，稱為： (A)抵押權 (B)典權 (C)地役權 (D)人役權　　　　【99普考財稅行政-民法概要】	(C)

解析：
本題涉及之條文已修法。

供役不動產經分割者，不動產役權就其各部分仍為存續。此為不動產役權之何種性質？ (A)不可分性 (B)從屬性 (C)優先性 (D)排他性　　　　【102四等地方特考-民法概要】	(A)

有關袋地通行權之敘述，下列何者錯誤？ (A)袋地是因其所有人之任意行為所致者，土地所有人無通行鄰地之權利 (B)有通行權之土地所有人，應擇其周圍地損害最少之處所及方法為之 (C)有通行權之土地所有人，對於通行地因此所受之損害，應支付償金 (D)有通行權之土地所有人不得開設道路　　　　【107高考-法學知識與英文】	(D)

19

抵押權

一 抵押權的定義

抵押權是擔保物權的一種。我國民法的抵押權分成三種,包括普通抵押權、最高限額抵押權,以及其他抵押權。普通抵押權,債權人對於債務人或第三人不移轉占有而供其債權擔保之不動產,得就該不動產賣得價金優先受償之權。(民§860)抵押權是<u>擔保物權</u>之一種,是為了確保債務清償,而於債務人或第三人所有之物或權利上設定具有擔保作用之抵押權而言。

二 抵押權擔保範圍

抵押權所擔保者為原債權、利息、遲延利息、違約金及實行抵押權之費用。但契約另有約定者,不在此限。(民§861 I)

為兼顧第三人及抵押權人之權益,並參照民法第126條關於短期消滅時效之規定,第2項明定得優先受償之利息、遲延利息、1年或不及1年定期給付之違約金債權,以於抵押權人實行抵押權聲請強制執行前5年內發生及於強制執行程序中發生者為限,以免擔保債權範圍擴大。本項所稱「實行抵押權」,包括抵押權人聲請強制執行及聲明參與分配之情形。(民§861 II)

相關考題	抵押權擔保範圍
下列何者非抵押權所擔保債權之範圍? (A)約定之違約金 (B)抵押權之保全費用 (C)實行抵押權之費用 (D)約定利息 【97消防不動產-民法概要】	(B)

三 抵押權定義

普通抵押權	債權人對於債務人或第三人不移轉占有而供其債權擔保之不動產，得就該不動產賣得價金優先受償之權。
最高限額抵押權	債務人或第三人提供其不動產為擔保，就債權人對債務人一定範圍內之<u>不特定債權</u>，在最高限額抵押權。
其他抵押權	以<u>地上權</u>、<u>農育權</u>及<u>典權</u>為抵押權標的物。

抵押權擔保範圍

- 原債權
- 利息
- 遲延利息
- 違約金
- 實行抵押權之費用
- 契約另有約定

相關考題　抵押權標的

下列何者非抵押權之標的物？　(A)地上權　(B)永佃權　(C)典權　(D)質權　　　　　　　　　　　　　　　　【97鐵公路-民法大意】	(D)
下列何者非民法上之抵押權之標的物？　(A)土地　(B)建築物　(C)動產　(D)地上權　　　　　　　　　　【100地方特考三等-民法】	(C)

四 抵押權之效力

下表為抵押權標的物之範圍：

主　物	常見者如房子，為抵押權之主物。
從物／從權利	抵押權之效力，及於抵押物之從物與從權利。（民§862 I） 所謂「從物」，民法總則中有介紹，是指非主物之成分，常助主物之效用而同屬於一人所有，且交易上沒有特別習慣之物而言。（民§68 I）
建築物之附屬物	建築物之附屬物：以建築物為抵押者，其附加於該建築物而不具獨立性之部分，亦為抵押權效力所及。 但其附加部分為獨立之物，如係於抵押權設定後附加者，準用第877條之規定（併付拍賣）。（民§862 III）
孳　息	抵押權之效力，及於抵押物<u>扣押後</u>自抵押物分離，而得由抵押人收取之天然孳息。（民§863） 抵押權之效力，及於抵押物<u>扣押後</u>抵押人就抵押物得收取之法定孳息。（民§864）
殘餘物	抵押物滅失之殘餘物，仍為抵押權效力所及。（民§862-1 I前段）
分離物	抵押物之成分非依物之通常用法而分離成為獨立之動產者，亦同。（民§862-1 I後段）所謂亦同，是指與殘餘物一樣抵押權效力所及。 例如建築物牆壁上之「交趾陶」。

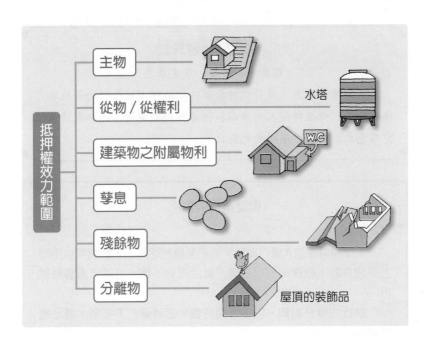

水塔

屋頂的裝飾品

相關考題　抵押權之效力

依民法之規定，抵押權之效力不及於：　(A)抵押物之從物　(B)抵押物之代位物　(C)抵押物之附合物　(D)抵押物扣押前之孳息 【96五等地方公務 - 法學大意】	(D)
下列對於抵押權之敘述，何者錯誤？　(A)抵押權為擔保物權　(B)抵押權之效力，及於抵押物之從物與從權利　(C)抵押物滅失之殘餘物，仍為抵押權效力所及　(D)抵押權之效力，及於抵押物扣押前自抵押物分離，而得由抵押人收取之天然孳息 【97鐵公路 - 民法大意、不動產經紀人 - 民法概要】	(D)
依民法關於抵押權效力及於標的物之範圍規定，抵押權之效力，不及於：　(A)抵押物之從物　(B)抵押物之附合物　(C)抵押物之代位物　(D)抵押物扣押前之孳息　　【96五等錄事 - 法學大意】	(D)

【民法第864條】

及於—扣押後—法定孳息

抵押權之效力，及於抵押物扣押後抵押人就抵押物得收取之法定孳息。但抵押權人，非以扣押抵押物之事情，通知應清償法定孳息之義務人，不得與之對抗。

模擬案例與對話

案例事實：

　　某甲將房子跟A銀行貸款，並把房屋租給某乙，想說可以用租金來繳貸款，但後來利息暴增，資金周轉不靈，沒辦法還錢給銀行。

　　銀行把房子扣押，以後準備拍賣。這時候乙不知道，還是繼續繳納租金給甲。

模擬對話：

銀行A：依據民法第864條，扣押後的租金也是抵押權效力所及，你不可以給甲。

某　乙：你又沒有跟我說已經扣押了，我當然還是把租金交給甲！

銀行A：我忘記通知你了，那你再給付一次租金給我好了

某　乙：見鬼了，哪有叫我付兩次的道理。

銀行A：好吧，這個月的租金就算了，但，下個月租金，你就要交給我了，不能再交給房東某甲了，因為我已經將這房子被扣押的事情通知你了。（抵押權人應將扣押抵押物之事情通知應清償法定孳息之義務人，依第864條但書規定，始得對抗之。）

類似條文：【民法第297條】

　　債權之讓與，非經讓與人或受讓人通知債務人，對於債務人不生效力。但法律另有規定者，不在此限。

　　受讓人將讓與人所立之讓與字據提示於債務人者，與通知有同一之效力。

> ※ **記憶方法：97**大限，英國與中國**2**個國家，英國將香港歸還中國，英國或中國要通知香港這件事情。

五　抵押權之從屬性

　　債權存在，抵押權方成立，若債權不存在，抵押權也無所附麗。換言之，抵押權是債權之擔保，抵押權的發生、移轉與消滅，均從屬於債權。因此，抵押權不得由債權分離而為讓與，或為其他債權之擔保。（民§870）

六　成立從屬性及移轉從屬性

　　民法第870條之規定：「抵押權不得由債權分離而為讓與，或為其他債權之擔保。」實務上認為本條規定是指移轉上從屬性，其見解為「抵押權為從物權，以其擔保之債權存在為發生之要件，契約當事人間除以債權之發生為停止條件，或約定就將來應發生之債權而設定外，若所擔保之債權不存在，縱為抵押權之設定登記，仍難認其抵押權業已成立，乃抵押權成立上（發生上）之從屬性，固與民法第870

條規定之移轉上從屬性有別，惟兩者關於抵押權與主債權不可分之從屬特性，則無二致。」（94台上112號）

七 從屬性與未來債權

實務上認為「設定抵押權之目的係在擔保債權之清償，則只須將來實行抵押權時有被擔保之債權存在即為已足，故契約當事人如訂立以將來可發生之債權為被擔保債權，亦即其債權之發生雖屬於將來，但其數額已經預定者，此種抵押權在債權發生前亦得有效設立及登記。易言之，抵押權惟有在依當事人合意之內容及登記上之記載無從特定其擔保債權之範圍，或其所擔保之債權有無效、不成立、被撤銷或依其情形無發生可能時，始得謂違反抵押權設定之從屬性。」（91台上195）

八 抵押權人之次序權

不動產所有人，因擔保數債權，就同一不動產，設定數抵押權者，其次序依登記之先後定之。（民§865）此一規定稱之為「抵押權人之次序權」。實務運作上常聽到的二胎、三胎，就是第二、第三次序的抵押權。須先待前次序之抵押權債權獲得清償滿足後，始清償後次序之抵押權債權。

相關考題 從屬性	
甲將房屋為丙設定抵押權，擔保乙對丙之債務，其後丁與丙約定獨自承擔該債務，乙退出債之關係，甲得知後，不願為丁擔保該債務，當事人間法律關係有何影響？　(A)抵押權消滅　(B)抵押權不受影響　(C)抵押權不得對抗善意第三人　(D)抵押權效力未定	(A)
【97公務初等-法學大意】	

從屬性範例

甲將房屋為丙設定抵押權，擔保乙對丙之債務，其後丁與丙約定獨自承擔該債務，乙退出債之關係，甲得知後，不願為丁擔保該債務，其抵押權無所附麗而消滅。(參照右下圖)

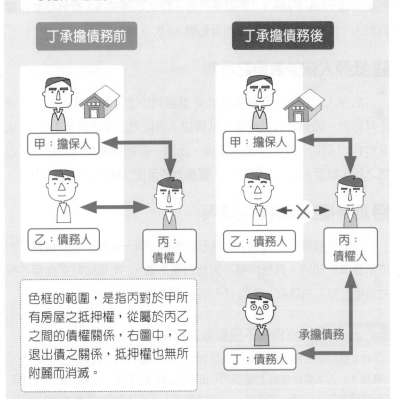

色框的範圍，是指丙對於甲所有房屋之抵押權，從屬於丙乙之間的債權關係，右圖中，乙退出債之關係，抵押權也無所附麗而消滅。

相關考題 抵押權之範圍

下列何者不為抵押權效力所及？ (A)抵押物的從物 (B)抵押物滅失的殘餘物 (C)抵押物扣押前已分離之天然孳息 (D)抵押物的成分 【105普考-法學知識與英文】	(C)

九 抵押權不受用益物權、租賃及不動產讓與之影響

不動產所有人設定抵押權後，於同一不動產上，得設定地上權或其他以使用收益為目的之物權，或成立租賃關係。但其抵押權不因此而受影響。（民§866 I）不動產所有人設定抵押權後，得將不動產讓與他人。但其抵押權不因此而受影響。（民§867）

十 抵押人減少價值之行為

抵押人之行為，足使抵押物之價值減少者，抵押權人得請求停止其行為。如有急迫之情事，抵押權人得自為必要之保全處分。（民§871 I）例如一棟房子抵押之後，因房子要被強制執行而拍賣，心痛之餘，抵押人遂將房屋破壞，嚴重者將足使抵押物之價值減少。

十一 抵押權擔保債權之讓與

以抵押權擔保之債權，如經分割或讓與其一部者，或於債務分割或承擔其一部時，其抵押權不因此而受影響。（民§869）抵押權不得由債權分離而為讓與，或為其他債權之擔保。（§870）

相關考題	抵押權不受影響之行為

甲將A屋設定抵押權於乙後，甲所為之下列何種行為，乙有阻止之權利？　(A)A屋設定地上權予丙　(B)將A屋出租予丁　(C)將A屋所有權讓與戊　(D)將A屋改建　　【97初等人事經建政風-法學大意】	(D)
甲將其A地設定抵押權予乙後，甲所為之下列行為，何者將有害於乙？　(A)再將A地設定抵押權予丙　(B)再將A地設定地上權予丁　(C)再將A地讓與戊　(D)再就A地為事實上之處分　　【96公務初等人事經建-法學大意】	(D)

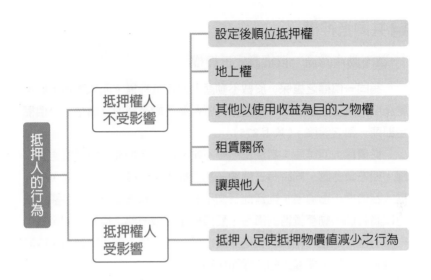

相關考題 債權讓與

甲對乙有500萬元之債權，乙將其A屋設定抵押權予甲，以資擔保。嗣後甲將該債權讓與丙並通知乙，惟疏未提及抵押權一事。試問：在甲將債權讓與丙之後，抵押權歸屬於誰？ (A)甲 (B)乙 (C)丙 (D)甲丙共有 　　　　【97公務初等-法學大意】	(C)
甲向乙借款新臺幣100萬元整，甲並將自己房屋一棟設定同額抵押權予乙以供擔保，之後乙將上開債權中50萬元部分讓與給丙，然清償期屆至時，甲僅對乙給付新臺幣20萬元即無力清償其餘債務，試問：乙對甲享有多少額度之抵押權？ (A)新臺幣100萬元之抵押權 (B)新臺幣80萬元之抵押權 (C)新臺幣50萬元之抵押權 (D)新臺幣30萬元之抵押權 　　　　【97不動產經紀人-民法概要】	(D)

🔢 共同抵押權

(一)數不動產為同一債權設定抵押權

為同一債權之擔保，於數不動產上設定抵押權，而未限定各個不動產所負擔之金額者，抵押權人得就各個不動產賣得之價金，受債權全部或一部之清償。（民§875）

從債權人的角度，當然是愈多不動產設定抵押權，債權就更有保障。如右頁上圖，同時有三間房子為債權人之債權設定抵押權，抵押權人若債權未獲清償，則當此三個不動產並沒有限定負擔的金額，就可以將各個不動產賣得的價金，受債權全部或一部之清償。如果其中一棟房屋是別墅，相較於其他茅屋、農舍的價值，就會比較高，或許只要拍賣別墅，債權人的債權即可獲得滿足。

(二)共同抵押物中，有一抵押物屬債務人所有

為同一債權之擔保，於數不動產上設定抵押權，抵押物全部或部分同時拍賣時，拍賣之抵押物中有為債務人所有者，抵押權人應先就該抵押物賣得之價金受償。（民§875-1Ⅰ）

如右頁下圖，如果某一拍賣之抵押物為債務人所有，為了減少其他物上擔保人的求償問題，導致問題更形複雜，應該讓抵押權人先就債務人所有而供擔保之抵押物加以拍賣，將拍賣所得之價金先清償債權人之債權，不足的部分，再拍賣其他的共同抵押物。

相關考題	應先拍賣債務人所有之抵押物

為同一債權之擔保，於數不動產上設定抵押權，抵押物中有為債務人所有者，抵押權人實行抵押權，有何法律效果發生？　(A)未限定各個不動產所負擔之金額者，抵押權人應選擇先就債務人所有之抵押物為拍賣　(B)抵押物同時拍賣時，抵押權人應先就債務人所有之抵押物賣得價金受償　(C)已限定各個不動產所負擔之金額者，抵押權人不得任意選擇拍賣之不動產　(D)抵押物拍賣時，抵押權人應先就債務人所有之抵押物為拍賣　　　【100地方特考三等-民法】	(B)

數不動產為同一債權設定抵押權

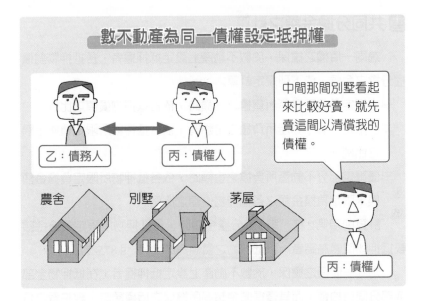

共同抵押物中，有一抵押物屬債務人所有

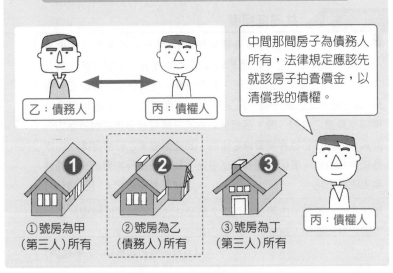

🔟 共同分擔金額之計算

為同一債權之擔保，於數不動產上設定抵押權者，各抵押物對債權分擔之金額，依下列規定計算之：

(一)未限定各個不動產所負擔之金額時，依各抵押物價值之比例。

(二)已限定各個不動產所負擔之金額時，依各抵押物所限定負擔金額之比例。

(三)僅限定部分不動產所負擔之金額時，依各抵押物所限定負擔金額與未限定負擔金額之各抵押物價值之比例。

計算前項第2款、第3款分擔金額時，各抵押物所限定負擔金額較抵押物價值為高者，<u>以抵押物之價值為準</u>。（民§875-2）

為同一債權之擔保，於數不動產上設定抵押權者，在抵押物全部或部分同時拍賣，而其賣得價金超過所擔保之債權額時，經拍賣之各抵押物對債權分擔金額之計算，準用前條之規定。（民§875-3）

相關考題　共同抵押權

甲需錢孔急，向乙銀行借貸新臺幣5000萬元，乙要求甲提供擔保；甲乃以其母丙名下市價約新臺幣2000萬元之房屋一棟、其父丁之市值約新臺幣3000萬元之土地一筆，及其兄戊之市值約新臺幣1500萬元之店面一間，設定共同抵押權與乙，且未限定各個抵押物應負擔之金額。問：各抵押物對乙之債權應分擔之金額應如何計算？　(A)依各抵押物價值之比例　(B)由債權人乙任意選擇　(C)依各抵押物價值，價值最低者先抵償之　(D)依各抵押物價值，價值最高者先抵償之　【97不動產經紀人-民法概要】	(A)
甲欠乙100萬元，由丙提供丙之A屋及B地同時設定抵押權於乙，本題之共同抵押人為誰？　(A)甲　(B)乙　(C)丙　(D)甲乙　【100四等行政警察-法學緒論】	(C)

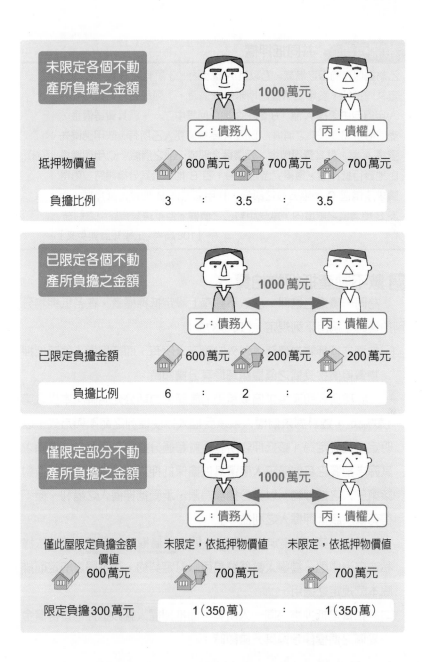

相關考題　共同抵押權

乙為擔保其向甲之借款，乃以其 A 屋及丙、丁所有之 B 地、C 地設定共同抵押。於甲之債權屆期未受清償時，下列敘述何者錯誤？ (A)甲得自由選擇 A 屋、B 地、C 地任何其中之一，就其賣得價金，受償權全部或一部之清償　(B)因 A 屋為債務人乙所有，故甲應優先選擇 A 屋，就其賣得價金，受償權全部或一部之清償　(C)甲如選擇 B 地實行抵押權，獲得完全之清償，若 B 地超過其分擔額時，丙得請求丁償還 C 地應分擔之部分　(D)甲如選擇 B 地實行抵押權，丙於 B 地清償之限度內，承受甲對乙之債權。但不得有害於甲之利益 【108高考-法學知識與英文】	(B)

古 數不動產抵押物拍賣

為同一債權之擔保，於數不動產上設定抵押權者，在各抵押物分別拍賣時，適用下列規定：（民§875-4）

（一）拍賣之抵押物為債務人以外之第三人所有，而抵押權人就該抵押物賣得價金受償之債權額超過其分擔額時：

此種情況即產生求償或承受的問題，為期公允明確，本條之第1款規定，遂針對求償權人或承受權人行使權利之範圍與方式予以明定。其規定為「該抵押物所有人就超過分擔額之範圍內，得請求其餘未拍賣之其他第三人償還其供擔保抵押物應分擔之部分，並對該第三人之抵押物，以其分擔額為限，承受抵押權人之權利。但不得有害於該抵押權人之利益。」

另外，第1款規定物上保證人間之求償權及承受權，但是依據私法自治原則，當事人當然還是可以訂定契約，為不同之約定而排除本款規定之適用。

（二）經拍賣之抵押物為同一人所有，而抵押權人就該抵押物賣得價金受償之債權額超過其分擔額時：

　　本條第2款是規定同一人所有而供擔保之抵押物經拍賣後，該抵押物後次序抵押權人就超過分擔額之範圍內有承受權。其規定為「該抵押物之後次序抵押權人就超過分擔額之範圍內，對其餘未拍賣之同一人供擔保之抵押物，承受實行抵押權人之權利。但不得有害於該抵押權人之利益。」

　　本款所稱之「同一人」，除債務人所有之抵押物經拍賣之情形外，也包括物上保證人所有之抵押物經拍賣之情形。至於物上保證人對債務人或對保證人之求償權或承受權，則規定在民法第879條規定。

相關考題　數不動產抵押物拍賣

甲向乙借款2000萬元，由丙、丁分別提供其所有之A地、B地設定抵押權於乙。若屆期甲不履行債務，請問：

㈠乙聲請對A、B兩地同時拍賣時，丙得否主張應先拍賣丁之B地？

㈡若拍賣所得價金A地為1000萬元，B地為1500萬元，則法院對於A、B兩地之債權分擔金額應如何計算？　　　　【97三等關務警特-民法】

解析：

㈠ 1. 丙、丁以A地、B地設定抵押權，擔保甲對於乙2000萬元的債務，依據民法第875條規定，若未限定各個不動產所負擔之金額者，抵押權人得就各個不動產賣得之價金，受債權全部或一部之清償。

　　2. 因此，丙不得主張應先拍賣丁之B地。

㈡ 1. 依據民法第875-3條規定，為同一債權之擔保，於數不動產上設定抵押權者，在抵押物全部或部分同時拍賣，而其賣得價金超過所擔保之債權額時，經拍賣之各抵押物對債權分擔金額之計算，準用民法第875-2條規定。亦即對於未限定各個不動產所負擔之金額時，依各抵押物價值之比例。故A地拍賣價金為1000萬元，B地拍賣價金為1500萬元，比例為2：3。

　　2. 本題擔保債務為2000萬元，故丙之A地分擔金額為800萬元，丁之B地為1200萬元。

相關考題

債務人甲為擔保新臺幣（以下同）500萬元借貸債權，提供L（價值150萬元）、M（價值450萬元）二地設定抵押權，且未限定各土地所負擔的金額。就內部言，M地對該債權負擔的金額為何？　(A) 300萬元　(B)375萬元　(C)450萬元　(D)500萬元

【107普考-法學知識與英文】

(B)

圭 法定地上權

　　基於民法第876條規定所生之地上權，屬於法定地上權。該條之立法目的在於若未擬制成立法定地上權，則將導致土地拍賣後，建築物遭訴請拆除之結果，對於社會經濟公益之立場，恐生不利之結果。

　　設定抵押權時，土地及其土地上之建築物，同屬於一人所有，而僅以土地或僅以建築物為抵押者，於抵押物拍賣時，視為已有地上權之設定，其地租、期間及範圍由當事人協議定之。不能協議者，得聲請法院以判決定之。（民§876Ⅰ）（參照右頁上圖）

　　設定抵押權時，土地及其土地上之建築物，同屬於一人所有，而以土地及建築物為抵押者，如經拍賣，其土地與建築物之拍定人各異時，適用前項之規定。（民§876Ⅱ）（參照右頁下圖）

夫 法定地上權之要件

　　法定地上權之要件，必須具備㈠須土地及建物同屬一人所有；㈡設定抵押權時，建物業已存在；㈢須以土地或建物為抵押，或以兩者同為抵押；㈣須以拍賣而實行抵押權；㈤拍賣結果致<u>土地及建物所有人各異</u>。【謝在全，民法物權論（中）】

　　上述要件二，設定抵押權時，建物必須要業已存在。這也是本條

設定抵押

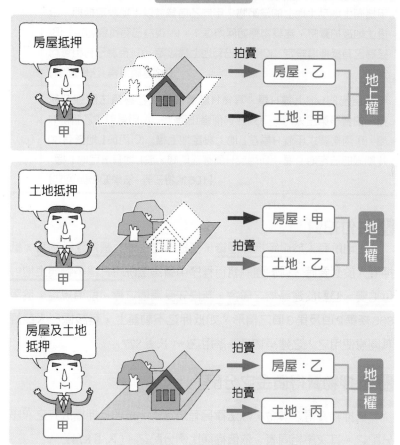

規定修法前,存在已久的爭議。當時的通說認為應該還是要建物業已存在為要件,現行修法之內容亦採此一見解。如果建築物存在之時點,是在抵押權設定之後,則是涉及是否併附拍賣的問題,而非法定地上權之議題。

相關考題　　法定地上權

甲擁有土地及土地上的建築物，甲向乙借錢並以土地設定抵押。日後土地被拍賣時，建築物應如何處理？　(A)視為已有買賣約定　(B)視為已有抵押權設定　(C)視為已有地上權設定　(D)視為已有租賃約定　　　　　　　　　　　　　　　　【97基層警察-法學緒論】	(C)
甲在自己的L地上建H屋，其後H屋遭債權人乙聲請法院強制執行，拍賣予第三人丙。下列敘述何者正確？　(A)甲得要求乙拆除H屋　(B)丙得要求甲就H屋在L地上設定地上權　(C)丙於L地僅有30年期限的法定地上權　(D)丙於H屋存在期間，於L地有法定地上權　　　　　　　　　　　　　　　　【106地特三等-法學知識與英文】	(D)

🔵 併付拍賣

　　土地所有人於<u>設定抵押權後</u>，在抵押之<u>土地上營造建築物者</u>，抵押人於必要時，得於強制執行程序中聲請法院<u>將其建築物與土地併付拍賣</u>。但對於<u>建築物之價金，無優先受清償之權</u>。前項規定，於第866條第2項及第3項之情形，如抵押之不動產上，有該權利人或經其同意使用之人之建築物者，準用之。（民§877）

🔵 抵押物賣得價金之分配

　　抵押物賣得之價金，除法律另有規定外，按各抵押權成立之次序分配之。其次序相同者，依債權額比例分配之。（民§874）

🔵 第三人代為清償

　　怎麼這麼好，有人願意幫忙清償債務？

　　原來這位好人，當初笨到拿土地幫忙設定抵押權，怕土地被拍賣，只好幫忙先清償債務。

　　為債務人設定抵押權之第三人，代為清償債務，或因抵押權人

實行抵押權致失抵押物之所有權時，該第三人於其清償之限度內，承受債權人對於債務人之債權。但不得有害於債權人之利益。（民§879Ⅰ）

債權時效消滅

以抵押權擔保之債權，其請求權已因時效而消滅，如抵押權人，於消滅時效完成後，5年間不實行其抵押權者，其抵押權消滅。（民§880）

相關考題　　併付拍賣	
甲向乙銀行借款1千萬元，並以其所有之空地設定抵押給乙銀行，屆期甲無力償還借款。乙銀行實行抵押權時，發現甲已在空地上建有房屋，依民法之規定，乙銀行可否聲請法院將該房屋一併拍賣？ (A)可以，且無限制 (B)可以，但須有併付拍賣之必要 (C)不可，因房屋係抵押後所建 (D)不可，因房屋不在抵押範圍 　　　　　　　　　　　　　　　　　【97鐵公路-民法大意】	(B)
地上權人甲將其在乙土地上所建築之房屋，為丙設定抵押權，丙實行抵押權拍賣房屋，該地上權應如何處理？ (A)應併付拍賣 (B)應除去地上權後拍賣 (C)應分別拍賣 (D)應於拍賣後消滅 　　　　　　　　　　　　　　　　　【100高考法制-民法】	(A)

相關考題　　抵押賣得價金之分配	
甲以其土地一筆設定三次抵押權，第一次抵押權擔保之債權額為300萬元，第二次抵押權擔保之債權額為600萬元，第三次抵押權擔保之債權額為900萬元，該土地拍賣後所得價金1200萬元，請問第三次抵押權能夠獲得多少清償？ (A)400萬元 (B)600萬元 (C)300萬元 (D)900萬元 　　　　　　　　【97消防不動產-民法概要】	(C)

以抵押權擔保之債權，其請求權已因時效而消滅，如抵押權人於消滅時效完成後，最遲幾年不實行其抵押權者，其抵押權消滅？ (A)1年　(B)2年　(C)5年　(D)15年　　【103高考-法學知識與英文】	(C)
乙向甲借款，乙為擔保其債務之清償，乃在自己土地上設定抵押權給甲，下列何種情形甲之抵押權會受影響？　(A)乙於抵押權設定後，將該土地讓與丙時　(B)乙將該土地之一部讓與丙時　(C)甲之債權經分割時　(D)甲之債權請求權已因時效而消滅，且甲於消滅時效完成後，逾10年不實行其抵押權　【106司特四等-法學知識與英文】	(D)

相關考題

甲向乙貸款，以丙所有之A房屋設定抵押權於乙作為擔保。請附理由說明下列問題：

㈠丙將A房屋拆毀，而在原地上興建B房屋時，乙對於B房屋有無抵押權？

㈡貸款之清償期屆至，甲無力償還，丙為避免其房屋被查封拍賣，遂代甲清償債務，丙對於甲得主張何種權利？　　　　【95地政士-民法概要】

- -

解析：

㈠ 1.依據民法第881條規定，抵押權除法律另有規定外，因抵押物滅失而消滅。故A房屋遭丙拆毀，抵押物因而滅失，故抵押權消滅。另依據民法第872條規定，因A房屋的滅失，是可歸責於抵押人丙，抵押權人乙得定相當期限，請求抵押人回復抵押物之原狀，或提出與減少價額相當之擔保。

　 2.至於丙另行興建之B房屋，則依據民法第877條規定，有關「併付拍賣」之規定為之。

㈡依據民法第879條第1項規定，為債務人設定抵押權之第三人，代為清償債務，或因抵押權人實行抵押權致失抵押物之所有權時，該第三人於其清償之限度內，承受債權人對於債務人之債權。因此，丙代甲清償債務，在其清償的範圍內，承受債權人乙對於債務人甲之債權。

相關考題

以一定事實狀態繼續存在於一定期間，而發生特定之法律效果之制度，稱為時效制度。基於此，請問：

(一)民法之時效制度有那兩種？請申述之。

(二)甲向乙借款500萬元，約定於民國82年10月30日清償，並以甲所有之土地為乙設定抵押權。甲一直未予清償，乙於97年12月1日猛然憶起，遂發存證信函向甲請求清償債務，甲依據民法規定是否得主張時效抗辯？又乙應於何時實行抵押權，以免抵押權消滅？

【97不動產經紀人-民法概要】

解析：（以下為簡要回答）

(一)取得時效、消滅時效。

(二)一般請求權之消滅時效為15年，本案乙之借款返還請求權業已逾15年不行使，甲得依據民法第125條規定主張時效消滅，拒絕清償。

但是甲有以其土地為甲設定抵押權，依據民法第880條規定，債權之請求權已因時效消滅，抵押權人於消滅時效完成後，5年間不實行其抵押權者，其抵押權消滅。本案尚需至102年10月30日始屆期，故應於此日前行使抵押權，以免抵押權消滅。

20 最高限額抵押權

一 最高限額抵押權的基本概念

　　最高限額抵押權，是指債務人或第三人提供其不動產為擔保，就債權人對債務人一定範圍內之不特定債權，在最高限額內設定之抵押權。（民§881-1 I）例如債務人要向銀行借錢，以其不動產向銀行設定1千萬元之最高限額抵押權，以後該筆不動產就要擔保1千萬元的限度內發生的所有債務。

　　過去民法並無最高限額抵押權之規定，但是實務上卻已經行之多年，其與普通抵押權之差異，在於最高限額抵押權是現有或將來可能發生最高限額內之不特定債權，而普通抵押權，則是供特定債權擔保。至於實際擔保之範圍如何，則須待所擔保之原債權確定後才能加以判斷，民法第881-10至881-12條有規定原債權確定之事由。

二 擔保原債權之期日

　　最高限額抵押權得約定其所擔保原債權應確定之期日，並得於確定之期日前，約定變更之。前項確定之期日，自抵押權設定時起，不得逾30年。逾30年者，縮短為30年。前項期限，當事人得更新之。（民§881-4）

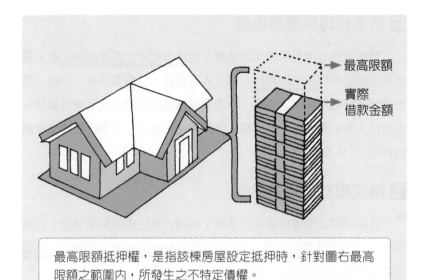

最高限額抵押權，是指該棟房屋設定抵押時，針對圖右最高
限額之範圍內，所發生之不特定債權。

三 最高限額之範圍

　　最高限額抵押權人就已確定之原債權，僅得於其約定之最高限額
範圍內，行使其權利。已確定之原債權，及其利息、遲延利息、違約
金，合計不逾最高限額範圍者，亦同。（民§881-2）蓋因最高限額抵
押權所擔保之債權，其優先受償之範圍須受最高限額之限制，也就是
說必須在最高限額抵押權所擔保之債權確定時，不逾最高限額範圍內
之擔保債權，始為抵押權效力所即。另外，所謂「原債權」，是指基
於一定法律關係所生之債權或基於票據所生之權利為限，此範圍內約
定所生之債權。（民§881-1 II）

四 債權移轉與債務承擔

最高限額抵押權所擔保之債權，於原債權確定前讓與他人者，其最高限額抵押權<u>不隨同移轉</u>。第三人為債務人清償債務者，亦同。最高限額抵押權所擔保之債權，於原債權確定前經第三人承擔其債務，而債務人免其責任者，抵押權人就該承擔之部分，不得行使最高限額抵押權。（民§881-6）

五 請求權消滅時效完成

最高限額抵押權所擔保之債權，其請求權已因時效而消滅，如抵押權人於<u>消滅時效完成後，5年間不實行其抵押權者，該債權不再屬於最高限額抵押權擔保之範圍</u>。（民§881-15）

六 其他抵押權

地上權、農育權及<u>典權</u>，均得為抵押權之標的物。（民§882）

相關考題

甲公司欲向乙銀行融資貸款，乙主張必須有擔保方得放款，且擔保之方式限於設定抵押權，甲檢視其擁有之資產包括下列權利，下列何者可提供抵押貸款？ (A)甲之A土地對丙之B土地有不動產役權 (B)甲對丁之C屋有<u>典權</u> (C)甲對戊之高級進口車有動產質權 (D)甲對「來自月亮的你」此部電視劇有著作權 【106司特三等-法學知識與英文】	(B)

相關考題

下列有關最高限額抵押權之敘述何者正確？ (A)稱最高限額抵押權者，謂債務人或第三人提供其不動產為擔保，就債權人對債務人一定範圍內之不特定債權，在最高限額內設定之抵押權 (B)最高限額抵押權所擔保之債權，不以債權人與債務人因一定法律關係所生之債權為限 (C)最高限額抵押權人就已確定之原債權，得於約定之最高限額範圍外，行使其權利 (D)最高限額抵押權之最高限額範圍不包括原債權之利息、遲延利息及違約金 【97不動產經紀人-民法概要】	(A)
最高限額抵押權得約定其所擔保原債權應確定之期日，該確定之期日，自抵押權設定時起不得逾幾年？ (A)5年 (B)10年 (C)20年 (D)30年　　　　　　　　　　【97不動產經紀人-民法概要】	(D)
最高限額抵押權所擔保之債權，其請求權已因時效而消滅，如抵押權人於消滅時效完成後，幾年間不實行其抵押權者，該債權不再屬於最高限額抵押權擔保之範圍？ (A)5年 (B)10年 (C)15年 (D)30年　　　　　　　　　　　　【97鐵公路-民法大意】 【100五等國安特考-法學大意】	(A)

21 質權

一 質權之種類

　　質權也是屬於擔保物權之一種，設有質權擔保之債權，債權人就拍賣質物所得之價金受清償時，有優先受償之權利。

　　質權分成動產質權與權利質權兩種。所謂「動產質權」，是指債權人對於債務人或第三人移轉占有而供其債權擔保之動產，得就該動產賣得價金優先受償之權。（民§884）而所謂「權利質權」，是指謂以可讓與之債權或其他權利為標的物之質權。（民§900）

二 動產質權設定之生效

　　質權之設定，因供擔保之動產移轉於債權人占有而生效力。質權人不得使出質人或債務人代自己占有質物。（民§885）例如汽車借款，將汽車移轉給債權人占有，則質權之設定發生效力。街坊上常見所謂的「汽車借款、原車可用」的廣告，則因為並未將汽車移轉給債權人占有，則並非動產質權，通常還是屬於放高利貸，簽立本票及汽車移轉所有權契約的方式為之。

三 受質為營業者取得質物所有權

　　質權人係經許可以受質為營業者，僅得就質物行使其權利。出質人未於取贖期間屆滿後5日內取贖其質物時，質權人取得質物之所有權，其所擔保之債權同時消滅。（民§899-2 I）

動產質權

這輛車就交給我囉！

質權人　　出質人

動產質權以移轉占有為要件

質權之設定，因供擔保之動產移轉於債權人占有而生效力。質權人不得使出質人或債務人代自己占有質物。（民§885）

權利質權

設定權利質權書

××××××××
××××××××
×××××
×××

債權證書

×××××
×××××
×××××
×××

權利質權以書面為要件

以債權為標的物之質權，其設定應以書面為之。前項債權有證書者，出質人有交付之義務。（民§904）

四 質權擔保之範圍

　　質權所擔保者為原債權、利息、遲延利息、違約金、保存質物之費用、實行質權之費用及因質物隱有瑕疵而生之損害賠償。但契約另有約定者，不在此限。（民§887Ⅰ）前項保存質物之費用，以避免質物價值減損所必要者為限。（民§887Ⅱ）

五 質物之拍賣

因質物有腐壞之虞，或其價值顯有減少，足以害及質權人之權利者，質權人得拍賣質物，以其賣得價金，代充質物。(民§892 I)質權人於債權已屆清償期，而未受清償者，得拍賣質物，就其賣得價金而受清償。(民§893 I)前二條情形質權人應於拍賣前，通知出質人。但不能通知者，不在此限。(民§894)

相關考題　基本題型

甲向乙借錢並以其汽車設定質權給乙。那麼，乙何時取得質權？ (A)消費借貸成立時　(B)乙交付金錢時　(C)甲交付汽車時　(D)設定質權時　　　　　　　　　　　　　　【97基層警察-法學緒論】	(C)
質權人係經許可以受質為營業者，僅得就質物行使其權利。出質人未於取贖期間屆滿後幾日內取贖其質物時，質權人取得質物之所有權？　(A)3日內　(B)5日內　(C)7日內　(D)10日內【97鐵公路-民法大意】	(B)
質權人係經許可以受質為營業者，出質人未於取贖期間屆滿後5日內取贖其質物時，發生何種法律效果？　(A)質權人應將質物拍賣，就賣得價金取償　(B)被擔保之債權消滅　(C)質權人應聲請法院拍賣質物　(D)質權人應將質物返還於出質人　【100地方特考三等-民法】	(B)
下列何者為我國現行民法所未採摭？　(A)動產質權　(B)不動產質權　(C)權利質權　(D)證券質權　　【97鐵公路佐級公路監理-法學大意】	(B)

解析：
(D)民法第910條第1項規定：「質權以有價證券為標的物者，其附屬於該證券之利息證券、定期金證券或其他附屬證券，以已交付於質權人者為限，亦為質權效力所及。」

動產質權人係經許可以受質為營業者，如出質人未於取贖期間屆滿後幾日內取贖其質物時，質權人取得質物之所有權？　(A)5日　(B)10日　(C)15日　(D)30日　　　　　　【101初等人事行政-法學大意】	(A)

相關考題　基本題型

下列關於質權人實行質權之敘述，何者錯誤？　(A)必須債權到期　(B)原則上必須債務人給付遲延　(C)質權人在拍賣質物前，應通知出質人　(D)約定流質契約一律無效　　【102四等地方特考-民法概要】	(D)
乙向甲借款新臺幣（以下同）100 萬元，並提供價值 200 萬元之 A 車為甲設定質權以為擔保。下列敘述何者錯誤？　(A)質權之設定固以交付占有為要件，但如乙仍有使用 A 車之必要，得依民法第 761 條之規定以占有改定之方式以代交付　(B)A 車經設定質權後，為丙所盜，甲於 2 年內未向丙請求返還者，其動產質權消滅　(C)如甲係經許可以受質為營業者，乙未於取贖期間屆滿後 5 日內取贖 A 車時，甲取得質物之所有權，其所擔保之 100 萬元債權同時消滅　(D)甲之質權因 A 車滅失而消滅。但如乙因 A 車之滅失而得請求損害賠償者，不在此限　　【110普考-法學知識與英文】	(A)

相關考題　質權取得方式

動產質權不能依下列何種情形取得？　(A)現實交付　(B)占有改定　(C)指示交付　(D)簡易交付　　【99初等一般行政-法學大意】	(B)

解析：

因為動產質權必須要以移轉占有為要件，有點像是吃飯忘了帶錢，就把手錶押給老闆，說等下回家拿錢來付，這時候就不能以占有改定的方式取得，所以選(B)。（有關這四種交付方式的定義，請參考第334頁）

下列何種交付方式，不適用於動產質權？　(A)現實交付　(B)簡易交付　(C)占有改定　(D)指示交付　　【100高考法制-民法】	(C)

相關考題　動產質權擔保範圍

下列何者不屬於法律所規定質權所擔保的債權範圍？　(A)遲延利息　(B)違約金　(C)因給付不能所生之損害賠償　(D)因質物隱有瑕疵而生之損害賠償　　【99普考財稅行政-民法概要】	(C)

22 典權

一 典權之定義

稱典權者，謂支付典價在他人之不動產為使用及收益，於他人不回贖時，取得該不動產所有權之權。（民§911）典權約定期限不得逾30年，逾30年者縮短為30年。（民§912）典權之約定期限不滿15年者，不得附有到期不贖即作絕賣之條款。（民§913 I）所謂絕賣條款，是指典權之設定附有期限，於期限屆滿後，若不即回贖典權，典物之所有權歸屬典權人之條款。

二 轉典或出租

典權存續中，典權人得將典物轉典或出租於他人。但另有約定或另有習慣者，依其約定或習慣。典權定有期限者，其轉典或租賃之期限，不得逾原典權之期限，未定期限者，其轉典或租賃，不得定有期限。轉典之典價，不得超過原典價。（民§915）

三 典物與典權之讓與

典權人得將典權讓與他人或設定抵押權人。典物為土地，典權人在其上有建築物者，其典權與建築物，不得分離而為讓與或其他處分。（民§917）出典人典權設定後，得將典物讓與他人，但典權不因此而受影響。（民§918）

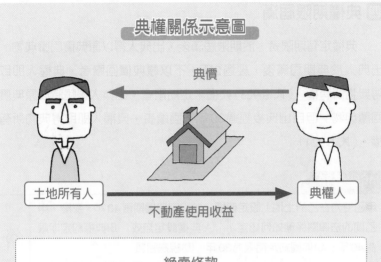

典權關係示意圖

典價

土地所有人

不動產使用收益

典權人

絕賣條款

典權之約定期限不滿15年者,不得附有到期不贖即作絕賣之條款。(民§913)換言之,只要典權之約定在15年以上者,即可約定不贖即作絕賣條款。

典權租賃關係之推定

僅以土地或建築物設定典權,典權人與建築物所有人及土地所有人間,推定有租賃關係存在:分別在土地或建築物設定典權,亦同。(民§924-2 I)

四 典權期限屆滿

典權定有期限者，於期限屆滿後，出典人得以原典價回贖典物。出典人於典期屆滿後，經過2年，不以原典價回贖者，典權人即取得典物所有權。(民§923)典權未定期限者，出典人得隨時以原典價回贖典物。但自出典後經過<u>30年</u>不回贖者，典權人即取得典物所有權。(民§924)

相關考題

甲乙雙方在乙的土地上設定典權，並約定典權期限40年。那麼，甲乙間的法律關係應如何認定？ (A)典權設定無效 (B)典權約定期限為40年 (C)典權約定期限為30年 (D)視為租賃 【97四等關務-法學知識】	(C)
下列何者非屬典權人之權利？ (A)轉典權 (B)找貼權 (C)留買權 (D)相鄰權（相鄰關係之準用） 【98不動產經紀人-民法概要】	(B)
附有絕賣條款限制之典權，其典權之約定期限最低應為多少年？ (A)10年 (B)15年 (C)20年 (D)30年 【99三等身障特考財稅行政-民法】	(B)

Note

留置權

一 留置權之定義

稱留置權者,謂債權人占有他人之動產,而其債權之發生與該動產有<u>牽連關係</u>,於債權已屆清償期未受清償時,得留置該動產之權。(民§928 I)如右頁圖,機車行的老闆替某甲修理機車,但是某甲不給付修理費用,機車行的老闆就可以留置該機車,待某甲給付修理費用時,再予以返還。

債權人因侵權行為或其他不法之原因而占有動產者,不適用前項之規定。其占有之始明知或因重大過失而不知該動產非為債務人所有者,亦同。(民§928 II)商人間因營業關係而占有之動產,與其因營業關係所生之債權,視為有民法第928條所定之牽連關係。(民§929)

二 違反善良風俗之留置

動產之留置,違反公共秩序或善良風俗者,不得為之。其與債權人應負擔之義務或與債權人債務人間之約定相牴觸者,亦同。(民§930)

三 未屆清償期之留置權

債務人無支付能力時,債權人縱於其債權未屆清償期前,亦有留置權。債務人於動產交付後,成為無支付能力,或其無支付能力於交付後始為債權人所知者,其動產之留置,縱有前條所定之牴觸情形,債權人仍得行使留置權。(民§931)

四 留置物之取償

債權人於其債權已屆清償期而未受清償者,得定1個月以上之相當期限,通知債務人,聲明如不於其期限內為清償時,即就其留置物取償;留置物為第三人所有或存有其他物權而為債權人所知者,應併通知之。(民§936 I)

債務人或留置物所有人不於前項期限內為清償者,債權人得準用關於實行質權之規定,就留置物賣得之價金優先受償,或取得其所有權。(民§936 II)

不能為第1項之通知者,於債權清償期屆至後,經過6個月仍未受清償時,債權人亦得行使前項所定之權利。(民§936 III)

甲有A車，因車禍交乙修繕，費用10萬元。乙在甲清償前，可以對A車主張何種權利？　(A)質權　(B)留置權　(C)典權　(D)地上權 【96高考三級-法學知識與英文】	(B)
關於留置權之規定，下列敘述何者錯誤？　(A)動產之留置，違反公共秩序或善良風俗者，不得為之　(B)債務人無支付能力時，債權人縱於其債權未屆清償期前，亦有留置權　(C)留置物存有所有權以外之物權者，該物權人不得以之對抗善意之留置權人　(D)債權人因保管留置物所支出之必要費用，不得向其物之所有人，請求償還 【97鐵公路-民法大意】	(D)

解析：

(C)民法第932-1條規定：「留置物存有所有權以外之物權者，該物權人不得以之對抗善意之留置權人。」

下列有關留置權之敘述，何者錯誤？　(A)稱留置權者，謂債權人占有他人之動產，而其債權之發生與該動產有牽連關係，於債權已屆清償期而未受清償時，得留置該動產之權　(B)債權人於其債權已屆清償期而未受清償者，得定1個月以上之相當期限，通知債權人，聲明如不於其期限內為清償時，即就其留置物取償　(C)債權人於其債權未屆清償期前，縱債務人無支付能力，債權人亦不得行使留置權　(D)債權人於其債權未受全部清償前，得就留置物之全部，行使其留置權。但留置物為可分者，僅得依其債權與留置物價值之比例行使之　【97不動產經紀人-民法概要】	(B) (C)
留置權人就留置物之保管，應負何種責任？　(A)抽象輕過失責任　(B)具體輕過失責任　(C)重大過失責任　(D)無過失責任 【99高考三級法制-民法】	(A)

解析：

(A)依據民法第933條準用第888條第1項規定，應以善良管理人之注意（抽象輕過失責任）。

相關考題

下列何種物權，其成立非因當事人之法律行為而生？ (A)留置權 (B)永佃權 (C)地役權 (D)典權 　　　　　　【99高考三級法制-民法】	(A)
債權人於其債權未受全部清償前，得就留置物之全部行使其留置權，此種特性為： (A)從屬性 (B)代位性 (C)不可分性 (D)獨立性 　　　　　　【99普考財稅行政-民法概要】	(C)
下列何種物權僅得依法律規定而發生？ (A)抵押權 (B)動產質權 (C)權利質權 (D)留置權 　　　　　　【102四等地方特考-民法概要】	(D)
甲經營汽車維修保養廠與T通運公司間有多年的汽車維修保養（營業）關係。數週前，T送修X、Y二車，其中Y車的數萬元維修材料費全未獲清償。當T要取回X、Y二車時，甲得主張何種權利？ (A)得主張就X、Y二車有留置權 (B)僅得主張就Y車有留置權 (C)得主張X、Y二車均有抵押權 (D)得主張就X、Y二車有質權 　　　　　　【109普考-法學知識與英文】	(A)

24 占有

一 占有之定義

對於物有事實上管領之力者，為占有人。(民§940)占有人於占有物上行使之權利，推定其適法有此權利。(民§943 I)

二 占有之種類

<u>直接占有</u>，直接對於物有事實上之管領力。<u>間接占有</u>，自己不直接占有，對於直接占有其物之人，本於一定之法律關係，具有請求返還之權利，稱之為間接占有。民法第941條明文規定：「地上權人、農育權人、典權人、質權人、承租人或基於其他類似之法律關係，對於他人之物為占有者，該他人為間接占有人。」受僱人、學徒、家屬或基於其他類似之關係，受他人之指示，而對於物有管領之力者，僅該他人為占有人。(民§942)此一規定，是所謂輔助占有之規定。相對於輔助占有，稱之為自己占有，是指親自對於其物為事實上之管領。

三 善意取得

以動產所有權或其他物權之移轉或設定為目的，而善意受讓該動產之占有者，縱其讓與人無讓與之權利，其占有仍受法律之保護。(民§948 I)其理論基礎在於交易安全之保護，以及占有之公信力。所謂「其占有仍受法律之保護」，是指民法第801條規定：「動產之受讓人占有動產，而受關於占有規定之保護者，縱讓與人無移轉所有權之權利，受讓人仍取得其所有權。」以及民法第886條規定：「動產之受質人占有動產，而受關於占有規定之保護者，縱出質人無處分其質物之權利，受質人仍取得其質權。」

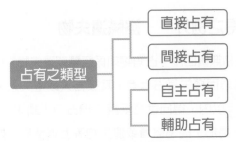

善意取得

甲將車輛賣與乙,乙以取得該車所有權為目的,而善意受讓該車之占有。

乙　甲

相關考題　占有人之範圍

占有人於其占有被侵奪時,得請求返還其占有物,其所謂之占有人不包括下列何者? (A)直接占有人 (B)間接占有人 (C)指示他人管領占有物之占有主人 (D)受他人指示管領其物之占有輔助人 【98不動產經紀人-民法概要】	(D)
動產之受質人善意占有動產,而受關於占有之保護者,縱出質人無處分其質物之權利,受質人得主張: (A)善意取得質權所擔保之債權 (B)善意取得動產質權 (C)善意取得質物所有權 (D)善意受讓動產質權 【99普考財稅行政-民法概要】	(B)

四 善意取得之例外——盜贓遺失物

盜贓遺失物無償回復：占有物如係盜贓或遺失物，或其他非基於原占有人之意思而喪失其占有者，其被害人或遺失人，自被盜或遺失之時起，<u>2年</u>以內，得向善意受讓之現占有人請求回復其物。（民§949Ⅰ）例外情形，則為盜贓或遺失物等上述情形，如占有人由公開交易場所或由販賣與其物同種之物之商人，以善意買得者，非償還其支出之價金，不得回復其物。（民§950）

現行規定「公共市場」易誤解為僅指公營之市場而已，惟推其真意，舉凡公開交易之場所均屬之，拍賣或一般商店亦包括在內，為避免誤解，爰將「拍賣或公共市場」修正為「公開交易場所」。

特殊物品之不得回復：盜贓或遺失物等上述情形，如係金錢或未記載權利人之有價證券，不得向其善意占有人請求回復。（民§951）

相關考題 **善意取得之例外**

下列敘述，何者錯誤？　(A)盜贓或遺失物，如占有人係經由拍賣善意買得者，該物之所有權人須償還其支出之價金，才得回復其物　(B)盜贓或遺失物，如占有人係由公共市場善意買得者，該物之所有權人非償還其支出之價金，不得回復其物　(C)盜贓或遺失物，如係金錢，不得向其善意占有人，請求回復　(D)盜贓或遺失物，如係無記名證券，該證券之所有權人無須支付價金，即得向其善意占有人，請求回復　　　　【97不動產經紀人 - 民法概要】

(D)

解析：
(C)(D)參照民法第951條規定。

善意取得之例外

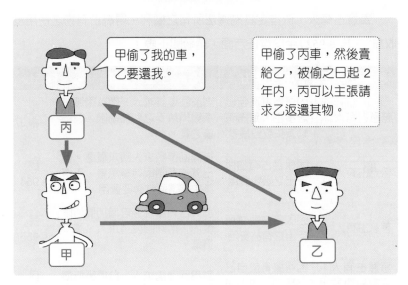

甲偷了我的車，乙要還我。

甲偷了丙車，然後賣給乙，被偷之日起 2 年內，丙可以主張請求乙返還其物。

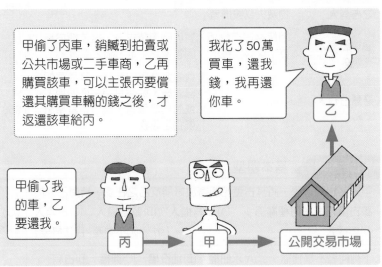

甲偷了丙車，銷贓到拍賣或公共市場或二手車商，乙再購買該車，可以主張丙要償還其購買車輛的錢之後，才返還該車給丙。

我花了 50 萬買車，還我錢，我再還你車。

甲偷了我的車，乙要還我。

公開交易市場

五 善意占有人之權利與義務

善意占有人，依推定其為適法所有之權利，得為占有物之使用及收益。（民§952）至於責任方面，請參閱下表：

善意或惡意	發生事由	主張與責任	法條
善意占有人	因可歸責於自己之事由，致占有物滅失或毀損者	對於回復請求人，僅以因滅失或毀損所受之利益為限，負賠償之責。	民§953
善意占有人	因保存占有物所支出之必要費用	得向回復請求人請求償還。但已就占有物取得孳息者，不得請求償還通常必要費用。	民§954
善意占有人	因改良占有物所支出之有益費用	於其占有物現存之增加價值限度內，得向回復請求人，請求償還。	民§955
惡意占有人，或無所有意思之占有人	因可歸責於自己之事由，致占有物滅失或毀損者	對於回復請求人，負損害賠償之責。	民§956
惡意占有人	因保存占有物所支出之必要費用	對於回復請求人，得依關於無因管理之規定，請求償還。	民§957
惡意占有人		負返還孳息之義務。其孳息如已消費，或因其過失而毀損，或怠於收取者，負償還其孳息價金之義務。	民§958

相關考題　基本題型

甲即將出國遊學，將其古董花瓶寄放好朋友乙之住處，請問乙對於該古董花瓶為何種關係？　(A)所有權人　(B)留置權人　(C)占有人　(D)典權人　　　　　　　　　　　　　　　【97消防不動產-民法概要】	(C)
下列何者不是物權？　(A)永佃權　(B)地役權　(C)典權　(D)占有　　　　　　　　　　　　　　　　　【97普考-法學知識與英文】	(D)

相關考題　占有之種類

甲將A屋出租於乙並交付之，針對A屋，乙為何種占有？　(A)自主占有　(B)間接占有　(C)占有輔助　(D)他主占有　【97三等關務警特-法學知識】	(D)
甲將A地設定地上權於乙，供乙在其上興建B屋居住，乙僱用丙幫忙管理A地及B屋，試問何人為A地之直接占有人？　(A)甲　(B)乙　(C)丙　(D)甲及乙　【97公務初等-法學大意】	(B)
甲將A地設定典權予乙，乙將A地轉典予丙，丙將A地交付受僱人丁在其上植竹收筍，試問：A地之直接占有人為何人？　(A)甲　(B)乙　(C)丙　(D)丁　【100五等司法特考-法學大意】	(C)
下列何者不是占有人？　(A)學徒就公司配置其工作所必要的機具　(B)出租人就其交付於承租人的租賃物　(C)承租人就出租人交付於自己的租賃物　(D)公司配給董事長使用的座車【111高考-法學知識與英文】	(A)

相關考題　無主物先占

對於無主物先占之敘述，下列何者錯誤？　(A)占有人以所有之意思而占有　(B)占有物為無主物　(C)占有物為不動產　(D)除法令另有規定外，占有人取得所有權　【100四等行政警察-法學緒論】	(C)

相關考題　無權占有

乙無權占有甲之A屋並將其出租於丙。試問：租金歸屬何人所有？　(A)甲獨自所有　(B)乙獨自所有　(C)甲與乙共有　(D)甲與乙各有二分之一　【99普考財稅行政-民法概要】	(B)
甲將電腦借乙使用，乙未經甲之同意，擅自將該電腦賣與不知情的丙並交付之，則：　(A)丙取得該電腦所有權　(B)甲得撤銷該電腦所有權的移轉　(C)該電腦所有權的移轉不得對抗善意第三人　(D)該電腦所有權的移轉不生效力　【99高考三等財稅行政-民法】	(A)

第六篇　親屬

民法的架構

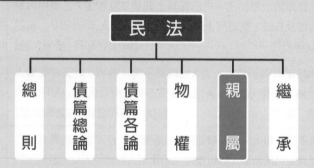

民法
- 總則
- 債篇總論
- 債篇各論
- 物權
- 親屬
- 繼承

親屬的架構

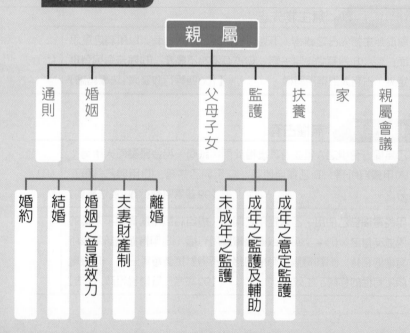

親屬
- 通則
- 婚姻
  - 婚約
  - 結婚
  - 婚姻之普通效力
  - 夫妻財產制
  - 離婚
- 父母子女
- 監護
  - 未成年之監護
  - 成年之監護及輔助
  - 成年之意定監護
- 扶養
- 家
- 親屬會議

本篇目錄

1 親屬之種類

■ 親屬之種類

親屬分成血親以及姻親。所謂血親，是指因血緣所產生之親屬關係；姻親，是指因婚姻所產生之親屬關係。

■ 直系血親及旁系血親

稱直系血親者，謂己身所從出或從己身所出之血親。（民§967 I）

稱旁系血親者，謂非直系血親，而與己身出於同源之血親。（民§967 II）

■ 姻親

稱姻親者，謂「血親之配偶」、「配偶之血親」及「配偶之血親之配偶」。（民§969）血親之配偶之血親，則非姻親範圍，蓋因若使之成為姻親之種類，則恐怕範圍過廣。

■ 親等之計算

直系血親	從己身上下數，以一世為一親等	
旁系血親	從己身數至同源之直系血親，再由同源之直系血親，數至與之計算親等之血親，以其總世數為親等之數。	
姻親	血親之配偶	從其配偶之親系及親等
	配偶之血親	從其與配偶之親系及親等
	配偶之血親之配偶	從其與配偶之親系及親等
	血親之配偶之血親	X，太氾濫了

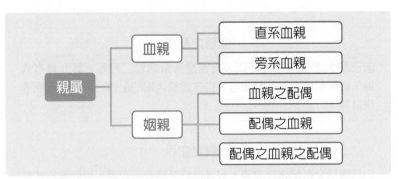

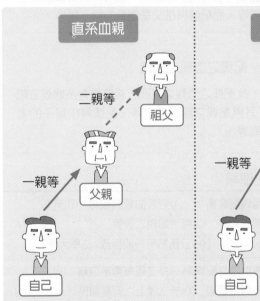

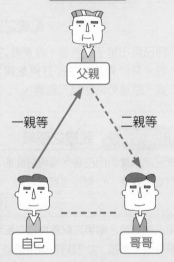

直系血親

自己和祖父的親等是二親等，其計算方式為，由自己往上數，到父親為一世一親等，再從父親往上數到祖父，累計為二世二親等。

旁系血親

自己與哥哥的親等為二親等，先從自己屬到同源的直系血親，也就是自己的父親，為一親等，再從父親算到哥哥，累計為二親等。

血親之配偶

自己和大嫂是血親之配偶，親等是旁系姻親二親等，其計算方式為，從其配偶之親系及親等，也就是從大嫂的配偶──哥哥的親等來計算。

配偶之血親

自己與岳父是配偶之血親，親等為直系姻親一親等，其計算方式為從其與配偶之親系及親等，而配偶與岳父是直系血親一親等。

配偶之血親之配偶

自己與小舅子的老婆，是配偶之血親之配偶，親等是旁系姻親二親等。其計算方式是從其與配偶之親系及親等。配偶與小舅子的老婆，就是旁系姻親二親等。

相關考題 | **親屬之種類**

表兄弟姊妹與自己是何種親屬關係？　(A)旁系血親四親等　(B)旁系姻親四親等　(C)旁系血親二親等　(D)旁系姻親二親等 【96公務初等一般行政 - 法學大意】	(A)
甲乙為兄弟，則甲之配偶與乙之配偶為　(A)二親等旁系血親　(B)二親等旁系姻親　(C)四親等旁系姻親　(D)無法律上之親屬關係 【98不動產經紀人 - 民法概要】	(B)
我國民法將親屬分為三種，即配偶、血親與：　(A)宗親　(B)外親　(C)妻親　(D)姻親 【99初等一般行政 - 法學大意】	(D)
甲男乙女結婚，甲男之父與乙女之母其親等與親屬關係為何？ (A)四親等之姻親　(B)三親等之姻親　(C)二親等之姻親　(D)無親屬關係 【99初等人事行政 - 法學大意】	(D)

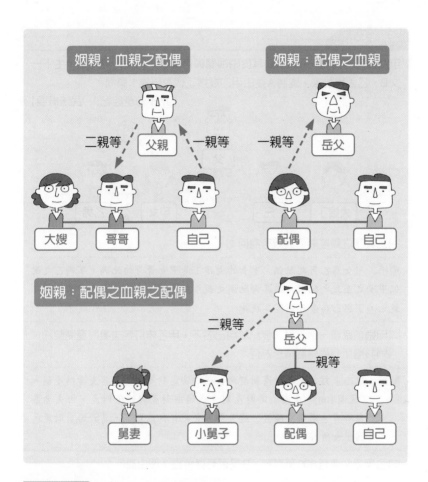

相關考題 血親及擬制血親

下列何者為擬制血親？　(A)繼父母與繼子女　(B)養父母與養子女 (C)父母與婚生子女　(D)父母與非婚生子女 【96高考三級 - 法學知識與英文】	(B)
下列那一項不是血親？　(A)父子　(B)姊妹　(C)繼父子　(D)表兄弟 【99初等一般行政 - 法學大意】	(C)

甲女與乙男育有一子A，然其於婚姻關係存續中，另與丙男同居，生下一女B。乙因甲離家，遂將A委由甲的嫂嫂丁代為照顧。請問：

【97不動產經紀人-民法概要】

㈠乙與丁之親屬關係與親等為何？

解析：甲女爲乙男之配偶，甲女的大嫂丁是甲女哥哥的配偶。丁爲乙之配偶甲女之血親之配偶，從其與配偶之親系及親等。丁與甲女爲旁系姻親二親等，丁與乙爲旁系姻親二親等。

㈡甲婚前購置一透天厝，登記於自己名下，甲乙未訂定夫妻財產制契約，則該屋所有權歸屬情形爲何？

解析：甲乙未訂定夫妻財產制契約，則以法定財產制，爲其夫妻財產制。（民§1005）我國法定財產制分成婚前財產與婚後財產，由夫妻各自所有。甲婚前購置一透天厝，登記於自己名下，屬於婚前財產，爲甲女所有。

㈢乙猝死，遺有600萬存款，B是否有繼承權？理由爲何？

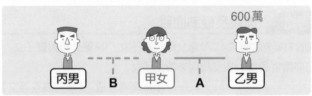

解析：乙猝死，遺有600萬存款。B女雖爲甲女與丙男同居所生，但爲與乙男婚姻關係存續中所生，依據民法第1063條規定，推定其所生子女爲婚生子女。在未提起否認之訴前，B女推定爲乙男之女，有繼承權。

相關考題　姻親

下列何者非屬民法所稱之姻親？　(A)血親之配偶　(B)配偶之血親　(C)血親之配偶之血親　(D)配偶之血親之配偶 【96三等關務特考-法學知識】	(C)
下列何者非姻親？　(A)血親之配偶　(B)配偶之血親　(C)血親之配偶之血親　(D)配偶之血親之配偶　【97鐵公路-民法大意】	(C)
甲、乙為夫妻，乙與前夫生有一女丙，甲、丙為何種親屬？　(A)姻親　(B)直系血親　(C)旁系血親　(D)不具親屬關係 【97鐵公路-民法大意】	(A)
下列何者屬於姻親關係？　(A)兒女親家間　(B)兄弟之妻間　(C)養父與養子女間　(D)外祖母與孫子女間　【99高考三等財稅行政-民法】	(B)
假設甲乙為兄妹，丙為甲妻，丁為乙夫，問丙丁之親屬關係為何？　(A)二等旁系血親　(B)二等旁系姻親　(C)三等旁系姻親　(D)沒有親屬關係　【100地方特考五等-法學大意】	(B)

相關考題　親等

婆媳之親等為何？　(A)一親等　(B)二親等　(C)三親等　(D)無親屬關係　【96三等關務特考-法學知識】	(A)
甲男乙女結婚，則甲男之父丙與乙女之母丁之親等為何？　(A)旁系姻親一親等　(B)旁系姻親二親等　(C)旁系姻親三親等　(D)無親屬關係　【99高考三等財稅行政-民法】	(D)
下列何人為甲之三親等血親？　(A)甲的姊夫乙　(B)甲的表妹丙　(C)甲的叔叔丁　(D)甲的姑丈戊　【100三等民航特考-法學知識】	(C)

2 婚約

一 婚約之方式與年齡限制

婚約，應由男女當事人自行訂定。（民§972）<u>婚約，不得請求強迫履行</u>。（民§975）訂了婚約，不代表就要結婚，也不能訴請法院強制執行之，畢竟婚約與一般的債權契約有所不同，涉及到人身的自我決定權，不應該以強迫履行的方式為之。

男女未滿十七歲，不得訂定婚約。（民§973）未成年人訂定婚約，應得法定代理人之同意。（民§974）一般而言，現代社會準備要結婚者，通常都至少十幾歲，也就是民法第13條第2項「滿7歲以上之未成年人，有限制行為能力。」換言之，限制行為能力人所為之意思表示，本來依據民法第77條本文規定，應得法定代理人之允許，但婚約對於個人權利影響甚鉅，所以更進一步限制「男女未滿17歲，不得訂定婚約」。

二 婚約解除之效果

有民法第976條第1項之理由而婚約解除時，無過失之一方，得向有過失之他方，請求賠償其因此所受之損害。雖非財產上之損害，受害人亦得請求賠償相當之金額。非財產上之損害賠償請求權不得讓與或繼承。但已依契約承諾，或已起訴者，不在此限。（民§977）

無第976條之理由而違反婚約者，對於他方因此所受之損害，應負賠償之責。（民§978）雖非財產上之損害，受害人亦得請求賠償相當之金額。但以受害人無過失者為限。非財產上之損害賠償請求權，不得讓與或繼承。但已依契約承諾或已起訴者，不在此限。（民§979）

三 婚約之瑕疵

婚約之瑕疵，包括無效、解除與撤銷三種情形：

類型	內　　　容	規　定
無效	男女未滿17歲者，不得訂定婚約。 未成年人訂定婚約，應得法定代理人之同意。	民法第973、974條
解除	一、婚約訂定後，再與他人訂定婚約或結婚者。 二、故違結婚期約者。 三、生死不明已滿1年者。 四、有重大不治之病者。 五、婚約訂定後與他人合意性交者。 六、婚約訂定後受徒刑之宣告者。 七、有其他重大事由者。	民法第976條 依民法第976條第1項規定解除婚約者，如事實上不能向他方為解除之意思表示時，無須為意思表示，自得為解除時起，不受婚約之拘束。（民§976Ⅱ）
撤銷	例如錯誤、傳達不實、詐欺、脅迫等	民法第88、89、92條

四 不同婚約解除原因之效果

類型	受害人之要件	請求項目	加害人之要件
有民法第976條第1項之理由而婚約解除者	受害人（無過失）	財產上損害賠償	加害人（有過失）
	受害人（無過失）	非財產上損害賠償	加害人（有過失）
無第976條第1項之理由而違反婚約者	受害人（有過失＋無過失）	財產上損害賠償	加害人（有過失＋無過失）
	受害人（無過失）	非財產上損害賠償	加害人（有過失＋無過失）

一對男女朋友訂婚後同居近5年，經過長時間的交往，女方認為男方走不出前段婚姻的束縛，決定解除雙方婚約。

若認定不成立民法第976條之事由，依據第978條規定，女方構成無第976條之理由而違反婚約之情況。男方得主張因此所受之損害負擔賠償責任，如果男方是無過失，也可以主張之非財產上之損害賠償。但從本案例中觀察，男方走不出前段婚姻的束縛，是導致女方決定違反婚約之原因，若認定男方有過失，男方不能主張非財產上之損害賠償。

五 贈與物之返還

婚約當事人間，常有因訂定婚約而贈與財物之情事，若婚約<u>無效</u>、<u>解除</u>或<u>撤銷</u>時，應許當事人請求返還贈與物。（民§979-1）因訂定婚約而贈與之財物，例如求婚的戒指，或者是民間習俗的一些禮品，均屬為了訂定婚約後，進而讓雙方當事人結婚之目的，所贈與之物品。若婚約無效、解除或撤銷，自應讓贈與物返還贈與人為當。但是，如果是交往過程中，雙方所互贈的禮物，即便是事後婚約發生無效、解除或撤銷的情況，則是否可以請求返還，必須回歸到民法債篇各論中有關贈與之規定。

六 消滅時效

民法第977條因解除婚約所生損害賠償請求權，民法第978、979條因違反婚約所生損害賠償請求權，及民法第979-1條因婚約無效、解除或撤銷時之贈與物返還請求權，均不宜聽其久延不決，應設短期消滅時效之規定，因2年間不行使而消滅。（民§979-2）

贈與物之返還

最常見的情況，就是男女來電的時候，往往互贈許多禮物，甚至論及婚嫁。但是，電影「落跑新娘」的劇情，在現實生活中也曾經發生一起八十餘歲老翁在結婚前夕，因禮服的問題，不願意迎娶相差四十歲的女友，引發激烈的爭執。

因此，如果當事人間沒有特別約定時，只有因訂定婚約而為贈與者，當婚約無效、解除或撤銷時，當事人之一方，才可以請求他方返還贈與物，此為民法第979-1條之明文規定。如果不是因為訂定婚約而為贈與，則無本條之適用。

相關考題 違約金條款

婚約如約定有違約金條款時,該條款之效力如何? (A)有效 (B)無效 (C)效力未定 (D)視違約金之金額而決定 【96五等錄事-法學大意】	(B)

解析:
婚約,不得請求強迫履行。(民§975)

甲男與乙女訂定婚約,並約定甲男若日後不與乙女結婚,甲男應給付乙女違約金新臺幣100萬元,則該違約金約定效力如何? (A)有效 (B)有效,但甲男可拒絕給付 (C)無效 (D)效力未定 【100地方特考三等-民法】	(C)

相關考題 解除婚約事由

若甲男先與乙女訂定婚約,再與丙女訂定婚約,則乙女得主張: (A)撤銷甲乙婚約 (B)撤銷甲丙婚約 (C)解除甲乙婚約 (D)解除甲丙婚約 【100地方特考四等-民法概要】	(C)

相關考題 婚約之效力

甲男與乙女訂婚後,未解除婚約,甲男復與丙女結婚,甲丙結婚之效力如何? (A)有效 (B)無效 (C)得撤銷 (D)效力未定 【99地方特考三等法制-民法】	(A)

婚約是否可以強迫履行? (A)不可以 (B)可以 (C)視個案情形而定 (D)婚約經公證後才可以 【101初等一般行政-法學大意】	(A)

相關考題 **不得代理**

| 父母代理子女訂定婚約,其效力為何? (A)無效 (B)得解除 (C)得撤銷 (D)效力未定 【99普考財稅行政-民法概要】 | (A) |

解析:

如同古代的「指腹為婚」。現行民法規定:婚約,應由男女當事人自行訂定。(民§972)

相關考題 **贈與物之返還**

| 甲男與乙女訂定婚約,甲贈與乙戒指。試問下列何種情形,甲不得請求返還戒指? (A)婚約無效 (B)婚約撤銷 (C)婚約解除 (D)乙女死亡 【100地方特考四等-民法概要】 | (D) |

3 結婚

一 儀式婚走向登記婚

　　民法原本採取「儀式婚主義」，只要公開儀式，兩位以上證人，即屬結婚。當時結婚不需要登記，但是離婚卻需要辦理登記，導致若結婚沒登記，離婚卻要先辦登記的怪異現象，因此，現行民法業已修正成為「登記婚主義」。依據民法第982條規定：「結婚應以書面為之，有二人以上證人之簽名，並應由雙方當事人向戶政機關為結婚之登記。」

二 結婚之無效

　　直系血親及直系姻親結婚之限制，於因收養而成立之直系親屬間，在收養關係終止後，亦適用之。直系姻親結婚之限制，於姻親關係消滅後，亦適用之。（民§983Ⅰ①、Ⅱ）

　　旁系血親六親等以內不得結婚之限制，但因收養而成立之四親等及六親等旁系血親，輩分相同者，不在此限。（民§983Ⅰ②）旁系血親以六親等為防守的底線，但因收養而成立之四親等及六親等旁系血親，輩分相同者，不在此限。但如果是旁系姻親，則僅針對輩分不相同，及五親等以內為防守的底限。（民§983Ⅰ③）

　　有配偶者，不得重婚。一人也不得同時與二人以上結婚。（民§985）但重婚之雙方當事人因善意且無過失信賴一方前婚姻消滅之兩願離婚登記或離婚確定判決而結婚者，不在此限。（民§988③）

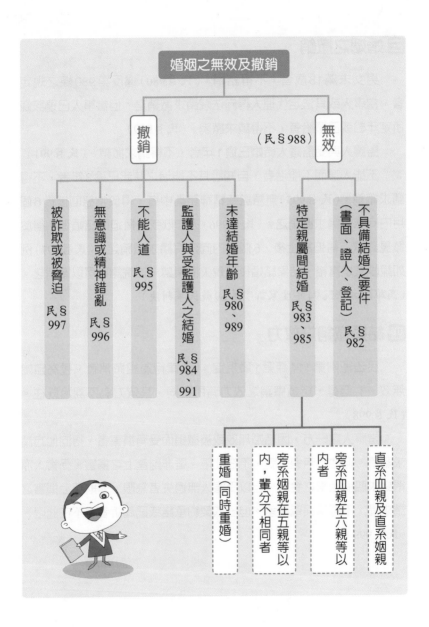

婚姻之無效及撤銷

撤銷

無效 （民§988）

撤銷：

被詐欺或被脅迫
民§997

無意識或精神錯亂
民§996

不能人道
民§995

監護人與受監護人之結婚
民§984、991

未達結婚年齡
民§980、989

無效：

特定親屬間結婚
民§983、985

不具備結婚之要件（書面、證人、登記）
民§982

特定親屬間結婚：

重婚（同時重婚）

旁系姻親在五親等以內，輩分不相同者

旁系血親在六親等以內者

直系血親及直系姻親

三 婚姻之撤銷

男女未滿18歲者，不得結婚。（民§980）違反第980條之規定者，當事人或其法定代理人得向法院請求撤銷之。但當事人已達該條所定年齡或已懷胎者，不得請求撤銷。（民§989）

監護人與受監護人結婚已逾1年者，不得請求撤銷。（民§991）

不能人道而不能治者，自知悉其不能治之時起已逾3年者，不得請求撤銷。（民§995）無意識或精神錯亂中者，得於常態回復後6個月內向法院請求撤銷之。（民§996）被詐欺或被脅迫而結婚者，得於發見詐欺或脅迫終止後，6個月內向法院請求撤銷之。（民§997）例如謊騙家境富裕，結果結婚後發現欠債累累，法院認為可以撤銷之。（高雄地方法院94年度家訴字第69號民事判決）

四 結婚撤銷之效力

民法總則第114條第1項規定：「法律行為經撤銷者，視為自始無效。」但是，結婚撤銷之效力有所不同，其效力為不溯及既往。（民§998）

當事人之一方，因結婚無效或被撤銷而受有損害者，得向他方請求賠償。但他方無過失者，不在此限。雖非財產上之損害，受害人亦得請求賠償相當之金額，但以受害人無過失者為限。非財產上損害之請求權，不得讓與或繼承。但已依契約承諾或已起訴者，不在此限。（民§999）

相關考題	重 婚	
甲於民國90年與乙結婚，翌年甲、丙雖明知甲、乙婚姻仍為有效之情形下結婚，依民法之規定，當事人間之婚姻效力如何？　(A)甲、乙婚姻有效　(B)甲、乙婚姻無效　(C)甲、丙婚姻有效　(D)甲、乙、丙之婚姻均無效　　　【98四等基層警察-法學緒論】		(A)

相關考題	同時婚	
一人同時與二人以上結婚，結婚之效力為何？　(A)有效　(B)無效　(C)效力未定　(D)得撤銷　　　　　　【98國安局五等-法學大意】		(B)

相關考題	結婚之無效	
養父與養女結婚，其法律效力如何？　(A)結婚無效　(B)結婚得撤銷　(C)收養終止　(D)結婚效力未定　　　【98國安局五等-法學大意】		(A)
甲男之父與乙女之母是養兄妹，甲乙結婚，其婚姻效力為何？　(A)有效　(B)無效　(C)得撤銷　(D)效力未定　【99高考三級法制-民法】		(A)
收養關係解消後，養父與養女結婚，其效力如何？　(A)有效　(B)無效　(C)得撤銷　(D)效力未定　　　【99地方特考三等法制-民法】		(B)
下列親屬間結婚，何者非法律所禁止？　(A)寡嫂與小叔　(B)表哥與表妹　(C)養母之子與養女　(D)舅舅與外甥女　　　　　　　　　　　　　　　　　　【96三等關務特考-法學知識】		(A)
幾親等內輩分不相同之旁系姻親不得結婚？　(A)七親等　(B)五親等　(C)三親等　(D)無親等限制　【96公務初等一般行政-法學大意】		(B)

解析：一般這種題目並不會考很難，大多是考是否能記得幾親等，民法很多規定都與親等有關係，容易搞混。姻親是五親等，可以用「與鸚(姻)鵡(五)結婚無效」來強化記憶。

相關考題

甲、乙為夫妻，育有一子A；甲為躲債而偷渡海外，故意由乙申報失蹤人口並於其後聲請作死亡宣告；之後乙、丙再婚，3年後甲回臺灣並撤銷死亡宣告；又經1個月後乙若因車禍死亡，留下新臺幣300萬元遺產，則丙可繼承多少遺產？ (A)0元 (B)75萬元 (C)100萬元 (D)150萬元 【107普考-法學知識與英文】	(A)

相關考題　　婚姻之效力

假設甲乙為兄弟，丙為甲妻，甲因出遊不幸車禍死亡，丙再與乙結婚，問丙乙該婚姻之效力如何？ (A)有效 (B)無效 (C)得撤銷 (D)效力未定 【100地方特考五等-經建行政-法學大意】	(A)

解析：

姻親關係消滅仍不得結婚，僅限於直系姻親。(民§983)

相關考題　　整合型考題

關於身分法上年齡規定之敘述，下列何者錯誤？ (A)訂定婚約之年齡，男女各為17歲及15歲 (B)結婚之年齡，男女各為18歲及16歲 (C)收養者之年齡應長於被收養者20歲以上，但夫妻之一方收養他方之子女時，應長於被收養者18歲以上 (D)滿16歲以上即具有訂立遺囑之能力而無須得其法定代理人之同意 【98不動產經紀人-民法概要】	(C)

解析：

法條已有修改，(A)也錯誤。

相關考題　結婚之撤銷

監護人與受監護人，於監護關係存續中，所締結之婚姻，其效力如何？　(A)無效　(B)得撤銷　(C)效力未定　(D)不成立　 【97四等關務警特-法學知識與英文】	(B)
有關結婚撤銷之規定，下列敘述何者錯誤？　(A)當事人之一方，於結婚時不能人道而不能治者，他方得向法院請求撤銷之。但自知悉其不能治之時起已逾3年者，不得請求撤銷　(B)當事人之一方，於結婚時係在無意識或精神錯亂中者，得於常態回復後1年内向法院請求撤銷之　(C)因被詐欺或被脅迫而結婚者，得於發見詐欺或脅迫終止後，6個月內向法院請求撤銷之　(D)結婚撤銷之效力，不溯及既往　【97鐵公路-民法大意】	(B)
有關結婚之撤銷，下列敘述何者錯誤？　(A)撤銷須於法定除斥期間内為之　(B)撤銷須以訴為之　(C)撤銷之效力不溯及既往　(D)撤銷得要求損害賠償，但非財產上之損害不得請求賠償　【96三等關務特考-法學知識】	(D)

解析：
選項(B)撤銷須以訴為之，是正確的，蓋因有關結婚撤銷的規定，皆須向法院請求之。

依現行民法之規定，下列何種婚姻之瑕疵，不能為撤銷之婚姻？　(A)當事人之一方，於結婚時違反法定結婚年齡所為之結婚　(B)當事人之一方，於結婚時係在無意識或精神錯亂中所為之結婚　(C)當事人之一方，於結婚時不能人道而不能治所為之結婚　(D)當事人之一方，於結婚時違反6個月之待婚期間所為之結婚　【100高考法制-民法】	(D)

甲男與乙女結婚，有公開儀式及二人以上之證人，但沒有辦理登記，婚姻效力如何？　(A)有效　(B)無效　(C)得撤銷　(D)效力未定 【99地方特考五等-法學大意】	(B)
結婚除有書面外，至少須有幾位證人？　(A)1人　(B)2人　(C)3人　(D)4人　　　　　　　【97鐵公路佐級公路監理-法學大意】	(B)
下列何者並非形成有效之婚姻關係的要件？　(A)雙方當事人均非重婚　(B)二人以上之證人　(C)向戶政機關為結婚之登記　(D)公開之儀式　　　　　　　【100地方特考四等-法學知識與英文】	(D)
依據民國97年5月23日修正公布之民法親屬編規定，下列有關結婚要件的敘述，何者錯誤？　(A)改採登記婚主義　(B)男女當事人應經戶政機關結婚登記，始成立婚姻　(C)民法修正前有舉辦結婚儀式，仍應再辦理結婚登記，否則婚姻無效　(D)重婚雖屬無效，但重婚的雙方當事人善意無過失者，仍可成立有效婚姻　　　　　　　【105三等警察-法學知識與英文】	(C)

4 婚姻之普通效力

一 朝向兩性平等之發展

　　基本上，我國相當重視兩性平等。妻不必再冠夫姓，妻不必再以夫之住所為住所等規範。逐步快速地朝向尊重兩性平等的法律規定，可以讓我國在世界上引以為傲。從法令的角度來看，應該可以列為兩性平權的「已發展國家」。

二 夫妻之同居義務

　　夫妻互負同居之義務。但有不能同居之正當理由者，不在此限。（民§1001）所謂夫婦互負同居之義務，乃指永久同居而言，要非妻偶爾一、二日或十數日住居夫之住所，即屬已盡同居之義務。（49台上字第990號）夫納妾，違反夫妻互負之貞操義務，在是項行為終止以前，妻主張不履行同居義務，即有民法第1001條但書之正當理由。（釋字第147號解釋）

三 日常家務代理權

　　所謂日常家務代理權，是指一般家庭日常所必需事項，但因為社會上各個家庭之實際情況不同，所以所謂的日常家務代理權也有所差異，應該依據表見於各家庭的實際生活水準，來決定日常家務的範圍。實務上有認為簽訂和解契約並非日常家務，夫自非當然有代理其妻之權限。（44台上1026）

同居義務

不要離開我！

不能同居之正當理由

不能同居之正當理由，乃指夫妻有不堪同居或不宜同居之事由，或依其情形要求夫妻同居為不合理而言。如夫妻間發生衝突、爭執或其他失和之情事後，仍同居共同生活相當時間，自難謂該衝突、爭執或其他失和之情事，為不能同居之正當理由。（89台上73號）

	項目	內容	例外情況
婚姻之普通效力	夫妻姓氏（民§1000）	夫妻各保有其本姓。	得書面約定以其本姓冠以配偶之姓，並向戶政機關登記。冠姓之一方得隨時回復其本姓。但於同一婚姻關係存續中以一次為限。
	同居義務（民§1001）	夫妻互負同居之義務。	但有不能同居之正當理由者，不在此限。
	夫妻住所（民§1002）	雙方共同協議之	未為協議或協議不成時，得聲請法院定之。法院為前項裁定前，以夫妻共同戶籍地推定為其住所。
	日常家務代理人（民§1003）	日常家務，互為代理人。	夫妻之一方濫用前項代理權時，他方得限制之。但不得對抗善意第三人。
	家庭生活費用分擔（民§1003-1）	夫妻各依其經濟能力、家事勞動或其他情事分擔之。	法律或契約另有約定。

四 夫妻家庭生活費用之連帶責任

家庭生活費用，除法律或契約另有約定外，由夫妻各依其經濟能力、家事勞動或其他情事分擔之。(民§1003-1 I)例如夫妻間約定妻負擔所有「小事」的費用，夫負擔所有「大事」的費用，剛開始夫還蠻高興的，平常買菜、管理費、水、電、電話費等均無庸支付，結果等到買房子，夫才發現豪宅一間5千萬，賓士車一輛5百萬，要由自己負擔。如果沒有約定，通常會視彼此的經濟情況判斷，例如只有夫工作，每月7萬元，就應該由夫負擔家庭生活費用。

比較特別者，如果因為家庭生活費用所產生的債務，由夫妻負連帶之責任。(民§1003-1 II)舉個簡單的例子，例如過年時，妻向業者訂購年菜、薄萊酒，總共花了5千元，但交貨之後一直沒有付錢，業者可以向有工作收入的夫直接請求返還。

相關考題 姓氏

夫妻結婚後若約定冠以他方之姓氏時，於同一婚姻關係存續中，可以回復本姓幾次？　(A)1次　(B)2次　(C)無限次　(D)由戶政機關決定　　　　　　　　　　　　　　　　【96公務初等一般行政-法學大意】	(A)

相關考題 男女平等規定

下列何者情形，與落實男女平等原則無關？　(A)親屬不再區分為男系親與女系親　(B)刪除聯合財產制　(C)夫妻結婚後各保有其本姓　(D)夫妻之一方被收養時，應得他方之同意　　　　　　　　　　　　　　　　【97初等人事經建政風-法學大意】	(D)

相關考題　婚姻效力

內容	答案
有關婚姻之普通效力，下列敘述何者為正確？　(A)妻以冠夫姓為原則，但得約定維持妻之本姓　(B)夫妻互負同居之義務，但得預先約定拒絕同居　(C)妻以夫之住所為住所，但得約定以妻之住所為住所　(D)夫妻於日常家務互為代理人，但代理權之限制不得對抗善意第三人　【96三等關務特考-法學知識】	(D)
關於婚姻之效力，下列敘述何者正確？　(A)家庭生活費用由夫負擔　(B)妻以其本姓冠以夫姓　(C)妻以夫之住所為住所　(D)有正當理由時，配偶可不負同居義務　【99高考三級法制-民法】	(D)
夫妻結婚後，若有一方不履行同居之義務時：　(A)經一定時間婚姻就會無效　(B)經一定時間就自動離婚　(C)他方得向法院提起請求履行同居之訴　(D)他方只能耐心等待　【100高考法制-民法】	(C)
下列何者不是夫妻不同居之正當理由？　(A)留學　(B)入營服役　(C)患病　(D)離家出走　【99地方特考五等-法學大意】	(D)
依民法規定，夫妻家庭生活費用應如何負擔？　(A)由夫獨自負擔　(B)由有工作的夫或妻一方負擔　(C)由夫妻依採用之夫妻財產制所規定內容負擔　(D)由夫妻各依其經濟能力或家事勞動或依其他情事負擔　【103高考-法學知識與英文】	(D)

5 夫妻財產制

■ 夫妻財產制之類型

　　夫妻財產制分成三種類型，夫妻雙方有約定，採用約定財產制或共同財產制，沒有約定，則適用法定財產制。夫妻財產制契約之訂立，變更或廢止，<u>非經登記，不得以之對抗第三人</u>。（民§1008 I）

　　我國民眾大多不會辦理約定財產制，原因不外乎沒有這種習慣，再加上該如何辦理，相關程序並不熟悉，也是主要的原因。約定財產制比較著名的案例，當屬郭台銘與曾馨瑩二人，向臺北地方法院辦理分別財產制，法院也公告通過。在法院公告欄上，還清楚寫著，原本資產所有人都是郭台銘。

■ 分別財產制之規範

　　分別財產制的規定（不包含夫妻財產制的通則規定），本來有5條，經修法後，目前只剩下2條很精簡的條文：

【民法第1044條】

　　分別財產，夫妻各保有其財產之所有權，各自管理、使用、收益及處分。

【民法第1046條】

　　分別財產制有關夫妻債務之清償，適用第1023條之規定。

所謂民法第1023條規定：「夫妻各自對其債務負清償之責。夫妻之一方以自己財產清償他方之債務時，雖於婚姻關係存續中，亦得請求償還。」

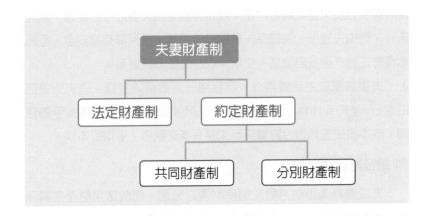

夫妻財產制
├─ 法定財產制
└─ 約定財產制
　　├─ 共同財產制
　　└─ 分別財產制

郭台銘的分別財產制

郭台銘與曾馨瑩兩人的婚姻曾經引發許多聯想，尤其是高額財產與曾馨瑩飛上枝頭的故事。但是，一樁好事難免還是會遭人批評，有人認為曾馨瑩是為了錢才嫁給郭台銘。或許是這些流言，讓這對夫妻向臺北地方法院辦理分別財產制，法院也於97年9月5日公告通過。

三 法定財產制

(一)自由處分金

夫或妻各自管理、使用、收益及處分其財產。(民§1018)原法定財產制對於夫妻之聯合財產,規定得約定由夫妻之一方管理;無約定時,則由夫管理。為確保夫妻權益之平等,並保障交易安全,爰將本條修正為夫妻各自管理、使用、收益及處分其財產。

夫妻於家庭生活費用外,得協議一定數額之金錢,供夫或妻自由處分。(民§1018-1)傳統夫對妻支配服從關係,有違男女平等原則,故本於夫妻類似合夥關係及家務有價之觀念,爰增訂本條。

(二)婚後財產之計算

夫或妻為減少他方對於剩餘財產之分配,而於法定財產制關係消滅前5年內處分其婚後財產者,應將該財產追加計算,視為現存之婚後財產。但為履行道德上義務所為之相當贈與,不在此限。(民§1030-3 I)分配權利人於義務人不足清償其應得之分配額時,得就其不足額,對受領之第三人於其所受利益內請求返還。但受領為有償者,以顯不相當對價取得者為限。(民§1030-3 II)

(三)剩餘財產分配請求權

此一規定,是為避免夫妻之一方以減少他方對剩餘財產之分配為目的,而任意處分其婚後財產,致生不公平,爰明定法定財產制關係消滅前5年內處分之該部分財產應追加計算其價額,視為現存之婚後財產。

法定財產制關係消滅時,夫或妻現存之婚後財產,扣除婚姻關係存續所負債務後,如有剩餘,其雙方剩餘財產之差額,應平均分配。

但下列財產不在此限：

　1.因繼承或其他無償取得之財產。

　2.慰撫金。（民§1030-1Ⅰ）

　夫妻之一方對於婚姻生活無貢獻或協力，或有其他情事，致平均分配有失公平者，法院得調整或免除其分配額。（民1030-1Ⅱ）第1項請求權，不得讓與或繼承。但已依契約承諾，或已起訴者，不在此限。（民1030-1Ⅳ）

　第1項剩餘財產差額之分配請求權，自請求權人知有剩餘財產之差額時起，2年間不行使而消滅。自法定財產制關係消滅時起，<u>逾5年者</u>，亦同。（民§1030-1Ⅴ）

王永慶的遺產爭奪戰

　經營之神王永慶離開人間，由於遺產龐大，難免引發後人爭奪。假設合法的配偶只有大房一人，則大房可以依據剩餘財產分配請求權，先取得夫妻財產差額之一半。假設王永慶留下600億元的遺產，而大房未有任何財產，則可以分得一半，也就是300億元的遺產。其餘的300億元，則分給遺產繼承人。但是，三房也出面主張其是合法配偶，後來又出來了第四房，彼此上演訴訟防戰。（105年張榮發辭世，遺產分配也惹爭議）

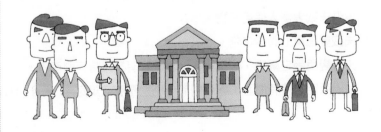

四 平均分配顯失公平者？

依據民法第1030-1條第3項規定：「法院為前(2)項裁判時，應綜合衡酌夫妻婚姻存續期間之家事勞動、子女照顧養育、對家庭付出之整體協力狀況、共同生活及分居時間之久暫、婚後財產取得時間、雙方之經濟能力等因素。」

五 共同財產制

(一)特有財產及共同財產

共同財產制，分成特有財產及共同財產。特有財產的部分，適用分別財產之規定；共同財產，屬於夫妻公同共有。（民§1031）

(二)管理與歸屬

除有約定外，由夫妻共同管理。（民§1032）夫妻之一方死亡時，除另有約定外，共同財產之半數，歸屬於死亡者之繼承人，其他半數，歸屬於生存之他方。（民§1039Ⅰ）當共同財產制關係消滅時，夫妻各取回其訂立共同財產制契約時之財產，共同財產制關係存續中取得之共同財產，除另有規定外，由夫妻各得其半數。（民§1040）

下列財產為特有財產：（民§1031-1Ⅰ）

1.專供夫或妻個人使用之物。

2.夫或妻職業上必需之物。

3.夫或妻所受之贈物，經贈與人以書面聲明為其特有財產者。

前項所定之特有財產，適用關於分別財產制之規定。（民§1031-1Ⅱ）

(三)勞力所得

夫妻得以契約訂定僅以勞力所得為限為共同財產。(民§1041Ⅱ)

前項勞力所得,指夫或妻於婚姻關係存續中取得之薪資、工資、紅利、獎金及其他與勞力所得有關之財產收入。勞力所得之孳息及代替利益,亦同。(民§1041Ⅱ)不能證明為勞力所得或勞力所得以外財產者,推定為勞力所得。(民§1041Ⅲ)

夫或妻勞力所得以外之財產,適用關於分別財產制之規定。(民§1041Ⅳ)

民法第1034條、第1038條及第1040條之規定,於第1項情形準用之。(民§1041Ⅴ)

相關考題　夫妻財產制之種類	
下列何者屬於民法所規定之約定財產制? (A)統一財產制 (B)聯合財產制 (C)共同財產制 (D)分配財產制 【97基層警察-法學緒論】	(C)
解析:(D)是分配財產制,不是分別財產制,所以不能選(D)。	
下列何者非屬現行民法所定之夫妻財產制? (A)法定財產制 (B)統一財產制 (C)共同財產制 (D)分別財產制　　　　　　　　　　　　　　　　　　【96高考三級-法學知識與英文】	(B)

相關考題　法定財產制──剩餘財產分配	
夫妻通常法定財產制關係消滅時,於婚姻關係存續中所取得之財產,下列何者屬於剩餘財產分配之對象? (A)因繼承所取得之財產 (B)因贈與所取得之財產 (C)因工作所取得之薪資 (D)因車禍賠償之慰撫金　　　　　　　　　　　　　　　　　【97海巡-法學知識與英文】	(C)
夫妻法定財產制中,剩餘財產差額之分配請求權,自法定財產制關係消滅時起,逾幾年不行使而消滅? (A)5年 (B)3年 (C)2年 (D)1年　　　　　　　　　　　　　　　　　　　　　　【97鐵公路-民法大意】	(A)

法定財產制——剩餘財產分配

夫或妻為減少他方對於剩餘財產之分配,而於法定財產制關係消滅前幾年內處分其婚後財產者,應將該財產追加計算,視為現存之婚後財產? (A)1年 (B)3年 (C)5年 (D)10年 【97消防不動產-民法概要】	(C)
夫妻若適用法定財產制,當其中一方死亡時,有關剩餘財產分配與遺產繼承之間的關係,下列敘述何者正確? (A)死亡一方之婚後財產扣除應剩餘財產分配予他方之數額後,始為遺產繼承之標的 (B)死亡一方之婚後財產扣除他方之特留分之後,始為剩餘財產分配之標的 (C)死亡一方之婚前財產扣除應剩餘財產分配予他方之數額後,始為遺產繼承之標的 (D)死亡一方之婚前財產扣除他方之特留分之後,始為剩餘財產分配之標的 【99第二次司法特考-法學知識與英文】	(A)
下列何種財產不為法定財產制剩餘財產分配之標的? (A)繼承所獲得之財產 (B)婚後工作所得之薪資 (C)婚前所得贈與財產於婚後所生之孳息 (D)婚後身體受傷所獲得財產上之損害賠償 【103普考-法學知識與英文】	(A)
甲乙為夫妻,未約定財產制,甲外出工作,乙為家庭主婦,兩人離婚時,乙可向甲請求分配下列何種財產? (A)甲所繼承其父之遺產 (B)甲婚前所賺取之薪資 (C)甲受侵害所取得之精神賠償金 (D)甲婚前所買的房子於婚後所收的租金 【103三等地特-法學知識與英文】	(D)
關於夫妻財產制契約之訂立,下列敘述何者錯誤? (A)未以書面為之,不生效力 (B)非經登記,不生效力 (C)非經登記,不得以之對抗第三人 (D)不影響依其他法律所為財產權登記之效力 【102四等地方特考-民法概要】	(B)

相關考題　法定財產制──剩餘財產分配

甲、乙於民國100年結婚,未約定夫妻財產制。結婚前乙有乳牛100頭。婚後甲、乙工作收入豐厚。下述何者於夫妻財產制關係消滅時,應納入財產分配範疇? (A)甲離婚前3年贈與某博物館價值6,000萬元的古董,未料其後甲因經商失敗而離婚 (B)甲於婚後因車禍取得加害者所提供20萬元精神上損害賠償 (C)乙於婚後受祖母以遺囑遺贈100萬元 (D)甲、乙婚後,乙之100頭乳牛所生10隻小牛　　　　　　　　　　　　　　【109普考-法學知識與英文】	(D)
依民法第1031條規定,夫妻之財產及所得,除特有財產外,合併為共同財產,屬於夫妻公同共有。下列何者並非特有財產? (A)專供夫或妻個人使用之物 (B)夫或妻於婚後所賺取之工作薪資 (C)夫或妻職業上必需之物 (D)夫或妻所受之贈物,經贈與人以書面聲明為其特有財產者　　　　　　　　　　　【110高考-法學知識與英文】	(B)

相關考題　自由處分金

民法第1018-1條有所謂「自由處分金」之規定,其立法目的為: (A)落實男女平等原則並保障未成年子女之利益 (B)落實男女平等原則並顧及交易安全 (C)顧及交易安全並保護夫妻經濟弱勢之一方 (D)落實男女平等原則並保護夫妻經濟弱勢之一方　　　　　　　　　　　　　　【97公務初等-法學大意】	(D)

相關考題　夫妻財產制之登記

夫妻財產制契約之訂立若未依法辦理登記,則其效果如何? (A)無效 (B)得撤銷 (C)不得以之對抗第三人 (D)效力未定　　　　　　　　　　　　　　　　【98國安局五等-法學大意】	(C)
於法定財產制,下列在婚姻關係存續中所取得之財產,何者為剩餘財產分配之標的? (A)慰撫金 (B)受贈之古董 (C)繼承所得之房屋 (D)婚前投資之股票於婚後所生之股利 【104普考-法學知識與英文】	(D)

關於夫妻財產制之約定，下列敘述何者錯誤？　(A)夫妻於結婚前或結婚後均得就本法所定之三種約定財產制中，包括共同財產制、聯合財產制及分別財產制中選擇其一為夫妻財產制　(B)夫妻財產制契約之訂定及變更、廢止，乃要式行為，應以書面為之，否則不生效力　(C)夫妻財產制契約之訂定及變更、廢止，未辦理登記仍生效力，僅不得以之對抗第三人　(D)夫妻之一方受破產宣告時，則當然改為分別財產制　　　　　　　　　【98不動產經紀人－民法概要】

(A)
(D)

解析：

(A)，請參考民法第1004條：「夫妻得於結婚前或結婚後，以契約就本法所定之約定財產制中，選擇其一，為其夫妻財產制。」而約定財產制目前僅有共同財產制及分別財產制，故選項(A)為錯誤。

關於法定財產制中之婚後財產之範圍，下列敘述何者錯誤？　(A)夫妻於婚姻關係存續中所取得之財產為婚後財產　(B)夫或妻之婚前財產，於婚姻關係中所生之孳息，視為婚後財產　(C)不能證明為婚前或婚後財產者，推定為婚後財產　(D)約定夫妻財產制契約後，於婚姻關係存續中改用法定財產制者，其改用前之財產視為婚後財產　　　　　　　　　【98不動產經紀人－民法概要】

(D)

解析：

民法第1017條第3項規定：「夫妻以契約訂立夫妻財產制後，於婚姻關係存續中改用法定財產制者，其改用前之財產視為婚前財產。」

相關考題 共同財產制

甲夫乙妻結婚時，約定以普通共同財產制為夫妻財產制，下列何者屬於甲乙之公同共有之財產？ (A)甲工作用之計程車 (B)乙個人使用之皮包 (C)甲所購買之傢俱組 (D)乙所購買之化妝品 【99高考三級法制-民法】	(C)
下列何種財產為現行民法共同財產制所稱之非勞力所得之財產？ (A)紅利 (B)獎金 (C)繼承財產 (D)勞力所得的代替利益 【100高考法制-民法】	(C)
在共同財產制中，下列何者不屬於特有財產的範圍？ (A)夫或妻之所得 (B)專供夫或妻個人使用之物 (C)夫或妻所受之贈物，經贈與人以書面聲明為其特有財產者 (D)夫或妻職業上必需之物 【100高考法制-民法】	(A)

6 離婚

一 離婚之種類

離婚有三種，兩願離婚、判決離婚，以及法院調解或和解離婚。

離婚種類 ── 兩願離婚
　　　　 ── 判決離婚
　　　　 ── 法院調解或和解離婚

(一)兩願離婚

夫妻兩願離婚者，得自行離婚。（民§1049）兩願離婚，應以書面為之，有二人以上證人之簽名並應向戶政機關為離婚之登記。（民§1050）所有的權利義務都是雙方協議決定，包括孩子歸誰、扶養費、贍養費等，統統都可以互相討論。但在還未為離婚登記之前，一切都不算數，千萬不要以為簽了離婚協議書，就算離婚了。

(二)判決離婚

若夫妻無法好聚好散而協議離婚，則必須要透過法院判決離婚之機制。不過，法院在審理離婚案件之前，則會強制調解，希望透過法院調解的程序，平和地離婚。若調解不成立，則必須要有民法第1052條規定的情況（如右頁表），才可以訴請法院判決離婚。若法院認定不成立該條各款的規定，則原婚姻仍持續存在。

(三)法院調解或和解離婚

民法第1052-1條規定：「離婚經法院調解或法院和解成立者，婚姻關係消滅。法院應依職權通知該管戶政機關。」

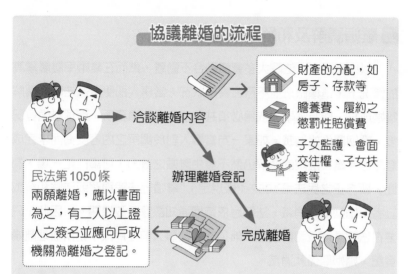

協議離婚的流程

洽談離婚內容

財產的分配，如房子、存款等

贍養費、履約之懲罰性賠償費

子女監護、會面交往權、子女扶養等

辦理離婚登記

完成離婚

民法第1050條
兩願離婚，應以書面為之，有二人以上證人之簽名並應向戶政機關為離婚之登記。

法條	內容
民法 第1052條 第1項	一、重婚
	二、與配偶以外之人合意性交
	三、夫妻之一方受他方不堪同居之虐待
	四、夫妻之一方對於他方之直系尊親屬為虐待，或受他方之直系親屬之虐待，致不堪為共同生活。
	五、夫妻之一方已惡意遺棄他方在繼續狀態中
	六、夫妻一方意圖殺害他方
	七、有不治之惡疾
	八、有重大不治之精神病
	九、生死不明已逾3年
	十、因故意犯罪，經判處有期徒刑逾6個月確定
民法 第1052條 第2項	有前項以外之重大事由，難以維持婚姻者，夫妻一方得請求離婚。但其事由應由夫妻一方負責者，僅他方得請求離婚。

② 離婚調解及和解之效力

　　以往實務上，法院大多習慣勸合不勸離，然而在離婚率屢屢攀高的情況下，這種做法並不符合實際狀況。當事人即便透過法院而調解離婚成立，雙方當事人依舊必須共同前往戶政事務所，辦理離婚登記後，婚姻關係始消滅。如果一方當事人對於調解之內容反悔而未完成登記之手續，法院的調解仍然不發生離婚之效力，可謂白忙一場。為此，新修正之民法第1052-1條規定：「離婚經法院調解或法院和解成立者，婚姻關係消滅。法院應依職權通知該管戶政機關。」因此，只要在法院調解或和解成立，無須雙方當事人前往戶政事務所辦理離婚登記，婚姻關係就消滅。

③ 非財產上損害賠償

　　非財產上損害賠償，不論是協議離婚或判決離婚，都可以主張慰撫金。在協議離婚的情況下，慰撫金有時都隱藏在贍養費或其他費用之中。

　　夫妻之一方，因判決離婚而受有損害者，得向有過失之他方，請求賠償。雖非財產上之損害，受害人亦得請求賠償相當之金額。但以受害人無過失者為限。（民§1056 I）前項請求權，不得讓與或繼承。但已依契約承諾或已起訴者，不在此限。（民§1056 II）

	協議離婚	判決離婚
夫妻財產分配	雙方約定。	分別財產制：夫妻各自保有其財產權。 各自取回其結婚或變更夫妻財產制時之財產。各自取回後，如有剩餘，各依其夫妻財產制之規定分配之。若沒有約定財產制，則適用法定財產制。（民§1017~1030-4）
贍養費	雙方約定。 為了確保能持續履行，可規定懲罰性違約賠償金。	自己屬於無過失之一方，卻因為判決離婚而陷於生活困難者，另外一方無論有沒有過失，也應該給與相當的贍養費。（民§1057）
財產上損害賠償	有時會整合在贍養費，或者是多分配一些財產。	夫妻之一方，因判決離婚而受有損害者，得向有過失之他方，請求賠償。（民§1056 I）
非財產上損害賠償	有時會整合在贍養費，或者是多分配一些財產。	夫妻之一方，因判決離婚而受有損害者，雖非財產上之損害，受害人亦得請求賠償相當之金額。但以受害人無過失者為限。（民§1056 II）
子女扶養費	原則上也應該雙方共同負擔。 但是，常見由取得子女監護權者一方負擔，甚至於據此作為要求不必負擔之一方，不得再來看小孩的談判籌碼。	原則上由雙方共同負擔。

四 贍養費之主張

夫妻無過失之一方，<u>因</u>判決離婚而<u>陷於生活困難</u>者，他方縱無過失，亦應給與相當之贍養費。（民§1057）

五 離婚涉及之經濟議題

離婚涉及經濟上的問題，主要包括夫妻財產的分配、贍養費、損害賠償（財產及非財產）、子女扶養費等項目。

六 準用規定

民法第1057條及第1058條之規定，於結婚無效時準用之。（民§999-1 I）

民法第1055條、第1055-1條、第1055-2條、第1057條及第1058條之規定，於結婚經撤銷時準用之。（民§999-1 II）

相關考題　贍養費

離婚贍養費之請求，請求人除須無過失外，尚須符合下述那項要件？　(A)無謀生能力　(B)因離婚而陷於生活困難　(C)行使負擔照顧子女之權利義務　(D)工作收入比受請求人少 【96公務初等一般行政 - 法學大意】	(B)
下列關於「贍養費」之敘述，何者正確？　(A)請求贍養費，須以受請求之義務人有過失者為限　(B)請求贍養費，須請求權利人因離婚而陷於生活困難者為限　(C)夫妻無過失之一方，因判決離婚而陷於生活困難者，始可請求贍養費　(D)夫妻無過失之一方，因離婚或分居而陷於生活困難者，即可請求贍養費　【100高考法制 - 民法】	(C)
關於離婚贍養費，下列敘述，何者正確？　(A)離婚贍養費之請求權，限於裁判離婚者始有之。有請求權者，限於無過失之一方對有過失之他方為之　(B)離婚贍養費之請求權，不限於裁判離婚者，婚姻無效或經撤銷者，同有適用。有請求權者，限於無過失之一方對有過失之他方為之　(C)離婚贍養費之請求權，不限於裁判離婚者，婚姻無效或經撤銷者，同有適用。有請求權者，限於無過失之一方，至於他方過失之有無，在所不問　(D)離婚贍養費之請求權，限於裁判離婚者始有之。凡因裁判離婚陷於生活困難者，無論自己有無過失，均得向他方請求　【100地方特考三等 - 民法】	(C)

夫妻簽訂離婚協議後，是否應共同向戶政機關為離婚之登記？ (A)是　(B)否　(C)視協議內容而定　(D)視有無證人而定 【96公務初等人事經建-法學大意】 【99地方特考三等法制-民法】	(A)
下列何者非兩願離婚之要件？　(A)登報聲明　(B)應以書面為之 (C)有二人以上證人之簽名　(D)向戶政機關為離婚之登記 【97鐵公路-民法大意】	(A)
有關結婚、離婚之法律規範，以下敘述何者錯誤？　(A)應經法院公 開儀式見證　(B)應由雙方書面許諾同意　(C)應有二人以上確認簽名 (D)應向戶政事務所辦理登記 【100四等司法特考-法學知識與英文】	(A)

甲乙婚後，為恐一方於日後或有虐待或侮辱他方情事，而預立離婚 契約。請問：此契約之效力為何？　(A)無效　(B)有效　(C)效力未定 (D)得撤銷　【97鐵公路佐級公路監理-法學大意】	(A)

解析：

(A)依據民法第72條規定：「法律行為，有背於公共秩序或善良風俗者，無效。」

實務見解

　　按民法第1052條第2項所稱「有前項以外之重大事由，難以維持婚姻者」，乃抽象的、概括的離婚事由，係民法親屬編於74年修正時，為因應實際需要，參酌各國立法例，導入破綻主義思想所增設。但其事由應由夫妻之一方負責者，僅他方得請求離婚，是其所採者為<u>消極破綻主義</u>精神，而非積極破綻主義。

（最高法院94年台上字第2059號）

相關考題

下列何者非民法姻親關係消滅的原因？　(A)裁判離婚　(B)婚姻的撤銷　(C)和解離婚　(D)夫妻一方死亡後再婚 【106普考-法學知識與英文】	(D)

7 子女最佳利益原則

一 子女最佳利益原則之概念

現代社會中，離婚或許是一種遺憾，但不應該被視為是一種錯誤的行為，而應該屬於兩人相處的一種結局與選擇。離婚，往往會牽涉到子女的利益，從雙親家庭轉換為單親家庭時，該如何給予適當的照顧養護？父親取得監護權，還是母親取得監護權會比較好？

這些都可以透過當事人間的協議來決定。但是，如果難以決定，或者是未為決定，甚至是協議的內容對子女不利，法院也可以在相關機關或利害關係人之請求，甚至於可以職權介入，對於有關子女權利義務之事項加以酌定或改定，打破過去「法不入家門」之傳統概念。

二 子女最佳利益原則之例示事項

法院為未成年子女權利義務之行使或負擔，或改定之，或探視權酌定之裁判時，應依子女之最佳利益，審酌一切情狀，參考社工人員之訪視報告，尤應注意左列事項：（民§1055-1）

㈠子女之年齡、性別、人數及健康情形。

㈡子女之意願及人格發展之需要。

㈢父母之年齡、職業、品行、健康情形、經濟能力及生活狀況。

㈣父母保護教養子女之意願及態度。

㈤父母子女間或未成年子女與其他共同生活之人間之感情狀況。

(六)父母之一方是否有妨礙他方對未成年子女權利義務行使負擔之行為。

(七)各族群之傳統習俗、文化及價值觀。

三 子女權利義務之行使或負擔與會面交往權

規範重點	法律規定
當事人之協議與法院酌定	夫妻離婚者，對於未成年子女權利義務之行使或負擔，依協議由一方或雙方共同任之。未為協議或協議不成者，法院得依夫妻之一方、主管機關、社會福利機構或其他利害關係人之請求或依職權酌定之。（民§1055Ⅰ）協議不利於子女者，法院得依主管機關、社會福利機構或其他利害關係人之請求或依職權為子女之利益改定之。（民§1055Ⅱ）
法院之改定	行使、負擔權利義務之一方未盡保護教養之義務或對未成年子女有不利之情事者，他方、未成年子女、主管機關、社會福利機構或其他利害關係人得為子女之利益，請求法院改定之。（民§1055Ⅲ）
探視權（會面交往權）	法院得依請求或依職權，為未行使或負擔權利義務之一方酌定其與未成年子女會面交往之方式及期間。但其會面交往有妨害子女之利益者，法院得依請求或依職權變更之。（民§1055Ⅴ）

四 子女之姓氏

父母於子女出生登記前，應以書面約定子女從父姓或母姓。未約定或約定不成者，於戶政事務所抽籤決定之。（民§1059Ⅰ）子女經出生登記後，於未成年前，得由父母以書面約定變更為父姓或母姓。（民§1059Ⅱ）子女已成年者，得變更為父姓或母姓。（民§1059Ⅲ）前二項之變更，各以一次為限。（民§1059Ⅳ）

有下列各款情形之一，法院得依父母之一方或子女之請求，為子女之利益，宣告變更子女之姓氏為父姓或母姓：（民§1059Ⅴ）

㈠父母離婚者。

㈡父母之一方或雙方死亡者。

㈢父母之一方或雙方生死不明滿3年者。

㈣父母之一方顯有未盡保護或教養義務之情事者。

相關考題 子女之姓氏

下列有關子女從姓之敘述，何者錯誤？ (A)父母於子女出生登記前，應以書面約定子女從父姓或從母姓 (B)子女經出生登記後，於未成年前，得由父母以書面約定變更為父姓或母姓 (C)子女已成年者，得變更為父姓或母姓 (D)父母於子女出生登記前，子女之從姓未能取得一致時，得經聲請由法院依子女之最佳利益，決定從父姓或從母姓 【100地方特考三等-民法】	(D)

相關考題　親子法之立法原則與趨勢

親子法之立法最高指導原則是： (A)男女平等 (B)為父親之利益 (C)為母親之利益 (D)為未成年子女之利益　　　　【96五等地方公務-法學大意】	(D)
下列何者是親子法之立法趨勢？ (A)非婚生子女從父姓 (B)加強對於未成年子女之利益保護 (C)提升成年養子女之法律地位 (D)收養由行政機關認可　　　　【97鐵公路佐級公路監理-法學大意】	(B)
我國民法第1089條有關父母對於未成年子女權利之行使的規定，曾經於公元1996年進行修正，請問以下的敘述，何者最符合該次修法的緣由？ (A)大法官的解釋，表示該法於解釋公布之日起立即失效 (B)大法官的解釋，指示立法院依兩性平等與未成年子女最佳利益原則進行修正 (C)婦運團體遊說立法委員主動提案將第1089條父權優先的規定刪除，改依性別平等原則予以修正 (D)婦運團體遊說行政院將第1089條父權優先的規定主動修法　　　　【99三等身障特考-法學知識】	(B)
夫妻離婚者，對於未成年子女權利義務之行使負擔，下列敘述何者錯誤？ (A)可協議由一方或雙方共同任之 (B)夫妻僅於判決離婚時，始得請求行使負擔 (C)夫妻縱已協議，法院為子女利益亦得改定之 (D)父母均不適合行使權利時，得由法院另定監護人　　　　【99高考三級法制-民法】	(B)

相關考題　扶養費

甲夫乙妻經法院判決離婚，其未成年子丙由法院酌定乙任親權人，丙之扶養費應由何人負擔？ (A)由未任親權人之甲單獨負擔 (B)由任親權人之乙單獨負擔 (C)由甲、乙共同負擔 (D)法院決定由甲或乙負擔　　　　【99高考三等財稅行政-民法】	(C)

8 婚生子女之推定

一 婚生子女之概念

稱婚生子女者，謂由婚姻關係受胎而生之子女。（民§1061）

婚生子女必須具備父母有合法婚姻關係、父親之妻所分娩、受胎是在婚姻關係存續中，以及須具備其母之夫的血統。

婚生子女之要件	證明方式
父母有合法婚姻關係	結婚之要件
父親之妻所分娩	醫院出生證明
受胎是在婚姻關係存續中	證明困難，以受胎期間之推定方式加以證明
須具備其母之夫的血統	以婚生子女之方式推定

二 受胎期間之推定

從子女出生日回溯第181日起至第302日止，為受胎期間。能證明受胎回溯在前項第181日以內或第302日以前者，以其期間為受胎期間。（民§1062）例如神話故事中的李挪吒，據聞懷胎3年才生下來。

三 婚生子女推定之概念

妻之受胎，係在婚姻關係存續中者，推定其所生子女為婚生子女。前項推定，夫妻之一方或子女能證明子女非為婚生子女者，得提

到底誰才是小孩子的爸爸？

本書分析

阿花跟大毛兩人存在著婚姻關係，所生的小孩子即推定為兩人之婚生子女，此即婚生子女之推定。

假設小孩子實際上是阿花與隔壁鄰居阿強所生，小孩子還是推定為阿花及大毛兩人所有。「推定」，是可以舉反證推翻，大毛可以透過DNA等方式，確認小孩子非其所生，而提出婚生子女否認之訴。

起否認之訴。前項否認之訴，夫妻之一方自知悉該子女非為婚生子女，或子女自知悉其非為婚生子女之時起2年內為之。但子女於未成年時知悉者，仍得於成年後2年內為之。（民§1063）

四 不受婚生推定之婚生子女

如果依據受胎期間，母親是在婚前受胎，許多奉子成婚的夫妻，婚禮上挺著大肚子，大多屬於此種情況，而子女是在父母婚姻關係成立之後才出生，雖然不適用婚生推定之規定，但仍屬於婚生子女，此稱為「不受婚生推定之婚生子女」。但是，也有學者認為不應創造此一名詞，可以透過準正或認領的方式加以解決。（林秀雄，婚生推定，臺灣本土法學第66期）

子女提起否認婚生之訴，其得行使權利之期間原則為何？　(A)自知悉其非為婚生子女之時起2年內　(B)自其父知悉其非為婚生子女之時起2年內　(C)自其母知悉其非為婚生子女之時起2年內　(D)無期間之限制　　　　　　　　【97初等人事經建政風-法學大意】	(A)
甲夫乙妻結婚後生子A，後經證實A為乙外遇對象丙之子，當事人雖欲解決此關係，但下列何者不得提起否認子女之訴？　(A)甲　(B)乙　(C)丙　(D)A　　　　　　　　　【99三等身障特考-法學知識】	(C)
關於提起婚生否認之訴的敘述，下列何者為錯誤？　(A)夫於自知悉子女非為婚生子女時起，2年內提出婚生否認之訴　(B)子女自知悉其非為婚生子女時起，2年內提出婚生否認之訴　(C)子女於未成年時知悉其為非婚生子女，於成年後，2年內提出婚生否認之訴　(D)生父於知悉子女非為婚生子女時起，2年內提出婚生否認之訴　　　　　　　　　　　【99高考三等財稅行政-民法】	(D)

解析：

夫妻之一方或子女才可以提起，生父不得提起。

下列那些人不得提起否認婚生之訴？　(A)夫　(B)妻　(C)子女　(D)夫之父母　　　　　　　　【97鐵公路佐級公路監理-法學大意】	(D)

解析：

民法第1063條第2項規定：「前項推定，夫妻之一方或子女能證明子女非為婚生子女者，得提起否認之訴。」

相關考題　　婚生否認之訴之期間

甲女係乙男、丙女二人婚姻關係中受胎所生，丙自始知乙非甲之生父，乙不知；結婚3年後，乙、丙二人離婚，甲於成年前2年經丙告知乙非其生父。下列敘述，何者正確？　(A)依民法規定，甲視為乙、丙之婚生子女　(B)丙於離婚時，仍得提起否認子女之訴　(C)甲於成年後2年內得提起否認子女之訴　(D)乙即使於甲成年後，始知悉自己非甲之生父，因甲已成年，不得提起否認子女之訴　　(C)

【111普考-法學知識與英文】

9 認領

一 認領及準正

　　非婚生子女經生父認領者，視為婚生子女。其經生父撫育者，視為認領。非婚生子女與其生母之關係，視為婚生子女，無須認領。（民§1065）有事實足認其為非婚生子女之生父者，非婚生子女或其生母或其他法定代理人，得向生父提起認領之訴。前項認領之訴，於生父死亡後，得向生父之繼承人為之。生父無繼承人者，得向社會福利主管機關為之。（民§1067）許多知名的藝人，在外生了小孩卻不敢承認，等到時機成熟才承認是自己的小孩。生父認領非婚生子女後，不得撤銷其認領。但有事實足認其非生父者，不在此限。（民§1070）所謂準正，是指非婚生子女，其生父與生母結婚者，視為婚生子女。（民§1064）「先上車後補票」通常是在講此種情況。（如右頁圖）

二 認領否認之訴

　　非婚生子女或其生母，對於生父之認領，得否認之。（民§1066）此規定之否認，只是在課予認領人負舉證責任之意義。即認領之否認，應向認領人為之，否認之人無須舉證。

三 領養效力

　　非婚生子女認領之效力，溯及於出生時，但第三人已得之權利，不因此而受影響。（民§1069）

有關認領之敘述，下列何者錯誤？　(A)生父撫育非婚生子女視為認領　(B)生母對於生父之認領得否認之　(C)子女於生父死後，不得請求認領　(D)生父認領子女後，不得撤銷其認領 【99三等身障特考財稅行政-民法】	(C)
非婚生子女經其生父認領前，與生父之關係如何？　(A)血親　(B)姻親　(C)無法律上之親屬關係　(D)視生母之態度而決定 【99初等人事行政-法學大意】	(C)
下列身分行為，何者為不要式行為？　(A)結婚　(B)兩願離婚　(C)認領　(D)收養　【99普考財稅行政-民法概要】	(C)
關於向非婚生子女之生父提起認領之訴，其請求權行使之期間若何？　(A)非婚生子女自成年後2年間　(B)生母及其他法定代理人自子女出生後7年間　(C)生母及其他法定代理人自知悉子女出生之日起1年間　(D)無期間之限制　【97公務初等-法學大意】	(D)
甲男與乙女未為婚姻登記而共同生活時，乙女懷有胎兒丙。就三者之法律關係，下列敘述，何者正確？　(A)丙出生後，乙須為認領，丙始成為乙之婚生子女　(B)丙出生後，甲於認領前死亡，丙得向甲之繼承人提起認領之訴　(C)丙出生後，甲認領丙之效力，於甲為認領時起生效　(D)丙出生後，經甲認領，乙、丙皆不得否認之 【101初等一般行政-法學大意】	(B)
試說明民國96年5月23日修正公布之民法親屬編關於非婚生子女認領之修正內容。　【96地政士-民法概要】	

下列何者無權向非婚生子女之生父提起認領之訴？　(A)非婚生子女本人　(B)非婚生子女之生母　(C)非婚生子女之法定代理人　(D)社會福利主管機關　【97初等人事經建政風-法學大意】	(D)

相關考題 　　**非婚生子女與生母關係**

非婚生子女與其生母之關係如何？　(A)經認領後視為婚生子女　(B)無須認領視為婚生子女　(C)經收養後成為婚生子女　(D)經準正後成為婚生子女　　　　　　　　　　　　　　　【99四等海巡-法學知識與英文】	(B)

相關考題 　　**準正**

非婚生子女因其生父與生母結婚，而視為婚生子女，民法學理將此稱之為何？　(A)準正　(B)認領　(C)收養　(D)認養　　　　　　　　　　　　　　　　　　【97基層警察-法學緒論】	(A)

10 親權行使

一 共同行使原則

　　對於未成年子女之權利義務，除法律另有規定外，由父母共同行使或負擔之。父母之一方不能行使權利時，由他方行使之。父母不能共同負擔義務時，由有能力者負擔之。父母對於未成年子女重大事項權利之行使意思不一致時，得請求法院依子女之最佳利益酌定之。法院為前項裁判前，應聽取未成年子女、主管機關或社會福利機構之意見。（民§1089）父母對於未成年子女權利義務之行使或負擔，現行規定以共同行使為原則。父母對於未成年子女權利之行使意思不一致時，依家庭自治事項議定之，不成者，由公權力介入之方式以為救濟。

二 父母不繼續共同生活6個月以上

　　父母不繼續共同生活6個月以上，有點而類似分居之情況，雖然我國尚未採取分居制度，但是當父母未能共同生活達6個月以上，對於子女之照料養護恐發生問題，故須以法律規範之。因此，民法第1089-1條規定：「父母不繼續共同生活達6個月以上時，關於未成年子女權利義務之行使或負擔，準用第1055條、第1055-1條及第1055-2條之規定。但父母有不能同居之正當理由或法律另有規定者，不在此限。」

三 親權之濫用

父母之一方濫用其對於子女之權利時，法院得依他方、未成年子女、主管機關、社會福利機構或<u>其他利害關係人</u>之請求或依職權，為子女之利益，宣告停止其權利之全部或一部。（民§1090）

四 子女財產之管理、使用與收益

未成年子女，因<u>繼承</u>、<u>贈與</u>或<u>其他無償取得</u>之財產，為其特有財產。（民§1087）未成年子女之特有財產，由父母共同管理。（民§1088Ⅰ）父母對於未成年子女之特有財產，有使用、收益之權。但非為子女之利益，不得處分之。（民§1088Ⅱ）常見者如子女特定帳戶之款項，有些還有教育、購屋之特定目的。

父母對於未成年子女行使親權之原則為何？　(A)由父行使　(B)由母行使　(C)由父母共同行使　(D)由法院決定 【96公務初等人事經建-法學大意】	(C)
甲夫乙妻育有一子丙年方5歲，其後因甲乙個性不合協議離婚，則對於丙權利義務之行使或負擔之決定方式，下列敘述何者錯誤？(A)依甲、乙之協議　(B)甲、乙未協議時原則由甲任之　(C)法院得依職權酌定甲或乙任之　(D)法院得選定甲、乙以外之人任之 【96四等司法-法學知識與英文】	(B)
甲父乙母對於A子是否讀私立小學之意思不一致，應由下列何者決定？　(A)甲　(B)乙　(C)法院　(D)親屬會議 【99四等基警行政警察-法學緒論】	(C)
解析：民法第1089條第2項規定：「父母對於未成年子女重大事項權利之行使意思不一致時，得請求法院依子女之最佳利益酌定之。」	
夫妻離婚時，對未成年子女權利義務之行使，如協議不成時，應由誰行使？　(A)原則上由夫行使　(B)原則上由妻行使　(C)由法院酌定　(D)由未成年子女自行選擇　【99初等一般行政-法學大意】	(C)
下列何者不屬於親權內容中關於財產上之權利義務？　(A)財產上之法定代理權　(B)一般財產上之法律行為之同意權　(C)特有財產之使用權　(D)住居所指定權 【100地方特考五等經建行政-法學大意】	(D)

父母之一方濫用其對於子女之權利時，下列何者無權請求法院宣告停止該父母一方之權利？　(A)未成年子女　(B)主管機關　(C)戶政機關　(D)其他利害關係人　【97公務初等-法學大意】	(C)

相關考題　子女財產之管理、使用與收益

下列何者非屬18歲甲之特有財產？　(A)母親所贈之生日禮物　(B)繼承父親死後之遺產　(C)暑假打工所賺之工資　(D)在海邊挖到之玫瑰石　　　　　　　　　　　【99地方特考四等-法學知識與英文】	(C)
未成年子女，因繼承、贈與或其他無償取得之財產，稱為何種財產？　(A)應有財產　(B)無償財產　(C)限定財產　(D)特有財產　　　　　　　　　　　【102四等地方特考-民法概要】	(D)

11 收養

㊀ 收養之意義

收養他人之子女為子女時,其收養者為養父或養母,被收養者為養子或養女。(民§1072)養子女與養父母及其親屬間之關係,除法律另有規定外,與婚生子女同。(民§1077 I)收養者收養子女後,與養子女之本生父或母結婚時,養子女回復與本生父或母及其親屬間之權利義務。但第三人已取得之權利,不受影響。(民§1077 III)養子女從收養者之姓或維持原來之姓。(民§1078 I)

㊁ 收養之方式

子女被收養時,應得其父母之同意。本生父母同意應作成書面並經公證。但已向法院聲請收養認可者,得以言詞向法院表示並記明筆錄代之。本生父母之同意,不得附條件或期限。(民§1076-1)收養之方式應以書面為之,並向法院聲請認可。(民1079 I)收養之生效時點,自法院認可裁定確定時,溯及於收養契約成立時發生效力。但第三人已取得之權利,不受影響。(民§1079-3)

㊂ 收養之禁止

下列親屬不得收養為養子女:(民§1073-1)
㈠直系血親。
㈡直系姻親。但夫妻之一方,收養他方之子女者,不在此限。
㈢旁系血親在六親等以內及旁系姻親在五親等以內,輩分不相當者。

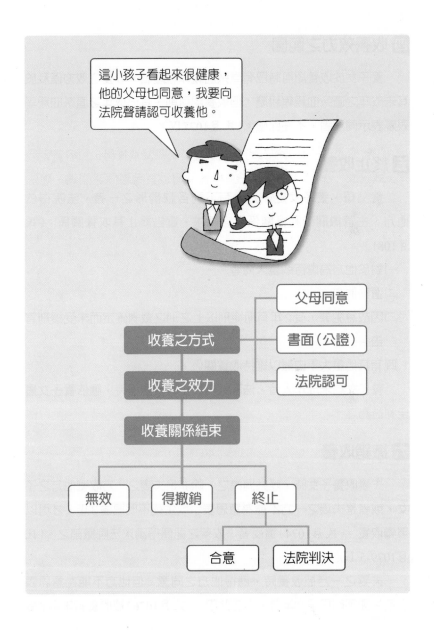

四 收養效力之範圍

養子女於收養認可時已有直系血親卑親屬者，收養之效力僅及於其未成年之直系血親卑親屬。但收養認可前，其已成年之直系血親卑親屬表示同意者，不在此限。（民§1077Ⅳ）

五 終止收養

養父母、養子女之一方，有下列各款情形之一者，法院得依他方、主管機關或利害關係人之請求，宣告終止其收養關係：（民§1081）

㈠對於他方為虐待或重大侮辱。

㈡遺棄他方。

㈢因故意犯罪，受2年有期徒刑以上之刑之裁判確定而未受緩刑宣告。

㈣有其他重大事由難以維持收養關係。

養子女為未成年人者，法院宣告終止收養關係時，應依養子女最佳利益為之。

六 撤銷收養

夫妻收養子女時，應共同為之。除非是夫妻之一方收養他方之子女，或者是夫妻之一方不能為意思表示或生死不明已逾3年，才可以單獨收養。（民§1074）違反者，收養之配偶得請求法院撤銷之。（民§1079-5Ⅰ）

夫妻之一方被收養時，應得他方之同意。但他方不能為意思表示或生死不明已逾3年者，不在此限。（民§1076）被收養者未滿7歲

時，應由其法定代理人代為並代受意思表示。滿7歲以上之未成年人被收養時，應得其法定代理人之同意。被收養者之父母已依前二項規定以法定代理人之身分代為並代受意思表示或為同意時，得免依前條規定為同意。（民§1076-2）違反者，被收養者之配偶或法定代理人得請求法院撤銷之。（民§1079-5Ⅱ）

相關考題　收養之方式

本生父母之出養同意應具備那些要件，始有法律效力？　(A)同意應作成書面並經公證　(B)同意應作成書面並經公證，且不得附條件或期限　(C)同意應作成書面，且不得附條件或期限　(D)同意應經公證，且不得附條件或期限　【97初等人事經建政風-法學大意】	(B)
收養除應以書面為之外，並應履行何種程序？　(A)向戶政機關登記　(B)向法院聲請認可　(C)應經公開儀式　(D)二人以上之證人　【97鐵公路-民法大意】	(B)
下列何種身分行為須聲請法院認可方為有效？　(A)結婚　(B)收養　(C)訂婚　(D)非婚生子女認領　【96三等關務特考-法學知識】	(B)
旁系親屬間之收養應遵守何種原則？　(A)男女平權原則　(B)公平原則　(C)輩分相當原則　(D)誠信原則　【99初等人事行政-法學大意】	(C)
夫妻之一方收養他方之子女時，應至少長於被收養者若干歲？　(A)20歲　(B)18歲　(C)16歲　(D)14歲　【99三等關務-法學知識】	(C)
夫妻之一方收養他方之子女時，至少應長於被收養者幾歲以上？　(A)16歲　(B)17歲　(C)18歲　(D)20歲　【100地方特考四等-民法概要】	(A)

解析：

民法第1073條第2項規定：「夫妻之一方收養他方之子女時，應長於被收養者16歲以上。」

下列何人不得收養為養子女？　(A)旁系姻親五親等以內，輩分相當者　(B)旁系血親六親等以內，輩分相當者　(C)旁系血親六親等以內，輩分不相當者　(D)旁系血親八親等，輩分不相當者 【97公務初等-法學大意】	(C)
甲女生一子乙，為掩飾其未婚生子之情形，乃收養乙為養子。其收養關係之效力為何？　(A)有效　(B)無效　(C)得撤銷　(D)效力未定 【99高考三等財稅行政-民法】	(B)
甲男乙女結婚之後，得收養下列何人為養子女？　(A)甲男姊姊之女兒　(B)乙女舅舅之兒子　(C)乙女同父異母之小弟　(D)甲男與前妻所生兒子之太太　【105司特三等-法學知識與英文】	(A)

養子女於收養認可時已有直系血親卑親屬者，收養之效力如何？ (A)原則上僅及於其未成年且未結婚之直系血親卑親屬　(B)原則上僅及於其未成年之直系血親卑親屬　(C)原則上僅及於其未結婚之直系血親卑親屬　(D)及於直系血親卑親屬全部【97公務初等-法學大意】	(A)

下列何者無權根據民法第1081條之規定，請求法院宣告終止收養關係？　(A)養父母或養子女一方　(B)利害關係人　(C)主管機關　(D)戶政機關　【97初等人事經建政風-法學大意】	(D)
下列何種事情，非裁判終止收養之具體事由？　(A)養子女有浪費財產之情事　(B)養父母有虐待養子女之情事　(C)養父母有遺棄養子女之情事　(D)養父母故意犯罪，被判2年以上之徒刑確定，而無緩刑之宣告　【106三等警察-法學知識與英文】	(A)

相關考題 終止收養

養子女為未成年人者，終止收養自何時起發生效力？ (A)自終止收養契約成立時 (B)自終止收養提出於法院認可時 (C)自法院認可裁定確定時 (D)自法院認可裁定確定時，溯及終止收養契約成立時 　(C)

【97鐵公路佐級公路監理－法學大意】

解析：

民法第1080條第4項規定：「養子女為未成年人者，終止收養自法院認可裁定確定時發生效力。」

相關考題 撤銷收養

收養被撤銷時，本生父母業已死亡而繼承早已開始，養子女是否得請求繼承本生父母之遺產？ (A)可以 (B)不可以 (C)視撤銷原因而定 (D)依遺產數額多寡而定 　(B)

【96五等錄事－法學大意】

解析：

民法第1079-5條第3項（撤銷收養）規定，準用民法第1083條（終止收養）規定：「養子女及收養效力所及之直系血親卑親屬，自收養關係終止時起，回復其本姓，並回復其與本生父母及其親屬間之權利義務。但第三人已取得之權利，不受影響。」

相關考題 收養後之親屬關係

單身漢甲收養乙之後，乙與其寡母丙親屬間之權利義務因收養而停止，嗣後丙與甲再婚，則乙與丙之親屬關係為何？ (A)無親屬關係 (B)直系血親 (C)直系姻親 (D)旁系血親 　(B)

【99三等身障特考財稅行政－民法】

養父母與養子女之間是何種親屬關係？ (A)自然血親 (B)擬制血親 (C)推定血親 (D)無任何法律關係 【99初等一般行政－法學大意】 　(B)

12 監護與輔助

未成年人之監護

　　未成年人無父母，或父母均不能行使、負擔對於其未成年子女之權利、義務時，應置監護人。(民§1091)最後行使、負擔對於未成年子女之權利、義務之父或母，得以遺囑指定監護人。(民§1093 I)無遺囑指定監護人，或遺囑指定之監護人拒絕就職時，則依據「同居祖父母」、「同居兄姐」、「不同居祖父母」之順序，決定監護人。如果還是無法決定，則依特定人之聲請，在其三親等旁系血親尊親屬、主管機關、社會福利機構或其他適當之人選定為監護人，並得指定監護之方法。(民§1094 III)

成年人法定監護人之選任

　　舊法所定法定監護人之順序缺乏彈性，未必符合受監護宣告之人之最佳利益，且於受監護人為高齡者之情形，其配偶、父母、祖父母等亦年事已高，而無法勝任監護人職務，故刪除法定監護人順序，修正為配偶、四親等內之親屬、最近1年有同居事實之其他親屬、主管機關、社會福利機構或其他適當之人均得擔任監護人，由法院於監護之宣告時，針對個案，依職權選定最適當之人擔任。又鑑於監護職務有時具有複雜性或專業性，如財產管理職務需要財務或金融專業人員，身體照護職務需要醫事專業人員，為符合實際需要，法院得選定複數之監護人，並同時指定會同開具財產清冊之人，以利法院實施監督。(民§1111)

目 成年人之監護與輔助

受監護宣告之人應置監護人。(民§1110)配合民法總則編部分條文修正第15條,將本條「禁治產人」修正為「受監護宣告之人」。

受輔助宣告之人,應置輔助人。(民§1113-1)與爰配合修正之民法總則編,新增有關成年人「輔助」之規定,受輔助宣告之人,應置輔助人。輔助人及有關輔助之職務得準用之成年人監護規定。

法院得選為監護人之範圍	配偶
	四親等內之親屬
	最近1年有同居事實之其他親屬
	主管機關
	社會福利機構
	其他適當之人

實務案例 女孩繼承百萬遺產，親友搶當監護人

　　一名女孩，父母搭飛機卻發生空難身亡，獲得大筆的遺產與賠償金。由於父母並沒有以遺囑指定監護人，所以必須由法院介入，在特定順序中，挑選一位最適合擔任小女孩的監護人。第一順位是與未成年人同居之祖父母，第二順位是與未成年人同居之兄姊，第三順位則是不與未成年人同居之祖父母。(民§1094 I)

　　由於小女孩既無祖父母亦無兄姐，最後由社福機構向法院聲請，選任常與小女孩同住之伯伯擔任監護人。

相關考題

甲夫乙妻生下A子後，於A子6歲時，因積欠卡債雙雙自殺，依民法規定，下列何者不得成為A之法定監護人？　(A)與A同居之祖父母　(B)不與A同居之祖父母　(C)與A同居之伯叔　(D)與A同居之兄姊　　　　　　　　　　　　　　　　　【99四等關務-法學知識】　(C)

解析：

民法第1094條第1項規定如下，

父母均不能行使、負擔對於未成年子女之權利義務或父母死亡而無遺囑指定監護人，或遺囑指定之監護人拒絕就職時，依下列順序定其監護人：

㈠與未成年人同居之祖父母。

㈡與未成年人同居之兄姊。

㈢不與未成年人同居之祖父母。

相關考題

依民法之規定，有關新監護制度之敘述，下列何者錯誤？　(A)監護人未依法開具財產清冊視為拒絕就職　(B)監護人不得受讓受監護人之財產　(C)監護人非有正當理由並經法院許可不得辭任　(D)監護人之行為與受監護人利益相反時，得選任特別代理人
【100三等海巡－法學知識與英文】
(A)

解析：
民法第1093條第3項規定：「於前項期限內，監護人未向法院報告者，視為拒絕就職。」

依現行民法之規定，監護人就未成年受監護人之財產所為之管理，下列敘述，何者錯誤？　(A)監護人管理受監護人之財產，須負與處理自己事務同一之注意義務　(B)監護人代理出租供受監護人居住之房屋，應得法院之許可，始生效力　(C)與未成年人同居之祖父母為監護人時，與一般之監護人對受監護人財產之權限沒有不同　(D)監護人不得受讓受監護人之財產　【100地方特考三等－民法】
(A)

解析：
民法第1100條規定：「監護人應以善良管理人之注意，執行監護職務。」

13 扶養

一 扶養

扶養,是指一定親屬間有經濟能力,對於不能維持生活之親屬,給予必要經濟上協助之義務。

二 互負撫養義務之親屬

下列親屬,互負扶養之義務:㈠直系血親相互間。㈡夫妻之一方與他方之父母同居者,其相互間。㈢兄弟姊妹相互間。㈣家長家屬相互間。(民§1114)

三 扶養權利人之順序

如果扶養義務人之經濟能力不足,例如甲男每月收入只有3萬元,該先支付扶養費給誰呢?我國民法第1116條有規定其順序,第一順位為直系血親尊親屬,第二順位為直系血親卑親屬,第三順位為家屬,第四順位為兄弟姐妹,第五順位為家長,第六順位為夫妻之父母,第七順位為子婦、女婿。

夫妻互負扶養之義務,其負扶養義務之順序與直系血親卑親屬同,其受扶養權利之順序與直系血親尊親屬同。(民§1116-1)

四 受扶養權利之要件

受扶養權利者,以不能維持生活而無謀生能力者為限。無謀生能力之限制,於直系血親尊親屬,不適用之。(民§1117)

五 結婚撤銷或離婚之影響

父母對於未成年子女之扶養義務，不因結婚經撤銷或離婚而受影響。（民§1116-2）父母對未成年子女之扶養義務，是否因父母結婚經撤銷或離婚後僅由一方擔任對未成年子女權利義務之行使或負擔而受影響，實務上尚有異見，為杜爭議，爰參酌學者通說見解，採否定說，增訂本規定。

類型	是否以「無謀生能力」為要件？	
直系血親尊親屬	不能維持生活	
直系血親尊親屬以外	不能維持生活＋無謀生能力	空了～

相關考題

受扶養權利者，以不能維持生活而無謀生能力者為限，但下列親屬中，何者不受限制？ (A)直系血親尊親屬 (B)旁系血親尊親屬 (C)直系血親卑親屬 (D)旁系血親卑親屬　　　　　　　　　　　　　　　　【96四等退除役轉任-法學知識與英文】	(A)
下列當事人之間，何者無須互負扶養之義務？ (A)父母與子女之間 (B)同居之岳父與女婿之間 (C)夫之父母與妻之父母相互間 (D)兄弟姊妹相互間　　　　　　　　　　　　　　　　　　　　　　　　　　【97鐵公路-民法大意】	(C)

六 天下無不是的父母？

　　社會上常發生父母棄養子女的例子，對於這些年幼不幸遭棄養的子女，往往不願意扶養其父母。但父母年歲已高時，這些「不是的父母」反而要求子女負擔扶養的責任，甚至於提出刑法遺棄罪之告訴，對於子女而言，可以說是二度傷害。

　　因此，立法院於99年1月7日三讀通過，修正民法及刑法之相關規定。其中，民法第1118-1條規定，修正為受扶養權利者對負扶養義務者、其配偶或直系血親故意為虐待、重大侮辱或其他身體、精神上之不法侵害行為，或對負扶養義務者無正當理由未盡扶養義務之情況，負扶養義務者得請求法院減輕其扶養義務。情節重大，法院得免除其扶養義務。

第七篇　繼承

民法的架構

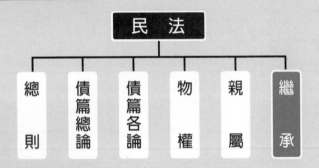

民　法

- 總則
- 債篇總論
- 債篇各論
- 物權
- 親屬
- 繼承

繼承的架構

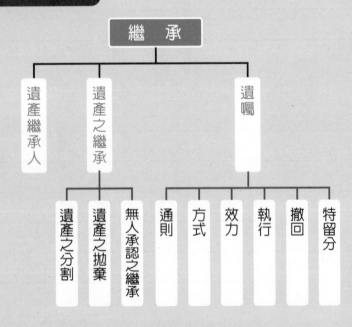

繼　承

- 遺產繼承人
- 遺產之繼承
  - 遺產之分割
  - 遺產之拋棄
  - 無人承認之繼承
- 遺囑
  - 通則
  - 方式
  - 效力
  - 執行
  - 撤回
  - 特留分

1 遺產繼承人

一 繼承人與其繼承之順位

遺產繼承人，除配偶外，依左列順序定之：（民§1138）

(一)直系血親卑親屬：以親等近者為先。（民§1139）

(二)父母：母對於子女之遺產繼承權，並不因其已經再婚而受影響。
（32上1067）繼母（後妻）在民法上並不認有母與子女之關係，自
非本款所稱之「母」。（26渝上608）

(三)兄弟姊妹。

(四)祖父母：包含外祖父母。

二 同時存在原則

繼承人須於繼承開始時仍生存者為限，若於繼承開始前業已死
亡，或繼承開始時尚未出生者，則無繼承之資格。

至於胎兒之繼承權則屬特殊情況，首先要先看民法總則有關自然
人章節中，依據民法第7條之規定：「胎兒以將來非死產者為限，關
於其個人利益之保護，視為既已出生。」胎兒繼然與其他繼承人之地
位相同，故胎兒為繼承人時，非保留其應繼分，他繼承人不得分割遺
產。胎兒關於遺產之分割，以其母為代理人。（民§1166）

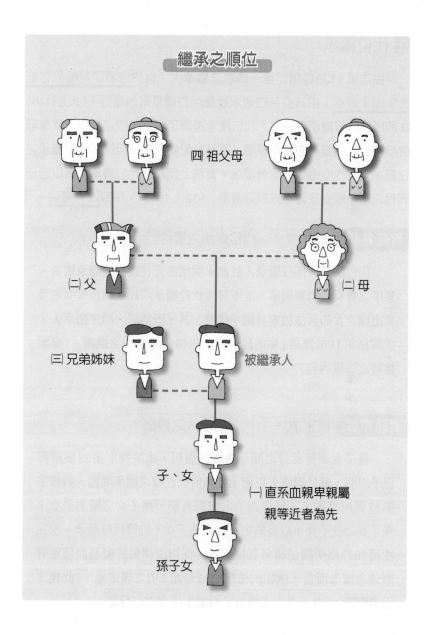

繼承之順位

(四) 祖父母

(二) 父　　　　　　　(二) 母

(三) 兄弟姊妹　　　　被繼承人

子、女

(一) 直系血親卑親屬
親等近者為先

孫子女

三 代位繼承

民法第1138條所定第一順序之繼承人，有於<u>繼承開始前死亡或喪失繼承權者</u>，由其直系血親卑親屬代位繼承其應繼分。（民§1140）此即所謂代位繼承之規定。代位繼承是為了維持子股之公平，故僅限於被代位人之直系血親卑親屬，不及於配偶及兄弟姐妹。代位繼承之性質，向有代位權說、固有權說，實務上認為「代位繼承，係以自己固有之繼承權直接繼承其祖之遺產」（32上1992），採取<u>固有權說</u>。

實務見解 釋字57──代位繼承之要件

代位繼承，係以繼承人於繼承開始前死亡或喪失繼承權者。某甲之養女乙拋棄繼承，並不發生代位繼承問題。惟該養女乙及其出嫁之女如合法拋棄其繼承權時，其子既為同一順序繼承人，依同法第1176條第1項前段規定，自得繼承某甲之遺產。（參照當時之法規內容）

實務見解 釋字70──代位繼承人之資格

養子女與養父母之關係為擬制血親，本院釋字第28號解釋已予說明。關於繼承人在繼承開始前死亡時之繼承問題，與釋字第57號解釋繼承人拋棄繼承之情形有別。養子女之婚生子女、養子女之養子女，以及婚生子女之養子女，均得代位繼承。至民法第1077條所謂法律另有規定者，係指法律對於擬制血親定有例外之情形而言，例如同法第1142條第2項之規定是。（此規定已遭刪除：「養子女之應繼分，為婚生子女之二分之一。」）

相關考題　繼承人與繼承順位

下列何者為第一順序的法定繼承人？　(A)伯叔　(B)父母　(C)直系血親卑親屬　(D)兄弟姊妹　【98四等基層警察-法學緒論】	(C)
甲男與其妻乙育有子女3人，與其妾生有子女2人，由甲撫育。甲如死亡，則其法定繼承人有幾人？　(A)3人　(B)4人　(C)6人　(D)7人　【97公務初等-法學大意】	(C)
甲生有一子一女，並收養乙為養子。某日，甲因病去世，留下遺產。有繼承權者為：　(A)僅子有繼承權　(B)僅女有繼承權　(C)僅親生之一子一女有繼承權　(D)一子一女及養子乙均有相同之繼承權　【96公務初等一般行政-法學大意】	(D)
甲夫乙妻生子A、B、C三人，若甲死亡，下列何人得繼承甲之遺產？　(A)甲死後改嫁之乙　(B)與甲同時死亡之A　(C)隱匿甲所立關於繼承遺囑之B　(D)甲於生前表示對甲有重大侮辱情事而不得繼承之C　【99高考三等財稅行政-民法】	(A)
甲中年喪妻，有子女丙、丁二人。丙已成年，未婚無子。其後甲與乙結婚。婚後乙生一子戊。丙因病死亡，甲依法拋棄繼承。關於丙之遺產繼承，下列敘述，何者為正確？　(A)乙單獨繼承　(B)丁單獨繼承　(C)乙、丁共同繼承　(D)丁、戊共同繼承　【99普考財稅行政-民法概要】	(D)

解析：

兄弟姊妹包括「半血緣」，戊為半血緣。

甲夫乙妻育有一子丙，若甲、丙同時死亡，則下列何者與乙同為第一順位之法定繼承人？　(A)甲之父母　(B)甲之兄弟　(C)丙之子女　(D)丙之配偶　　　　　　　　【96三等退除役轉任-法學知識與英文】	(C)
下列何者得為代位繼承人？　(A)被繼承人之父母　(B)被繼承人之兄弟姊妹　(C)被繼承人之直系血親尊親屬　(D)被繼承人之直系血親卑親屬　　　　　　　　　　　　　　　【97鐵公路-民法大意】	(D)
有關代位繼承的敘述，下列何者錯誤？　(A)代位繼承人代位繼承被代位繼承人之應繼分　(B)被代位繼承人須於遺產分割前死亡或喪失繼承權　(C)代位繼承人須為被代位繼承人的直系血親卑親屬　(D)被代位繼承人須為被繼承人的直系血親卑親屬　　　　　　　　　　　　　　【100四等行政警察-法學緒論】	(B)

甲有配偶乙及子女丙、丁、戊三人，丙已婚育有子女己、庚二人。設丙拋棄繼承，則甲之遺產應如何分配？　(A)乙丁戊各分得遺產之三分之一　(B)乙分得遺產之二分之一，丁戊各得四分之一　(C)乙分得遺產之二分之一，丁戊己庚則各得八分之一　(D)乙丁戊己庚各得遺產之五分之一　　　　　　　【98不動產經紀人-民法概要】	(A)
甲有配偶乙，父母丙、丁，子女A、B、C，孫子女D、E，此外別無其他親屬。甲死亡時留下遺產120萬元，並未留下遺囑。請問依照民法規定，其遺產最後將如何分配？　(A)乙60萬元，丙、丁各30萬元　(B)A、B、C各40萬元　(C)乙30萬元，丙、丁各20萬元，A、B、C各10萬元，D、E各10萬元　(D)乙、A、B、C各30萬元　　　　　　　【98國安局五等-法學大意、99地方特考三等-法學知識與英文】	(D)

相關考題　遺產分配實例題

甲有配偶乙，父母丙、丁，兄弟姊妹A、B、C，此外別無其他親屬。甲死亡時留下遺產180萬元，並未留下遺囑。請問依照民法規定，其遺產最後將如何分配？　(A)乙、丙、丁各60萬　(B)乙90萬，丙、丁各45萬　(C)乙90萬，A、B、C各30萬　(D)乙90萬，丙、丁、A、B、C各18萬　【99地方特考四等-法學知識與英文】	(B)
甲乙為夫妻，膝下無兒女，甲之父母丙與丁均健在。某日，甲死亡，留下遺產100萬。繼承人乙、丙、丁各可分得多少遺產？(A)乙30萬元，丙35萬元，丁35萬元　(B)乙40萬元，丙30萬元，丁30萬元　(C)乙50萬元，丙25萬元，丁25萬元　(D)乙60萬元，丙20萬元，丁20萬元　【102四等地方特考-民法概要】	(C)

相關考題

下列何者為第四順位法定繼承人？　(A)父母　(B)父母之兄弟姊妹　(C)祖父母　(D)兄弟姊妹　【100地方特考四等-法學知識與英文】	(C)
甲男乙女為夫妻，無子女。甲無兄弟姊妹，其父母已死亡。惟甲之外祖父母丙、丁尚生存。關於甲之遺產繼承，下列敘述何者正確？(A)乙單獨繼承　(B)乙繼承1/2，丙、丁各繼承1/4　(C)乙繼承2/3，丙、丁各繼承1/6　(D)乙、丙、丁各繼承1/3　【100地方特考四等-民法概要】	(C)
甲死亡時未立遺囑而僅留下一棟房子，親人剩下叔父與同住的岳母。請問甲名下的房子應由誰取得？　(A)甲之叔父為三親等之旁系血親，可優先繼承甲之房屋　(B)甲之岳母為同住之直系姻親，而可優先繼承甲之房屋　(C)甲之叔父與岳母無法繼承甲之房屋，該屋應歸屬國庫　(D)甲之叔父與岳母為甲之血親與姻親，可共同繼承甲之房屋　【103高考-法學知識與英文】	(C)

2 應繼分

一 應繼分

應繼分，指繼承人對被繼承人所遺留財產之權利義務，應分得之一定比例。例如甲男育有二子，甲男死後，其二子之應繼分各為1/2。若另有一配偶，則配偶與二子之應繼分為各1/3。

二 應繼分之計算

同一順序之繼承人有數人時，按人數平均繼承。但法律另有規定者，不在此限。（民§1141）配偶有相互繼承遺產之權。所以，在計算應繼分的時候，應先看是否有配偶之存在。

㈠無配偶

若沒有，則直接依據繼承之順序與人數，平均繼承。例如甲男有二子，甲男死後無配偶，遺產100萬元，則所留遺產由第一順位繼承人，即二子平均繼承，各1/2，分得50萬元。

㈡有配偶

如果有，第一順位的繼承人與配偶，依據人數平均繼承；其他順位，則先由配偶取得一定比例之應繼分，其餘的應繼財產，再由其他繼承人平均繼承。（參見右頁圖表）

順序	配偶	其他繼承人	案例
第一順位	配偶與其他繼承人平均繼承		2名子女及配偶，共3人繼承。每人之應繼分為1/3。
第二順位	應繼分為1/2	扣除配偶之部分，按人數平均繼承	父母2人及配偶，共3人繼承。配偶1/2，父母平均分配另外的1/2，即各得1/4。
第三順位	應繼分為1/2	扣除配偶之部分，按人數平均繼承	兄弟姐妹3人及配偶，共4人繼承。配偶1/2，兄弟姐妹3人平均分配另外的1/2，即各得1/6。
第四順位	應繼分為2/3	扣除配偶之部分，按人數平均繼承	祖父母、外祖父母均在世，共4人繼承。配偶2/3，祖父母、外祖父母4人平均分配另外的1/3，即各得1/12。

（民法§1141、1144）

相關考題　配偶應繼分

甲死亡時，其配偶與甲之祖父母同為繼承者，配偶之應繼分為多少？　(A)平均分配　(B)遺產三分之一　(C)遺產二分之一　(D)遺產三分之二　　　　　　　　　　　　　　　【97鐵公路-民法大意】	(D)
配偶與被繼承人之父母同為繼承時，配偶之應繼分為遺產多少？(A)與被繼承人之父母平均繼承　(B)遺產二分之一　(C)遺產全部(D)遺產三分之二　　　　　　　　　　【97消防不動產-民法概要】	(B)

相關考題　遺產分配整合實例題

甲上有父A母B及哥哥C，下有兒D女E，妻子F因不堪甲終日酗酒，離家不歸，甲酗酒暴斃後，遺留遺產共新臺幣150萬元。問：下列敘述何者正確？　(A)F可得遺產新臺幣50萬元　(B)D可得遺產新臺幣75萬元　(C)A可得遺產新臺幣30萬元　(D)C可得遺產新臺幣20萬元　　　　　　　　　　【97不動產經紀人-民法概要】	(A)
某甲死亡時留下遺產1000萬元，甲有妻乙，婚生子女三人與養女一人，請問乙可分配多少遺產？　(A)200萬元　(B)250萬元　(C)500萬元　(D)1000萬元　　　　　　　　　　【97鐵公路-民法大意】	(A)

3 繼承權之喪失

一 繼承權之喪失

喪失繼承權，可分成當然失權與表示失權兩種。

所謂當然失權，是指只要符合法定原因，無庸繼承人為意思表示，即當然失去繼承權，又可分成絕對失權與相對失權。絕對失權，是指依據民法第1145條第1項第1款規定，指繼承人對於被繼承人或其他應繼承人，故意致死或雖未致死而受刑之宣告，即使被繼承人之宥恕亦同。相對失權，是指依據民法第1145條第1項第2至4款規定，妨礙遺囑自由形成之不正行為，或影響遺囑之真實性與可實現性屬之，此種類型與絕對失權之差異，在於被繼承人宥恕時，回復其繼承權。

表示失權，是指依據民法第1145條第1項第5款規定，符合該款規定有重大虐待或侮辱之情事，還需要經過被繼承人為一定之意思表示，剝奪繼承人之繼承權，始生失去繼承權之效果。

二 遺囑之隱匿

繼承人隱匿被繼承人關於繼承之遺囑者，依民法第1145條第1項第4款規定，喪失其繼承權。其立法目的，應在於尊重並確保被繼承人之真正意思得以實現，因此繼承人僅於以不正行為妨礙被繼承人之意思致無法實現者，始依法令其喪失繼承權。（臺灣高等法院96年度家上更㈠字第1號民事判決）

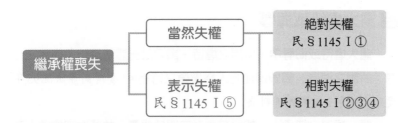

類型	規範內容	圖示
絕對失權 民§1145 I ①	故意致被繼承人或應繼承人於死或雖未致死因而受刑之宣告者。	
相對失權 民§1145 I ②	以詐欺或脅迫使被繼承人為關於繼承之遺囑,或使其撤回或變更之者。	
相對失權 民§1145 I ③	以詐欺或脅迫妨害被繼承人為關於繼承之遺囑,或妨害其撤回或變更之者。	
相對失權 民§1145 I ④	偽造、變造、隱匿或湮滅被繼承人關於繼承之遺囑者。	
表示失權 民§1145 I ⑤	對於被繼承人有重大之虐待或侮辱情事,經被繼承人表示其不得繼承者。	

上述第2款至第4款之規定,如經被繼承人宥恕者,其繼承權不喪失。
(民§1145 II)

三 重大虐待或侮辱

重大虐待或侮辱中，所謂之虐待，謂與之身體或精神上痛苦之行為；所謂之侮辱，謂毀損他方人格價值之行為。（臺灣高等法院95年度家上字第248號民事判決）

第一順序之繼承人，如與其直系血親卑親屬，共同對被繼承人有重大之虐待或侮辱情事，經被繼承人表示其不得繼承者，該直系血親卑親屬亦應一併喪失其代位繼承之權利。（85台上2569）

四 繼承回復請求權

繼承權被侵害者，被害人或其法定代理人得請求回復之。前項回復請求權，自知悉被侵害之時起，2年間不行使而消滅；自繼承開始時起逾10年者亦同。（民§1146）所謂繼承權被侵害，須自命有繼承權之人獨自行使遺產上之權利，而置其他合法繼承人於不顧者，始足當之；又所謂繼承回復請求權，係指正當繼承人，請求確認其繼承資格及回復繼承標的物之權利而言。（51台上2108、53台上592、1928）

繼承權是否被侵害，應以繼承人繼承原因發生後，有無被他人否認其繼承資格並排除其對繼承財產之占有、管理或處分為斷。凡無繼承權而於繼承開始時或繼承開始後僭稱為真正繼承人或真正繼承人否認其他共同繼承人之繼承權，並排除其占有、管理或處分者，均屬繼承權之侵害，被害人或其法定代理人得依民法第1146條規定請求回復之，初不限於繼承開始時自命為繼承人而行使遺產上權利者，始為繼承權之侵害。（釋字第437號解釋）

重大虐待事由

對於被繼承人施加毆打

對之負有扶養義務而惡意不予扶養

被繼承人（父母）終年臥病在床，繼承人無不能探視之正當理由，而至被繼承人死亡為止，始終不予探視者

資料來源：最高法院74年台上字第1870號

不想花錢養你……

不孝子！

甲夫乙妻生子A、B、C，若甲死亡，下列何者得以繼承甲之遺產？ (A)故意致甲於死之A　(B)偽造甲遺囑之B　(C)於甲生前被他人收養之C　(D)於甲死後改嫁之乙　　　【96調查特考-法學知識與英文】	(D)
甲男有一子一女，甲之子乙素行不良，經常對父母施暴，某日乙竟持刀殺甲未遂，經受刑之宣告確定。請問對甲之遺產，乙之繼承權是否喪失？　(A)視被繼承人是否宥恕而定　(B)視其他繼承人是否宥恕而定　(C)視乙是否有悔意而定　(D)當然喪失 　　　　　　　　　　　　　　　　　【97鐵公路-民法大意】	(D)
下列何者非繼承權喪失之事由？　(A)故意致被繼承人或應繼承人於死　(B)以詐欺或脅迫使被繼承人為關於繼承之遺囑　(C)隱匿被繼承人關於繼承之遺囑　(D)對被繼承人未盡扶養義務者 　　　　　　　　　　　　　　　　【97不動產經紀人-民法概要】	(D)
有關民法繼承規定之敘述，下列何者錯誤？　(A)配偶有相互繼承遺產之權　(B)同一順序之繼承人有數人時，原則上按人數平均繼承　(C)繼承人殺害被繼承人雖未致死且未受刑之宣告，仍然喪失其繼承權　(D)被繼承人之直系血親卑親屬之繼承順序，以親等近者為先 　　　　　　　　　　　　　　　【100五等司法特考-法學大意】	(C)

相關考題　繼承回復請求權

有關民法繼承制度之敘述，下列何者錯誤？　(A)權利義務專屬於被繼承人本身者，非繼承之標的　(B)繼承人得於繼承開始前主張「繼承回復請求權」　(C)繼承之開始不須任何人為意思表示或請求　(D)除配偶外，法定繼承人僅限於與被繼承人有一定親屬關係之人 　　　　　　　　　　　　　　　【100五等司法特考-法學大意】	(B)

4 繼承之效力

一 繼承人死亡

繼承，因被繼承人死亡而開始。（民§1147）

失蹤人受死亡之宣告者，依民法第9條第1項之規定，以判決內確定死亡之時推定其為死亡，其繼承固因之而開始，若失蹤人未受死亡之宣告，即無從認其繼承為已開始。（28渝上1572）

二 包括繼承原則及當然繼承主義

繼承人自繼承開始時，除本法另有規定外，承受被繼承人財產上之一切權利、義務。但權利、義務專屬於被繼承人本身者，不在此限。（民§1148 I）依據民法第1147、1148條之規定，繼承人於被繼承人死亡時，當然承受被繼承人財產上之一切權利義務，並無待於繼承人之主張。（32上442）此實務見解即闡明包括繼承原則（財產上之一切權利義務）及當然繼承主義（當然承受）。

三 以遺產為限繼承債務

現行民法繼承編係以概括繼承為原則，鑑於社會上時有繼承人因不知法律而未於法定期間內辦理限定繼承或拋棄繼承，以致背負繼承債務，影響其生計，為解決此種不合理之現象，雖繼承人依民法第1148條第1項規定承受被繼承人財產上之一切權利、義務，惟對於被繼承人之債務，僅須以因繼承所得遺產為限，負清償責任，以避免繼承人因概括承受被繼承人之生前債務而桎梏終生。（民§1148 II）

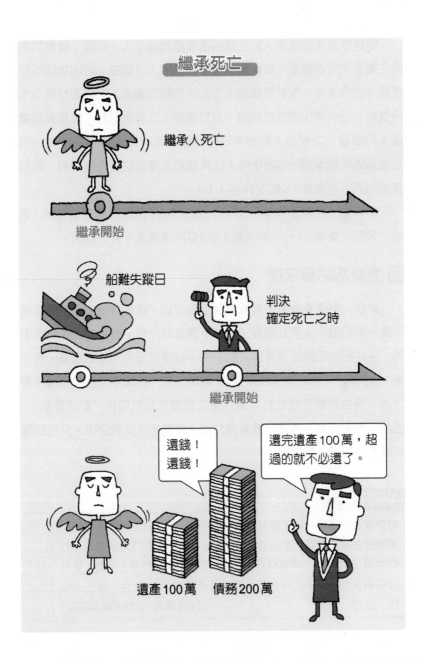

繼承死亡

繼承人死亡

繼承開始

船難失蹤日

判決
確定死亡之時

繼承開始

還錢！
還錢！

還完遺產100萬，超
過的就不必還了。

遺產100萬　債務200萬

　　但是為避免被繼承人於生前將遺產贈與繼承人，以減少繼承開始時之繼承人所得遺產，致影響被繼承人債權人之權益，宜明定該等財產視同所得遺產。惟若被繼承人生前所有贈與繼承人之財產均視為所得遺產，恐亦與民眾情感相違，且對繼承人亦有失公允。故為兼顧繼承人與債權人之權益，爰參考現行遺產及贈與稅法第15條規定，明定繼承人於繼承開始前2年內，從被繼承人受有財產之贈與者，該財產視為其所得遺產。（民§1148-1Ⅰ）

　　本條第1項財產除屬於第1173條所定特種贈與應予歸扣外（結婚、分居、營業），並不計入第1173條應繼遺產，併予敘明。

四 遺產酌給請求權

　　許多人的遺產規劃不當或甚至沒有規劃，致使身後的遺產由配偶與第一順位繼承人子女取得，未留下遺產給父母，若婆媳之間關係不和，往往因為白髮人送黑髮人的不幸，致使父母老年生活堪憂。民法第1149條之「酌給遺產請求權」，其規定為「被繼承人生前繼續扶養之人，應由親屬會議依其所受扶養之程度及其他關係，酌給遺產。」因此，若未能留下適當的遺產給父母，作為老年安養之用，父母即可依據本條加以主張之。

相關考題

甲之妻乙已過世，留下岳父丙獨居；甲每月匯款1,000元予某公益團體評估需受助養的家境清寒兒童丁；甲尚有姑姑戊以及未成年的乾女兒己（義女）；甲每月各匯6,000元予丙戊己作為生活費；甲若因車禍死亡後，下述何者不得請求遺產酌給？　（A)丙　(B)丁　(C)戊　(D)己　　　　　　　　　　　　　　【109高考－法學知識與英文】	(B)

實例說明

　　胡老太太生前將房子一間贈與給兒子，並已過戶完畢，過世後，女兒可否依據民法第1148-1條規定：「繼承人（兒子）在繼承開始前2年內，從被繼承人（胡老太太）受有財產（房子一間）之贈與者，該財產視為其所得遺產。」主張兒子分到的財產是遺產的一部分？

　　許多讀者看到這一條都會有所疑惑，這條規定到底是在規定什麼？

1. 只要把立法理由看完，就知道這新增條文主要是防止脫產保護債權人，所以是從債權人的角度出發所為之立法。第二、四點立法理由，參照如下：本次修正之第1148條第2項已明定繼承人對於被繼承人之債務，僅以所得遺產為限，負清償責任。為避免被繼承人於生前將遺產贈與繼承人，以減少繼承開始時之繼承人所得遺產，致影響被繼承人債權人之權益，宜明定該等財產視同所得遺產。惟若被繼承人生前所有贈與繼承人之財產均視為所得遺產，恐亦與民眾情感相違，且對繼承人亦有失公允。故為兼顧繼承人與債權人之權益，爰參考現行遺產及贈與稅法第15條規定，明定繼承人於繼承開始前2年內，從被繼承人受有財產之贈與者，該財產始視為其所得遺產，爰增訂第1項規定。

2. 本條視為所得遺產之規定，係為避免被繼承人於生前將遺產贈與繼承人，以減少繼承開始時之繼承人所得遺產，致影響被繼承人之債權人權益而設，並不影響繼承人間應繼財產之計算。因此，本條第1項財產除屬於第1173條所定特種贈與應予歸扣外，並不計入第1173條應繼遺產，併予敘明。

下列何者，得為繼承之標的？　(A)占有　(B)行政罰鍰義務　(C)贍養費請求權　(D)扶養費請求權　【99普考財稅行政-民法概要】	(A)
繼承人於繼承開始前，從被繼承人所受贈之下列何種財產，於繼承開始後不必先歸入被繼承人之總財產中，計算各繼承人之法定應繼分？　(A)因結婚所受的贈與　(B)因生日所受的贈與　(C)因分居所受的贈與　(D)因營業所受的贈與　【105高考-法學知識與英文】	(B)

甲男乙女為夫妻，有丙、丁二子。甲生前立遺囑指定應繼分，乙為四分之三，丙為八分之一，丁為八分之一。甲死亡時留有遺產360萬元，問甲之遺產應如何繼承？　【94地政士-民法概要】

某甲已婚，除配偶乙外，育有一子丙18歲仍在學，一女丁26歲已結婚。某日甲因意外死亡，身後，甲雖遺有房屋一棟，但甲負債累累，且為多人保證。請問：

一、依現行民法規定，甲之財產應如何繼承？

二、甲之繼承人得如何主張權利？

【97三等關務警特-民法】

周瑜和女友小喬因偷嚐禁果致小喬懷有身孕，雙方之父母於97年6月1日在圓山飯店為倆人舉辦婚禮並宴請賓客。翌日，小倆口出發至峇里島蜜月旅行，預計回國後再辦理結婚登記，但周瑜在該島潛水時不幸溺斃，遺下存款600萬元。本案周瑜所遺之600萬元應由何人繼承？各可繼得多少數額？請依相關法律規定回答。　【97消防不動產-民法概要】

相關考題　**遺產酌給請求權**

甲男已婚，有妻有子，卻與外遇對象乙女來往多年，乙女無謀生能力而依賴甲男供給日常生活所需。此時若甲男意外死亡，請問乙女就甲男之遺產得為如何之請求？　(A)特留分　(B)應繼分　(C)贍養費　(D)遺產酌給　　　　　　　　　【103四等司特-法學知識與英文】　(D)

相關考題

請問下列關於我國現行繼承新制之法定限定責任的敘述，何者正確？　(A)我國不再採取概括繼承主義　(B)只有未成年之繼承人方能主張法定限定責任　(C)繼承人對繼承債務不可能負無限清償責任　(D)繼承人於繼承開始前2年內，受有被繼承人之贈與者，該財產視為其所得遺產　　　　　　　　　【103四等地特-法學知識與英文】　(D)

相關考題　**同時存在原則**

甲、乙為夫妻，約定分別財產制。生有一子丙(6歲)，其後乙又懷孕，有胎兒丁。甲、丙因交通事故同時死亡。甲身後留有積極財產新臺幣150萬元，丁依法可分得甲多少遺產？　(A)50萬元　(B)75萬元　(C)25萬元　(D)35萬元　　　　　　【107四等警察-法學知識】　(B)

5 繼承之分割

一 繼承分割之意義

　　繼承之分割，是指數繼承人開始共同繼承，遺產歸屬共同繼承人公同共有，按繼承人之分配，以消滅公同共有關係為目的之法律行為。繼承人得隨時請求分割遺產。但法律另有規定或契約另有訂定者，不在此限。（民§1164）此即所謂之「遺產分割自由原則」。以遺囑禁止遺產之分割，其禁止之效力最長為10年。（民§1165 II）

二 繼承人之擔保責任

　　遺產分割後，各繼承人按其所得部分，對於他繼承人因分割而得之遺產，負與出賣人同一之擔保責任。（民§1168）

　　遺產分割後，各繼承人按其所得部分，對於他繼承人因分割而得之債權，就遺產分割時債務人之支付能力，負擔保之責。債權附有停止條件或未屆清償期者，各繼承人就應清償時債務人之支付能力，負擔保之責。（民§1169）

三 歸扣

　　繼承人中有在繼承開始前因結婚、分居或營業，已從被繼承人受有財產之贈與者，應將該贈與價額加入繼承開始時被繼承人所有之財產中，為應繼遺產。但被繼承人於贈與時有反對之意思表示者，不在此限。（民§1173 I）此為歸扣之規定。歸扣之本質為「應繼分之前付」，為求各繼承人間之公平性，讓特種贈與歸入遺產中成為應繼財產。至於補償之方法採取「充當計算主義」，不採「現物返還主義」，也就是不必將現物返還，只要將該財產之價額返還即可。

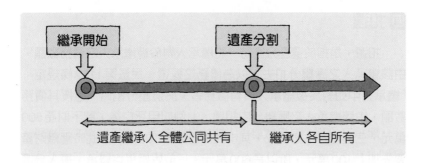

歸扣

因為結婚，或買新房子，或開公司自立門戶，都必須要花錢，許多父母都會提供一些資金，這些錢在繼承事由發生時，除非父母有反對之意思表示，否則都必須將價額算入應繼財產中。

①結婚

③營業

②分居

爸，我要搬出去住！

相關考題 歸扣	
下列何者係歸扣之標的？ (A)留學費用 (B)因生日所為之贈與 (C)旅遊費用 (D)因結婚所為之贈與 【96五等地方公務-法學大意】	(D)
下列何者非生前特種贈與之歸扣原因？ (A) 留學 (B)結婚 (C)分居 (D)營業 【97消防不動產-民法概要】	(A)

四 扣還

扣還，是指於遺產分割時，將繼承人對於被繼承人之債務數額，由該繼承人之應繼分扣去，以為債務之返還。民法第1172條規定：「繼承人中如對於被繼承人負有債務者，於遺產分割時，應按其債務數額，由該繼承人之應繼分內扣還。」例如甲死亡後，留下財產500萬元，三位姐姐是繼承人，其中大姐乙欠甲100萬元，此時應繼財產要先加上100萬元，所以是600萬元。三位姐姐平均繼承，每人分得200萬元。大姐因為欠甲100萬元，所以只能分得100萬元（200萬－100萬）。

五 胎兒與分割遺產

民法第1166條規定：「胎兒為繼承人時，非保留其應繼分，他繼承人不得分割遺產。胎兒關於遺產之分割，以其母為代理人。」此一條文主要是規範分割遺產時，胎兒是否可享有應繼分？依據民法第7條之規定：「胎兒以將來非死產者為限，關於其個人利益之保護，視為既已出生。」為保護胎兒之利益，學者通說採法定解除條件說，也就是胎兒於出生前，即取得權利能力，自然能享有遺產分割之權利。假設將來死產時，才溯及的喪失其權利能力。因此，如果繼承人中有胎兒時，就應該保留其應繼分，否則其他繼承人不得分割遺產；換言之，若是保留胎兒的應繼分後，就可以分割遺產。而分割遺產時，由胎兒的母親為代理人，而非父親。蓋因胎兒在母親懷中，自以母親為代理人為宜。

相關考題　**分割遺產**

以遺囑禁止遺產分割者，其禁止之效力最長為幾年？　(A)3年　(B)5年　(C)10年　(D)15年 【96公務初等一般行政-法學大意、97鐵公路-民法大意】	(C)

相關考題　分割遺產

下列何者為錯誤？　(A)胎兒為繼承人時，非保留其應繼分，他繼承人不得分割遺產　(B)胎兒關於遺產之分割，以其父為代理人　(C)繼承人得隨時請求分割遺產。但法律另有規定或契約另有訂定者，不在此限　(D)遺產分割後，各繼承人按其所得部分，對他繼承人因分割所得之遺產，負與出賣人同一之擔保責任　【97不動產經紀人-民法概要】	(B)
關於遺產之分割，下列敘述何者錯誤？　(A)被繼承人以遺囑禁止遺產分割者，其禁止效力以10年為限　(B)繼承人中有胎兒時，須俟胎兒出生後始得分割遺產　(C)遺產分割後，各繼承人按其所得部分對他繼承人負有與出賣人同一之擔保責任　(D)繼承人對已屆清償期之繼承債務之連帶責任，自遺產分割時起經五年而免除　【98不動產經紀人-民法概要】	(B)

相關考題　歸扣

下列各項均係繼承人在繼承開始前受贈自被繼承人之財產，但何者非民法第1173條歸扣（扣除）之對象？　(A)因結婚受贈財產　(B)因分居受贈財產　(C)因營業受贈財產　(D)因出國留學受贈學費　【99高考三等財稅行政-民法】	(D)
甲已喪偶，有子女乙、丙、丁三人。乙有一子戊。甲因乙之營業給與60萬元。乙先於甲死亡。甲死亡時，留有遺產180萬元，則遺產分割時，原則上，戊可分得：　(A)20萬元　(B)40萬元　(C)60萬元　(D)80萬元　【99普考財稅行政-民法概要】	(A)
甲男乙女為夫妻，有子女丙、丁二人。丙結婚時，甲給與30萬元。甲因丁之營業而給與60萬元。甲死亡時，留有遺產150萬元。則遺產分割時，原則上丙可分得：　(A)40萬元　(B)50萬元　(C)60萬元　(D)80萬元　【100地方特考四等-民法概要】	(B)
繼承人於繼承開始前已從被繼承人受有贈與而應予歸扣之財產，不包括下列何者？　(A)因結婚所為之贈與　(B)因分居所為之贈與　(C)因營業所為之贈與　(D)因扶養所為之贈與　【98不動產經紀人-民法概要】	(D)

6 限定繼承與拋棄繼承

一 限定繼承之概念

有一名女學生小莉，因為父親過世後，接下其父親生前兩千多萬元的債務，為了避免拖累相交多年的男友而自殺身亡，這種悲劇在臺灣時常上演。為避免類似情況不斷發生，故有限定繼承與拋棄繼承的制度，保障自己的權利，避免繼承了被繼承人之債務。舊法原規定繼承人得限定以因繼承所得之遺產，償還被繼承人之債務。（民§1154Ⅰ）但因此民法第1148條第2項規定，對於債務之繼承，已經改採限定繼承，業已無另行規範限定繼承規定之必要，故予已刪除，只留下限定繼承方式之規定。

二 限定繼承之方式

為限定之繼承者，應於繼承人知悉其得繼承之時起3個月內呈報法院。繼承人於知悉其得繼承之時起3個月內開具遺產清冊陳報法院。此3個月期間，法院因繼承人之聲請，認為必要時，得延展之。

繼承人有數人時，其中一人已依第1項開具遺產清冊陳報法院者，其他繼承人視為已陳報。（民§1156）債權人得向法院聲請命繼承人於3個月內提出遺產清冊。法院於知悉債權人以訴訟程序或非訟程序向繼承人請求清償繼承債務時，得依職權命繼承人於3個月內提出遺產清冊。（民§1156-1ⅠⅡ）繼承人依第1156、1156-1條規定陳報法院時，法院應依公示催告程序公告，命被繼承人之債權人於一定期限內報明其債權，此期限不得在3個月以下。（民§1157）在第

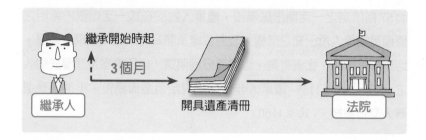

相關考題　基本題型

「繼承人僅須以因繼承所得之遺產，償還被繼承人之債務」的制度，在我國民法上稱為什麼？　(A)清算繼承　(B)債務不繼承　(C)部分繼承　(D)限定繼承　　　　　　　【99地方特考五等-法學大意】	(D)
有關繼承人僅須以因繼承所得之遺產，償還被繼承人之債務的制度，在我國民法上稱為：　(A)限定繼承　(B)部分繼承　(C)債務不繼承　(D)清算繼承　　　　　【99第二次司法特考-法學知識與英文】	(A)

1157條所定之一定期限屆滿後，繼承人對於在該一定期限內報明之債權及繼承人所已知之債權，及對於繼承開始時未屆清償期之債權，均應按其數額，比例計算，以遺產分別償還。但不得害及有優先權人之利益。（民§1159）繼承人非依前條規定償還債務後，不得對受遺贈人交付遺贈。（民§1160）

三 拋棄繼承之概念

所謂拋棄繼承，是指繼承人於繼承開始時或繼承開始後，依法定方式所為其無意立於繼承地位之意思表示。

四 拋棄繼承之程序

繼承人得拋棄其繼承權，此乃繼承權拋棄自由之原則。（民§1174Ⅰ）前項拋棄，應於知悉其得繼承之時起3個月內，以書面向法院為之。（民§1174Ⅱ）拋棄繼承後，應以書面通知因其拋棄而應為繼承之人。但不能通知者，不在此限。（民§1174Ⅲ）繼承之拋棄，溯及於繼承開始時發生效力。（民§1175）

五 拋棄繼承之遺產管理

拋棄繼承權者，就其所管理之遺產，於其他繼承人或遺產管理人開始管理前，應與處理自己事務為同一之注意，繼續管理之。（民§1176-1）

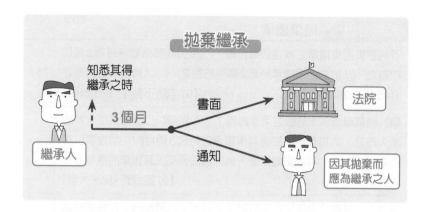

遺產管理人

若有繼承人於民法第1178條所定期限內承認繼承時，遺產管理人在繼承人承認前所為之職務上行為，與繼承人係屬何種法律關係？ (A)代理 (B)無因管理 (C)信託 (D)保管 【99地方特考三等法制 - 民法】	(A)

限定繼承

依新修正之民法繼承編，繼承人為無行為能力人或限制行為能力人對於被繼承人之債務，負何種責任？ (A)負無限責任 (B)按其應繼分比例負擔之 (C)以所得遺產為限，負清償責任 (D)不負任何清償責任 【97鐵公路 - 民法大意】	(C)

解析：

98年5月22日又修訂民法第1148條規定，讓繼承債務之責任，僅限於因繼承所得遺產為限。

繼承人為限定繼承時，法院命繼承人之債權人報明債權之期限至少為幾個月？ (A)1個月 (B)2個月 (C)3個月 (D)4個月 【96五等錄事 - 法學大意】	(C)

拋棄繼承

下列對於拋棄繼承之敘述何者正確？　(A)於知悉得繼承時起3個月內為之　(B)於知悉得繼承時起2個月內為之　(C)以言詞或書面為之　(D)向戶政機關為之　　　　　【97消防不動產-民法概要】	(A)
關於拋棄繼承，下列敘述何者錯誤？　(A)拋棄以口頭向其他全體繼承人為之　(B)拋棄應於知悉其得繼承之時起3個月內　(C)拋棄以書面向法院為之　(D)拋棄繼承後，應以書面通知因其拋棄而應為繼承之人　　　　　【97鐵公路-民法大意】	(A)
繼承人拋棄繼承應於知悉其得繼承之日起多久時間內，以書面向法院為之？　(A)3個月　(B)4個月　(C)5個月　(D)6個月　　　　　【97不動產經紀人-民法概要】	(A)
拋棄繼承權者，對於遺產之管理所負之注意程度為何？　(A)應負無過失責任之注意　(B)應盡善良管理人之注意　(C)應與處理自己事務為同一之注意　(D)應與普通人處理事務為同一之注意　　　　　【98四等退除役轉任公務-法學知識與英文】	(C)
有關繼承之拋棄，依民法之規定，下列敘述何者正確？　(A)應以書面向法院為之　(B)須於繼承開始前為之　(C)拋棄不具溯及效力　(D)應以書面向其他繼承人為之　　　　　【99高考三級法制-民法】	(A)
民法有關拋棄繼承，下列敘述何者錯誤？　(A)繼承之拋棄，溯及於繼承開始時發生效力　(B)拋棄繼承之方式，須以書面向法院為之，不必公證　(C)拋棄繼承之法定期間為自知悉其得繼承時起3個月內　(D)拋棄繼承為代位繼承之原因　　　　　【104高考-法學知識與英文】	(D)

相關考題 拋棄繼承

拋棄繼承權者,就其所管理之遺產,於其他繼承人或遺產管理人開始管理前,應如何處理? (A)拋棄繼承權者對於因不可抗力而生之損害亦應負責,繼續管理之。但其證明已盡相當之注意或縱加以相當之注意而仍不免發生損害者,不負賠償責任 (B)拋棄繼承權者應以善良管理人之注意,繼續管理之 (C)拋棄繼承權者應與處理自己事務為同一之注意,繼續管理之 (D)拋棄繼承權者僅就故意或重大過失負其責任,繼續管理之 【102四等地方特考-民法概要】 (C)

7 無人承認之繼承

一 無人承認繼承之概念

繼承開始時，繼承人之有無不明者，為讓繼承關係早日確定，應繼財產有所歸屬，民法特於第1177至1185條規定，規範無人承認繼承之法律關係與程序。

首先，應由親屬會議於1個月內選定遺產管理人，並將繼承開始及選定遺產管理人之事由，向法院報明。（民§1177）其次，則開始搜索繼承人，法院應依公示催告程序，定6個月以上之期限，公告繼承人，命其於期限內承認繼承。（民§1178 I）如於期限內，有繼承人承認繼承時，遺產管理人在繼承人承認繼承前所為之職務上行為，視為繼承人之代理。（民§1184）

二 遺產管理人之職務

遺產管理人之職務，包括㈠編製遺產清冊。㈡為保存遺產必要之處置。㈢聲請法院依公示催告程序，限定1年以上之期間，公告被繼承人之債權人及受遺贈人，命其於該期間內報明債權及為願受遺贈與否之聲明，被繼承人之債權人及受遺贈人為管理人所已知者，應分別通知之。㈣清償債權或交付遺贈物。㈤有繼承人承認繼承或遺產歸屬國庫時，為遺產之移交。（民§1179）

三 剩餘財產之歸屬

民法第1178條所定之期限屆滿，無繼承人承認繼承時，其遺產於清償債權並交付遺贈物後，如有贖餘，歸屬國庫。（民§1185）

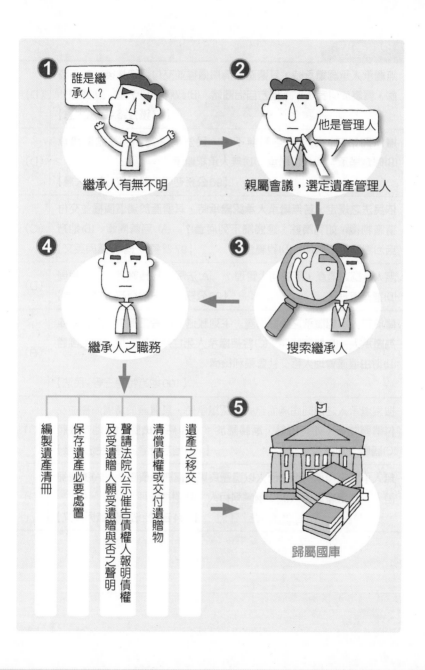

無繼承人承認繼承時，其遺產於清償債權並交付遺贈物後，如有賸餘，歸屬於何者？　(A)地方自治團體　(B)政府　(C)法院　(D)國庫 【97鐵公路-民法大意】	(D)
繼承開始時，繼承人之有無不明，民法稱之為：　(A)拋棄繼承　(B)限定繼承　(C)代位繼承　(D)無人承認繼承 【96公務初等一般行政-法學大意】	(D)
依民法之規定，若無繼承人承認繼承時，其遺產於清償債權並交付遺贈物後，如有賸餘，應歸屬下列何者？　(A) 慈善團體　(B)地方自治團體　(C)國庫　(D)親屬會議　【97普考-法學知識與英文】	(C)
無人承認之遺產，應由何人管理？　(A)法院　(B)檢察官　(C)國稅局　(D)遺產管理人　【96公務初等一般行政-法學大意】	(D)
關於無人承認繼承之賸餘財產，下列敘述，何者正確？　(A)以國庫為繼承人　(B)歸屬國庫　(C)歸被繼承人死亡時所屬之地方自治團體　(D)得由遺產管理人移交社會福利機構 【100地方特考三等-民法】	(B)
搜索繼承人之期間屆滿而無人承認繼承時，其遺產於清償債權並交付遺贈物後，如有賸餘，應歸屬於：　(A)慈善機關　(B)地方政府　(C)國庫　(D)遺產管理人　【100地方特考四等-民法概要】	(C)
無人承認之繼承，應由何人以遺產負責清償繼承債務？　(A)遺囑見證人　(B)遺囑保管人　(C)遺囑執行人　(D)遺產管理人 【104普考-法學知識與英文】	(D)

8 遺囑

一 遺囑之基本概念

遺囑,是無相對人之單獨行為,並於遺囑人死亡始生效力。民法第75條前段之規定:「無行為能力人之意思表示,無效。」故無行為能力人,不得為遺囑。(民§1186 I)

限制行為能力人,<u>無須經法定代理人之允許</u>,得為遺囑。但未滿16歲者,不得為遺囑。(民§1186 II)

遺囑人於<u>不違反關於特留分規定之範圍內</u>,得以遺囑自由處分遺產。(民§1187)因此,不違反特留分規定之範圍所為之遺贈,繼承人不得拒絕履行。(51台上1416)生前贈與的部分,則不受特留分規定之限制。(48台上371)

遺囑的方式,僅限於自書遺囑、公證遺囑、密封遺囑、代筆遺囑、口授遺囑等五種方式。(民§1189)

二 遺贈及死因贈與

按遺囑人依遺囑所為之遺贈,因依一方之意思表示即而成立,為屬無相對人之單獨行為,與死因贈與乃以贈與人之死亡而發生效力,並以受贈人於贈與人死亡時仍生存為停止條件之贈與,其為贈與之一種,性質上仍屬<u>契約</u>,須有雙方當事人意思表示之合致者迥然不同。(95台上817)

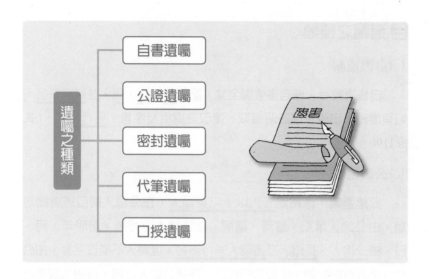

實務案例 有月沒日的遺囑

老榮民甲生前感念鄰居乙的照顧，遺囑聲明要把房子贈與乙（土地為市政府所有），卻因漏寫日期的數字，遺囑所載日期只有「中華民國九十四年八月日」，不符合自書遺囑之要件，遭法院判決遺囑無效。

1. 遺囑有自書遺囑、公證遺囑、密封遺囑、代筆遺囑、口授遺囑等五種，每一種都應記明年、月、日。

2. 本案涉及自書遺囑之要件，遺囑應依法定方式為之，自書遺囑，應記明年、月、日，並親自簽名。如有增減、塗改，應註明增減塗改之處所及字數，另行簽名，非依此方式為之者，不生效力，民法第1190條、最高法院28年度上字第2293號可供參照。

三 遺囑之種類

(一)自書遺囑

自書遺囑者,應自書遺囑全文,記明年、月、日,並親自簽名;如有增減、塗改,應註明增減、塗改之處所及字數,另行簽名。(民§1190)

(二)公證遺囑

公證遺囑,應指定二人以上之見證人,在公證人前口述遺囑意旨,由公證人筆記、宣讀、講解,經遺囑人認可後,記明年、月、日,由公證人、見證人及遺囑人同行簽名:遺囑人不能簽名者,由公證人將其事由記明,使按指印代之。在無公證人之地,得由法院書記官行之,僑民在中華民國領事駐在地為遺囑時,得由領事行之。(民§1191)

(三)密封遺囑

密封遺囑,應於遺囑上簽名後,將其密封,於封縫處簽名,指定二人以上之見證人,向公證人提出,陳述其為自己之遺囑,如非本人自寫,並陳述繕寫人之姓名、住所,由公證人於封面記明該遺囑提出之年、月、日及遺囑人所為之陳述,與遺囑人及見證人同行簽名。前條第2項之規定,於前項情形準用之。(民§1192)

密封遺囑,不具備前條所定之方式,而具備第1190條所定自書遺囑之方式者,有自書遺囑之效力。(民§1193)

(四)代筆遺囑

代筆遺囑,由遺囑人指定三人以上之見證人,由遺囑人口述遺囑意旨,使見證人中之一人筆記、宣讀、講解,經遺囑人認可後,記明

年、月、日及代筆人之姓名,由見證人全體及遺囑人同行簽名,遺囑人不能簽名者,應按指印代之。(民§1194)

據媒體報導,陳姓榮民生前請證人用「電腦打字」代筆遺囑,他過世後,遺產管理人退輔會臺南市榮民服務處質疑電腦打字的遺囑真實性。法官認為該法是80多年前公布實施,隨科技發達,以電腦打字無損合法性,符合「筆記」之要件,判決遺囑為真。

(五)口授遺囑

遺囑人因生命危急或其他特殊情形,不能依其他方式為遺囑者,得依左列方式之一為口授遺囑:

1. 由遺囑人指定二人以上之見證人,並口授遺囑意旨,由見證人中之一人,將該遺囑意旨,據實作成筆記,並記明年、月、日,與其他見證人同行簽名。(民§1195Ⅰ①)

2. 由遺囑人指定二人以上之見證人,並口授遺囑意旨、遺囑人姓名及年、月、日,由見證人全體口述遺囑之為真正及見證人姓名,全部予以錄音,將錄音帶當場密封,並記明年、月、日,由見證人全體在封縫處同行簽名。(民§1195Ⅰ②)

口授遺囑,自遺囑人能依其他方式為遺囑之時起,經過3個月而失其效力。(民§1196)口授遺囑,應由見證人中之一人或利害關係人,於為遺囑人死亡後3個月,提經親屬會議認定其真偽,對於親屬會議之認定如有異議,得聲請法院判定之。(民§1197)

左列之人,不得為遺囑見證人:1.未成年人。2.受監護或輔助宣告之人。3.繼承人及其配偶或其直系血親。4.受遺贈人及其配偶或其直系血親。5.為公證人或代行公證職務人之同居人助理人或受僱人。(民§1198)

四 遺囑之撤回

遺囑人得隨時依遺囑之方式，撤回遺囑之全部或一部。(民§1219)前後遺囑有相牴觸者，其牴觸之部分，前遺囑視為撤回。(民§1220)遺囑人於為遺囑後所為之行為與遺囑有相牴觸者，其牴觸部分，遺囑視為撤回。(民§1221)遺囑人故意破毀或塗銷遺囑，或在遺囑上記明廢棄之意思者，其遺囑視為撤回。(民§1222)

相關考題

口授遺囑應於遺囑人死亡後多久期間內，提經親屬會議認定真偽？ (A)6個月內　(B)5個月內　(C)4個月內　(D)3個月內 【101初等人事行政-法學大意】	(D)

相關考題　自書遺囑之要件

下列何者非自書遺囑之要件？　(A)自書遺囑全文　(B)記明年、月、日　(C)親自簽名　(D)2人以上之見證人簽名 【97不動產經紀人-民法概要】	(D)

相關考題　遺囑之能力

下列有關遺囑能力之敘述，何者錯誤？　(A)未滿7歲之人不得為遺囑　(B)滿16歲之限制行為能力人得為遺囑　(C)禁治產人不得為遺囑　(D)滿20歲之成年人始得為遺囑　【97基層警察-法學緒論】	(D)
下列何者得為遺囑？　(A)無行為能力人　(B)禁治產人　(C)滿16歲之限制行為能力人　(D)滿15歲之限制行為能力人 【97鐵公路-民法大意】	(C)

相關考題　遺囑之能力

下列何種被繼承人，其所立的遺囑於死亡時，會發生效力？ (A)剛年滿15歲之人 (B)剛年滿16歲之精神錯亂之人 (C)年滿20歲之受輔助宣告人 (D)年滿20歲之受監護宣告人 【106司特四等-法學知識與英文】	(C)
下列之人，何者有遺囑能力？ (A)無行為能力人 (B)年滿15歲之自然人，而未受監護宣告者 (C)年滿20歲之自然人，而受監護宣告者 (D)年滿16歲之自然人，而未受監護宣告者 【100高考法制-民法】	(D)
依民法之規定，有遺囑能力人之年齡為： (A)滿16歲之自然人 (B)滿18歲之自然人 (C)滿20歲之自然人 (D)滿22歲之自然人 【99地方特考三等法制-民法】	(A)

相關考題　遺囑之種類

下列何者非屬民法所定方式之遺囑？ (A)共同遺囑 (B)密封遺囑 (C)代筆遺囑 (D)公證遺囑　【97基層警察-法學緒論】	(A)
密封遺囑不具備其所定方式者，依法得轉換為下列何種遺囑？ (A)自書遺囑 (B)公證遺囑 (C)代筆遺囑 (D)口授遺囑 【98普考-法學知識與英文】	(A)

相關考題　遺囑之效力

遺囑人為遺囑後所為之行為，與遺囑有相牴觸之部分，其效力如何？ (A)遺囑與該行為均無效 (B)遺囑無效 (C)該行為無效 (D)其牴觸部分，遺囑視為撤回　【97鐵公路-民法大意】	(D)

有關遺囑之敘述，下列何者錯誤？ (A)遺囑是單獨行為 (B)遺囑是要式行為 (C)限制行為能力人之遺囑須經法定代理人之允許 (D)遺囑人死亡前得隨時撤回遺囑 (C)

【100三等行政警察-法學知識與英文】

有關遺囑之敘述，下列何者錯誤？ (A)遺囑人死亡前得隨時撤回遺囑 (B)限制行為能力人之遺囑須經法定代理人之允許 (C)遺囑是要式行為 (D)遺囑是單獨行為 【99初等一般行政-法學大意】 (B)

代筆遺囑至少應有幾人以上之見證人？ (A)5人 (B)4人 (C)3人 (D)2人 【99初等人事行政-法學大意】 (C)

下列何人有遺囑見證人之資格？ (A)繼承人之配偶 (B)受輔助宣告之人 (C)繼承人之兄弟姊妹 (D)受遺贈人之直系血親 【106高考-法學知識與英文】 (C)

相關考題 整合實例題

甲男之繼承人為其妻乙女、祖父丙男、祖母丁女及外祖父戊男。甲男生前立一有關祖墳遷移之有效遺囑。甲男死亡後，該遺囑為丙男所湮滅。甲男死亡而留下840萬元時，各繼承人應繼承多少財產？(A)乙、丙、丁、戊各人均繼承210萬元　(B)乙繼承420萬元，丁與戊各為210萬元　(C)乙繼承560萬元，丁與戊各為140萬元　(D)乙繼承560萬元，丙、丁、戊各為280萬元之三分之一

　(D)

【100高考法制-民法】

解析：

㈠甲男之應繼財產：840萬元。

㈡繼承人與應繼分：

　1. 其妻乙女之應繼分為三分之二，也就是560萬元。

　2. 其餘繼承人均分剩餘的280萬元。但祖父丙男將祖墳遷移之有效遺囑湮滅，是否因此而喪失繼承權？因為此一遺囑是有關於祖墳遷移，與繼承並無關聯性，所以雖然祖父丙將之湮滅，也不會有民法第1145條第1項第4款相對失權之情形，故仍有繼承權。

　3. 丙、丁、戊三人平均繼承剩餘財產，亦即280萬元的三分之一。

9

遺贈

一 遺贈之概念

遺贈，是指遺囑人以遺囑之方式，對於受遺贈人無償給予財產上利益之單獨行為。受遺贈人於遺囑發生效力前死亡者，其遺贈不生效力。(民§1201)通說認為僅發生債權之效力，因此受遺贈人於遺贈人死亡時，仍須辦理移轉登記或受交付後，方取得遺贈標的物之權利。

受遺贈人在遺囑人死亡後，得拋棄遺贈。遺贈之拋棄，溯及遺囑人死亡時發生效力。(民§1206)遺贈無效或拋棄時，其遺贈之財產，仍屬於遺產。(民§1208)

二 非單純遺贈

遺贈可以分成單純遺贈與非單純遺贈，所謂單純遺贈，是指無附加條件、期限或負擔之情況，於遺贈人死亡時發生效力；所謂非單純遺贈，則是指有附加條件、期限或負擔者之情況，其效力之發生，分別於停止條件成就、始期屆至時生效，附負擔之贈與則仍於遺囑人死亡時發生效力。

遺囑所定遺贈，附有停止條件者，自條件成就時，發生效力。(民§1200)以遺產之使用、收益為遺贈，而遺囑未定返還期限，並不能依遺贈之性質定其期限者，以受遺贈人之終身為其期限。(民§1204)遺贈附有義務者，受遺贈人以其所受利益為限，負履行之責。(民§1205)

相關考題	遺囑之效力
受遺贈人於遺囑發生效力前死亡者，遺贈之效力如何？ (A)有效 (B)無效 (C)不生效力 (D)效力未定　【96五等錄事-法學大意】	(C)

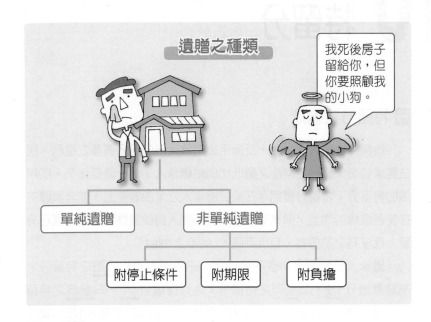

遺贈之種類

我死後房子留給你，但你要照顧我的小狗。

單純遺贈

非單純遺贈

附停止條件　附期限　附負擔

相關考題　**遺贈拋棄**

有關遺囑及其效力之敘述，下列敘述何者錯誤？　(A)遺囑人得以遺囑為贈與　(B)遺囑自遺囑人死亡時發生效力　(C)遺囑所定遺贈，得附停止條件　(D)受遺贈人得於遺囑生效前預先拋棄遺贈 【99三等身障特考-法學知識】	(D)

解析：受遺贈人在遺囑人死亡後，得拋棄遺贈。（民§1206 I）

遺贈拋棄時，其遺贈財產如何歸屬？　(A)屬於遺產　(B)屬於中央銀行　(C)屬於地方自治團體　(D)由法院決定之 【99初等一般行政-法學大意】	(A)

解析：遺贈無效或拋棄時，其遺贈之財產，仍屬於遺產。（民§1208）

10 特留分

一 特留分之概念

　　為保障繼承人之生活，及衡平被繼承人自由處分遺產之權利，民法要求必須保留一定財產之最低比例給繼承人，此一最低比例，即所謂的特留分。特留分概括存在於被繼承人之全部遺產上，並非具體存在於各個標的物上，與應有部分乃各共有人對於具體物之所有權在分量上應享有之部分者，有所不同。（86台上2864）

　　繼承人之特留分，依下列規定：㈠直系血親卑親屬之特留分，為其應繼分1/2。㈡父母之特留分，為其應繼分1/2。㈢配偶之特留分，為其應繼分1/2。㈣兄弟姊妹之特留分，為其應繼分1/3。㈤祖父母之特留分，為其應繼分1/3。（民§1223）

二 特留分之扣減權

　　應得特留分之人，如因被繼承人所為之遺贈，致其應得之數不足者，得按其不足之數由遺贈財產扣減之。受遺贈人有數人時，應按其所得遺贈價額比例扣減。（民§1225）

　　關於扣減權之性質，學說有採物權形成說、債權形成說，以及債權說，實務上採物權形成說。被繼承人因遺贈或應繼分之指定超過其所得自由處分財產之範圍，而致特留分權人應得之額不足特留分時，特留分扣減權利人得對扣減義務人行使扣減權，是扣減權在性質上屬於物權之形成權，經扣減權利人對扣減義務人行使扣減權者，於侵害特留分部分，即失其效力。故扣減權利人苟對扣減義務人行使扣減權，扣減之效果即已發生。（最高法院81台上1042號民事判決）

特留分比例示意圖

	←——————— 應繼分 ———————→
直系血親卑親屬	特留分：1 / 2
父母	特留分：1 / 2
配偶	特留分：1 / 2
兄弟姊妹	特留分：1 / 3
祖父母	特留分：1 / 3

特留分＝
〔（繼承開始時）被繼承人所有財產＋歸扣－債務〕Ｘ 特留分比例
（民§1224）

遺囑人所為之遺贈侵害繼承人之特留分時，特留分被侵害之人得向受遺贈人主張何種權利？　(A)歸扣　(B)扣還　(C)扣減　(D)扣除 　　　　　　　　　　　　　　　　【97海巡-法學知識與英文】	(C)
甲之親屬中，下列何者得主張甲遺產之特留分？　(A)甲之姪兒　(B)甲之兄弟　(C)甲之女婿　(D)甲之岳母 　　　　　　　　【98三等退除役轉任公務員及海巡-法學知識與英文】	(B)
甲有配偶乙，子女A、B，別無其他親屬。甲死亡時留下遺產90萬元，並留下有效遺囑將遺產全部贈與密友丙。請問依照民法規定，乙、A、B各可主張多少數額的特留分？　(A)乙30萬元，A、B各15萬元　(B)乙、A、B各15萬元　(C)乙15萬元，A、B各10萬元 (D)乙、A、B各10萬元 　　　　　　　【100高考-法學知識與英文、100四等行政警察-法學緒論】	(B)

解析：

配偶與與第1138條所定第一順序之繼承人(直系血親卑親屬)同為繼承時，其應繼分與他繼承人平均。(民§1144①)所以乙、A、B三人的應繼分是三分之一，也就是30萬。

直系血親卑親屬之特留分，為其應繼分二分之一。(民§1223①)所以，乙、A、B三人的特留分是六分之一，也就是15萬元。

相關考題 扣減

繼承人甲的特留分因為被繼承人乙對非繼承人丙為遺贈而遭到侵害,請問甲有何權利? (A)甲得主張由遺贈財產扣減 (B)甲對丙有損害賠償請求權 (C)甲對其他繼承人得主張扣減 (D)甲有抗辯權 【100四等行政警察-法學緒論】	(A)

解析:

應得特留分之人,如因被繼承人所為之遺贈,致其應得之數不足者,得按其不足之數由遺贈財產扣減之。受遺贈人有數人時,應按其所得遺贈價額比例扣減。(民§1225)

國家圖書館出版品預行編目資料

圖解民法 國家考試的第一本書！(第五版)
作　　者：錢世傑
臺 北 市：十力文化 2022.11
規　　格：608 頁；14.8×21.0 公分
I S B N：978-626-96110-8-9 (平裝)
1.民法
584　　　　　　　　　　　111016301

國 考 館　　S2209

圖解民法／國家考試的第一本書（第五版）

作　　者　錢世傑

責任編輯　吳玉雯
封面設計　陳綺男
書籍插圖　劉鑫鋒
美術編輯　林子雁

出 版 者　十力文化出版有限公司

發 行 人　劉叔宙
公司地址　11675 台北市文山區萬隆街45-2號
聯絡地址　11699 台北郵政93-357信箱
劃撥帳號　50073947
電　　話　(02) 2935-2758
電子郵件　omnibooks.co@gmail.com

ISBN　　978-626-96110-8-9

出版日期　第五版第三刷　2023 年 9 月
　　　　　第五版第一刷　2022 年 11 月
　　　　　第四版第一刷　2019 年 6 月
　　　　　第三版第一刷　2014 年 8 月
　　　　　第二版第一刷　2011 年 1 月
　　　　　第一版第一刷　2008 年 8 月

定 價　750元

十力文化出版有限公司　企劃部收

地址：台北郵政 93-357 號信箱

傳真：（02）2935-2758

E-mail：omnibooks.co@gmail.com

　　無論你是誰，都感謝你購買本公司的書籍，如果你能再提供一點點資料和建議，我們不但可以做得更好，而且也不會忘記你的寶貴想法喲！

姓名／　　　　　　　　　性別／□女 □男　　生日／　　　年　　　　月　　　　日
聯絡地址／　　　　　　　　　　　　　　　　連絡電話／
電子郵件／

職業／□學生　　　　□教師　　　□內勤職員　　□家庭主婦　　□家庭主夫
　　　　□在家上班族　□企業主管　□負責人　　　□服務業　　　□製造業
　　　　□醫療護理　　□軍警　　　□資訊業　　　□業務銷售　　□以上皆是
　　　　□以上皆非　　□請你猜猜看
　　　　□其他：

你為何知道這本書以及它是如何到你手上的？
　　　請先填書名：
　　　□逛書店看到　　□廣播有介紹　　□聽到別人說　　□書店海報推薦
　　　□出版社來推銷　□網路書店有打折　□專程去買的　　□朋友送的　　□撿到的

你為什麼買這本書？
　　　□超便宜　　　□贈品很不錯　　□我是有為青年　□我熱愛知識　□內容好感人
　　　□作者我認識　□我家就是圖書館　□以上皆是　　　□以上皆非
　　　其他好理由：

哪類書籍你買的機率最高？
　　　□哲學　　　　□心理學　　　□語言學　　　□分類學　　　□行為學
　　　□宗教　　　　□法律　　　　□人際關係　　□自我成長　　□靈修
　　　□型態學　　　□大眾文學　　□小眾文學　　□財務管理　　□求職
　　　□計量分析　　□資訊　　　　□流行雜誌　　□運動　　　　□原住民
　　　□散文　　　　□政府公報　　□名人傳記　　□奇聞逸事　　□把哥把妹
　　　□醫療保健　　□標本製作　　□小動物飼養　□和賺錢有關　□和花錢有關
　　　□自然生態　　□地理天文　　□有圖有文　　□真人真事
　　　請你自己寫：